四川省社会科学院重大项目

中国民法总论

侯水平◎主编

中国社会科学出版社

图书在版编目（CIP）数据

中国民法总论／侯水平主编．—北京：中国社会科学出版社，2018.10
（四川省社会科学院学术文库）
ISBN 978－7－5203－3466－2

Ⅰ.①中…　Ⅱ.①侯…　Ⅲ.①民法—中国　Ⅳ.①D923

中国版本图书馆 CIP 数据核字(2018)第 249702 号

出 版 人　赵剑英
责任编辑　喻　苗
责任校对　胡新芳
责任印制　王　超

出　　版　中国社会科学出版社
社　　址　北京鼓楼西大街甲 158 号
邮　　编　100720
网　　址　http://www.csspw.cn
发 行 部　010－84083685
门 市 部　010－84029450
经　　销　新华书店及其他书店

印刷装订　北京明恒达印务有限公司
版　　次　2018 年 10 月第 1 版
印　　次　2018 年 10 月第 1 次印刷

开　　本　710×1000　1/16
印　　张　28.5
插　　页　2
字　　数　453 千字
定　　价　118.00 元

目　　录

第一编　导论

第二编 民事主体

第三编 民事权利和民事义务

第四编 民事权利的客体

第五编 民事法律行为

第六编 代理

第七编　民事责任制度

第八编　民法上的时间制度

第一编

导　论

第一章

民法概述

【本章导读】 民法是社会生活的记载和表达，是法律体系这座“大厦”最重要的支柱之一，被誉为社会生活的“百科全书”。本章包括民法的基本概念、性质、调整对象，民法的发展及其与邻近部门法的区别，我国民法典的制定过程等内容。其中，民法的性质是重点，民法调整对象及其与邻近部门法的区别是难点。

第一节　民法概念

一　民法的语源

关于民法的语源，学者普遍达成的共识是，近代“民法”一语，沿袭古代欧洲的罗马法。古罗马有市民法（jus civile）与万民法（jus gentium）之分，前者适用于罗马市民，后者适用于罗马市民以外的人。jus civile 直译即为“市民法”，它经历了漫长的发展过程，才演变为今天意义上作为基本部门法的“民法”。公元 212 年《卡尔卡拉告令》颁布，罗马的异邦臣民获得罗马市民资格，市民法与万民法的对立消失，承载“私法”“私权法”“市民社会的法”等诸多信息的“市民法”逐渐发展为专有名词。19 世纪日本学者在翻译 jus civile 时，将“市民法”译为

“民法”,[①] 于是,“市民法”在东方演绎为“民法”。[②]

对于日本学者将“jus civile”译为“民法”,国内学界评价较多。有学者认为,这是“独具匠心”,化解了东西方在“市民”与“国民”两语词上的文化差异,将“市民”正确地理解为“公民”。[③] 还有学者在研究“市民社会”与“市民法”相互关系的基础上提出,既然是误用,就应还原市民法的本来面目,将“民法”改称为“市民法”。[④] 不过,另有学者进一步指出,把“市民法”译为“民法”系误译,亦非苛求之论,因从市民到公民割断了近代市民等级所含有的时代和历史意义。重要的不是罗马时代将其私法称为市民法,而是近代欧洲大陆各国之所以将私法叫作“市民法”,则实由市民等级使然。[⑤] 总之,关于“民法”,德国民法典之“Bürgerlices Gesetzbuc”、罗马法之“juscivile”、法国民法典之“code civil”,直译都是“市民法”;荷兰语“burgerlyk”与德语“bürgerlic”都是“市民的”意思,相关法律都可译为“市民法”。[⑥] 日语虽译为“民法”,但民法理论均承认民法是市民社会的法,即市民法。

我国古代属于中华法系,法律无专业领域划分,以刑为主、诸法合体,并无明确刑民之分,自无前述意义的“民法”之称。但我国学界有观点认为,“民法”一语乃中国典籍所固有,并非引自日本的主张。例如清末民政部《奏请厘定民律折》称“东西各国法律,有公法私法之分……中国律例,民刑不分,而民法之称,见于《尚书·孔传》”。与此主张相反,另有学者主张,作为基本部门法,民法不是,而且也不能为中国法律文化所固有,中国从不具备产生和发育市民法的社会条件。纵使典籍中有民法一语,也不足以证明中国固有民法这个法律部门。[⑦] 因

---

① 关于日本人中谁是使用“民法”的第一人?存在两种学说:一说为箕作麟祥,他首先转译法语 droit civil 时将其译作“民法”;一说为津田真道,他在转译荷兰语 burgerlykregt 时,将其源于日本民法学者穗积重远著作转译时从其简,省掉了一个“市”字,才有了汉字中“民法”之称谓。

② 张俊浩主编:《民法学原理》,中国政法大学出版社 2000 年版,第 4—7 页。

③ 江平主编:《民法学》,中国政法大学出版社 2000 年版,第 6 页。

④ 参见徐国栋《市民法与市民社会》,《法学研究》1994 年第 3 期。

⑤ 参见张俊浩主编《民法学原理》,中国政法大学出版社 2000 年版,第 6 页。

⑥ [日] 星野英一:《民法のすすめ》,东京岩波书店 1998 年版,第 70—71 页。

⑦ 张俊浩主编:《民法学原理》,中国政法大学出版社 2000 年版,第 7 页。

此，对于中文的民法这一术语，大多学者认为是清末法制改革，聘请日本学者松冈义正起草《大清民律草案》时沿用日本人的误译。作为西方法律文明之舶来品，我国近现代民法一语，究其渊源，第一步可追溯到日本民法，恰如学者所言，民法一语，典籍无所本，清季变法，抄自东瀛；第二步可追溯到法国民法，因日本人是从法语 droit civil 转译而来；第三步则须追溯到罗马法，法语中的 droit civil 乃来自罗马法中的 jus civile，即市民法，其他欧陆诸国如德国、瑞士、意大利等关于此语之名称也均由市民法转译而来。

二 民法的概念

无论古罗马私法、法国民法，还是德国民法中的“民法”，它所指称的一类法律制度，都建立在相同的商品经济或者市场经济基础上，通过保障私人权益，实现其立法意旨。因此，民法是调整市民社会平等主体的人身关系与财产关系的法律，是“私法”。但“民法”一词于各国、于不同语境下，仍有不同含义。

（一）形式民法与实质民法

形式民法是特指按照立法程序、依一定逻辑顺序编纂的、以法典方式命名的系统化的民法，表现为民法典，如法国民法典、德国民法典。

实质民法是指调整民事法律关系的法律规范的总称，包括民法典、民事单行法、民事特别法和其他法律规范中涉及的所有民事法律规范。

我国目前没有民法典，也就没有形式民法。不过，我国正加快制定民法典的进程。2017 年 3 月 15 日，第十二次全国人大第五次会议审议通过《民法总则》，这表明，我国向民法典已迈出关键的第一步，国家计划于 2020 年编纂制定我国第一部《民法典》。

（二）一般民法与特别民法

一般民法指对于人、地域、事项等适用方面不做限制，规范一般民事法律关系的法律，民法典之于整个私法系统而言属于一般法。在民商分立的国家，商法相对于作为一般法的民法典而言就是特别民法。我国实际上是采用民商合一的国家，目前没有民法典，《民法总则》取代了《民法通则》中相当于民法典总则的部分，《民法通则》的分则部分仍存在，但需尽快完成民法典的编纂。

特别民法指规范特定领域或者特定方面民事法律关系的法律。例如，公司法、海商法、保险法、著作权法等则属于特别法。就同一事项，当一般法与特别法均有规定时，优先适用特别法的规定。

（三）广义民法与狭义民法

广义民法是指所有调整民事法律关系的法律，依据调整对象，包括所有调整人身关系和财产关系的法律。

狭义民法是指调整一定范围的人身关系和财产关系的法律。调整婚姻家庭和继承关系的婚姻法、继承法以及调整商业行为、商业财产关系的商法不属于狭义民法。

（四）民法与民法学

民法学是以民事法律及其产生、发展、消灭的规律为研究对象的学科，属于理论研究，不同于规范性的民事法律规范。民法学主要是通过研究民事法律规范的构成和体系，探究其内在规律，总结民事法律规范的运行经验，为民事立法、司法、守法等的完善提供科学的理论依据。当然，从语词使用看，有时也用“民法”指称“民法学”。

《民法总则》第 2 条规定：“民法调整平等主体的自然人、法人和非法人组织之间的人身关系和财产关系”，据此，我国民法是调整平等主体的自然人、法人和非法人组织之间的人身关系和财产关系的法律规范的总称。

第二节 民法的调整对象和方法

一 民法的调整对象

调整对象和调整方法是区分部门法的一般标准。民法无疑是部门法，自然有其区别于其他部门法的特有的调整对象，即“平等主体之间的人身关系和财产关系”，但民法的调整对象随民法的发展而变化。在古罗马，民法调整涉及私人利益的社会关系，不仅包括民事主体人格、婚姻家庭、物权、财产继承、债权，其“私犯”（民事侵权）还包括盗窃、抢劫关系，也包括民事诉讼等关系。近代资本主义民法不再调整盗窃、抢劫和民事诉讼关系，而调整国家权力不直接介入的各种人身关系和财产关系；在民商分立的大陆法系国家，商法相对独立，民法一般不直接调整因投资和从事生产经营活动而形成的商事关系。德国法学家萨维尼对于现代民法的调整进行归纳，认为民法调整事项有人本身和法律关系两方面。[①]

从立法例与内容来看，作为几个不同历史时期民法的经典，罗马法、《法国民法典》、《德国民法典》尽管体例不尽相同，内容上存在差异，但全部规范均根植于市民社会生活，以市民社会生活的两个基本方面，即家庭伦理生活（人身关系）与经济生活（财产关系）为调整对象。[②]

我国民法的调整对象与人们对民法与经济法、民法与商法等关系的认知发展和立法确认有关。一般国家的立法并不在法律中规定民法的调整对象，是学说按照公私法理论确定民法的调整对象，[③] 但我国传统民法均通过法律明文规定民法的调整对象。《民法通则》第 2 条规定："中华人民共和国民法调整平等主体的公民之间、法人之间、公民和法人之间的财产关系和人身关系。"《民法总则》第 2 条规定："民法调整平等主体的自然人、法人和非法人组织之间的人身关系和财产关系。"据此可见，我国民法调整对象为平等主体之间的人身关系和财产关系。

（一）民法调整平等主体之间的人身关系

据《民法总则》第 2 条规定，调整平等主体之间的人身关系是我国民法的调整对象。

1. 人身关系的类型

"人身"包括"人格"和"身份"，故民法所调整的人身关系分为人格关系和身份关系。

人格关系是基于民事主体的人格利益而发生的社会关系。人格利益指人对其生命、健康、姓名、名称、肖像、名誉等人格载体所生的利益。此种利益受法律保护，通常表现为人格权利，包括生命权、健康权、名称权、肖像权、名誉权，当然也可以表现为基于法律原则和法律精神产生的"法律利益"。人格权是民事主体依法赋予的、以人格利益为客体的、为维护主体的独立人格所必需的权利。

---

① 龙卫球：《民法总论（第二版）》，中国法制出版社 2002 年版，第 19 页。

② 郑云瑞：《民法总论（第七版）》，北京大学出版社 2017 年版，第 39 页。

③ 郭明瑞主编：《民法》，高等教育出版社 2003 年版，第 9 页。

身份关系是基于一定的身份而产生的社会关系。现代民事“身份”主要是基于婚姻、家庭而产生的亲属身份，表现为亲属关系、监护关系等。当然，在其他领域也可能存在身份关系，如知识产权就有身份权的内容，作者、发明者的署名权、发表权等就是身份权。配偶关系是身份关系，但婚姻自主权并非身份权，作为自然人所享有的结婚自由、离婚自由的权利，本质上是人身自由的内容，故其不是身份权，而是人格权。

2. 人身关系的特征

民法人身关系是平等主体在社会生活中形成的，具有人身属性、与主体的人身不可分离的、不是以经济利益而是以特定精神利益为内容的社会关系。据此，民法调整的人身关系有以下特征：

（1）是平等主体间的人身关系。民事主体彼此是平等的社会成员，任何一方无权强制他方，彼此不存在命令与服从的关系，故民事人身关系是平等主体之间的人身关系。

（2）与民事财产关系比较，人身关系本身没有直接的财产内容，其内容为特定的精神利益。所谓特定的精神利益，是指基于人身的精神上的利益，即非物质利益，这种利益无法直接用金钱来计量，也有别于财产利益，例如人格尊严、隐私等，是不能够用金钱来计量的。因此，人身权益被侵害，不可能用金钱进行“填补”，赔偿金钱只能解释为对精神损害的抚慰。

（3）与主体具有不可分性。人身关系体现的是基于人身的精神利益，故有特定“人格或者身份”才可能发生特定人身关系，离开特定主体是无从谈人身关系的：一是离开人身，人身关系无以发生；二是人格或者身份消灭，对应人身关系消灭。[①] 由此，人身权益是不能够脱离主体流转的（企业名称权除外）。

应当注意的是，尽管民法人身关系不同于财产关系，但二者有密切联系。一是某些人身权，如姓名权、名誉权等是民事主体从事财产关系的前提。二是某些人身权，如配偶相关、父母子女关系是发生特定财产

① 人身消灭权利主体资格消灭，作为权利主体的人身利益即消灭。故对死者的名誉、荣誉等的保护实质上是对与死者具有法上利益的生者权益的保护，而非死者仍旧有精神利益。就著作权中的署名权究竟是保护死者的权益还是相关生者的精神利益，颇有疑问。

关系的前提。三是民事主体的人身权受到侵犯时，可能造成其财产损失。所以，不能将人身关系和财产关系完全割裂开来。

（二）民法调整平等主体之间的财产关系

财产关系指人们基于财产的占有、使用、收益、处分等所形成的社会关系。财产关系可以分为纵向财产关系和横向财产关系。民事财产关系是横向财产关系，即平等主体的自然人、法人、非法人组织之间发生财产关系。这是由我国社会主义市场的统一性以及民法对商品经济关系进行统一调整的性质所决定的。①

民事财产关系具有如下特征：

（1）财产关系的主体是平等的。只有平等主体的财产关系才为民法所调整，其原因在于民法调整的是私人之间的社会关系，私人之间是平等的社会主体。如果基于某一财产，一方当事人能够命令另一方当事人，则该财产关系是纵向财产关系。

（2）平等主体之间的财产关系包括静态财产关系和动态财产关系。静态财产关系是财产的归属关系，即财产为谁所有及据此的财产占有、使用、收益和处分关系，其基本法律形式是《物权法》。财产动态关系是财产的流转关系，即财产在不同主体之间转手而发生的社会关系，其核心是财产交易关系，基本法律形式是《合同法》。财产静态关系和动态关系密不可分，一方面，财产静态关系是流转关系的前提，流转的前提通常在于流转人在法律上对财产有处分权，财产基于处分发生流转。另一方面，财产流转关系通常是实现财产所有关系的途径，即通过财产流转，人们可以从他人名下取得所有权或对财产占有、使用、收益。可见，财产所有关系和财产流转关系二者密切联系，相辅相成。

（3）平等主体之间的财产关系是开放的，而不是封闭的。在汉语中，我们通常将“具有价值的东西”称为“财富”，② 但财富不等于财产，如同“人才”是“财富”但却不是“财产”，财产固然以价值属性从而也就是以财富为前提，但却是因为被占有才成为财产，是财富在所有权维

① 王利明：《民法（第五版）》，中国人民大学出版社 2010 年版，第 8 页。

② 中国社会科学院语言研究所词典编辑室：《现代汉语词典（第五版）》，商务印书馆 2005 年版，第 123 页。

度上的一种表述，是以归属权或产权也就是财产制度的相关属性为前提来界定的财富。[①] 因此，随着科学技术的发展、社会的进步或者观念的变化，民法“财产”的外延不断变化，由此产生的财产关系也在不停地演进。例如《民法总则》第127条规定的数据和网络虚拟财产，正是此种演化的表现。换言之，一种“财富”或者说对人有价值的物质存在，民法调整基于它而发生的财产关系的态度是开放的，问题只在于是否有必要、能够成为民法之“财产”。

【疑难争点】民法主体平等的内涵?

有观点认为，民法中的平等是指在财产关系和人身关系中当事人地位的平等、法律对其保护的方法和适用规则的平等，[②] 包括地位平等、法律保护方法平等、适用规则平等。还有观点认为，等价有偿也是民法主体平等的内涵之一，因为等价有偿是民事主体法律地位平等在经济利益上的体现，民法调整的财产关系，大部分贯彻等价有偿的原则。[③]

其实，参与民事活动的地位、法律保护方法、适用规则平等是宪法“法律面前人人平等”的当然要求，是法治国家、法治社会的一般性特征，虽非民法平等所独有，但是其可作为民法平等主体的内涵理解。等价有偿对于民事关系而言，并非根本标志，而是市场经济中“经济人”的特征，但民法中的人并非均为“经济人”。《民法通则》（第4条）宣示的“等价有偿”根本目的在于强化人们对市场经济的认识，到《民法总则》之时，社会大众已经接受市场经济，立法也就取消了“等价有偿”的规定。故，“等价有偿”并非民事主体平等的当然内涵或者逻辑要求。

二　民法的调整方法

民法的调整方法为何，学界存在不同表述。如果调整方法是特定法律作用于它调整的社会关系的方式、路径，那么法律规范、法律事实和法律后果是所有法律调整社会关系的必要构成和环节，那么民法调整方法区别于其他法律如刑法、行政法等的调整方法体现为在这些环节中呈

---

① 侯水平主编：《我国宗教财产制度研究》，宗教出版社2017年版，第3页。

② 杨立新主编：《民法总则案例教程》，知识产权出版社2005年版，第3页。

③ 王利明主编：《民法》，中国人民大学出版社2008年版，第9页。

现的独有特点。

古代社会刑民不分，诸法合一，民法并没有自己独立的调整方法，人们违反民事义务，往往通过刑法处罚予以调整，而不是民法调整。只有到了近代社会，如英国古代法学者梅因提出著名的论断——从身份到契约演化，民法得以独立，有自己独立的救济方法，才形成了独立的调整方法。

民法作为私法，遵循“私法自治”的要求，那么，民法的调整方法必然有一个显著特征：通过授权规范或者负面清单授权民事主体意思自治，并通过自己责任约束自己意思，从而完成民法对社会关系的调整，作为负面清单的禁止性规范、自己意思、自己责任，民法就是这样主要通过民事主体的自主行为，间接完成对民事法律关系的调整。

具体而言，民法的调整方法首先是通过立法将特定社会关系转化为法律关系；其次是民事法律关系参加者依据自己的意思，遵循法律规定的行为准则，形成、调解彼此的法律关系；最后是国家通过强制力修复被破坏的民事法律关系。民法调整方法按照其内容的不同可以分为以下四种：①

（一）通过立法将特定社会关系转化为法律关系

国家依据一般规律、国情以及政策需要等，可以通过立法确定何种社会关系成为法律调整的关系，进而完成对社会关系的调整。当然，民事立法调整社会关系与其说是划定社会关系的范围，还不如说是划定不得为的行为的范围。

（二）提出民事主体的行为模式，以法律上的“应然”调控生活的“实然”

民法规范在一般意义上有很多任意性规范，它们设定了各种行为模式，行为人可以根据自己的意思进行选择，也就是行为人通过自己的意思去形成、协调和平衡其相互间的利益关系。正因如此，民法通常采用“确认”的方法，赋予民事主体的行为以法律效力，从而将社会关系演化为法律上的权利义务，实现对民事关系的调整。这也意味着，当事人均自己“确认”行为有效，没有纠纷时，除非法律另有规定，否则法律不

---

① 金平主编：《民法学教程》，内蒙古大学出版社1987年版，第25—26页。

予调整。

（三）补充民事主体行为的瑕疵，使之达到完满状态

在当事人所实施的行为有瑕疵时，如果该瑕疵导致行为在法律上不存在，则将该行为予以废止。但是，如果行为的缺陷不影响其成立时，于当事人不能够自主补救时，法律则提供补救的方法。

（四）通过对违法行为的法律制裁，使被破坏的正常社会关系得以恢复

民事主体非法行为则破坏了正常的法律秩序，为此，民法采取了必要的矫正手段，即提供强制违法者承担不利法律后果以恢复法律秩序，从而达成对民事法律关系的调整。

需注意的是，就民法的调整方法在理论上存在其他学说。以调整的时间为标准，民法调整方法可分为事前调整和事后调整。

民法于事前调整阶段的调整方法为：（1）确定法律关系的主体条件，保证符合一定条件的主体才可参加法律关系；（2）确定法律关系的客体之范围，排除一定的客体进入交换之可能；（3）授予法律关系的主体以权利，此主体的权利即为彼主体的义务；（4）提供任意性规定供主体参考选用。

民法于事后调整阶段的调整方法为：（1）提供补充性规定使呈现残缺的民事关系恢复圆满；（2）运用民事责任使被破坏的民事权利得到恢复。①

也有观点认为，民法调整方法的特点在于借助“身份平等”“权利本位”“意思自治”“纠纷处置选择”等进行调整。②

第三节 民法的性质

一 民法是权利法

民法作为权利法，主要体现在如下几个方面：

首先，民法的首要任务在于确认和保护民事权利。无论古罗马和19

---

① 彭万林主编：《民法学》，中国政法大学出版社1994年版，第7—9页。

② 李开国：《民法基本问题研究》，法律出版社1997年版，第16—17页。

世纪的法国强调的民法个人本位，还是现代民法强调的社会本位，也不论不同历史时期、不同所有制的社会有着何种差异，民法保护私权的基本价值取向是一致的。民法意味着权利，重视民法意味着重视权利，民众权利意识与民法息息相关。从这个意义上说，将民法作为权利法并且完备地建设和施行，是中国步入法治社会的有效途径。民法作为权利之法在《民法总则》中彰显，更大程度上是为落实中央提出的“实现公民权利保障法治化”的重大政策决定。①

其次，民事权利是民法体系的逻辑起点。《民法总则》开篇第 1 条就规定“保护民事主体的合法权益”是其目的；其后，在第 3 条再次宣示“民事主体的人身权利、财产权利以及其他合法权益受法律保护，任何组织或者个人不得侵犯”；其后专章规定了“民事权利”；它们与各种特别法中的人身权、物权、债权、知识产权等基本权利，共同构成民法的完整体系。

最后，民法制度围绕民事权利而展开。民法首先赋予民事主体以权利，权利人有依法行使权利的自由；作为此种自由的限制，反映为权利不得滥用、诚信原则等行为规则，以平衡各行为主体之间的权利冲突；民事义务的规范目的围绕权利的实现而展开，是民事权利实现的必要手段；民事责任制度在于救济被侵害的民事权利。

二　民法是私法

大陆法系区分公法和私法，此种区分源于罗马法学家乌尔比安。但是公法和私法的划分标准至今仍旧是众说纷纭，没有统一。公法与私法划分标准的主要学说有三：一是利益说。该说主张根据法律保护的利益涉及的是公共利益还是私人利益，将涉及公共利益的归为公法，反之为私法。此标准源于乌尔比安。二是隶属说（也称意思说）。该说主张根据调整对象是隶属关系还是平等关系，将调整隶属关系的归于公法，反之为私法。此标准为德国学者拉邦德倡导。三是主体说。该说主张根据参与法律关系的各主体，将有一个是公权主体的归为公法，反之为私法。

① 朱广新：《〈民法总则〉的特色及其对民法各分编的影响》，《中国海商法研究》2017 年第 12 期。

该标准为德国学者耶律内克提倡，也是现代划分公私法的通说。①

【疑难争点】社会主义国家法律有没有公法与私法的划分?

在计划经济时代，由于商品经济被否定，政府广泛地参与社会生活，大多经济关系都有国家干预的色彩，故有观点认为在社会主义公有制的国家，不存在公私法的区分，“民法即私法的观点难以成立”②。但随着我国社会主义市场经济的建立和发展，民事主体有了广泛的、与市场经济一致的权利和自由，国家对私权利的干预越加弱化，由此社会主义性质与公私法区分的关系成为亟待解决的问题。实际上，公私法的区分与所有制性质无关，而与经济运行方式有关，计划经济排斥私法，而市场经济需要发展、完善私法，故在社会主义市场经济条件下，客观上需要区分公私法。区分公法和私法有着重要意义：一是有助于促使国家充分尊重和保障公民权利，确立私权不可侵犯的观念。私权不受国家政权的不正当干涉，正是现代法治的重心所在。二是将民法归入私法范畴，有助于培育和发展公民的权利意识和平等观念，促进“依法治国”。故“民法是私法”在今天已成为学界的共识。

民法调整平等主体之间的人身、财产关系，是私人之间的关系，无关国家权力；以保护民事主体合法权益为目的，具有权利本位性；以当事人自治意思、自己负责为核心调整手段，具有主体自治性。因此，民法属于私法，具有的私法自治、权利本位的理念与功能，决定了它是私法的核心部分。③ 由此可见，民法应遵循“法不禁止即权利”的原则。

三　民法是实体法

绝大多数民法规范都是行为规范，它确定的是行为人的实体权利义务，是实体法，它通过权利义务确立交易和生活规则。同时民法实体规范也是裁判规范。为司法裁判者提供了一套基本权利义务的框架、体系、规范和术语，从而为司法机关解决民事主体实体权利义务纠纷提供裁决

---

① 《中国大百科全书·法学》，中国大百科全书出版社 1984 年版，第 87 页。

② 王利明、郭明瑞、方流芳：《民法新论》，中国政法大学出版社 1988 年版，第 7 页。

③ ［德］卡尔·拉伦茨：《德国民法通论》上，谢怀栻等译，法律出版社 2003 年版，第 8 页。

依据。

行为规范在逻辑上必然是裁判规范，否则行为规范就失去了其诱导人们从事行为的功能。但裁判规范并不必然是行为规范，例如，民法关于权利能力的规定等就不是行为规范。在民法中，裁判规范可以分为两类：一类是具体的裁判规则，如继承制度中“视为接受”的规定；另一类是授予自由权的基本规则和一般条款。但即使是纯粹的裁判规范，也可以间接地促使当事人对自己的行为做出合理的安排，从而积极地作用于行为规范。①

四　民法是任意法

由于在市场经济条件下，每个人是自己交易、行为利益的判断者，依据自己的判断去实现追求自己的利益，因此，国家或者第三人不能够替代行为人自己的意思，法律应为市场主体的交易活动提供自由选择的空间。由此，民法规范大量的是授权性任意规范，行为人有行为与否、如何行为的自由，国家对经济活动的干预应限制在合理的范围内，尽可能赋予当事人行为自由，这在民法中表现得最为彻底。

民法调整方法的最大特点在于当事人自由，基于自由意思创设、变更、消灭民事法律关系。例如《民法总则》第 5 条规定，民事主体从事民事活动，按照自己的意思设立、变更、终止民事法律关系，故当事人有权根据自己的意志和利益决定是否参加民事法律关系，决定是否变更和终止民事法律关系。

民法作为任意法，在不害及公共利益和他人权益的条件下，允许当事人通过协商改变法律规定，例如，合同法规定了各种有名合同，其目的不是要求行为人必须如此行为，而是为行为人行为提供参考，节约交易成本，弥补当事人行为的瑕疵。行为人可以创设各种法律没有规定的合同，也可以改变有名合同的规定，只要法律不禁止。因此，民法的调整方法充分尊重当事人的意志自由，民法是市场经济条件下的任意法。②

---

① 王利明：《民法学》，复旦大学出版社 2004 年版，第 10 页。

② 王利明主编：《民法（第五版）》，中国人民大学出版社 2010 年版，第 11 页。

五 民法是国内法

按照法的创制与适用主体不同，法可以分为国内法与国际法。[①] 国内法（domestic law）是指由某一国家制定或认可，在本国主权辖区内发生法律拘束力的法律。国内法的主体一般是公民、社会组织或国家机关，国家只能在特定法律关系中成为主体。民法即是由我国立法机关制定和认可、在我国主权管辖范围内生效，以平等主体之间的民事关系为调整对象的法律，国家及其机关以平等的身份参与到民事关系中时，可以作为民法调整的主体，民法是典型的国内法。与国际公法相比，民法具有以下特点和区别：

第一，调整主体不同。民法调整的主体具有私法性质，为平等主体的自然人、法人和非法人组织；国际法的调整主体为国家、政府间国际组织及争取独立的民族，具有公法性质。

第二，制定主体不同。民法的制定主体是国内立法机关，国际法制定主体是国际法主体即国家本身。

第三，表现形式不同。民法包括制定的民事法律和单行法规，而国际法包括国际条约、国际习惯、缔约各国所承认的一般法律原则、司法判例甚至于各国最高权威的公法学家学说等。

第四，执行主体不同。民法由国内执法、司法机构强制执行，而国际法一般由国家自己执行，不得强制执行。

除了民法以外，宪法、刑法等我国的法律都是国内法的组成部分。虽然国际法与国内法是不同的法律体系，但却是相互联系、互相渗透、互相补充和互相促进的。国内法的制定，需要注意到应尽的国际义务，国际法的制定，不能无视本国的主权；国际法不得干预他国国内法，国内法无法改变国际法，两者应当保持协调一致。

---

① 国际法从逻辑看包括国际公法和国际私法，国际私法本质上是调整有“涉外”因素的平等主体之间的法律以及解决涉外民事纠纷的程序性法律，故此处仅仅就民法与国际公法进行比较。

第四节　民法与邻近法律部门的区别

民法以调整平等主体之间的人身关系和财产关系作为其主要任务，就法律调整的经济关系而言，民法只调整平等主体直接的财产关系，即横向经济关系，纵向等其他经济关系主要为经济法、行政法、劳动法等调整。民法部门与这些法律部门有着密切的联系，也具有明显的区别。

一　民法与经济法

关于经济法的调整对象，学术界经过多年的争论，现在基本达成共识。经济法是为克服市场经济的局限，调整需要国家干预的经济关系的法律规范的总称。经济法主要包括反不正当竞争法、反垄断法、预算法、产业政策法、农业法、银行法、价格法等法律。与民法相比，二者存在以下区别：

首先，经济法与民法的调整对象不同。这不仅表现在民法调整平等主体的人身关系上，也表现在调整的财产关系上。经济法调整的是需要国家干预的经济关系，是社会经济关系中的一部分，且是纵向经济关系，法律关系主体之间具有显著的服从性，属于公法范畴。民法调整的财产关系则是作为平等主体的自然人、法人、非法人组织之间的经济关系，是横向经济关系，以平等性为基本特征，属于私法的范畴。

其次，经济法与民法的法律属性不同。经济法以社会本位为价值取向，强调社会利益和社会责任，维护全局的、长远的利益，具有公法属性。民法以个体权利为本位，具强调社会个体的权利、平等和自由，以保护个人民事权利为己任，有私法属性。

最后，经济法与民法的调整方法不同。经济法尽管可以通过民事手段进行调控，但国家强制是其主要的调整手段，综合运用财产责任、行政责任、刑事责任三种制裁形式对违法行为予以处罚，达到调整经济法律关系的目的。民法则通过当事人的自主意思和自己责任，采用任意性规范，实现对相关社会关系的调整。

总的来说，民法采取平等、自愿、公平、诚信的原则调整民事主体之间横向的人身关系和财产关系，而经济法则通过国家干预经济的原则调整国家机关与企事业单位和公民之间的纵向经济关系，二者相互补充，共同服务于我国市场经济的健康发展。

二 民法与行政法

行政法是调整行政关系、规制行政权力的法律规范的总称。从主体看，行政法律关系一方总是国家行政机关；从主体关系看，行政法律关系中，行政主体能够以自己单方面的意志成立行政法律关系，有国家意志性、隶属性、强制性的特点，行政主体与行政相对人之间是命令、服从关系。从立法本位看，行政法以行政管理承载的国家利益、公共利益为本位，也约束行政权力。行政法的前述特点表明其与民法完全不同，在公法、私法二元分立的情况下，行政法属于典型的公法，而民法则是典型的私法，两者泾渭分明。

三 民法与商法

商法又称商事法，包括实质商法和形式商法。实质商法是调整有关商事活动的法律规范的总称，不论其存在形式。形式商法指在民法典之外的商法典以及公司、保险、破产、票据、海商等单行法。

商法起源于中世纪的欧洲。公元 11 世纪，商人为保护自己利益，成立了商人基尔特，采用通行的商事惯例解决商人之间的纠纷。在当时，商人是一个特权阶层，拥有普通人所没有的一些商品交易的权利。正是在这种环境下，商事惯例被长期沿用，并最终发展为商法。商法保护的仍是商品交易者的利益。

就民法与商法的关系有多种理解，一种是民法包括商法，商法是民法的特别法；另一种是民法不包括商法，民法与商法分离，成为私法的两个构成部分。民事活动实际上包括狭义民事活动和商事活动，在这一区分意义上的民法与商法存在共同性和差异性。就共同性而言，二者调整的均为平等主体之间的社会关系；均以保障民事权利，个人利益为本位。就差异性而言，二者的历史不同，商法随商业发展而历史地出现；二者主体不同，民法主体是民事主体，其发生是自然的，商法主体是商事主体，其发生是规范的；二者调整对象不同，民法调整私人社会生活的各方面，商法调整商业领域；二者立法目的不同，民法追求的是社会的公平公正，商法注重交易的安全和效率。这种共同性和差异性显示，民法可以涵盖商法，商法是民法的特别法，[①] 所谓“民商合一”或者“民商分离”问题，仅仅是民法典如何编纂的问题，或者说商法典是否有独立的必要性问题，不影响实质民商法的根本规范。

四 民法与劳动法

劳动法是调整劳动关系以及与劳动关系密切联系的一些关系的法律规范的总称，主要调整的是劳动者和用人单位之间的关系，解决的是劳动关系中的劳动纪律、劳动保护、劳动程序、假期、劳动报酬和劳动争议等方面的法律问题。[②] 劳动法在适用中和民法有密切的关系，劳动法未做专门规定的，可以参照民法的有关规定。但是作为一个独立的法律部门，劳动法与民法存在显著区别：

第一，调整对象不同。劳动法调整的社会关系是劳动关系以及与劳动关系有密切联系的其他关系，其在内容上既有平等性又有隶属性；民法调整的对象是平等主体之间的人身关系以及财产关系，其内容只有平等性。

第二，主体不同。劳动法规范的主体一方必须是劳动者，另一方为用人单位（劳动使用者），用人单位必定是组织而不是个人，而抽象意义上的民事主体可以是一切自然人、法人、非法人组织，甚至是国家。

第三，法律规范的强制性程度不同。民法着重于形式正义，也是保障自己意思的独立与自由，至于由此产生的实际后果则一般不予调整。劳动法着重于实质正义，即介入了劳动关系双方实体权利义务的公平，其原因是在劳动法律关系中，劳动者处于弱势群体的地位，需要国家介入予以保障。由此，劳动法律规范大多是强制性规范，而民法规范大多是任意性规范。

---

① 王利明主编：《民法（第五版）》，中国人民大学出版社2010年版，第16页。

② 关怀主编：《劳动法学》，法律出版社1996年版，第2页。

第五节 民法发展历史

一 大陆法系与英美法系民法的发展

大陆法系是以民法典作为自身标志的成文法系，因支配整个欧洲大陆各国而得名。它以古代罗马法，特别是以19世纪初《法国民法典》为传统而发展起来的，所以又称罗马法系；由于它受到中世纪日耳曼法的影响，所以又称罗马—日耳曼法系，或罗马—德意志法系。大陆法系在传统上采取成文法典形式创设法律制度，故又称成文法系或法典法系。早在16世纪，法国就制定了大量的商事、海事、民事的法律，并且于1804年颁布《拿破仑法典》，其法典化的民事规则为当时欧洲各国所广泛效仿。

英美法系是以英国中世纪至资本主义时期的法为传统而产生和发展的各国和地区的法的统称。由于它源于英国中世纪开始出现的“普通法”（common law），故又称普通法法系。英美法系由于历史原因，传统上不注重法典编纂，而是通过“遵循先例”的形式，在广泛吸取日耳曼法和习惯法以及罗马法和教会法的原则和思想基础上，逐步形成相关的民事制度，故英美法系国家又称“判例法”国家。

两大法系的区分是西方国家采取的法律传统分类，在资本主义国家，两大法系的民法在经济基础、法律本质以及法的基本原则等方面是相同或相似的。但由于各自产生和发展的历史传统不同，两者也有各自不同的特点：

（1）民法立法权的归属和法的渊源不同。大陆法系作为法典化国家，贯彻立法机关立法的原则，否认法院有创制法的职权，由此，法院判例也就难以成为民法的渊源。英美法贯彻“咨询先例”原则，这意味着法院有权创设法律规则，故其立法权实际上为立法机关和法官分享。立法机关按照立法程序制定有关法律形成制定法，法官通过判例形成判例法，判例法与制定法都是民事法律的渊源。

（2）民事法律体系构成不同。大陆法系有清晰的法律体系，一般包括宪法、行政法、民法、商法、刑法、程序法等部门法，其实体法与程序法的界限清楚。英美法系有宪法、刑法、诉讼法，还有侵权行为法、契约法、财产法、买卖法等类似大陆法系的民法，但民法并没有成为独立的部门法，而且英美法系的实体法与程序法往往结合在一起，从发展历史看，诸多民法规范是在程序法中派生出来的“副产品”。

（3）在法的分类方面，大陆法系承袭罗马法传统，把法分为公法和私法，民法属于私法范畴，而英美法系对公法与私法的区分并不严格，其更看重的是将法区分为普通法和衡平法，其民事法律规范既可能属于普通法范畴，也可能属于衡平法范畴，主要取决于规范的制定机关。

进入20世纪后，随着国际社会经济、政治的发展，两大法系出现了互相融合的变化趋势。大陆法系开始注意到判例的意义，英美法系也有法典化行为。但两大法系的差异是长期历史形成的，在相当长的历史时期内还不可能从根本上消弭两大法系的区别。

二　我国民法的发展

中国古代诸法合体、民刑不分，尽管我国历史上存在大量调整今天民事关系的法令、习惯法和判例，但其并非近代作为独立部门，有自己调整方法的民法。我国现代民法始于清朝末期的立法改革，清政府派沈家本等人主持修订民律。1908年沈家本聘请日本学者松冈义正等人帮助起草民法，于1911年完成了《大清民律草案》，这是我国历史上第一部民法典，但该民法典因为清政府灭亡并没有颁行。中华民国时期，北洋政府在《大清民律草案》基础上于1925年制定了我国第二部民律草案，北洋政府司法部曾通令各级法院作为条例予以援用，但北洋政府从未将其作为正式法典颁行。南京国民政府于1927年开始起草民法，1929年颁布民法总则、民法债编和物权编，1930年颁布亲属、继承编，形成了民法典。该民法典在《大清民律草案》和北洋政府的《中华民国民律草案》基础上，借鉴了德国、瑞士和日本民法的许多条文而形成，目前仍在我国台湾地区施行。

新中国民法是在废除国民党“六法全书”基础上，依据我国社会主义革命和建设不同时期的要求逐步建立、发展和完善起来的。

（一）改革开放之前的民法

婚姻家庭是社会的细胞，封建婚姻家庭制度是封建社会的人身关系基础。为了破除封建婚姻家庭制度，1950年5月1日中央人民政府公布实施了《中华人民共和国婚姻法》。该法为新中国颁行的第一部民事法律，其基本法律原则和精神是男女婚姻自由、一夫一妻、男女权利平等、保护妇女和子女合法利益，这既是党领导中国广大劳动人民长期反封建斗争，特别是五四运动以来的反封建斗争经验的总结，也为以后婚姻法的发展和完善奠定了基础。

为彻底消灭封建土地所有制、实现耕者有其田，解放农村生产力，解决新民主主义革命的遗留问题，为新中国的工业化开辟道路，在总结各个革命根据地土地改革经验的基础上，我国于1950年6月28日公布了《中华人民共和国土地改革法》。该法实施后，广大解放区进行了轰轰烈烈的土地改革，到1952年冬，全国除部分少数民族地区外，基本上都已完成了土地改革，消灭了封建土地所有制。为解决新中国成立前农民及其他劳动人民欠地主的债务，政务院于1950年10月又通过了《新区农村债务纠纷处理办法》。

国民经济恢复时期，我党为彻底清除封建主义和官僚资本主义经济关系，建立国有经济，保护国民财产，迅速恢复国民经济，大量的民事法律和法规得以颁行。1951年政务院和有关部门先后通过了《企业中公股公产清理办法》《关于国营企业清理资产核定资金的决定》及《国营企业资金核定暂行办法》等，确立了国有经济在国民经济中的领导地位，为改变企业经营管理上的供给制做法，和在企业中推行经济核算制创造了有利条件。1950年12月和1951年3月政务院通过了《私营企业暂行条例》（共32条）、《私营企业暂行条例施行办法》（共105条）等，党和国家对私人资本主义利用、限制和改造的政策得以法律化，通过法律的手段赋予各类私营企业的法律地位，明确它们设立、解散、清算的程序和责任，保护它们的合法经营活动和利益，从而促进了私人资本投资生产事业和国民经济的发展。

为明确城市房屋产权，解决人民居住以至社会安定问题，在1950年至1951年间，北京、上海、天津等大城市先后发布了以私有房屋为主的租赁暂行条例、规则或办法。它明确依法保护私人房产的所有权及其合法经营，通过自由协商的民事方式租赁房屋，规范租赁双方权利义务。这些法规的施行对消除错误观念、维护社会稳定、依法处理租赁双方的权利义务发挥了十分重要的作用。

为了保证经济计划的执行，贯彻经济核算制，促进正常的商品交换，加速财产流转，1950 年 10 月 3 日中央人民政府政务院财政经济委员会颁布了《机关国营企业合作社签订合同契约暂行办法》，同日贸易部颁布了《关于认真订立与严格执行合同的决定》。这些法律文件规定了合同的订立、担保、履行等内容，开创了我国合同制度，首次使用了“法人”和“法人代表”的法律概念。

在我国社会主义改造中，出台了农村、城市社会主义改造的系列法律文件，尽管这些文件不能够简单认为是民事法律文件，但包含了大量民事法规内容，为日后的民法规范制定提供了基础。

（二）改革开放后民事立法的发展

1. 民事法律法规的颁布

在 1978 年 12 月召开的党的十一届三中全会之后，为了进一步调整国民经济，改革工业管理体制，扩大国营工业企业经营管理自主权，1979 年 7 月国务院发出了《关于按照五个改革管理体制文件组织试点的通知》；1984 年 5 月国务院发布了《关于进一步扩大国营企业工业自主权的暂行规定》。1984 年 10 月中共中央十二届三中全会通过了《关于经济体制改革的决定》，对全民所有制企业提出要“真正成为相对独立的经营实体，成为自主经营、自负盈亏的社会主义商品生产者和经营者，具有自我改造和自我发展的能力，成为具有一定权利和义务的法人”。1979 年 7 月第五届全国人民代表大会第二次会议通过了《中华人民共和国中外合资经营企业法》。1980 年 7 月国务院发布了《关于农村个体工商业的若干规定》。1984 年 11 月发布了《关于轻工业集体企业若干问题的暂行规定》等。以上文件从上确定了各类主体的经济主体法律地位，丰富发展了我国民事主体制度及民事行为制度。

十一届三中全会以来实行的经济体制改革否定了原来的计划经济体制，开创了社会主义商品经济时代。与此相适应，企业生产、社会生活无法通过计划、行政指令完成，必须建立产供销链条上主体之间的契约关系。为此，1979 年 8 月国家经济委员会、工商行政管理总局、中国人民银行发出了《关于管理经济合同若干问题的联合通知》，明确企业之间产、供、运、销的协作与责任应当以合同制度予以确定，并且提高到实现“四个现代化”的高度。根据上述通知的精神，为了推广经济合同制度，规范、协调各单位之间的商品交换关系，同年 8 月工商行政总局颁发了《关于工商、农商企业经济合同基本条款的试行规定》。1981 年 12 月《中华人民共和国经济合同法》颁行，法人之间、法人和个体经营户、农村承包经营户、农村社员之间订立经济合同有了一般规则和责任制度。为进一步规范各领域的合同关系，国务院根据经济合同法，先后又颁发了《工矿产品购销合同条例》《农副产品购销合同条例》《建设工程勘查设计合同条例》《加工承揽合同条例》等特别法。为了适应对外开放的需要，1985 年通过了《中华人民共和国涉外经济合同法》。

与商品经济下个人权益保护相一致，1980 年 9 月通过的《中华人民共和国婚姻法》，就夫妻以及其他成员之间的财产权利进行了明确规定；1985 年 4 月通过的《中华人民共和国继承法》，确认了具有中国特色的财产继承制度。婚姻家庭继承立法将人身权与财产权紧密结合。

2. 民事立法的系统化

随着经济体制改革和社会主义商品经济的发展，急需一部统领民法规范的法律。为满足实践需要，依据当时的客观情况，全国人大常委会法制工作委员会在 1985 年 12 月组织人员，在民法第四稿的基础上，着手民法通则的起草，暂时搁置民法典的起草。1986 年 4 月六届人大四次会议通过《中华人民共和国民法通则》，自 1987 年 1 月 1 日起施行。《中华人民共和国民法通则》是新中国颁布的第一部调整民事法律关系的基本法律，起着民法典的作用，它的颁行在新中国民事立法史上具有里程碑意义，标志着我国民事立法进入了系统化阶段，为我国社会主义民法典的制定奠定了基础。

《民法通则》颁布后，为适应我国社会主义经济体制改革的迅速发展，立法机关根据我国 1982 年宪法及其修正案，结合民法通则的基本精神和基本原则，制定颁布和修改了一大批民事法规，主要是各种商事、知识产权以及财产领域的立法，辅以最高人民法院的司法解释，形成了以《民法通则》为核心的民事法律大体框架。

3. 民事立法的进一步发展完善

党的十四大报告明确提出我国经济体制改革的目标是建立社会主义市场经济体制，商品经济进一步深化为市场经济。为此，《中共中央关于建立社会主义市场经济体制若干问题的决定》明确指出：“社会主义市场经济体制的建立和完善，必须有完备的法制来规范和保障”，市场经济就是法制经济，要“进一步完善民商法律、刑事法律、有关国家机构和行政管理方面的法律”，“抓紧制定关于规范市场主体、维护市场秩序、加强宏观调控、完善社会保障、促进对外开放等方面的法律”。党的十五大明确地提出了依法治国战略，1999 年 3 月 15 日“中华人民共和国实行依法治国，建设社会主义法治国家”写入宪法；同时整合《经济合同法》等三部合同法，兼收并容大陆法系和英美法系合同制度的《中华人民共和国合同法》颁行，使我国交易行为有了统一的、较为科学的法律制度。为解决民事财产静态关系，“定分止争”，激发市场主体的创造能力，十届全国人大五次会议于 2007 年 3 月 16 日通过了《物权法》，该法明确了民事财产的归属关系，与《合同法》构成了民事财产关系的两大基本法律，是我国民事立法史上的重要事件，对保护人民财产，鼓励创造财富具有重要意义。2009 年 12 月 26 日第十一届全国人大常委会第十二次会议通过了《中华人民共和国侵权责任法》，该法立足于中国国情，大量借鉴两大法系的先进经验，具有鲜明的中国特色和时代特色。至此，民法典中的主要分则构成基本完成，对我国民事法律体系的构建具有深远影响。2017 年 3 月 15 日第十二届全国人大第五次会议审议通过的《民法总则》于 2017 年 10 月 1 日起正式施行，该法的颁行具有重大意义，因为至此我国《民法典》的立法框架得以完成，编纂《民法典》成为自然而然的事。按国家规划，2020 年一部具有中国特色的社会主义民法典即将问世，《民法典》的颁行将成为我国民事法律体系最终建立和完善的标志。

第六节 我国民法典的编纂与《民法总则》

我国民法典运动始于清末，是为《民律草案》，成于 20 世纪 30 年代的《中华民国民法典》。新中国成立以来，按照大陆法系的形式路径，我国先后四次尝试制定民法典。1954 年全国人民代表大会常务委员会组织民法起草，开始第一次制定民法典，到 1956 年 12 月完成“民法草案”，该草案包括总则、所有权、债和继承四编，计 525 条。第二次是 1962 年到 1964 年 7 月，完成了“民法草案（试拟稿）”，该“草案”不同于第一次的草案，采取的是“三编制”，即“总则”“财产所有”和“财产的流转”。这两次民法立法活动均因政治运动而终止。

新中国第三次民法典起草始于1979年11月，由全国人民代表大会常务委员会法制委员会成立民法起草小组开展工作，其历史背景是我国改革开放后，民法的地位和作用凸显。到1982年5月完成了“民法草案”，该“草案”共8编43章465条。但是，在1982年我国改革开放刚刚开始不久，各种社会制度、社会生活均处于变革中，没有制定民法典的客观基础。与这种时代变动相适应，“宜粗不宜细”“改批发为零售”成为我国务实的立法方针。为此，这次民法典起草最终搁置，转为制定一批社会生活急需的民事单行法，《民法通则》《经济合同法》《继承法》等重要民事法律得以出台。实践证明，这是一个正确的抉择，体现了我国的立法智慧。[①] 2002年开始的民法典第四次起草，编制完成了《中华人民共和国民法草案》，在当年12月召开的全国人大常委会上进行了审议，但终因客观条件不具备而未能功成。

2014年10月，党的十八届四中全会通过的《中共中央关于全面推进依法治国若干重大问题的决定》，明确提出“加强市场法律制度建设，编纂民法典”，民法典编纂再次被提上议事日程。此时，《民法通则》《继承法》《婚姻法》《收养法》《担保法》《合同法》《物权法》和《侵权责任法》等一系列民事法律均已制定或者修改完善；且社会主义市场经济体制基本建成。民法典编纂有了必要的经济基础、社会基础和法律基础等客观条件。2015年9月14日至16日全国人大法工委召开第一次研讨会，征求专家学者对《民法总则（室内稿）》的意见，在此基础上形成草案，2016年6月28日至30日，全国人大常委会首次审议《民法总则（草案)》。2016年7月初，全国人大常委会官网全文公布《民法总则（草案)》一审稿，向社会征求意见，一个月内收到约65000条意见。法律委员会审议后，法工委很快整理形成《民法总则（草案)》二审稿。2016年10月31日至11月2日，常委会进行二次审议，2016年12月19日，《民法总则（草案)》三审稿提请第十二届全国人大常委会第二十五次会议审议，2017年3月15日第十二届全国人大第五次会议审议通过了《民

① 孙宪忠：《我国民法编纂中的几个问题》（2017年1月10日），2018年5月30日，中国法学创新网。

法总则》。应当指出的是，这次立法活动标志着我国的民法典编纂工作已经进入实质性阶段，按照国家的立法规划，经过全社会共同努力配合，2020 年将制定完成《民法典》。

民法被称为社会生活的百科全书，民法典不仅是保护私人权益的“圣经”，也是民族精神、时代精神的立法表达。编纂民法典是实现国家治理体系现代化和治理能力现代化的重大举措。编纂民法典，完善我国民事法律体系，必将有利于健全市场秩序，维护交易安全，促进社会主义市场经济健康发展。

一　我国民法典编纂的意义、指导思想和基本原则①

编纂民法典是党的十八届四中全会提出的重大立法任务。编纂民法典是对现行民事法律规范进行系统整合，编纂一部适应中国特色社会主义发展要求，符合我国国情和实际，体例科学、结构严谨、规范合理、内容协调一致的法典。编纂民法典不是制定全新的民事法律，而是对现行的民事法律规范进行科学整理；也不是简单的法律汇编，而是对已经不适应现实情况的规定进行修改完善，对经济社会生活中出现的新情况、新问题做出有针对性的新规定。

（一）民法典编纂的意义

党的十八大以来，以习近平同志为核心的党中央团结带领全党和全国各族人民，统筹推进“五位一体”总体布局，协调推进“四个全面”战略布局，全面开创了中国特色社会主义新局面，极大地提振了广大人民群众的主动性、积极性和创造性，现在我们比历史上任何时期都更加接近实现中华民族伟大复兴中国梦的目标。在这一时代背景下，编纂民法典具有重大而深远的意义。

第一，编纂民法典是体现党执政为民的根本宗旨，维护最广大人民根本利益的客观需要。尊重和保障人民群众合法权益，是建设中国特色社会主义法治体系、建设社会主义法治国家的基本原则。党的十八届四中全会提出，要实现公民权利保障的法治化。这是总结我国民主法治建

① 李建国：《关于〈中华人民共和国民法总则（草案）〉的说明——2017 年 3 月 8 日在第十二届全国人民代表大会第五次会议上》，《人民日报》2017 年 3 月 9 日。

设经验教训而得出的重要结论，是我们党根本宗旨的内在要求。我国宪法确立了保障公民人身权利和财产权利的原则。宪法的精神和原则必须在民事法律中予以体现和落实。通过编纂民法典，健全民事法律秩序，就是要加强对民事主体合法权益的保护，更好地维护人民群众的切身利益。

第二，编纂民法典是全面推进依法治国，实现国家治理体系和治理能力现代化的重大举措。党的十八届三中全会提出完善和发展中国特色社会主义制度，推进国家治理体系和治理能力现代化。党的十八届四中全会进一步指出依法治国是实现国家治理体系和治理能力现代化的必然要求。民法作为中国特色社会主义法律体系的重要组成部分，是民事领域的基础性、综合性法律，被称为社会生活的百科全书，它规范人身关系和财产关系，涉及社会和经济生活的方方面面，同每个民事主体都密切相关。民法与国家其他领域的法律规范一起，支撑着国家治理体系。通过编纂民法典，完善民事法律规范，就是要构建民事领域的治理规则，提高国家治理能力。

第三，编纂民法典是健全社会主义市场经济制度，完善中国特色社会主义法律体系的必然要求。社会主义市场经济本质上是法治经济。完善社会主义市场经济法律制度，是社会主义市场经济运行规律的客观要求，也是保障经济持续健康发展的现实需要。党的十八届四中全会提出，使市场在资源配置中起决定性作用，必须以保护产权、维护契约、统一市场、平等交换、公平竞争等为基本导向。我国民事立法秉持民商合一的传统，通过编纂民法典，完善我国民商事领域的基本规则，为民商事活动提供基本遵循，就是要健全市场秩序，维护交易安全，促进社会主义市场经济健康发展。

（二）编纂民法典的指导思想

编纂民法典的指导思想是高举中国特色社会主义伟大旗帜，全面贯彻党的十八大和十八届三中、四中、五中、六中全会精神，以马克思列宁主义、毛泽东思想、邓小平理论、“三个代表”重要思想、科学发展观为指导，深入贯彻习近平总书记系列重要讲话精神和治国理政新理念新思想新战略，贯彻统筹推进“五位一体”总体布局和协调推进“四个全面”战略布局要求，贯彻新发展理念，编纂一部具有中国特色、体现时代精神的民法典，正确调整民事关系，更好保护民事主体合法权益，维护社会经济秩序，为实现“两个一百年”奋斗目标、实现中华民族伟大复兴中国梦提供有力的法治保障。

（三）编纂民法典工作遵循以下基本原则

按照上述指导思想，编纂民法典工作遵循以下基本原则：一是坚持正确政治方向。坚持党的领导这一社会主义法治的最根本保证，确保党的领导、人民当家作主、依法治国有机统一，坚定不移走中国特色社会主义法治道路。二是坚持人民主体地位。坚持人民立场这一党的根本政治立场，恪守以民为本、立法为民理念，保证人民依法享有广泛的权利和自由、承担应尽的义务，实现好、维护好、发展好最广大人民根本利益。三是坚持社会主义核心价值观。将社会主义核心价值观融入全过程，弘扬中华民族传统美德，强化规则意识，增强道德约束，倡导契约精神，弘扬公序良俗。四是坚持立法的引领和推动作用。以法典化方式巩固和确认新中国成立以来特别是改革开放以来实践证明是正确的民事立法成果，同时与时俱进，完善和发展我国民事法律规范，引领经济社会发展，更好地平衡社会利益、调节社会关系、规范社会行为。

二　我国民法典编纂体例①

民法的编纂体例有两种代表，一是罗马式，又称法学阶梯式；二是德意志式，又称潘德克顿式。

（一）体例篇章选择

罗马式效仿罗马法学家盖尤斯的法学教科书的体例，分为三编，第一编人法，第二编物法，第三编诉讼法。《法国民法典》采用此模式但将诉讼法排除在外，其具体第一编是人法，第二编是财产及对所有权的各种限制，第三编是取得财产的各种方法。

德意志式又称潘德克顿式，它是罗马法大全中《学说汇纂》（*Pandectae*）的音译，是德国学者在法律著述中所用体例，为《德国民法典》所沿用。共分五编，第一编总则，第二编债权，第三编物权，第四编亲属，第五编继承。潘德克顿式编制体例的特色，在于规定各种法律关系，

---

①　梁慧星：《民法总论》，法律出版社 2000 年版，第 13—14 页。

如买卖、赠与、借贷等契约关系时，为了避免重复规定，将各种法律关系中的共同性制度和规则抽出，集中规定在个别的规定之前，称为总则。这样，关于各种契约的共同规定，作为契约的总则；关于契约、无因管理、不当得利和侵权行为的共同规定，作为债权的总则；关于物权、债权、亲属、继承的共同规定作为民法典的总则。这种编制体例从体系化和逻辑的观点看是合理的，但从教学的观点看，会增加初学者理解的难度。因此，潘德克顿式民法典，被认为是为法学家制定的法典，常常称之为学说法。

【疑难争点】我国的民法典的篇章结构争议

我国从清末至民国时期公布的民法、民律草案等均采用德意志式。1956 年新中国的民法草案仿照 1922 年苏俄民法典的体例，分总则、所有权、债、继承四编。其特点在于把亲属排除在外且第二编仅规定所有权，从体例上说，这是德意志式的变种。1982 年的民法草案第四稿分为八编：第一编民法的任务和基本原则；第二编民事主体；第三编财产所有权；第四编合同；第五编智力成果权；第六编财产继承权；第七编民事责任；第八编是其他规定。这是仿照苏俄 1964 年新民法典和匈牙利民法典。此次我国民法典的编纂始于 1998 年 1 月，民法起草工作小组第一次会议，决定了编纂民法典的计划，即所谓“三步走”。这是江平教授提出来的。第一步，我们要完成统一合同法，实现市场交易规则的统一；第二步，制定物权法，完善（有形）财产关系的基本规则；第三步，大概用 10 年至 15 年的时间，完成民法典编纂。1989 年 9 月 3 日民法起草工作小组第三次会议，专门讨论民法典方案。中国人民大学提交了一个方案，是王利明教授负责设计的；中国政法大学提交了一个方案，是杨振山教授和民法教研室设计的；中国社会科学院法学所提交了一个方案，是梁慧星教授负责设计的。中国人民大学的民法典设计方案是七编制，分为总则、人格权、物权、合同、侵权行为、亲属、继承七编。中国政法大学的方案是五编制，包括总则、物权、债权、亲属、继承五编。中国社科院的方案也是七编制，包括总则、物权、债权总则、合同、侵权行为、亲属、继承七编。[①] 经过数次讨论修改，现在对总则部分的内容基本成型，其设计实质上仍采用德国式立法体例，但是已结合我国社会经济发展的实践成果，具有鲜明的中国特色。

（二）民商合一与民商分立

大陆法系民法在立法体例上有所谓民商合一与民商分立两种主张。民商合一指制定一部民法典将其统一适用于各种民商事活动，不再单独制定一部商法典；而民商分立则意味着严格区分民法与商法，在民法典之外还要制定一部单独的商法典。[②] 民商分立的体制最早起源于法国，19世纪初到20世纪初相当多的大陆法系国家采用此立法体例，比较有代表性的如法国，1804年制定《法国民法典》后在1807年又制定一部单独的商法典。1847年，意大利学者摩坦尼利（Motanelli）提出“民商二法统一论”，主张制定统一的民法典，得到了各国学者的赞同。1912年，瑞士制定并施行一部包含公司法、商业登记法等商法内容的统一民法典，从而确立民商合一的立法体例。

我国清末改制，聘请日本学者松冈义正起草民法典草案，本来是采用民商分立主义，但后来国民政府制定民法时，立法院院长胡汉民、副院长林森提议制定民商合一民法典，他们认为在我国的历史中，商人不是一个专门的特殊阶层，人民在法律上应当一律平等，不宜因职业分工而分别立法，商法严格来说应当是民法之特别法，分别立法重复之处很多，而且世界立法的发展趋势也是民商合一，所以我国在国民政府时期的民法最终采用民商合一体例。

1949年新中国成立以后，我国继受原苏联的立法和理论进行立法建设，而原苏联也是采用民商合一的体例。《民法通则》《民法总则》为民商合一体例，虽然合同法、海商法、公司法、票据法、保险法等都具有商事法的性质，但从体系上来看，它们仍然属于《民法通则》的特别法。

在民法总则的编纂过程中，对我国立法采用民商合一还是民商分立

---

① 梁慧星：《关于中国民法典编纂问题——2014年11月16日于浙大光华法学院演讲》，2018年5月30日（http：//www. iolaw. org. cn/）。

② 谢怀栻：《外国民商法精要》，法律出版社2002年版，第57—58页。

也存在较大争议，[①] 最终因学者们大多坚持民商合一的立法体例而达成共识：民商合一绝不是轻视商法，实际上不过是将民事生活和整个市场适用的共同规则集中规定于民法典，而将适用于局部市场或个别市场关系的规则规定于各民事特别法。民商合一所反映的正是现代化市场经济条件下的所谓“民法的商法化”。

【疑难争点】应该民商合一还是民商分立？

我国学者大多主张“民商合一”，认为：一是商法和民法均以个人利益为本位，存在诸多重叠、交叉，不同于民法之处，商法无非是以更复杂、更特殊的规则来实现其保护私人权益。故商法是民法的特别法，应当采用民商合一的体制，将社会商品经济关系统一于民法进行调整。[②] 二是近代商法典不同于民法源于其起源于中世纪欧洲商人团体的习惯法，也就是商法最初是商人的法，区别于一般民事主体的法。但随着时代的发展，作为特殊的阶层商人已经不存在，一些特殊的商人之间的行为也已失去其特殊性，例如过去仅商人利用的票据制度、保险制度已经普及于社会各阶层，为全社会的人所利用。[③] 故德国等欧洲国家的民商分立立法模式是特定历史时期的产物，而我国并没有此种客观基础。[④] 三是在民商分立的国家，严格划分民事行为与商事行为是很困难的，甚至存在以管辖法院区分行为性质的，民事法庭管辖的属民事行为，商事法庭管辖的是商事行为，有很大的任意性和逻辑问题，因而“民商分离”会引起法律适用上的困难和混乱。[⑤]

---

① 在2016年4月9日的全国首届“民法典编纂背景下民法与商法的对话学术研讨会”上，学界就民法与商法在民法典编纂过程中的关系问题进行了较为集中的研讨。有观点认为，在民法典之外，还需制定一部商法通则，或者认为民商分立可能符合我国立法实际，但这并不意味必定无商法典（刘凯湘）。但也有观点认为民商合一并不会对社会生活造成严重影响（崔建远），或者认为不可能也不需要对商法的所有内容进行编纂，而应该为商事立法留下足够空间（温世扬）。也有学者跳出“合一”或者“分离”的论域，称民商合一还是民商分立更强调的是法律适用上的问题（叶林），更重要的是思考民商合一的立法体例究竟给我们民法典的规则设计和未来的法律适用提出了什么挑战（王轶），主要的精力应该集中在如何设置规则上（耿林）。具体内容参见2016年4月13日《法制日报》。

② 王利明主编：《民法（第五版）》，中国人民大学出版社2010年版，第16页。

③ 梁慧星：《民法总论》，法律出版社2000年版，第11页。

④ 江平：《〈民法总则〉评议》，《浙江工商大学学报》2017年第5期。

⑤ 参见谢怀栻《大陆法国家民法典研究》，《外国法译评》1995年第2期。

《民法总则》在法人一章中，将法人按照营利法人和非营利法人的模式进行构建，营利法人就是商法人，由民法总则予以规定，不能规定的则由《公司法》等单行法予以规定。这意味着不需要再在民法典之外另行制定商法典。故《民法总则》的通过已确认我国民商合一的基本立法模式。①

三　《民法总则》的制定与品格

《民法总则》的颁行正式开启了民法典编纂的进程，极大地推动了我国民事立法体系化进程。立法机关将《民法总则》的作用总结为“既构建了我国民事法律制度的基本框架，也为各分编的规定提供依据”②，必将为全面推进依法治国奠定坚实的基础。

（一）《民法总则》的制定过程

党的十八大以来，根据党中央的决策部署，十二届全国人大及其常委会将编纂民法典和制定民法总则作为立法工作的重点任务。2016 年 6 月、10 月、12 月，全国人大常委会先后 3 次审议了民法总则草案，并且先后 3 次于会后将草案审议稿在中国人大网上公布征求社会公众意见，两次将草案印送全国人大代表征求意见，还将草案印发中央有关部门、地方人大、法学教学科研机构征求意见。与此同时，全国人大常委会于 2016 年 10 月和 11 月在北京、四川、宁夏和上海召开 4 次座谈会，直接听取中央有关部门，各省、自治区、直辖市人大常委会和部分全国人大代表、基层立法联系点代表、法律实务工作者和专家学者等各方面的意见，并到基层进行实地调研。提请全国人民代表大会审议的民法总则草案，是在深入调查研究，广泛听取全国人大代表、全国政协委员和社会各界意见的基础上，反复修改形成的，体现了科学立法、民主立法的精神。③

---

① 江平：《〈民法总则〉评议》，《浙江工商大学学报》2017 年第 5 期。

② 李建国：《关于〈中华人民共和国民法总则（草案）〉的说明——2017 年 3 月 8 日在第十二届全国人民代表大会第五次会议上》，《人民日报》2017 年 3 月 9 日。

③ 同上。

（二）《民法总则》的制定规则①

在民法总则草案起草过程中，遵循了编纂民法典的指导思想和基本原则，同时坚持如下规则：

1. 编纂规则

民法总则是民法典的开篇之作，在民法典中起统领性作用。民法总则规定民事活动必须遵循的基本原则和一般性规则，统领民法典各分编；各分编将在总则的基础上对各项民事制度做出具体规定。民法总则草案以1986年制定的《民法通则》为基础，采取“提取公因式”的办法，将民事法律制度中具有普遍适用性和引领性的规定写入草案，就民法基本原则、民事主体、民事权利、民事法律行为、民事责任和诉讼时效等基本民事法律制度做出规定，既构建了我国民事法律制度的基本框架，也为各分编的规定提供了依据。

2. 符合规律的问题导向规则

既坚持问题导向，着力解决社会生活中纷繁复杂的问题，又尊重立法规律，讲法理、讲体系。我国仍处于并将长期处于社会主义初级阶段。制定民法总则必须立足于这一基本国情，研究现阶段民事法律实践中存在的问题，以实践需求确定立法重点，用实践智慧破解立法难点。同时，按照民商事法律关系的内在规律，注重与民法典各分编和其他部门法的有机衔接。

3. 尊重历史，符合发展规则

既尊重民事立法的历史延续性，又适应当前经济社会发展的客观要求。我国现行民事法律大部分规则实际可行，为人民群众所熟悉和接受。制定民法总则，必须深入总结这些法律的实施情况，对实践证明正确、可行的，予以继承，维护法律的稳定性；对不适应现实情况的内容和制度进行修改补充，对社会生活迫切需要规范的事项做出创设性规定，增强法律的可执行性，并适度体现前瞻性。

4. 民族性与开放性结合规则

既传承我国优秀的法律文化传统，又借鉴外国立法的有益经验。中

---

① 李建国：《关于〈中华人民共和国民法总则（草案）〉的说明——2017年3月8日在第十二届全国人民代表大会第五次会议上》，《人民日报》2017年3月9日。

华优秀传统文化的思想精华，包括讲仁爱、重民本、守诚信、崇正义、尚和合、求大同等核心思想理念，与民法的理念和原则是相通的。制定民法总则，必须坚定文化自信，深入挖掘和传承包括中华法律文化在内的中华优秀传统文化的时代价值，让我们的民法总则体现鲜明的民族性。同时，要有世界眼光，善于学习外国的立法经验，借鉴人类法治文明成果，但决不照搬外国法治理念和模式。

（三）《民法总则》的特点

《民法总则》具有如下特点：

1. 细分十一章的总体结构

《民法总则》包括基本规定、自然人、法人、非法人组织、民事权利、民事法律行为、代理、民事责任、诉讼时效、期间计算和附则。与其他国家民法总则相比，其特色有三：其一，设有基本规定，包括立法目的、基本原则和法律渊源。其二，设有民事权利一章。其三，将民事责任独立作为一章规定在民法总则中。这一体系虽然不够完美，但是一方面它有中国自己的特色，另一方面又继承《民法通则》的基本做法，保持了立法上的延续性。[①]

2. 以民事权利为轴心的内容结构

有学者认为，我国民法总则所采取的以民事权利为轴心的结构体系，完全是中国式的，对大陆法系传统民法总则的编制方法做出了大胆的超越和革新，鲜明地反映了我国民法典对中国本土元素的高度重视。比如，《民法总则》对《民法通则》结构体系的继承和发展，充分展示了我国民法对自身历史的尊重，制定具有自身文化传统特点的民法典，无疑有利于复兴中华法律思想，提高中华法律思想在当今时代和世界的影响力。[②]

3. 基本内容的本土化和时代化

《民法总则》从我国实际出发，总结了改革开放以来的立法和司法实践经验，并回应了当代中国的现实需要，彰显了鲜明的时代特色。[③]

---

① 江平：《〈民法总则〉评议》，《浙江工商大学学报》2017 年第 5 期。

② 梁慧星：《民法总则的时代意义》，《海南人大》2017 年第 5 期。

③ 王利明：《〈民法总则〉彰显了鲜明的本土性和时代性》，《中国人民大学学报》2017 年第 4 期。

一方面，《民法总则》是对我国民事立法、司法经验总结和提炼的结果，其许多制度和规则都是为了解决中国的具体问题而设计的，使得该法具有大量的中国元素。例如，关于成年监护制度的规定、特别法人制度以及第 185 条对英雄烈士人格利益的保护规则都具有明显中国特色。

另一方面，《民法总则》也体现了时代性，并使这部法律具有了时代的特征，真正符合人民的需要、时代的需要和社会的需要。例如第 109 条规定的对人格尊严的保护。有学者认为这一规定宣示了自然人的人格尊严平等受法律保护，同时确定了对人格权保护的兜底条款，只要行为人的行为有损受害人的人格尊严，就有可能构成对人格利益的侵害，因此，彰显了 21 世纪民法的时代精神，强化了人文关怀，有利于进一步提升我国公民人格权的法律保护水平。①

（四）《民法总则》的制度创新

1. 民法法源制度上

第一次明确规定了民法的法律渊源分为两个层次：一是有法律规定的，适用法律；二是法律没有规定的，适用习惯。《民法总则》取消“政策”作为法源，契合了全面依法治国，将法治作为国家治理基本手段的精神。②

2. 民事主体制度上

就自然人制度，确立了胎儿民事权益的保护规则（第 28 条），从实际出发，将限制行为能力人底线年龄下调（第 19 条），增加意定监护和老年人监护制度，凸显人文关怀（第 29 条、第 30 条、第 33 条等）。

就法人制度，《民法总则》的最大改革是对法人基本类型划分的变革，将法人分类为营利法人、非营利法人及特别法人。这种分类以法人的社会功能为标准，而没有采取大陆法系通常的“公法人”和“私法人”框架下的“财团法人”和“社团法人”区分，更加强调法人的功能，有利于充分发挥不同类型法人的功能，便于类型化管理。对于特别法人，

---

① 王利明：《〈民法总则〉彰显了鲜明的本土性和时代性》，《中国人民大学学报》2017 年第 4 期。

② 谢鸿飞：《〈民法总则〉的时代特征、价值理念与制度变革》，《贵州省党校学报》2017 年第 3 期。

例如农村集体经济组织法人、居民委员会法人、村民委员会法人，《民法总则》的规定富有创意。[①]

3. 民事权利体系上

建构了自然人完整的人格权体系，首次规定抽象人格权（第109条），在具体人格权中首次规定自然人的个人信息权。整合了民法和商法上的财产权，形成完整财产权体系；此外，第127条还专门规定数据和网络虚拟财产，第一次将互联网新型财产纳入民事权利体系。

4. 法律行为方面

第133条将民事法律行为界定为民事主体通过意思表示设立、变更、终止民事法律关系的行为，一是突出“意思表示”的核心地位，首次明确法律行为以意思表示为基本要素；二是不再以“合法”限定民事法律行为，而是将其宽泛地称为一种行为。

第134条将民事法律行为分为单方、双方、多方民事法律行为和决议行为，建构了完整的民事法律行为体系，体系上臻于完善。第一次将团体法上的决议行为，如公司法上的决议行为、物权法中业委会和集体经济组织的决议等，纳入法律行为，不仅使法律行为体系更为全面，裨益建构全面私法自治体系，而且可以促进民商合一，用法律行为规则统一调控营利法人的内部行为。[②]

5. 民事法律行为效力制度方面

《民法总则》纠正了《民法通则》对法律行为性质的错误定性，将“乘人之危”与“显失公平”正确地合并；增设“虚假表示”和“第三人欺诈”的行为种类；增设撤销权的除斥期间及撤销权放弃规则；否定了当事人对可撤销行为所享有的“变更权”；将无效法律行为整合为五类[③]，取消了“合法形式掩盖非法目的”等无效条款，从整体上推进了法

---

① 张新宝：《从〈民法通则〉到〈民法总则〉：基于功能主义的法人分类》，《比较法研究》2017年第4期。

② 谢鸿飞：《〈民法总则〉的时代特征、价值理念与制度变革》，《贵州省党校学报》2017年第3期。

③ 一是无民事行为能力人实施的民事法律行为（第144条）；二是双方通谋做出的虚假意思表示（第146条）；三是违反强制性规定的民事法律行为（第153条第1款）；四是违背公序良俗的民事法律行为（第153条第2款）；五是恶意串通损害他人的民事法律行为（第154条）。

律行为制度的科学化。

6. 诉讼时效方面

诉讼时效期间过短，不利于保护债权人利益，一直是理论界和实务界的共识。为此，《民法总则》延长普通诉讼时效期间至 3 年，并且增加权利人从知道或者应当知道义务人之日起计算（第 188 条），更加符合社会事实；注重对未成年人、精神病人的诉讼时效保护，对性侵害诉讼时效予以特别规定（第 191 条）；首次明确诉讼时效届满的后果是抗辩权（第 192 条），使我国诉讼时效制度基本完善。

（五）《民法总则》的不足

关于《民法总则》的不足，学界主要集中在如下几个方面：

1. 总则的“异化”问题

有观点认为《民法总则》“为各分编的规定提供依据”，显然是将民法总则看作了民法各分编的“上位法”或“一般法”，完全颠覆了《德国民法典》以来关于总则之功能的普遍看法。提出作为一种立法技术，民法总则是对依据提取公因式方法从民法各个组成部分之中抽取的共通事项的一种符合逻辑的汇总，总则与分则构成一般规则与特别规则的体系关系，它们一起组成体系完备的民法。但《民法总则》汇总一般规则的功能被“异化”为一种对各类权利“概念”的收集、汇总，第五章把《物权法》关于物权、物及物权法定的规定抽取过来，以及《合同法》第 8 条被强硬提取，而这些规定显然在民法物权编与合同编中最为适宜。①

2. 大量使用“定义”问题

《民法总则》中有大量的定义条款：第 57 条关于法人的定义、第 67 条关于营利法人的定义、第 87 条关于非营利法人的定义、第 96 条关于特别法人的定义、第 102 条关于非法人组织的定义、第 114 条关于物权的定义、第 118 条关于债权的定义、第 123 条关于知识产权的定义以及第 133 条关于民事法律行为的定义，等等。有学者认为这使得立法具有浓厚的教科书色彩，可能引发下列问题：首先，这会混淆立法与学理之间的界限，定义在本质上属于法学教育和研究的范畴；其次，立法对关键概念

① 朱广新：《〈民法总则〉的特色及其对民法各分编的影响》，《中国海商法研究》2017 年第 12 期。

范畴的定义过于明确和具体，可能限制法律的发展，阻碍法官对这些概念范畴进行与时俱进的演进性解释和适用；最后，某些概念在法学界已经有公认的共识，对其定义并无必要性，成为多余，不符合立法简要要求。①

3. 冗余性的条款问题

有学者认为《民法总则》中存在大量没有必要存在的条款。例如，第 4 条规定了民事主体地位平等原则，就涵盖了第 123 条的规定（“民事主体的财产权利受法律平等保护”）；第 5 条规定了民事主体从事民事活动的自愿原则，就涵盖了第 130 条的规定——民事主体按照自己的意愿依法行使民事权利，不受干涉；第 7 条规定的诚信原则就涵盖了第 132 条规定的禁止权利滥用原则以及第 131 条“民事主体行使权利时，应当履行法律规定的和当事人约定的义务”的规定，如此等等。认为此种状况不仅不符合立法技术要求，而且不同条款表述有所不同，可能引起歧义。②

关于《民法总则》存在的不足，学界在商法条款的引入、违反强制性规定的无效条款等方面均有探讨。

【案例思考】

2008 年 4 月，原告某县物资平安汽车运输有限公司与两被告该县交通局、公路运输管理所（以下简称运管所）签订了一份合作协议书。双方约定，在本县范围内交通局、运管所只批准设立原告一家公交公司，不再设立第二家，否则，原告有权要求交通局、运管所赔偿损失，按新增车辆每台每月 150 元标准赔付；交通局、运管所应依据法律政策严格规范出租车市场，将现有的出租车限制为只能挂靠在原告公司；负责所有农线班客车进入乙方的停车场，进场营运；负责协调好公安、交警、城建等有关部门的工作，切实保证原告能依法营运，严禁黑车冲击客运市场。原告按照约定上交相应的管理费，公交车每台每月上交给甲方 150 元，上交挂靠的出租车每台每月 100 元，上交挂靠的农班车辆每台每月

---

① 石佳友：《民法典的立法技术：关于〈民法总则〉的批判性解读》，《比较法研究》2017 年第 4 期。

② 同上。

120 元，交款时间为每月 7 日前一次性交清，到期未交，按应交款的 8% 计滞纳金；交通局、运管所应当诚信履行约定的义务，如履行义务不符合要求，原告有权拒付管理费；原告必须按照国家法令、政策合法经营，照章纳税，否则将按有关法律、政策给予处理；原告独立经营、自担风险、自负盈亏，不得以任何经营上的理由拖欠税费及应交费。

在履行以上协议过程中，由于种种原因，原告租出去的车辆遭到交警执法大队的扣押，导致车辆不能正常营运。原告多次要求两被告履行合作规定的与有关部门协调的义务，切实保证其能依法营运，交通局亦多次进行了协调但未起作用，最终导致原告租出的车辆不能正常营运，租赁户拒交每月 2000 元的租赁费。原告提供的在履行合作协议期间，由此导致的总经济损失为 122 万元。后原告汽运公司与被告交通局、运管所经多次交涉未果，原告最后向法院提起民事诉讼。

问题： 1. 本案中原被告争议事项是否属于民法调整的范围？为什么？

2. 本案如何处理？

第二章

民法基本原则

【本章导读】 民法的基本原则是观察处理民法问题的准绳，是民事立法、司法与民事活动的基本准则，也是民法本质特征的集中体现，反映了市民社会和市场经济的根本要求，表达了民法的基本价值取向，是高度抽象的、一般的民事行为规范和价值判断准则。本章着重介绍民法基本原则的社会理论基础和具体各项原则的内容和功能以及各项原则之间的关系。其中，民法的市民社会基础理论是难点，各项原则的含义及功能是重点。

第一节　民法的社会基础

民法作为上层建筑的组成部分，其产生除了依赖于一定的社会经济基础之外，还有赖于市民社会的价值观念。

一　市民社会

“市民社会”是一个内涵极为丰富的理论，其英文为 civil society。[①]随着近代市民资产阶级的兴起，经济关系及其设施逐渐摆脱了古代和中世纪的政治共同体而具有独立的意义。与这种历史现象相适应，在 18 世

① 陈弘毅：《市民社会理论的启示》（2013 年 8 月 31 日），2018 年 5 月 30 日（http：//www. aisixiang. com/data/67216. html）。

纪资产阶级思想家的著作中，开始出现了“市民社会”这个术语，用以概括从物质生产和个人交往中产生和发展起来的一切社会关系和组织。从19世纪开始，“市民社会”被用来专指从中世纪封建社会的种种政治性支配下获得解放的近代市民阶层之间的关系，被认为是一个“脱离国家和政治的领域”。市民是平等自由的、具有独立人格的财产所有者。调整市民间关系的法被称作市民法，是由私人所有、合同、法的主体性三个基本要素构成。20世纪八九十年代在汉语中有学者将市民社会译作公民社会、文明社会和民间社会。市民社会最早的含义是相对于野蛮社会而言的，黑格尔是从相对于家庭和国家角度定义的，他将市民社会看作是私人利益的体系，认为个人是市民活动的基础，同时他也重视在生产和交往中发展起来的社会组织的作用，认为市民社会依附于国家。而马克思批判地继承了黑格尔的思想，他说：“在过去一切历史阶段上受生产力所制约、同时也制约生产力的交往形式，就是市民社会”，① 马克思把市民社会看作市场经济中人与人的物质交往关系和由这种交往关系所构成的社会生活领域。按照《布莱克维尔政治学百科全书》的解释，市民社会是“表示国家控制之外的社会和经济安排、规则、制度”，是指“当代社会秩序中的非政治领域”。该理论对法学、法制有重要的影响并且具有重要的工具价值。②

学者们主张，市民社会有四个典型特征：第一是多元性（plurality），即市民社会中有多样化的生活方式、多元和自主的团体。第二是公共性（publicity），这体现在市民社会的文化和传播机构。第三是隐私原则（privacy），这适用于个人自我成长和道德选择的领域。第四是法治原则（legality），这是说市民社会的多元性、公共性和隐私是受到法律和基本权利所保障的。中国现代市民社会是“以市场经济为基础，以契约性关

① 中共中央马克思恩格斯列宁斯大林著作编译局编：《马克思恩格斯全集》第3卷，人民出版社2002年版，第40页。

② 例如，现代以来人类法制的最新发展及其对传统“公私两元”的法律分类形成的颠覆性冲击，就表现在作为第三法域的“社会法”的形成。这种最新的法律部门类划分，即与市民社会理论有关。

系为中轴，以尊重和保护社会成员的基本权利为前提”[①]，总之，市民社会的丰富理论，[②] 没有统一观点，需要各个国家依据自身的社会发展实践，进行具体的分析，但是无论如何，市民社会是一个法治的理想社会状态，其倡导的平等、民主、自由等价值理念是民法赖以生存的基础。[③]

二　商品（市场）经济

经济运行方式最终取决于它所依存的一定的社会生产力发展水平。“自然经济”是自给自足的经济形态，生产为满足自己的需要，而不是为交换而生产。商品经济与之相对，是以交换为目的的经济形式，不仅包括商品交换，而且包括为商品交换而生产。商品经济有如下特征：第一，商品经济本质上是交换经济。商品经济存在的客观基础在于生产要素和消费资料归不同的主体所有，人们生存发展所需全部或大部分资料都要通过市场交换来获得，没有商品交换就难以存续。故，商品经济是交换经济。此种交换意味着在法律上需要保障人们的交换资源和交换自由，这体现为民法维护财产所有权和交易意思自主。第二，商品经济是开放型经济。商品经济以社会分工为基础，通过商品交换使参与者扬长避短，互相协作，商品经济参与者会寻求更加有利的交换对方，拓展交换方式和资料。故商品经济是开放的，而不是自我封闭的。第三，商品经济是进取竞争的经济。商品经济生产经营者以获取最大化利润为目的，其基本路径是自由竞争，为追求更多的经济利益和竞争优势地位，必然竞相改进技术或采取新技术，提高劳动生产率。

商品经济是以社会分工为前提的，反过来又促进社会分工的发展，不断提高生产专业化和社会化水平，促进社会生产力的发展。当商品经济不断发展，商品交换主要经由市场完成，市场在整个社会资源配置中起根本性或者基础性作用时，商品经济就发展为市场经济。市场经济是商品经济发展的高级阶段。

---

① 邓正来：《建构中国的市民社会》，载《国家与社会：中国市民社会研究》，四川人民出版社 1997 年版，第 1—22 页。

② 梁治平：《民间、“民间社会”和 CIVIL SOCIETY》，《当代中国研究》2001 年第 2 期。

③ 邓正来、［英］亚历山大编：《国家与市民社会》，李强译，中央编译出版社 1999 年版，第 91 页。

理论上，市场经济中的行为主体的经济行为，均受市场竞争法则制约和相关法律保障，行为主体的权、责、利界定分明，市场经济追求自由、公平、产权明晰，这是民法追求平等、自愿、民事权利不受侵犯的基础。现代市场经济萌芽于20世纪初，形成于两次世界大战之间。它是建立在更加发达的生产力水平基础之上，实行国家宏观调控的市场经济。其经济制度完善，市场机制健全，法律制度完备，保障制度社会化、规范化，宏观调控手段完善、调控机制健全，更加注重宏观经济效益和社会效应，注重对效率与公平的协调。从市场经济的特点不难看出，民法要真正实现对平等主体之间民事关系的有效调控，必须先存在相应的市场经济社会环境，给民事法律规则提供一个具体的因平等交易之类的市场经济活动产生民事关系的环境，才能把各市场利益主体的活动都纳入法律的框架内，才能维护市场竞争的有序性和正常运行。

第二节 民法基本原则的机理

一 民法基本原则概念

民法的基本原则是民事立法、民事行为和民事司法的基本准则，① 它集中体现了民法的本质和特征，反映了市民社会和市场经济的根本要求，表达了民法的基本价值取向，是高度抽象的、最一般的民事行为规范和价值判断准则。②

（一）民法的基本原则是民事立法的准则

任何立法都根源于它所依赖的客观社会经济条件，科学立法必须符合客观实际。民法的基本原则根源于民法所调整的对象，即市场经济、市民社会的本质、规律，是我国民法所调整的社会关系本质特征的集中反映，体现市场经济和市民社会的基本要求，蕴含着民法调整所希求的目标，确定了民事立法的基本价值取向，对具体民法制度和规范的制定具有指导意义。

---

① 魏振瀛主编：《民法》，北京大学出版社、高等教育出版社2000年版，第20页。

② 曾宪义、王利明主编：《民法》，中国人民大学出版社2000年版，第26页。

（二）民法的基本原则是民事主体进行民事活动的基本准则

一方面，民法基本原则是制定民法规范的指导原则，民事法律规范体现、贯彻着民法基本原则的解释实质和要求。另一方面，由于成文法的局限，民法规范不可能完全适用社会生活及其变动发展，存在不周延性，民法基本原则就成为民事主体的行为标准。因此，民法基本原则是民事主体行为的准则，且是基本准则。

（三）民法的基本原则是司法适用的基本依据

司法适用民事法规，离不开基本原则的指导。一是在选择具体规范存在疑问，需要阐释时，以及准确了具体规范但需要对其术语进行解释时，无论采用何种解释方法，法院的阐释结果受制于民法基本原则，即存在两种以上不同解释结论的，应当以最符合民法基本原则的解释为准，法律适用解释的结果不能违反民法基本原则。二是当法律存在漏洞，甚至法律适用导致违反基本原则和解释时，民法基本原则是纠正、弥补规范不足的工具，法院应当用基本原则予以纠正或者补足。

（四）民法的基本原则是研究、解释民法的出发点

民法基本原则是民法立法的指导准则，也就成为研习民法的价值指导和理解工具。在民法基本原则指导下的规范分析，不仅能够知其然，还有助于知其所以然，深刻理解、把握法律规范。当涉及价值判断时，民法的基本原则是其权衡的主要标准，是判断相同问题不同价值取向选择恰当性、正当性的依据。

【疑难争点】民法基本原则的含义

关于民法基本原则的含义学界略有不同。主流观点是效力贯穿民法始终，体现民法的基本价值，集中反映民事立法的目的和方针，对各项民法制度和民法规范起统率和指导作用的基本原则；① 也有认为是效力贯穿民法始终的民法根本规则，是对立法者在民事领域所行政策的集中反映，是克服法律局限性的工具；② 或者认为是能够彰显民法的独特法律价

① 魏振瀛主编：《民法（第五版）》，北京大学出版社、高等教育出版社 2013 年版，第 20 页。

② 徐国栋：《民法基本原则解释：诚信原则的历史、实务、法理研究》，北京大学出版社 2013 年版，第 10 页。

值，承担民法特有的历史使命，并对民事活动起指导作用的法律理念和法律原则。① 其差异在于是否需要揭示依据、明确其功能、有何种功能。

本书认为，民法基本原则的存在有其客观基础，故定义中应当有源于民法调整对象的本质、规律的表述；基本原则介于理念和规则之间，对所有规则具有指导意义或者约束意义，这包括民事立法上的指导功能；民事政策只是民事生活的反映，其根源还在于市民社会和市场经济。

二 民法基本原则的功能

民法基本原则根源于其调整的社会关系即市场经济的本质和规律，承载着市民社会、市场经济的基本价值和要求，是对这些基本价值和要求的抽象，其效力贯穿民法始终并具有普遍约束力。因为民法基本原则的抽象性、概括性，其极具涵盖力，具有指导、约束立法、司法、守法，弥补传统民法之局限性的功能。具体而言，民法基本原则应具有以下功能：

（一）指导功能

民法基本原则的首要功能是指导民事立法、司法和守法。立法者在制定民事法律规范特别是在制定民事基本法时，应当在民法基本原则的框架下，结合规制对象的具体本质和特征，确定立法的指导思想，选择立法技术和表达方式，更好地贯彻、落实民法基本原则于具体规范中。就司法而言，民法基本原则是司法机关处理民事案件的指导准则，司法机关对事实的认定，法律的适用，不仅要一般地符合民法基本原则的精神，而且在发生认定、适用困难，甚至解决法律规范缺失时，必须以民法基本原则为指导。就守法而言，一方面，民事主体掌握了民法的基本原则，不仅能够把握民事关系的大方向，而且能够正确理解具体法律规范，有助于守法。另一方面，社会生活的复杂性必定超过成文法规定的范围，民事主体行为时可能没有具体的法律规范指导，此时民法基本原则就成为其行为的指导准则。

---

① 赵万一：《民法基本原则：民法总则中如何准确表达?》，《中国政法大学学报》2016 年第 6 期。

（二）约束功能

民事立法、民事司法和民事守法均针对市民社会、市场经济而为之。民法基本原则是对市民社会、市场经济基本规律与要求的抽象。故这种法律化的对象基本规律与要求必定成为相关主体行为的基本准则，不得违反。在这一意义上，民法基本原则具有约束主体行为的功能。具体而言，立法违反民法基本原则就可能形成“恶法”；司法违反民法基本原则就可能导致司法不公，形成错案；民事主体违反民法基本原则，其行为就归于无效，不受法律保护。

（三）补救功能

在民法基本原则和具体法律规范之间进行民事法律适用，其一般规则是有具体规范首先适用具体规范，不得直接适用民法基本原则，其原因是基本原则是对调整对象的整体的抽象，而具体法律规范是对具体对象的具体规范，故违反这一规则就会造成适用法律的混乱和失当。但在下列情况下，确需民法基本原则予以补救：一是成文法不足。法律具有稳定性，不能朝令夕改，而社会生活具有变化性，故法律规范可能存在滞后，不能够满足实践需要；同时由于人的理性有限，立法者的认识也难免有局限性，立法可能存在遗漏。在民事法律规范存在漏洞的情况下，民法基本原则成为司法者补充法律漏洞的依据，这是各国民事立法与民事司法经验的总结。二是具体法律适用导致明显不符合民法基本价值，有悖公序良俗时，民法基本原则成为司法者予以矫正该法律后果的依据。例如，一个争议的案例中，儿子死亡后，爷爷依法无权探望孙子的情况，如果要予以纠正，其依据就源于民法基本原则。

【疑难争点】何种民法基本原则有补救功能?

在一般意义上，学界均认可民法基本原则可以于成文法存在遗漏、模糊或者适用结果有悖法的基本精神、原则时，弥补成文法的局限，这也为我国司法实践所肯定。但是否所有基本原则均有补充功能，能够作为裁决案件的依据？对此，有观点认为，在《民法总则》所规定的基本原则当中，唯有诚实信用原则以及禁止权利滥用原则（第 132 条）可以作为裁判依据，其他基本原则都不能作为裁判依据。①

本书赞同此种观点。因为民法奉行“法不禁止即权利”的理念，依据基本原则确定行为有效或者事实应当予以保护是没有意义的，故依据基本原则判决主要在发生否定性法律效果上，而对权利神圣原则、意思自治原则、平等原则、公平原则和绿色生态原则的违反，会具体到具体规范上，唯有诚实信用和权利滥用（或者公序良俗）在立法上难以列举负面清单。

三 我国民法基本原则的构成

任何法律的制定都受到一定的社会历史条件的限制和影响，立法者常常会针对社会的根本问题确立法律的原则，以期达到法律的目的。资本主义初期的立法面临反对封建主义，巩固革命果实，发展经济的任务，于是形成了所有权绝对、契约自由和过错责任三大民法基本原则。当发展到垄断资本主义时期，完全以个人为本位的法律不再能够适应社会化大生产的需要，因此以个人为本位的法须向以社会为本位的法过渡，于是近代私法三大原则得以修正，绝对所有权和契约自由被加以限制，形成了无过错责任。这一历史变迁告诉我们，民法基本原则不是永久不变的。它应不断地进行修正与完善，以适应社会的发展，并反过来促进社会的发展。《民法总则》第3—9条对我国的民法基本原则作出了明确的规定，包括权利神圣原则、平等原则、意思自治原则、公平原则、诚实信用原则、公序良俗原则和绿色生态原则。这些原则能够反映民事生活的根本属性，反映市民社会的一般条件、趋势和要求。概括其内容，可大致归纳为以下两类原则：

（一）个人本位性原则

这类原则包括权利神圣原则和意思自治原则。《民法总则》第3条规定，民事主体的人身权利、财产权利及其他合法权利受法律保护，任何组织或者个人不得侵犯，这就是权利神圣的原则。法律尊重和保护民事主体的合法权利，任何主体的合法权利国家非依法定条件和程序不得加

---

① 梁慧星：《〈民法总则〉重要条文的理解与适用》，《四川大学学报》（哲学社会科学版）2017年第4期。

以限制和剥夺。《民法总则》第5条规定，民事主体从事民事活动，应当遵循自愿原则，按照自己的意思设立、变更、终止民事法律关系，这就是意思自治原则。它要求民事主体从事民事活动，应当遵循自己的意愿，只要在法律许可的范围内，完全可以按照自己的想法和愿望去设立、变更和终止民事法律关系，并且不受任何人非法干涉。权利神圣原则和意思自治原则之所以叫作个人本位性原则，从根本上说是由民法的私法性质决定的。

（二）社会本位性原则

具体包括平等原则、公平原则、诚实信用原则、公序良俗原则、绿色生态原则。总则第4条规定民事主体在民事活动中的法律地位一律平等；第6条规定民事主体从事民事活动，应当遵循公平原则，合理确定各方的权利和义务；第7条规定民事主体从事民事活动，应当遵循诚实信用原则；第8条规定民事主体从事民事活动，不得违反法律，不得违背公序良俗；第9条规定民事主体从事民事活动，应当有利于节约资源，保护生态环境。

各个民法基本原则虽然负载着不同的法律价值，但它们却应当是通过相互制约、相互协调以指导民事立法、司法、守法的统一整体。首先，平等原则最为鲜明地体现了民法的精神价值，因此应起到最为根本的作用，以此为标准进一步确定其他原则。其次，个人本位是为保障私人的权益而设立的，权利神圣为保障个体的合法权益提供了有效保障；意思自治则是民事主体凭其自身意志来实现权益的条件。它们都是以保障市民的个人权益为己任。再次，社会本位是社会化大生产的产物。诚实信用原则承载着反欺诈、反胁迫、反乘人之危、反恶意串通等不当行为的任务，绿色生态原则使社会化的市民生活富有活力和可持续发展性。最后，个人本位与社会本位是相互制约、相互促进的，共同构成了原则体系，从而使民法基本原则更为系统地发挥规范市民社会的功能。

【疑难争点】民法基本原则的构成？

民法基本原则包括哪些内容，学界对此有争议。一种观点是将《民法总则》的“基本规定”中符合民法基本原则含义的条款抽象，得出民法的基本原则构成，这是实然主义路线，如本书所持观点。但有观点认为《民法总则》第132条新增关于禁止权利滥用原则的规定，因为《宪法》第51条对禁止权利滥用设有规定，所以，学者和法官采合宪性解释方法，认为禁止权利滥用也当然是中国民法的一项基本原则。[①]

本书认为，禁止权利滥用系公序良俗原则在民事权利行使中的具体要求，是下级原则，故不纳入民法基本原则。有观点认为，民法基本原则区分为价值性基本原则和功能性基本原则。前者主要包括私权优先原则和私权神圣原则、权利义务相一致原则，其本质是赋予私权在权利（权力）束中的核心地位，确立公权服务于私权的理念；后者则涵盖了诚实信用原则、法不禁止即可为原则、自己责任原则、公序良俗原则、遵从习惯的原则等。在这里，学者增加了“权利义务相一致原则”、法不禁止即可为原则、自己责任原则、私权优先原则和遵从习惯的原则，排除了“平等原则”和“公平原则”。[②] 本书认为，增加的基本原则可以从私权神圣和意思自治中符合逻辑地演绎得出；公平原则是比其他民法基本原则更为基础、更为原则的原则，[③] 但据此认为应当排除“公平”“平等”原则值得商榷。

第三节 民法各项基本原则

一 平等原则

《民法总则》第4条规定：民事主体在民事活动中的法律地位一律平等，这是民法平等原则的法律依据。平等原则由民法调整的社会关系的性质决定。市场经济是商品经济，商品经济是“天生的平等派”，所有人的商品交换价值根源于“无差别的人类劳动”，于此，所有商品生产交换者是平等的。民法调整平等主体之间的人身关系和财产关系，民法调整的社会关系的本质特点在于其平等性，这是民法区别于其他法律部门的根本特点。这也就意味着当事人参与法律关系时，其地位是平等的，任何一方都不具有凌驾或优越于另一方的法律地位。这也决定了当事人必

---

① 梁慧星：《〈中华人民共和国民法总则（草案）〉解读、评论和修改建议》，《华东政法大学学报》2016年第5期。

② 赵万一：《民法基本原则：民法总则中如何准确表达?》，《中国政法大学学报》2016年第6期。

③ 同上。

须平等协商，不得对另一方发出强制性的命令或指示。当事人的平等性还表现在法律面前人人平等，民事主体适用法律规则是一律平等的，都要平等受到民事法律的拘束。民法上的平等性还表现在任何一个民事主体的权利受到侵害之后，都应当平等地受到民法的保护和救济。

民法调整的财产关系基本上是商品经济关系。民法调整的其他财产关系和人身关系也属于平等主体之间的关系。这些社会关系的性质，决定了民法的根本原则是平等原则。平等原则是民事法律关系区别于行政法律关系、刑事法律关系的重要标志。平等原则具体含义包括：①

（1）民事主体资格（民事权利能力）平等。自然人无论其性别、年龄、民族、宗教、信仰、文化智力程度等如何不同，自其出生时起到死亡时止具有平等的权利能力，即具有民事主体资格。法人或非法人组织自有效成立时起具有民事权利能力，无论具体业务范围、业务性质如何不同，其民事主体资格平等。

（2）民事主体的地位平等。在各种具体的民事法律关系和民事活动中，民事主体的法律地位一律平等，其设立法律关系时必须平等地协商。

（3）民事主体平等地享有权利、承担义务，对同一种类法律关系，平等地适用同一法律规则和方法。

（4）民事主体的民事权益平等地受法律保护。无论任何人具有任何事实上的差异，当其权利受到侵害时，法律给予一体保护，不因人而异。

平等原则集中体现了现代民法所调整的市民社会关系的本质特征，也是全部民事法律规范的基础。其意义在于：集中体现了民法调整对象和调整方法的特点，充分反映了市场经济的本质要求，体现了现代法治的基本内涵，有利于加强对财产的平等保护，促进社会财富的增长。相对于身份法，调整民事行为的平等原则体现了现代民法的进步。

二　意思自治原则

《民法总则》第5条规定："民事主体从事民事活动，应当遵循自愿原则，按照自己的意思设立、变更、终止民事法律关系。"这是意思自治原则的法律依据。意思自治原则又称为自愿原则，它包含两层意思，一

---

① 杨立新主编：《民法总则案例教程》，知识产权出版社2005年版，第9—10页。

是是否从事民事法律行为，从事何种法律行为，如何从事该法律行为由其自己决定，他人无权干涉；二是民事主体应当对自己的意思负责，并且只对自己的意思负责（法律另有规定的除外），对他人的意思不承担责任。此所谓“自己意思，自己责任”。意思自治本质上是在法律许可的框架内，行为人自主决定自己的事务，自由从事各种民事法律行为，以达成自己利益的最大化。

意思自治（自愿）原则的存在和实现，其逻辑前提是平等原则的存在和实现。法律地位平等本身就是当事人在法律上处于平等的地位，任何一方无权强制他方。“无权强制他方”实际上就是要尊重他人的意思自主。因此，意思自治是法律地位平等的逻辑结果。从根源看，意思自治是市场经济的必然要求。市场经济中，参与人均是自己利益最大化的判断者，任何人难以替代其进行经济判断。与此一致，民法符合调整对象的基本规律和要求，必然需要赋予民事主体自愿选择、自愿交易的权利，排除国家和他人的非法干预。具体而言，意思自治原则的含义包括：第一，民法规范民事主体的行为方面，体现当事人意思自治。第二，民事主体根据自己的意愿设立、变更或者终止民事法律关系，他人不得非法干预。第三，行为内容和形式于单方民事法律行为由行为者决定，于双方和多方的民事法律行为由当事人自愿协商。① 第四，当事人依法所为的“自主意思”受法律保护，并且只对自己意思负责。

应当指出，意思自治首先体现在当事人的意思形成过程的自由，其次表现在当事人意思表达的自由，并且民事主体有权选择其行为的方式和补救的方式。但是这种自由不是绝对的，它是有限的、相对的自由。当事人根据自己的意志从事民事活动不得违背法律的规定，不得损害国家利益和社会公共利益。我国实行社会主义市场经济，强调社会公平，注重社会公德，维护国家利益和社会公共利益，对当事人的意思自治有一定限制。

三 公平原则

《民法总则》第 6 条规定：“民事主体从事民事活动，应当遵循公平

---

① 杨立新主编：《民法总则案例教程》，知识产权出版社 2005 年版，第 12 页。

原则，合理确定各方的权利和义务。”这是公平原则的法律依据。公平原则是指民事主体从事民事活动应符合社会公认的公平观念，以达成当事人之间的利益平衡。公平原则不仅是民事主体行为的标准，也是司法机关处理民事纠纷时的一项准则。例如我国《民法总则》中关于乘人之危、重大误解的规定就体现了公平原则。应当注意的是，《民法总则》取消了无原因的有失公平规定。

公平原则是民法自愿原则的有益补充，在市场交易中，它还为诚实信用原则和显失公平规则树立了判断的基准。特别要注意的是，所谓的公平指维系双方当事人之间的利益均衡，不能简单等同于利益相等，因为在民事权益是否公平这个问题上，除了参考社会关于公平的大众观念以外，关键是依据当事人主观上的意愿，如果当事人主观上愿意无偿或者不对等给付，则当认定为公平合理，至于客观上是否等值，在所不问。最大的公平在于行为自由获得保障。因此，离开意思自治与否谈公平是没有意义的，只有行为非自愿的、权利义务客观上失衡，才可能有失公平。

公平原则具有下列主要特点：

（1）公平原则本身是民事活动的一项基本原则。公平是指各种公正、正直、不偏袒、公道的品质，同时也是一种交易和行事的原则或理念，把它作为价值判断标准来设立和调整民事活动产生的各种利益关系，其本身就应当是一个明确的民事活动基本原则。

（2）公平原则是民事活动的目的性评价标准。一项民事活动是否违背公平原则，根本在于考察行为的结果是否符合社会公认的公平要求，这本身是对社会生活事实的判断，极具困难。我国相关立法或者司法解释有高于或者低于市场价格/损失30%或者70%的参考，可资借鉴。如果交易的结果造成当事人之间的利益失衡超过规范或者社会公平观念，除非当事人自愿接受，否则法律应当做出适当的调整。由于公平是一种目的性的评价标准，所以公平原则更多地体现了实质正义的要求。

（3）公平原则是法官适用民法遵循的重要理念。法谚云“法律是善良公平之术”，虽然公平是一个抽象的概念，但在社会一般人心目中都有一个关于公平的基本的价值评判标准，法官也应当依据公平正义的观念进行司法活动，然而这个抽象的原则不能替代具体的民法规则，只能作为一种司法理念加以贯彻。因此，法官在依据公平原则判断当事人双方的民事责任如何分担时须满足以下条件：第一是有损害的事实发生；[1] 第二是当事人双方对损害的发生均没有过错（包括推定过错）；第三是法律没有明文规定适用无过错责任或没有明文规定没有过错可以不承担民事责任的情形；第四是不适用公平责任将导致显失公平的后果。

四 诚实信用原则

《民法总则》第7条规定："民事主体从事民事活动，应当遵循诚信原则，秉持诚实，恪守承诺。"这是诚实信用原则的法律依据。所谓诚实信用，理论上并无定论。从框架分析，诚实信用在主观心态上系指行为人应当以"善意"的心态行使权利，履行义务；在客观行为上，诚实并不欺不诈，信守诺言；在结果上，要兼顾当事人利益及其与社会利益的平衡。民法上的诚实信用原则要求民事主体在进行民事活动时具有善良的心理状态，一切民事法律关系，应依正义的理念加以调整，从而达到协调市民社会间利益关系，实现安全价值的目的，它是市场伦理道德准则在民法上的反映，诚实信用原则在我国有适用于全部民法领域的效力，具有重要的功能：

（1）确立行为规则和衡平的功能。作为基本原则，诚实信用原则对当事人的民事活动起着指导作用，要求当事人善意行为，诚实守信，遵循基本的交易道德，以平衡当事人之间的各种利益冲突和矛盾，以及当事人的利益与社会利益之间的冲突和矛盾。

（2）解释和填补法律漏洞的功能。当人民法院在司法审判实践中遇到立法时未预见的新情况、新问题时，可直接依据诚实信用原则结合已有的法律规则进行解释，行使公平裁量权，调整当事人之间的权利义务关系。因此，诚信原则意味着承认司法活动的创造性与能动性。[2]

---

① 依据侵权责任法的规定，在对因果关系的认定上，一般需要行为人的行为或物件与损害后果之间具有事实上的因果联系，就可以成立公平责任。

② 近代以来，作为诚实信用原则的延伸，各个国家和地区的民法上，又普遍承认了禁止权利滥用原则。该原则要求一切民事权利的行使，不能超过其正当界限，一旦超过，即构成滥用。这个正当界限，即是诚实信用原则的体现。禁止权利滥用原则，是指民事主体在进行民事活动中必须正确行使民事权利，如果行使权利损害同样受到保护的他人利益和社会公共利益时，即构成权利滥用。对于如何判断权利滥用，《民法通则》及相关民事法律规定，民事活动首先必须遵守法律，法律没有规定的，应当遵守国家政策及习惯，行使权利应当尊重社会公德，不得损害社会公共利益，扰乱社会经济秩序。

市场经济是非常复杂和多变的，无论法律多么严谨，法律从制定出来起就总会表现出某种局限性，它无法规避复杂多变的市场制度在发展中暴露出的种种弊端。为了维护商品经济和市民社会生活秩序的正常运作，促进公平竞争，保护民事主体的合法权益，我国历来把诚实信用作为民事法律规范中的一项基本原则，当市场制度暴露出问题时，人们赋予其具有指导性的法律地位，以便法官解释契约等意思表示，从而为调整当事人利益冲突提供依据。它内涵丰富，且具有开放性，因而被称为“透明规定”，因它位阶极高而又被称为民法中的“帝王条款”。

五　公序良俗原则

公序良俗是公共秩序和善良风俗的合称，它是在《法国民法典》中确立的概念，在《德国民法典》中，只有善良风俗而没有公共秩序的概念。我国《民法总则》第 8 条规定“民事主体从事民事活动，不得违反法律，不得违背公序良俗”，这是我国公序良俗原则的法律依据。

公序良俗原则是现代民法一项重要的法律原则，是指一切民事活动应当遵守公共秩序及善良风俗。在现代市场经济社会，它有维护国家社会一般利益及一般道德观念的重要功能。所谓公序，即公共秩序；所谓良俗，即善良风俗，指社会公德，是特定社会所尊重的起码的伦理要求，也是社会全体成员普遍认同并遵循的道德准则。与诚实信用原则类似，公序良俗原则也具有填补法律漏洞的功能。其原因在于公序良俗是一个模糊概念，基于涵盖力，可以补充成文法的不足，更重要的是“法不禁止即权利”是民法的基本理念，而民事主体行为又必须合法，但民法难以具体穷尽禁止事项，故抽象概括的“公序良俗”成为国家约束民事主体不当行为的手段，对私法自治进行必要范围内的限制，促进稳定的社会秩序的建立，协调个人利益与社会、国家之间的冲突，维护正常的市场经济秩序和市民生活秩序。需要注意的是，应当将公序良俗原则与诚实信用原则区别开来，对不涉及交易的财产关系和人身关系均可适用公序良俗原则，而诚实信用原则主要是作为市场交易的最低道德规范，多调整当事人从事民事活动过程中与对方当事人履行义务的方式方法。

六 绿色生态原则

十八届五中全会将生态文明建设纳入国民经济与社会发展第十三个五年规划纲要。生态优先与绿色发展是人与自然全面协调并共生共长的重要基石，是实现人类社会健康持续发展的逻辑依据，生态文明是人类社会发展的高级阶段，是人与自然和谐相处和人类从必然王国走向自由王国的终极目标。因此，在注重生态可持续发展的指导思想下，《民法总则》第9条特别规定，民事主体从事民事活动，应当有利于节约资源、保护生态环境。这是绿色生态原则的法律依据。

“绿色生态原则”的本质是在民法典中为个人经济利益与生态公共利益的协调建立沟通机制。一方面通过确立生态环境保护理念，为民事法律行为设定环境保护义务。绿色生态原则要求所有人在从事民事活动时应当考虑所涉及的民事法律关系对社会发展和进步的作用，应当最大限度发挥所涉社会资源的效能，尽量从节约资源的角度去选择民事活动的方式方法和内容，民事活动的结果也要有利于保护生态环境。这是全社会成员的责任，是人类社会可持续发展的必然要求。另一方面也要将可以体现为个人权利的相关内容纳入民法典，保护个人环境权益。[①] 以绿色生态原则来指导自己的民事活动，能够规范人们在追求自己权利实现的同时兼顾社会发展，做到人与社会、社会与自然环境和谐统一。

【疑难争点】绿色生态原则的引入争议

在《民法总则》编纂过程中，是否应该确定“绿色生态原则”一直存在争议。在全国人大常委会的二次审议中，常委们对“绿色生态原则”的去留也有分歧：2016年12月提请全国人大常委会审议的《民法总则草案》（二审稿）将“绿色原则”删除；后在各方面的强烈呼吁下，2017年3月提请第十二届全国人大第五次会议正式审议通过的《民法总则》才予以恢复。学者们亦如此，主张删除“绿色原则”的学者认为，该原则属于《环境保护法》的基本原则或者基本原理，如若规定为民法基本原则，虽然有意义，但在民法各具体制度中如何贯彻、如何体现，不无

---

① 吕忠梅课题组：《“绿色原则”在民法典中的贯彻论纲》，《中国法学》2018年第1期。

疑问。[1] 肯定者认为，环境问题的产生主要不是由民法制度不足而引起的，但与其有直接关联，一些传统民法制度对环境问题的形成甚至具有推动作用，也是不容争辩的事实。进入20世纪后，许多国家在修订民法典或制定民法典时，都将环境保护的相关内容作为重要议题，以民法体现对环境问题的认识并建立适应环境保护要求的民事法律制度。纳入该原则，可以巧妙平衡发展与保护的关系，且环境保护原则可以也应该通过民法具体原则和制度贯彻落实，以实现经济发展与环境保护价值之间的协调与平衡。[2]

【疑难争点】绿色生态原则的语词与独立问题

大多数学者承认《民法总则》第9条规定内容具有基本原则的地位，但存在两个明显的问题：一是大多未明确界定这一原则的含义，语焉不详，[3] 并有“绿色原则”[4]“生态环境保护原则”[5]“绿色环保原则”[6]“生态文明原则”[7] 等多种称谓。二是有学者认为《民法总则》第9条不能成为一个独立的原则，[8]“可考虑将保护环境、维护人与自然和谐总结为公序良俗的一种类型”[9]，也有学者认为其是“倡导性的原则规定”[10]。

本书认为，从《民法总则》第9条的表述“有利于节约资源、保护生态环境”看，“节约资源”代表“绿色”经济和行为，故该原则可以指称为“绿色生态原则”；公序良俗在宽泛意义上也可以认为包括“绿色生态”，但在环境问题突出的时代背景下，突出其意义而单列有其现实意

---

① 吕忠梅课题组：《“绿色原则”在民法典中的贯彻论纲》，《中国法学》2018年第1期。

② 同上。

③ 杨立新主编：《中华人民共和国民法总则要义与案例解读》，中国法制出版社2017年版，第62页；王利明主编：《中华人民共和国民法总则详解》，中国法制出版社2017年版，第45页。

④ 张新宝：《中华人民共和国民法总则释义》，中国人民大学出版社2017年版，第17页；王利明主编：《中华人民共和国民法总则详解》，中国法制出版社2017年版，第45页。

⑤ 陈魁主编：《民法总则评注》，法律出版社2017年版，第67页；龙卫球、刘保玉主编：《中华人民共和国民法总则释义与适用指导》，中国法制出版社2017年版，第31页。

⑥ 李永军主编：《中华人民共和国民法总则精释与适用》，中国民主法制出版社2017年版，第23页。

⑦ 中国审判理论研究会民商事专业委员会编著：《〈民法总则〉条文理解与司法适用》，法律出版社2017年版，第30页。

⑧ 苏永钦：《体系为纲，总分相宜——从民法典理论看大陆新制定的〈民法总则〉》，《中国法律评论》2017年第3期。

⑨ 蔡唱：《公序良俗在我国的司法适用研究》，《中国法学》2016年第6期。

⑩ 张新宝：《中华人民共和国民法总则释义》，中国人民大学出版社2017年版，第17页。

义；至于该原则在民法中只具有倡导意义的观点，自不成立。实际上，各种民事法规包括各种自然资源法中的民事规范，均已经受到“绿色生态”原则的约束。

【案例思考】

案例1 2012年3月，某区房产物业管理处未与居民协商，就以消费亏本为由，擅自将执行几年的“抄表到户、计量向用户收费”改为只抄单元总表，并强制要求居民轮流收费，否则就停止供水。居民对这种擅自更改供水收费方式感到极为不满，曾多次要求物业管理处纠正其强制按住房单元让住户为其收取水费的做法，而物业管理处却对此置之不理。2012年8月在收取水费的过程中，物业管理处以居民所居住的单元没有交齐水费为由，锁死了供水闸门，停止供水。2012年9月，当地居民为维护自己的合法权益，将物业管理处及其上级区房建开发公司告上了法庭，请求法院判令被告立即恢复供水，并要求今后由被告抄表到户，计量收费。

问题： 1. 原告的主张能得到支持吗?

2. 本案适用民法的哪个基本原则?

案例2 王某与林某系朋友，王某为红光镇一页岩砖厂老板。2008年1月22日，王某与林某经协商后以2008年1月23日的日期签订了一份砖厂转让协议书。协议书中约定：王某于同年1月23日将砖厂整体一次性转让给林某，林某在同月25日前给付价款16万元。同时约定，任何一方违约后，需向对方支付违约金2万元。1月23日，双方就砖厂进行了移交。1月24日，林某在支付10万元转让款后，以王某曾于1月22日下午和晚上偷运走厂内价值6万余元的成品砖和部分维修设备为由，要求进行抵扣剩余转让款。王某以砖厂在2008年1月23日前应归其所有和林某接收砖厂未提异议为由，拒绝抵扣。

2008年4月7日，王某提起诉讼，要求林某结清余款并给付违约金2万元。而林某则以王某偷厂内财物构成违约为由，提起反诉，要求王某赔偿其6万元财物损失并支付违约金2万元。

问题： 本案王某是否构成违约，是否违背了诚实信用原则?

第三章

民法体系、渊源和适用范围

【本章导读】本章主要介绍民法的体系、渊源和适用范围。其中，民法的体系是一个开放性并不断发展的体系，具体内容历来存在争议。民法的渊源种类也有多种主张，民法的适用范围即是指民法在时间空间和对人的适用方面的范围。本章重点是民法的体系。

第一节　民法体系

民法体系是贯穿民法的基本价值观念，民法的各项规则有机地组合形成的，内在和谐一致的民事法律规范体系。有机统一的民法体系要求减少和消除民事法律制度之间的冲突和矛盾，使之构成统一体。

按照马克思主义经典作家的论述，民法主要调整商品交易关系，任何交易都有三个基本维度，即交易者、交易行为和交易对象。这三个维度体现在民事法律制度上就是民事主体制度、债权制度与物权制度。以一个最原始的交易行为——互易为例，甲以小米换乙的布匹。首先，甲乙从事交易必须有相应主体资格和能力，这就是要具有民事权利能力和相应的民事行为能力，也就是甲乙首先要成为民法上的“人”，此为民事主体制度。其次，甲乙要完成交易，必须有交易的对象，此处为“小米”和“布匹”，并且甲、乙二人对“小米”和“布匹”要有所有权或处分权，此为民事物权制度。最后，甲乙交易能够进行，还需甲乙彼此愿意，达成合意，从而甲可以请求乙交付“布匹”，乙可以请求甲交付“小米”，进而完成给付，这是财产在交易之间流转，此为民事债权制度。所以，民事主体、物权、债权三大制度构成了民法体系的基本骨架。其中，物权制度与债权制度合称财产权制度。同时，还需看到，民法也调整基于婚姻家庭等发生的人身关系，人身不仅对人身关系至关重要，而且也是从事商品交易行为、行使财产权利的基础。故人身权也是民事权利的重要组成部分。在现代法上，由于“科技是第一生产力”，智力成果等无形财产对于个人、国家乃至人类社会的发展进步都有重大意义，保护智力成果的知识产权制度也成为民法的重要构成。

除民事主体制度与民事权利制度以外，民法上还有一些基本理论和辅助性的制度，以确保民事主体能够设立、变更、消灭民事权利义务关系，能够更好地行使权利，履行义务。这些制度包括民事法律行为与代理制度、诉讼时效制度等。综上所述，与商品经济相适应，民法调整平等主体之间的人身关系和财产关系，形成了民事主体、物权、债权、人身权、知识产权等制度体系。

一 主体制度

作为民法主体的当事人，是静态财产的所有者、财产动态流转的交易者，也是人身利益的享有者。因此，马克思在阐释商品关系时强调了所谓“独立资格”和“独立的商品所有者”，其原因在于这是商品经济内在特性使然，即商品经济参与者具有意志独立、财产独立和责任自负品格。作为调整商品经济关系的民法，就必须赋予商品经济参与者的这种主体资格。我国《民法总则》就确认了自然人、法人、非法人组织的民事主体，规范其权利能力和行为能力，界定了自然人、法人、合伙等主体制度。任何组织和个人，无论其身份、地位、民族、宗教、财产与权势，也无论其在其他法律关系中地位如何不平等，在作为民事主体时，其合法权益平等地受法律保护。[①]

应当指出的是，民事主体制度在不同历史时期，不同社会发展阶段，其外延是不同的，例如古代社会是没有“法人”主体的，也不是任何自然人都具有民事主体的资格。民事主体资格并非“天赋”的，而是国家

① 曾宪义、王利明：《民法》，中国人民大学出版社2000年版，第15—17页。

依据其本质与时代发展，通过立法赋予的。

二　物权制度

商品经济存在的前提是财产归属于不同主体，并且存在社会分工。由此，商品交换既有可能，也有必要。这种财产归属前提反映到民法上就是物权制度。物权制度是商品交换的基础，交换者没有财产的所有权或者处分权，就没有交换的可能；物权制度也是商品交换的结果，交换后要达成交换者的目的，使其能够占有、使用、收益交易所得财产，需要物权制度予以保障。我国《物权法》结合我国实际，规定了各种所有权、用益物权和担保物权，构成了我国物权制度体系。

应当注意的是，物权制度与所有制密切联系，是所有制关系在民法制度中的体现，故所有权制度关系国家经济基础。但是所有权制度也区别于所有制，所有制是经济学概念，属于经济基础范畴；所有权是法学概念，属于法权范畴。二者不能够简单混同。

三　债和合同制度

债和合同是商品交换在法律上的表现，是商品流通领域中的最一般的、普遍的法律规范。在商品交易中，无论是物物交换还是金钱与标的物、行为或者行为成果、或者智力成果等的交换，基于人的理性局限，交易信息不对称易滋生交易者机会主义倾向，在经济学上“完全的契约”是不存在的。为保障交易的顺利进行，节约交易成本尤其是契约谈判成本，民法为交易者提供了交易的基本规则指导，这就是债的一般制度和合同制度。不唯如此，债和合同制度还通过国家对行为效力的认定，一方面通过民事法律行为无效制度，为交易遭受不当损失者避免损失；另一方面通过民事法律行为有效制度，使平等主体之间无法强制履行的困难通过国家强制予以解决，保障交易者获得交易所得。因此，商品经济交易秩序的保障离不开债和合同制度。我国《合同法》为此提供了基本交易规则和交易保障。

四　人格权制度

传统民法欠缺人格权的规定，各国关于人格权的法律主要是由司法发展起来的；而且在既有民事主体制度和侵权制度背景下，民法体系中是否还有必要独立存在人格权制度就成为争议问题。

我们认为人格权应当作为独立的制度，原因有三：第一，民法调整的对象包括人身关系和财产关系，对应的是人身权（其中主要是人格权）和财产权。人身权与财产权是民法权利的两个支柱，财产权中物权、债权得以独立，逻辑上，人格权也应当独立。第二，民事主体制度离不开人格权制度，但主体的人格和人格权毕竟是两个范畴，对人格权的侵害和主体人格的侵害不能够混同，可能造成对公民人身利益甚至财产利益的损害，并非单纯的主体制度所能概括的。第三，侵权法保障了人格权，但侵权法并不解决特定人格权的有无及其权利义务，故侵权行为制度无法完全替代人格权制度。

应当注意到，人格权独立确实存在编纂技术上的困难，相关条款如何在民事主体制度和侵权制度中协调是一个亟待解决的问题。

五 知识产权制度

知识产权制度是否应囊括在民法体系中，仍旧是一个争议问题。有些观点认为知识产权的无形性、可复制性等特点，并不完全适于民法框架下的调整，因而应当成为一个独立的法律部门。但通说认为知识产权制度是民法体系的构成部分。其主要理由有二：一是知识产权是民事财产权利和人身权利的结合，本质上仍然是一种民事权利。其所有、使用、流转、处分应当遵循民法基本原则。二是从立法历史看，我国《民法通则》已将知识产权纳入民事权利专设一节，我国合同法也对知识产权的转让和利用设有专门规定，《民法总则》明确了“知识产权”作为民事权利的一类。遵从历史习惯和既有法律框架，知识产权制度将成为我国民法典体系中的构成部分。

六 侵权责任制度①

侵权是对人格权、物权、知识产权等绝对权的侵害，侵权法是保障民事权利的法律制度。我国目前在一般意义上对债权的侵害不适用侵权

① 曾宪义、王利明：《民法》，中国人民大学出版社2000年版，第15—17页。

制度。

侵权制度能否成为民法中的独立体系颇有疑问。传统民法从债的发生原因考虑将侵权法作为债法的组成部分，大陆法系一般把侵权置于债法的体系中，与合同法并列。但学者对此提出了质疑，根本的是人为债下纳入侵权是不符合逻辑的，一方面，在习惯上人们认为债法是交易法、任意法，而侵权之债显然不具备这一特征。另一方面，债法的中心是合同法，合同之债与侵权之债存在天壤之别，置于同一体系下，不利于侵权法的发展。此外，侵权法独立在英美法系中也有先例。

但无论侵权责任制度是否独立，其仍旧要适用债的概念及一般规则。

应当注意的是，在大陆法系传统上，各类民事责任散见于相关编章中，没有进行集中规定。我国《民法总则》沿袭《民法通则》的传统，在第八章将民事责任专门进行规定，成为我国民事立法一大亮点。此种单独规定，明示了债或者义务与责任的不同，从整体上突出民事责任的地位，形成了具有我国特色的民事责任体系。从立法例考察可以说明，责任与债的概念由不分到区别，责任与债的关系由融合到分离，是个合理的发展过程。①

七　财产继承制度

财产继承制度是调整自然人死亡后其遗留的财产被转移给生者的社会关系的法律制度。从主体资格看，自然人死亡则其主体资格消灭，其财产所有权消灭，故财产继承并非财产所有权在自然人死后的延伸，而是其财产所有权依法转移到生者名下的制度。因此，财产继承制度是民法财产制度的重要组成部分。由于财产继承主要发生在具有婚姻关系、血缘关系身份关系的自然人之间，因此，一方面它具有重要意义，因为基于家庭伦理及情感，财产归于亲属所有被认为是家族财产的延续，而不是死者财产的消失。故财产继承制度能够激励自然人创造财富。另一方面，家庭成员相互间有扶助、赡养、抚育义务，财产继承应当与此一致，故民法调整财产关系的一些原则并不能完全适用于财产继承权关系。

---

① 关于债或者义务与责任的差异参见魏振瀛《论民法典中的民事责任体系》，载法苑精萃编辑委员会编《中国民法学精萃》，机械工业出版社 2002 年版，第 41 页。

此外，民法还有其他制度，如民事法律行为、代理等制度，是配合上述制度发挥作用的重要制度。民事法律行为制度解决的是商品交易中行为人意思自治所生成的行为存在与否、效力如何的问题，是商品交易的基础性法律制度。代理制度本质上是民事法律行为制度的延伸，解决的是商品经营者的专业、技术、时间和精力等不足导致无法或者难以亲自进行交易的问题。

第二节 民法渊源

一 民法渊源概述

民法的渊源，是指民事法律规范据以表现和存在的具体形式。如果某一文件或者规则被视为民法渊源，则其能够成为民事裁判的依据。因此，民法的渊源是民法中的一个基本的理论问题，对于法律适用具有重要意义。

民法的渊源有两种形式：一元制与多元制。一元制即只承认制定法为民法渊源，排斥其他形式的民法渊源，比如《法国民法典》第 5 条规定："审判员对其审理的案件，不得用创立规则的方法进行审判。"多元制主张除了制定法外，习惯法、判例以至于学理均可成为民法的渊源。比如《瑞士民法典》第 1 条第 2 款，如本法无相应规定，法官应依据惯例，若无惯例，依据自己作为立法人所提出的规则裁判。在这里，民法的渊源的形态包括制定法、惯例和法官创设的规则。

就我国而言，在目前各种民法典草案中，全国人大常委会法制工作委员会起草的草案未规定民法的渊源。梁慧星主持起草的学者建议稿主张的民法渊源为制定法、习惯和法理。徐国栋在其"绿色民法典"中主张的民法渊源包括制定法、习惯、法理、事理之性质、同法族的外国法和我国加入或承认的国际条约和公约。

综上所述，在一般理论和他国实践中，民法渊源包括制定法、判例、习惯、国际条约和法理（条理）等。

二 我国民法的渊源

《民法总则》第 10 条规定，处理民事纠纷，应当依照法律；法律没有规定的，可以适用习惯，但是不得违背公序良俗。该规定确立了我国规范意义上的民法渊源包括法律和习惯。但据此是否就可以认为我国不存在其他民法渊源呢？学界认为，结合我国司法实践，可以认为我国民法的渊源体制系以制定法为主的多元体制。[①] 因此，尽管《民法总则》没有规定国家政策、司法性渊源、一般法律原则等可以成为民法的渊源，但于必要时，运用法律解释学的方法，将其作为实质性渊源据以参考，进而指出最适宜的裁判，仍旧有存在的空间。[②]

（一）制定法

《民法总则》第10条规定的“法律”，不应当作为限制性解释，即不能限于全国人大及其常委会制定的规范性法律文件，还包括其他有权机关制定的规范性法律文件，也就包括所有制定法。

1. 宪法

宪法是国家的根本大法，由全国人民代表大会制定，具有最高的法律效力，是民事法律法规必须遵循的法律依据。

2. 民事法律

民事法律是由全国人大及其人大常委会制定和颁布的民事立法文件，是我国民法的主要表现形式。有《民法总则》《民法通则》《物权法》《担保法》《侵权责任法》《合同法》《商标法》《专利法》《著作权法》《公司法》《保险法》《票据法》《证券法》《婚姻法》《继承法》等。

3. 国务院发布的民事法规、决议和命令

国务院作为最高的国家行政机关，有权根据宪法、法律和全国人民代表大会常务委员会的授权，制定、批准和发布法规、决议和命令，其中有关民事部分的法规、决议和命令是民法的重要表现形式，其效力仅次于宪法和民事法律。

4. 最高人民法院发布的司法解释性文件

为解决司法审判法律适用的疑问，正确适用法律，最高人民法院有权在总结审判实践经验的基础上发布司法解释性文件，例如《〈合同法〉

---

① 梁慧星：《〈民法总则〉重要条文的理解与适用》，《四川大学学报》（哲学社会科学版）2017年第4期。

② 石佳友：《民法典的法律渊源体系》，《中国人民大学学报》2017年第4期。

解释（一）》，这些法律文件也是我国民法的重要渊源。司法解释被认为具有相当于法律的效力，在裁判中可以被援引为裁判依据。[①]

5. 地方性法规和行政规章

地方性法规是各级人民代表大会、民族自治区的自治机关在宪法法律规定的权限内所制定、发布的决议、命令、地方性法规、自治条例、单行条例中的民事法律规范。这些法律渊源在效力范围、适用范围上具有地域限制。行政规章包括政府和部门规章，规章不属于立法，但是它们在相应的政府部门内具有拘束力。

（二）习惯

习惯指多数人对同一事项经过长时间反复而为同一行为，它是一种事实上的惯例。习惯之所以能够成为民法的渊源主要是因为：首先，成文法的局限决定了将习惯法作为民法渊源，以补充法律规定的不足，成为法律上的必要。其次，民法遵循“法不禁止即权利”使民法规范具有任意性、开放性，使得民法的渊源不限于制定法的多元化，有了法律上的可能。最后，习惯法具有的民族性、稳定性、广泛性、地域性和规范性等特点，能够有效调整对应民事法律关系，要对社会关系进行有效调控，应当考虑到具有突出民族性地域性的习惯的意义。这使习惯成为民法渊源有了客观上的可行性和正当性。对此，《民法总则》第10条予以了明确。但应当注意的是，该条所称“习惯”系指民事习惯，因为它删除了《合同法》界定“交易习惯”之“交易”二字。故其立法原意当是涵盖交易习惯及非交易习惯的民事习惯，统称“民事习惯”。[②]

习惯要成为法律渊源，《民法总则》第10条规定的条件是法律没有规定的，且不得违背公序良俗。从理论上说，习惯成为法源需具备以下要件：其一，须有习惯的存在；其二，须为人人确认其有法律效力；其三，须是法律没有规定的；其四，这种民事习惯不得违反法律的强制性规定、社会公共利益和善良风俗原则；其五，须经国家（法院）明示或

① 梁慧星：《〈民法总则〉重要条文的理解与适用》，《四川大学学报》（哲学社会科学版）2017年第4期。

② 同上。

默示承认。[①]

在将习惯作为民法渊源的司法过程中，还应当注意适当地吸收民事习惯作为立法原材料，注重对民事习惯的筛选，剔除糟粕取其精华。最后，要特别注意移植过来的制度与民事习惯的协调与融合。制定民法典的一个重要方法是借鉴和移植大陆法系国家民法典先进制度，这种借鉴和移植应立足于我国国情和人民的生活实践，这也是避免习惯法与制定法冲突的一个重要方面。

【疑难争点】《民法总则》第 10 条“习惯”的含义

关于《民法总则》第10条所称“习惯”进一步的探讨在于是事实习惯，还是习惯法？有学者认为，《民法总则》第 10 条立法意图与《瑞士民法典》第 1 条以及我国台湾地区“民法”第 1 条相同，都是关于民法渊源的规定。《瑞士民法典》第 1 条习惯法称为“ Gewohnheitsrecht”，与第 5 条第 2 项的习俗称为“bung”，二者显然不同。瑞士学说认为，其民法典第 1 条所称“ Gewohnheitsrecht”系指习惯法，是持续较长时间的、不间断的、立足在法的确信上的习惯，[②] 这与我国台湾地区“民法”第 1 条之“习惯”与第 757 条所称“习惯”不同是一致的。因此，《瑞士民法典》第 1 条中作为法源的习惯应指习惯法，而非事实上习惯。[③] 故《民法总则》第 10 条的“习惯”是习惯法。但也有学者认为，“在讨论‘民法典与民事习惯’这一对关系范畴时，对习惯与习惯法加以区分是不必要的”，“不论是‘习惯’还是‘习惯法’，其所指称的对象是同一的，即未予法典化的不成文规则”。[④]

本书认为，《民法总则》第 10 条之“习惯”本质上是与“法律”相对的，该“法律”系成文法，则“习惯”为不成文法，故系指“习惯法”，《民法总则》第 140 条和第 142 条之“交易习惯”仍旧如此。因为事实的习惯并非当然成为法源，有一个法官确信的过程和公序良俗的排

---

① 《云五社会科学大辞典》第六册《法律学》，台湾：商务印书馆 1971 年版，第 302 页。

② ［瑞士］贝蒂娜·许莉蔓－高朴、耶尔格·施密特：《瑞士民法：基本原则与人法》，纪海龙译，中国政法大学出版社 2015 年版，第 70 页。

③ 彭诚信：《论〈民法总则〉中习惯的司法适用》，《法学论坛》2017 年第 4 期。

④ 王洪平、房绍坤：《民事习惯的动态法典化——民事习惯之司法导入机制研究》，《法制与社会发展》2007 年第 1 期。

除问题。

（三）国际条约和国际惯例

《民法总则》对此没有规定，但《民法总则》颁行后《民法通则》与之不矛盾的部分仍可继续有效。《民法通则》第142条的规定“涉外民事关系的法律适用，依照本章的规定确定。中华人民共和国缔结或者参加的国际条约同中华人民共和国的民事法律有不同规定的，适用国际条约的规定，但中华人民共和国声明保留的条款除外。中华人民共和国法律和中华人民共和国缔结或者参加的国际条约没有规定的，可以适用国际惯例”。可见，国际条约和国际惯例也是我国民法的渊源。

同时，《民法总则》的“漠视”不应当理解为不承认国际条约与惯例成为我国民法的渊源。《中华人民共和国涉外民事关系法律适用法》确认了外国法的适用规则，但此种适用的前提系基于国际条约、双边条约或者互惠原则等而发生的，其间接地确认了国际条约与惯例的渊源性。

【疑难争点】判例是否为我国民法的渊源？

从《民法总则》规定看，我国并不把判例作为民法的渊源，也不承认判例法。对是否将判例纳入民法渊源这一问题，主要有赞同、反对与折中三种观点。

赞同论者认为我国应当以成文法为主，以判例法为辅。其理由主要有二：一是成文法与判例法各有千秋，成文法存在自身不可能解决的问题，使引进判例制度成为必要。二是从法律发达史看，我国历史上一直存在判例传统，即便是西方大陆法系在对待判例的态度上，也有向英美法系靠拢的倾向。故，在目前我国法治条件下，引进判例制度是必要和可行的。

反对论者认为判例与中国的现实不符，甚至认为“判例法”这一概念也是不妥当的。反对论者所持的理由是我国没有将判例作为民法渊源的客观基础。一是依据我国现行政治制度，立法权由人民选出的代表构成的人民代表大会行使，法官并无立法权。二是我国古代虽有判例法传统，但却导致裁判者常常以例破律，滥用权力。三是我国法官为判例法的方法论和经验不足，绝大部分法官、检察官和律师没有受过判例方法的训练，且判例法本身也有造法不民主、以偏概全等缺陷，故可能导致造法失当等问题。

折中论者认为判例可以作为判决参照，而不是依据。持这种观点的学者认为应当区分判例法与判例，判例法是法律；判例不是法律。在这一区分前提下，认为不能全盘否定判例作为民法渊源的功能和作用。应该赋予典型判例以法律约束力，在民法典中确认其效力和补充渊源的地位，在审判过程中起参考作用。①

本书认为，在目前条件下，不能够认定判例是我国民法的渊源。但是，2005 年最高人民法院提出了建立案例指导制度的设想。案例指导制度将案例由以前的参考作用上升为指导地位，确定了公报案例的法律地位，虽然没有成文法和司法解释法律规范的约束力，但可以对法官裁判同类型的案件产生约束力。最高人民法院发表的批复、解答和判例中所形成的许多判例规则，无疑已经是中国民法的有机组成。对下级法院有指导性、约束性，客观上有渊源属性。同时，从长远看，建立、规范最高人民法院的案例渊源是必要的。

【疑难争点】国家政策是否应该作为我国民法的渊源？

从《民法总则》第 10 条规定，及其与《民法通则》的比较看，《民法总则》否定了政策的法律渊源属性。对于政策能否作为民法的渊源这一问题，我国学界存在较大争议，《民法总则》在历次审议稿中均持肯定态度，只是在最后被“拿下”了。学界争议大致有否定说和条件说两种观点。

否定说认为，政策作为民法的渊源会产生很大弊端，故政策不应当成为民法的法源。持这种观点的如徐国栋等，理由主要有：第一，政策不同于法律，不具有稳定性。可通过将其上升为立法的途径来适用国家政策。第二，政策往往以内部文件的形式下达于各有关机关，而不公告于众，要求当事人遵循这种政策，会使其无法在行为之前预料到自己行为的法律后果，无法获得行为的安全性。第三，政策的内容往往只是一些意图、设想和目标，规范性不强，缺乏对具体行为的指导性和可操作性。

条件说认为，在一定条件下，国家政策可以作为民法的渊源。如佟柔认为，“法律是政策的表现形式之一，是对国家政策的具体化”；在法

---

① 梁慧星：《民法总论》，法律出版社 2000 年版，第 23 页。

律没有规定或规定不明确时，国家政策才可作为民事活动的适用依据。又如郭明瑞认为，满足一定条件，即当该政策确为国家政策，其规范的事项法律、法规未规定并且适用该国家政策不违反法律、法规关于民事基本权利规定的情况下，国家政策可以成为民法的渊源。对于否定说，有学者认为，该说只看到了民事政策消极的一面，而未看到其积极的一面，且否定说所持的理由如民事政策欠缺公示性的问题在现代民法体系下已经有所消解，完全否认民事政策的法源地位有矫枉过正之嫌。且美国学者格雷和博登海默都认为政策应为法源之一。因此政策应是民法的非正式渊源，其理由有：(1) 部分民事法律源于或体现民事政策。民事政策对于民事法律的制定和修改存在指导价值，我国现行部分民事法律源于或体现民事政策，是客观存在的事实。(2) 民事政策是对民事社会的理性调节。民事政策是民事群体理性的表现，是对非理性的制约。民事政策在事实上一直以法的身份长期存在并发挥作用，符合我国民众的心理。(3) 民事政策的司法裁判功能。如果民事司法的法律渊源范围规定过窄，会导致实践中大量法律关系不能得到调整和解决。只有在法律没有规定、规定不明确或相互冲突的情况下，民事政策作为民法的非正式渊源才能得以适用。

本书认为，从实在法角度看，政策不再是民法的渊源；但考虑到我国改革的深化与法律相对滞后的矛盾，政策应该有条件地成为民法渊源。

【疑难争点】法理、学说能否成为我国民法的渊源？

依据《民法总则》第10条的规定，以及我国民事立法传统，我国均不承认法理、学说可以成为民法渊源，但学界对此存在争议。本书持肯定态度。

所谓法理，指依据民法基本原则所应有的原理。王泽鉴认为法理是从法律的价值和精神演绎而出的一般法律原则，具有弥补法律与习惯不足的功能，有解释权的机关在对民事法律进行解释时，或法官裁判案件遇到法律无明文规定时，为了实现公平正义，不可能拒绝裁判，因此他们又往往以法理作为解释和裁判的根据。[①] 这样，在法无规定或者需要阐释时，法理借助于民法解释和法官裁决实际上成为一种解决纠纷的规则，

---

① 王泽鉴：《民法总则》，中国政法大学出版社2012年版，第29页。

成为民法的补充性渊源。

学说是指研究法律问题的人对成文法、习惯法以及法理进行阐释、论证的意见、观点，本质上只是学者个人的意见，属于学术观点，在现代法治社会不能直接发生任何拘束力。但是，学说有可能会间接地成为法律渊源。在古代罗马，法学家的著述常常被直接援引来判案，近年来，我国立法部门在制定法律时往往征求学者的意见（特别是在物权法的制定过程中，法律草案的起草和讨论都采用了不同学者的主张），而且最高人民法院遇到疑难案件时也会征求学者的意见，所以学说会因为被立法机关采用而发生拘束力，我们应当将其视为间接的法源。

必须注意的是，在选择法理、学说作为民法的补充渊源时，应采用如下标准：有通说的，采通说；通说有演变的，尽量采新说；无通说的，尽量采权威学者的学说。同时，运用法理、学说解决法律问题应当以追求公平和正义为最终目标，无论采取何种法理、学说都不得背离法的基本原则和精神。

第三节　我国民法的适用范围

民法的适用范围，是指民事法律规范在何时、何地、对何人发生法律效力。正确了解民法的适用范围，是正确适用民事法律规范的重要条件。

一　民法在时间上的适用范围

民法在时间上的适用范围，就是指民法在时间上的效力范围，包括两个方面，一是民法的生效和失效时间，二是民事法律规范对其生效前发生的民事法律关系有无溯及力。

（一）生效、失效的时间

民法生效的时间，即民事法律规范生效的时间。决定该时间的依据通常是法律规范的性质和社会实践的需求，一般有两种模式：

（1）自民事法律规范公布之日起开始生效。此种模式主要适用于法律规范的实施已经有了必要准备，或者社会生活急需，或者涉及面不大，实施不难。如1990年5月19日国务院发布的《中华人民共和国城镇国有土地使用权出让和转让暂行条例》第 54 条规定，该条例自发布之日起施行。

（2）民事法律规范公布后经过一段时间后生效。此种模式主要适用于民事法律涉及面广，情况复杂，需要经过一定时间准备、宣传，才能够有效实施的情形。例如《物权法》于 2007 年 3 月 16 日公布，自 2007 年 10 月 1 日起施行，其原因在于社会公众对《物权法》很陌生，相关国家机关工作人员也需要学习、领会。

民法失效的时间，即民事法律规范失去效力的时间，也就是民事法律规范效力终止或者被废止的时间。民事法律规范失效的时间主要有以下模式：

（1）新法直接规定废止旧法。例如，《合同法》第 428 条规定："本法自 1999 年 10 月 1 日起施行，《中华人民共和国经济合同法》、《中华人民共和国涉外经济合同法》、《中华人民共和国技术合同法》同时废止。"

（2）旧法规定与新法相抵触的部分失效。例如，1984 年 1 月 23 日国务院发布的《工矿产品购销合同条例》第 44 条规定："本条例自发布之日起施行。过去的有关规定与本条例有抵触者，均按本条例执行。"

（3）由国家机关颁布专门的决议规定，宣布某些法律失效。例如，1987 年 11 月 24 日通过的《全国人民代表大会常务委员会关于批准法制工作委员会对 1978 年底以前颁布的法律进行清理的情况和意见的报告的决定》，批准了法制工作委员会的报告及报告的两个附件。附件一为《1978 年底以前颁布的已失效的法律目录（111 件）》，因调整对象变化而不再适用或者已经停止执行的 29 件，其中就有民事法规，例如 1956 年 3 月全国人大常委会通过的《农业生产合作社示范章程》等。

另外，就同一事项，新法与旧法的规定发生积极冲突，存在矛盾规定时，按照"新法优于旧法""后法优于前法"的原则，以新法、后法为准。于此将导致旧法实际上被废止，此为学理上所谓的"默示废止"。

（二）民法的溯及力问题

我国的民事法律规范，贯彻法律不溯及既往的原则，一般没有溯及力，但也有例外。所以无溯及力是法律作为行为规范，行为人只能够按照既有规范行为的原因使然，这是法治的必然要求。

但是民法本旨在于保障民事权利，故当新法与旧法比较，有利于保护民事权益时，则新法可以发生溯及力，此所谓“有利追溯原则”。例如《最高人民法院关于适用〈中华人民共和国合同法〉若干问题的解释（一）》第3条规定，人民法院确认合同效力时，对合同法实施以前成立的合同，适用当时的法律合同无效而适用合同法有效的，则适用合同法。但是，此种新法溯及力于法无规定时是否可以适用，仍旧存有疑问。

二　民法在空间上的适用范围

民法在空间上的适用范围，就是指民法在空间上的效力范围，即是指民法在哪些地方发生效力。《民法总则》第12条规定：“在中华人民共和国领域内的民事活动，适用中华人民共和国法律。法律另有规定的，依照其规定。”《民法通则》第8条第1款规定：“在中华人民共和国领域内的民事活动，适用中华人民共和国法律，法律另有规定的除外。”这里所说的“领域”是指我国领陆、领空、领海，还包括根据国际法视为我国领域的我国驻外使领馆，以及在我国领域外航行的我国船舶和飞行于我国领空以外的我国飞行器等。据此，我国民法的空间效力一般可以分为域内效力和域外效力两种。

域内效力就是指民法的效力在中国领域内发生的效力。由于民事法律规范制定的机关不同，其适用的领域也不同，大体有以下几种不同的域内效力情形：

（1）适用于我国全部领域的民事法律、法规。全国人民代表大会及其常务委员会制定的民事法律，国务院制定的民事法规，适用于我国全部领域，但法律、法规中明确规定仅适用于某一地区的除外。

（2）适用于局部地区的地方性民事法规。地方性民事法规适用于制定者所管辖的区域之内。

（3）适用于特别行政区的法律。香港特别行政区和澳门特别行政区法规中的民事规范，只适用于各该特别行政区。

所谓域外效力，就是指我国民法在我国管辖领域以外的效力。在现代社会，民法一般不能当然产生域外效力，但是随着国际交往的发展，为保护国家和公民、法人的利益，也可以在例外的情况下规定域外效力。例如，《海洋环境保护法》第12条规定：“在中华人民共和国管辖海域以外，排放有害物质，倾倒废弃物，造成中华人民共和国管辖海域污染损害的，适用本法。”

三 民法对人的适用范围

民法对人的适用范围，就是指民事法规对哪些人发生拘束力。法律涉及国家主权，与此联系，我国法律上的人可以分为中国人、外国人和无国籍人。民法对人的效力就包括对前述“人”的效力问题。基于国家主权原则，与许多国家一致，我国采取以属地主义为主，与属人主义、保护主义相结合的原则确定民法对人的效力。

（1）按照属地原则，凡是中华人民共和国管辖范围内的一切组织和个人，不论是否为中国公民、法人、非法人组织，均需遵守我国民法，受其约束。但下列情况除外：第一，根据我国缔结或参加的国际条约、双边协定的规定或经我国认可的国际惯例，我国民法对享有司法豁免权的外国公民（如来访的国家元首、政府首脑和他们的随从人员，外国使节和他们的家属等）不具有法律效力。第二，我国民法中某些专门由中国自然人、法人或非法人组织享有的权利能力，对外国人、无国籍人或外国法人和其他组织不具有法律效力。

（2）依据属人原则，居留在外国的我国公民，原则上应当适用所住国的民法，但是，依照我国民法和我国缔结或参加的国际条约、双边协定以及我国认可的国际惯例，应当适用我国民法的，仍然适用我国民法。

应当强调的是，一国法律是否对领域内的人适用，以及是否对域外的本国人适用，是关系国家主权的重大事项。依法应当适用我国民法的，应当坚持适用。

【案例思考】

约翰，无国籍人，2006 年 9 月 1 日将其在中国所有的一套自己住了 8 年的房屋租给刘某以后，离开中国外出打工。约翰和刘某约定，房屋长期租赁，每月租金 1000 元，一次交纳 5 年租金，5 年期满租金另议。2011 年 9 月期满，双方均未提出再议，刘某也一直未交租金。2012 年约翰在英国获得国籍，并被英国政府录用，于 2013 年 6 月派到英国驻中国使馆工作。约翰于2013年8月将刘某起诉到北京市朝阳区法院，请求刘某支付拖欠的租金。

问题： 1. 本案法院是否应该受理？

2. 此外国人起诉应该适用哪国法律？

第四章

民事法律关系

【本章导读】 民事法律关系是现代社会中最重要的一类社会关系，是民法理论中的基本概念之一，整个民法的逻辑体系展开与构建都以民事法律关系为基础。民法学在一定意义上可视为民事法律关系之学。本章介绍民事法律关系的概念特征、要素和变动，其中，民事法律关系的要素及引起民事法律关系变动的法律事实是重点。

第一节　民事法律关系的概述

一　民事法律关系的含义

民事法律关系的理论是民法学的核心，民法总论是确定民事法律关系共同性问题的理论，民法学分论则是研究各种具体民事法律关系的理论，可以说民法学就是民事法律关系学。①

社会关系是多向度的、复杂的，不同社会关系归属于不同的法律予以调整。经由民法调整形成的社会关系就是民事法律关系。因此，民事法律关系是由民事法律规范调整所形成的、以民事权利和民事义务为核心内容的社会关系。

形成民事法律关系首先须有相应的民事法规，如果一种社会关系民法不予调整则不发生民事法律关系。因此，平等主体之间的社会关系与

---

① 曾宪义、王利明：《民法》，中国人民大学出版社 2010 年版，第 37 页。

民事法律关系并非同一概念，二者是属种关系。在平等主体之间的社会关系中，只有被民法所调整的平等主体之间的一部分具有可诉性的社会关系，才是民事法律关系。① 民事法律关系系民法调整的结果，具有民法属性，即其内容是民事上的，其性质是私法性的。

按照不同的标准，民事法律关系主要有如下类型：

（1）财产法律关系和人身法律关系。此种分类的标准是民事法律关系是否直接具有财产利益内容。财产法律关系是权利义务直接指向财产，以财产为内容的民事法律关系。人身关系是权利义务与主体不可分离、直接指向的不是财产，没有财产内容，而以人身利益为内容的民事法律关系。

（2）绝对法律关系和相对法律关系。此种分类的标准是义务主体的范围。绝对法律关系是指权利人以外的一切人均为义务人，义务主体具有不特定性的民事法律关系，如物权关系。相对法律关系是指义务主体为特定人的民事法律关系，如债权关系。

（3）单一民事法律关系和复合民事法律关系。此种分类的标准是法律关系内容的复杂程度。单一民事法律关系是指只有一组对应的权利义务的民事法律关系。复合民事法律关系是指有两组以上对应的权利义务的民事法律关系。

（4）权利性民事法律关系和保护性民事法律关系。此种分类的标准是民事法律关系形成和实现的特点。权利性民事法律关系，是指民事主体依其合法行为而形成的，能够正常实现的民事法律关系，如有效的合同关系。保护性民事法律关系，是指因不法行为而发生的民事法律关系，如侵权关系。

二　民事法律关系的特点

（一）民事法律关系的主体之间具有平等性

民事法律关系的特点首先体现为其主体的平等性。由于民法调整平等主体之间的人身关系和财产关系，各民事主体不论是自然人、法人、非法人组织还是国家，不论其所有制如何，在民事法律关系中都具有平

① 至于何种平等主体之间的社会关系具有可诉性，可以界定为民事法律关系，在审判实践中，需要法官从民法的规范目的出发经由法律认可的表决程序进行价值判断。

等的法律地位。此种平等系地位平等，按自己意思行为；是资格的平等，不是结果的平等；也体现为国家法律保护的平等。基于主体的平等性，各主体之间的权利义务也往往具有公平性、对等性，许多财产关系都以等价有偿为原则。①

（二）民事法律关系以民事权利和民事义务为基本内容

任何法律关系的基本内容均为法律权利和法律义务。民事法律关系是基于民事法律关系调整社会关系而发生的法律关系，故其基本内容体现为民事权利和民事义务。由于民事权利是私权，权利人有合法处分自由，这有别于其他法律权利尤其是公法上的法律权利。民事义务与民事权利相对，其目的在于实现民事权利。

（三）民事法律关系的内容和变动上具有任意性

民事法律关系是平等主体之间的关系，与个人利益密切相关，因此，民事法律关系的设立、变更和终止具有一定的任意性，当事人在法律许可的范围内可以根据自己的利益需求来自主地创设和消灭其所处的民事法律关系，也允许其在不违背法律的禁止性规定和公序良俗的前提下进行民事关系内容的变更，法无禁止即可为，其行为的效力法律将予以认可和保护。

（四）民事法律关系的客体具有复杂性和制度上的开放性

民事法律关系的任意性决定了其客体多种多样。随着人类社会的发展，各种新型的人格利益、财产利益被人们所发现、认知、利用，也会由此形成一系列新的规则。这就要求民法必须具有开放性，及时容纳相关的内容，将这些新的利益形式引发的民事关系纳入民法的视野，所以，民事法律关系制度所涉及的客体内容必定是个复杂的、多变的、开放性系统。

第二节 民事法律关系的要素

一 民事法律关系的要素构成

民事法律关系的要素，② 是指构成民事法律关系的必要因素或条件。

---

① 佟柔：《民法总则》，中国人民公安大学出版社 1990 年版，第 46 页。

② 关于民事法律关系的要素，学者们分别提出过三要素说和五要素说。三要素说认为民事法律关系的要素是主体、客体、内容；而五要素说认为民事法律关系的要素是主体、客体、内容、变动、民事法律事实。其中，三要素说是通说。

任何民事法律关系都包括三个构成要素，缺一不可：一是民事法律关系的主体；二是民事法律关系的客体；三是民事法律关系的内容，缺少其中的任何一个都不能成立民事法律关系。民事法律关系的变动，实际上就是民事法律关系主体或者客体或者内容的发生、变更或者消灭。

二　民事法律关系的主体

民事法律关系的主体简称为民事主体，是参与民事法律关系、享有民事权利、承担民事义务和民事责任的人。根据《民法总则》，成为民事主体须有民事权利能力。

近现代民事法律关系主体具有下列主要特点：

第一，主体范围的广泛性。作为民事法律关系主体的人，既包括具有自然生命的自然人，[①] 也包括不具有自然生命的组织体——法人及非法人组织。国家作为法人当其从事民事活动时，也成为民事主体。如国家向单位或公民发行国库券，在国库券的发行中，国家就是民事主体。

第二，主体间的平等性。在民事活动中，民事主体之间的法律地位平等。任何自然人从其出生起至死亡止，都有资格成为民事法律关系的主体，任何法人在其权利能力范围内都有资格成为民事法律关系的主体。在民事法律关系中，双方当事人地位完全平等，一方不得把自己的意志强加给另一方。

根据权利义务的承受情况，民事法律关系主体可分为权利主体和义务主体。民事权利主体是在民事法律关系中享有民事权利的主体；义务主体是在民事法律关系中承担义务的主体。一般情况下，权利主体同时为义务主体。[②] 在复杂的民事法律关系中，确定民事权利义务主体需考察相关主体之间的关系，义务履行的行为者不一定是义务主体；接受履行者不一定是权利主体。

在现代法治社会，除因不可抗力不能履行民事义务而不承担民事责任等法律有特殊规定的情形，民事主体的权利与义务具有一致性。在大

---

① 实践中以户为单位的个体工商户、农村承包经营户以及个人合伙组织体或非法人组织均被视为民事主体。详细见自然人法人的相关章节，在此不赘述。

② 史尚宽：《民法总论》，中国政法大学出版社2000年版，第85页。

多数情况下，尤其是商品交易中，民事主体各方既享受权利，又承担义务。但在某些场合下，一方只享受权利，另一方只承担义务。如借用等实践性行为中，由于出借履行是行为成立的条件，当出借行为成立后，出借人就没有义务，只有权利。

权利主体和义务主体的人数既可以是单一的，也可以是多数的，既可以特定，也可以不特定。如二人共同侵权中，义务人就是多数，且是特定的；所有权关系中，义务人是多数，且是不特定的。

三 民事法律关系的客体

民事法律关系的客体即民事权利客体或标的，是指民事法律关系主体享有的民事权利和承担的民事义务所共同指向的对象。民事主体之间所以发生法律关系是以民事权利客体为媒介的，民事权利客体是民事主体追求的利益的反映，故没有民事权利客体就没有民事法律关系，民事权利义务也没有存在的意义。当标的的载体为物时，即存在标的物；任何民事法律关系均有标的，但并非均有标的物。

就规范意义上的民事法律关系而言，民事法律关系的客体最主要的种类如下（其他详见第四编“民事权利客体的范围”）：

（1）物。其指独立于自然人身体之外，能够满足人们需要并且能够被支配的物质实体和自然力。

（2）行为。其指能满足权利主体某种利益的活动，包括作为和不作为。

（3）智力成果。其指人的脑力劳动创造出来的精神财富，包括各种科学发现、发明、设计、作品、商标等。

（4）人身利益。它包括人格利益和身份利益。

民事法律关系客体具有以下主要特点：

第一，利益性。民事法律关系的客体一定是能够满足人们某种利益需要的载体。民事主体参与民事法律关系，享有民事权利总是为了满足自己的利益需要，如买卖关系中，标的物总能够满足购买人的某种利益需求，没有任何物质或者精神利益的标的物，难以成为民事法律关系的客体。由于人的利益需求是多方面的，既有物质利益，也有非物质利益，因此，民事法律关系客体既包括物质利益，也包括非物质利益。

第二，客观性。民事法律关系客体是不以主体的意志为转移的客观存在。在客观上根本不存在的事物不能成为法律关系客体，如长生不老药、永动机等。

第三，可支配性。客体必须能被民事主体所支配，不能为人们所支配的东西，例如日月星辰，尽管有巨大价值，也有客观利益性，但它不能成为民事法律关系的客体。

第四，独有性、稀缺性。无论是人身利益还是财产利益承载的对象，对主体来说都具有独特性，特别是人身利益客体，直接与当事人的人身相连接。而稀缺性则是指客体在民事法律关系交往的社会活动中，具有稀缺性特点，不是永远无限供给的。有的事物例如阳光和空气，能满足人的需要，但是它们可以无限地供给，不具有稀缺性，所以它们不能作为民事法律关系的客体。①

四　民事法律关系的内容

民事法律关系的内容是民事主体在民事法律关系中享有的权利和负担的义务，亦即当事人之间的民事权利和义务。权利和义务既相互对立，又相互联系。

民事权利是权利人为实现其利益依法可采取一定行为的行为自由。民事权利本质上是行为自由，只是该自由以法律禁止为限；民事权利在目的上是权利人的利益，离开利益无所谓权利。

民事义务是义务人为实现权利人的利益必须为或者不为一定行为的意志拘束。民事义务本质上是不自由的；民事义务的目的在于实现权利人利益。

民事权利和义务具有统一性，权利的内容是通过相应的义务来表现的，义务的内容是由相应的权利来限定的，二者统一于权利人的利益实现中。

第三节　民事法律关系的变动

一　民事法律关系变动的含义

民事法律关系的变动是指民事法律关系的发生、变更与消灭。民事

---

① 曾宪义、王利明：《民法》，中国人民大学出版社2010年版，第95页。

法律关系的发生，是指因一定的民事法律事实出现，民事主体之间形成民事权利义务关系。民事法律关系的变更，是指因一定的民事法律事实出现，原有的民事法律关系发生了变化。包括主体变更、客体变更和内容变更。民事法律关系的消灭，是指因一定的民事法律事实出现，原有的民事法律关系的终结。

由于民事法律关系的变动，通常产生民事权利和民事义务变更的结果，有人就将民事法律关系的变动等同于民事权利的变动。其实，民事法律关系的变动是产生民事权利变动的前提，民事权利变动只是民事法律关系变动的一个方面，两者绝不可混淆：在通常情形下，民事法律关系发生时，民事权利和民事义务即发生，但是在附停止条件或附始期的法律行为中，其民事法律关系虽已发生，但其权利须待条件成就或期限届至方才发生；又如债权债务关系内容变更时，若属于法律关系性质变更或标的变更，将导致民事权利的性质和内容发生变更，但如果仅仅是变更履行期限、履行方式，或所附条件、所附期限时，会引起民事法律关系发生变更，但是却并不会导致民事权利的性质变更。此外，在租赁关系中，出租方的租金请求权因清偿而消灭，但是出租方和承租方之间的租赁法律关系却不会随之消灭。所以，民事法律关系的变动和民事权利的变动是两个不同的概念。

二 民事法律关系变动的原因

民事法律关系的变动即发生、变更、消灭，绝不是无缘无故的，须有一定的原因。例如，一个人去逛商场，看到一个包想购买，此时，民事法律关系的主体有了，客体也有了，内容也很明确，但是，民事法律关系不会自动发生，它还需要有一个原因加入来引起民事法律关系的发生，连接民事法律关系的主体、客体、内容三个要素。导致民事法律关系变动的原因，称为法律事实（德语为 Juristische Tatsche）。所谓法律事实，指依据法律规定，能够引起民事法律关系发生、变更、消灭的客观现象。法律事实的种类繁多，民法上根据事实是否与人的意志有关，将其分为事件和行为两大类。

（一）事件

事件是依法能引起民事法律后果但与人的意志无关的客观现象。如地震是自然现象，与人意志无关，但因地震导致合同不能履行的，发生免除不履行责任的法律后果；再如，因为意外标的物灭失发生物权消灭的法律后果等都是事件。

事件与人的意志无关，系指事件引起的法律后果与其后果承担者的意志无关，如果国家政策调整，是国家意志的结果，其引起民事主体权利义务变更，与法律后果承担着意志无关，故为事件。由此，无民事行为能力的未成年人或完全精神病人的“行为”、完全民事行为能力人在无意识或神志错乱中所为的“行为”，由于其发生与当事人的意志无关，所以理论上认为也应属于事件。

（二）行为

行为是与人的意志有关的法律事实，它是当事人有意识的活动，行为是法律要件中最常见的法律事实。根据意志是否需明确对外做意思表示，行为又被划分为表意行为和非表意行为。

1. 表意行为

表意行为又称表示行为，是行为人通过意思表示，旨在设立、变更或消灭民事法律关系的行为。包括民事行为和准民事行为。

民事行为是行为人基于其意志设立、变更、终止民事权利义务关系的行为，是最主要的民事法律事实。

准民事行为是指行为人实施的有助于确定民事法律关系相关事实因素的意愿表达或事实通知行为。属于准民事行为的主要有与请求权或法律关系有关的催告、通知等。这些催告、通知是行为人有意为之，并借助这些催告和通知间接推动民事法律关系的变动或为民事法律关系的变动创造条件。准民事行为主要有：

（1）催告。催告又称为“意思通知”。例如，限制民事行为能力人实施了其不能够独立为之的民事法律委为，相对人可以催告其法定代理人自收到通知之日起一个月内予以追认（《民法总则》第145条）；行为人以他人名义行为而没有代理权的，相对人可以催告被代理人自收到通知之日起一个月内予以追认（《民法总则》第171条）。其中的“催告”有意思表达，能够对既有的不确定法律关系的确定产生影响，即为准民事行为。

（2）通知。在学说上通知又被称为“观念通知”或“事实通知”。

如债权人将转让权利事项通知债务人；当事人一方因不可抗力将不能履行合同的情况通知对方等都是法定的准民事行为。

由于准民事行为属于表示行为，当事人的意愿也会导致一定法律后果的出现，所以法律要求行为人必须有知道自己所从事活动的法律意义的能力，且能够判断这些行为的后果，即准民事行为人也要有相关的民事行为能力。

2. 非表意行为

非表意行为又称非表示行为，主要是指事实行为，具体是指行为人实施的一定行为，一旦符合了法律的构成要件，不管当事人主观上是否有确立、变更或消灭某一民事法律关系的意思，都会由于法律的规定，直接引起一定的民事法律效果的行为。事实行为有合法的也有不合法的。从事智力创造、拾得遗失物等属于合法的事实行为，而侵权行为则是不合法的事实行为。

【案例思考】

案例 1 赵某与王某是好朋友，某日，赵夫妇邀请王于周日中午到家中吃饭，王欣然同意。于是赵某精心准备一桌饭菜，耗资 600 元，并备下好酒一瓶，价值 400 元。时至周日中午，王某在家与邻居发生口角心情非常不好，便没有前往。为了不浪费饭菜，该饭菜只能由赵某夫妇自己吃。导致赵进食过多引起急性胆囊炎住院，事后，赵提出由于王的违约造成自己发病住院，应当赔偿。

问题： 赵能否就其损失要求王承担民事责任？

案例 2 2007 年 1 月 1 日，原告贾某一行四人入住由被告食品批发部开办的宾馆 502 房间。该房为标准间，以贾某两个伙伴的名义进行了登记。贾某及另外一人也同居该室，但未办理加铺手续。次日凌晨三时许，该宾馆 302 房间失火，火势迅速蔓延，致使宾馆三层以上发生重大火灾，原告等人为逃生而破窗跳楼，身上有多处被火烧伤，另有跌伤等其他损伤，随身所带物品也付之一炬。

问题： 1. 本案存在哪些民事法律关系？

2. 每一个民事法律关系的主体、客体、内容是什么？

案例 3　某市红光制衣厂工人李世成与其妻王某于 1956 年从同事颜某处购得该市二环路 138 号房两间。王某于 1977 年病故。1979 年李世成退休后，决定回郊县老家安度晚年，于 1980 年 3 月将其二环路 138 号的两间房屋以 20000 元的价格卖给个体户张某，同时在郊县老家从同村村民李万盛处以 1000 元的价格购得房屋两间。1980 年 5 月，李世成与区运输公司劳动服务公司订立了一份运输合同，委托该劳动服务公司将全部家具运至郊县老家。

土地改革时，李世成与其兄长李世文及父母四人分得住房四间。1967 年—1977 年李的父母先后去世，李世文一家一直住着这四间房。李世成回到老家后见李世文家住房宽裕，便要求划出一间给自己使用。但李世文不答应。李世成起诉到法院。人民法院在查清事实的基础上，判决确认其中两间住房归李世成使用。

问题：请依次指出本案发生的法律事实，各法律事实引起何种法律关系的发生、变更和消灭，以及各法律关系的主体、客体和内容。

第 五 章

民法的适用

【**本章导读**】本章介绍民事法律适用的一般规则。各个规则适用的先后顺序是指导司法，实现正义必须掌握的相关知识。

第一节　民法适用的含义

如果对法律适用做广义的理解，则指运用法律规范调整社会关系。因此，平等主体的自然人和法人等自觉按照民法的规定从事民事活动，如缔结合同、履行义务都是民法的适用。但是，一般意义上理解民法的适用多是从狭义的角度。狭义的民法的适用仅指法院或仲裁机构依据民事法律规范解决各类案件的司法活动，它不包括公民、法人自觉按照法律的规定从事活动，公民法人的自觉依法活动狭义上被称为法律的遵守。

我国目前已经有比较完善的民事规范体系。我国民法的适用，则是专指在查清案件事实的基础上，正确引用民事法律规范，采用逻辑论证的方法，做出符合事实和正义要求的裁决。所以，在民法的适用中，现有的民事法律规范是逻辑论证的大前提，案件的事实证据是逻辑论证的小前提，而寻求正确结论进行裁决的过程就是司法机关进行民法适用的过程。

第二节　民法的适用规则

民法的适用是运用民法规范处理民事案件的专门性活动，在民法的适用中，引用法律规范是否得当，对于正确裁判案件具有特别重要的意义。为了确保运用民法规范的正确、得当，保证案件的处理质量，民法的适用，除了要遵循社会主义法律的一般适用原则外，还应遵循以下具体规则：

一 上位法优于下位法原则

从立法的等级效力看，某一个位阶高的法律的效力优于位阶低的法律的效力，则前者被称为上位法，后者被称为下位法。在适用民法过程中，遇到不同级别的机关制定的民事规范性文件对同一问题分别做出有冲突的规定时，则适用上位法优于下位法原则，即应适用效力较高的民法规范，而不适用效力较低的民法规范。其理由在于：从法律规范的效力看，级别高的机关制定的法律规范的效力高于级别低的机关制定的法律规范的效力，效力低的法律规范不得与效力高的法律规范相抵触。在我国，民事法律规范按照其法律效力级别的不同，可做如下排列：

首先，宪法具有最高的法律效力。宪法中有关民事方面的规定也具有最高效力。

其次，民事法律。我国至今尚未制定民法典，《民法总则》《民法通则》是民事基本法，在我国民事法律体系中居于特别重要的地位，是制定民事特别法和民事单行法的依据。同时，民事特别法和民事单行法也属法律范畴，它们是《民法总则》和《民法通则》的重要补充。

再次，国务院及其各部委制定的行政法规、决议和命令中涉及民事方面的规定，其效力低于宪法和民事法律。

最后，地方各级人民代表大会、民族自治地方的各级自治机关发布的地方性法规中所包含的关于民事方面的规定。它们只在制定、颁布机关所管辖的行政区域内有效，效力层次最低。当上述不同层次的民法规范对同一问题的规定出现抵触或冲突时，应当适用效力较高的法律规范。当然，如果上位法和下位法对同一问题都做出了规定，但两者没有抵触或冲突，且下位法是为了贯彻实施上位法的规定，或者是为了对上位法尚未涉及的问题予以具体、详细规定时，就应该优先或同时适用下位法。于此场合，不适用上位法优于下位法的原则。

二 特别法优于普通法原则

根据适用领域、主体、对象的不同，民法分为民事普通法和民事特别法。从适用范围看，适用于一切领域的为民事普通法，如《民法总则》《民法通则》；适用于特定领域的为民事特别法，如民族自治地方的人民代表大会依据《民法总则》《民法通则》规定的原则，制定的变通、补充规定。从适用主体上看，适用于一切民事主体的为民事普通法，如《民法总则》中合同的规定；而《合同法》则为特别法。从适用对象看，适用于一般民法关系的为民事普通法，如《民法总则》；适用于法律规定的特殊民法关系的为特别法，如《公司法》《著作权法》《商标法》《专利法》等。普通法与特别法的区别只是相对的，只有把两个不同民法规范的规定置于具体比较中，才能进一步划分出普通法与特别法。在适用民法过程中，如果具备以下两个条件：第一，当普通法和特别法对同一问题都做出了规定；第二，特别法所规定的法律效果排斥普通法规定的法律效果。于此场合，则应适用特别法而不适用普通法。只有在无特别法时，才能适用普通法。但是，如果普通法和特别法对同一问题都做出了规定，且在法律效果上并不相互排斥时，不发生特别法优于普通法的问题，有时可同时适用。

不仅不同民法规范之间存在普通法与特别法之分，即使在同一法律的不同法条之间也有普通与特别之分，分别称之为普通条款和特殊条款。在适用时，应优先适用特别条款，而不适用普通条款。如《民法总则》对于3年普通诉讼时效期间的规定即属普通条款，《民法通则》对于1年特殊诉讼时效期间的规定即属特别条款，在遇到应适用1年特殊诉讼时效期间的情形时，就应适用1年特殊诉讼时效期间。

三 新法优于旧法原则（后法优于前法原则）

新法优于旧法原则，是指对于同一民法关系，如果前后有两部以上的法律予以调整时，原则上适用后颁布的法律即新法的规定。适用该原则应注意：该原则只是对于同一级别的法律、法规而言。如果是不同级别的法律、法规存在抵触或冲突时，就应适用优位法优于劣位法原则，而不适用该原则。该原则只适用于不同的民事法律、法规之间，而不适用同一法律、法规的不同法条之间。需要注意的是，在特别法与普通法的关系上，由于特别法是对普通法的特殊、修正的规定，因此，一般不适用此原则，通常仍适用特别法优于普通法原则。

四 强行法优于任意法原则

笼统地说，法律规范都有法律强制性，都有约束力，但是，具体说来，不同的法律规范的强制性程度并不相同，存在强弱之分。因此，法律规范根据其强制性强弱程度的不同，可分为强行法与任意法。强行法是指对于法律的规定，当事人必须遵守，不允许予以变更的法律规范。强行法的特点在于：它排除当事人意思自由，不管当事人的意志如何，都应服从和遵守。任意法是指在法律允许的范围内，当事人可以变更或选择排除适用的法律规范。任意法的特点在于：它尊重当事人的意思自由，但应限于法律允许的范围内。

民法贯彻意思自治原则，因此，民法规范中既有任意法，又有强行法。如《民法总则》关于民事权利能力、民事行为能力的规定，关于合伙人承担无限连带责任的规定，关于诉讼时效期间的规定，关于所有权取得方法的规定等都属强行法的规定，而《民法总则》关于合同的规定，大多数为任意法的规定。

在适用民法过程中，应以强行法优于任意法为原则。对于民法规范做出强行法规定的事项，应适用强行法，而不应适用任意法。如我国《担保法》第 91 条规定："定金的数额由当事人约定，但不得超过主合同标的额的百分之二十。"据此，对于定金数额，当事人可以在法定范围内约定定金数额，法律确认其效力，此属任意法。但是，如果当事人约定定金的数额超过主合同标的额的 20% 的，对于超过部分，应适用强行法规定，而不适用任意法。即凡是违反强行法规定的条款或全部无效，或部分无效，应依据强行法的规定适用法律。

五 例外规定优于原则规定

例外规定，是指对于某种民法关系，在有特别规定的情形时，排斥原则规定的适用而适用特别规定的规定。原则规定，是指对于某种民法关系，在一般情形下予以适用的规定，亦即在无特别规定时予以适用的规定。在适用民法过程中，凡是民法有例外规定的情形，应优先适用例外规定，而不适用原则规定，即一般规定。只有在没有例外规定的情形下，才能适用原则规定。如《民法总则》第 18 条规定，十八周岁以上、精神状态正常的自然人为完全民事行为能力人，可以独立进行一切民事活动，此为原则规定；但该条第 2 款又规定，16 周岁以上不满 18 周岁的自然人，以自己的劳动收入为主要生活来源的，视为完全民事行为能力人，此为例外规定。因此，在适用民法时，遇到上述规定情形的，应优先适用《民法总则》第 18 条第 2 款的规定，而不适用第 18 条第 1 款的规定。

六 具体规定优于抽象原则规定

由于受到多种因素的影响，民法规范中既有具体的规定，又有抽象的原则性规定。在适用民法时，凡民法做出具体规定的，应适用具体规定。只有在无具体规定时，才能适用原则性规定。如对某一案件是否违反公平原则的认定，在现行法律没有明确规定的情况下，可适用公平原则对案件做出判决。反之，如果现行法律对该案件的法律适用已有明确、具体的规定时，就应该适用具体规定。

七 民法适用的综合考虑

两个以上的民事法条对同一民事法律事实都做出了规定。这里所说的两个民事法条，既包括同一民事法律中的两个法条对同一民事法律事实都做出了规定，也包括不同民事法律中的两个法条对同一民事法律事实都做出了规定。① 这种情况叫作民事法条的竞合。在竞合的法条中所规定的民事法律行为的构成要件一致，对同一民事法律事实同时予以调整的两个以上法条的民事法律规范处于有效实施时期，在这种法条竞合的情况下，民法的适用也应当采用相应的规则。

---

① 前者如《民法通则》中的数个条文对侵权行为法律责任的同时规定，后者如《民法通则》第 118 条规定：“公民、法人的著作权（版权）、专利权、商标专用权、发现权、发明权和其他科技成果权受到剽窃、篡改、假冒等侵害的，有权要求停止侵害，消除影响，赔偿损失。”该法条对侵犯著作权行为的法律责任做了规定，《著作权法》第 46 条中又对侵犯著作权行为的法律责任做了规定。

（一）冲突性法条竞合

冲突性法条竞合是指竞合的民事法条规定的法律效果相互冲突的情形。例如《民法通则》第119条规定：“侵害公民身体造成伤害的，应当赔偿医疗费、因误工减少的收入、残废者生活补助费等费用；造成死亡的，并应当支付丧葬费、死者生前扶养的人必要的生活费等费用。”这是《民法通则》对侵犯一般人身权应承担民事责任的规定。同时，我国《产品质量法》第32条规定“因产品存在缺陷造成受害人人身伤害的，侵害人应当赔偿医疗费、因误工减少的收入、残废者生活补助费等费用；造成受害人死亡的，并应当支付丧葬费、抚恤费、死者生前抚养的人必要的生活费等费用”。这是《产品质量法》对因产品缺陷而侵犯人身权应承担民事责任的特别法规定。两者规定的赔偿范围不一致，相互冲突，属于冲突性法条竞合。对于冲突性法条竞合的适用，一般应适用特别法优于普通法的原则。

（二）并存性法条竞合

并存性法条竞合是指当两个以上法条在规定同一法律事实时，它们分别规定的法律效果尽管不同，但依其性质并不相互排斥，因而在存在上、行使上可以并存，同时适用，不予限制。

（三）择一性法条竞合

择一性的法条竞合是指当两个以上法条规定的同一法律事实，其法律效力不同，虽然各请求权同时存在，但在行使上不能并存，只能择一而行使的情形。对于择一性法条竞合，一般由当事人选择其中之一的请求权加以适用。

八 《民法总则》与其他民法冲突的适用问题

《民法总则》颁行后，在《民法典》颁行前，一方面《民法通则》继续有效，另一方面民法特别法势必难以一一修订。由此，就会发生《民法总则》与其他民法规范的冲突与适用问题。

（一）《民法总则》与《民法通则》的冲突适用

立法者认为，《民法通则》既规定了民法的一些基本制度和一般性规则，也规定了合同、所有权及其他财产权、知识产权、民事责任、涉外民事关系法律适用等具体内容，被称为一部“小民法典”。《民法总则》

基本吸收了《民法通则》规定的民事基本制度和一般性规则，同时做了补充、完善和发展。《民法通则》规定的合同、所有权及其他财产权、民事责任等具体内容还需要在编纂民法典各分编时做进一步统筹，系统整合。据此，民法总则草案通过后暂不废止《民法通则》。《民法总则》与《民法通则》的规定不一致的，根据新法优于旧法的原则，适用《民法总则》的规定。①

据此，《民法总则》的本意在取代《民法通则》中的总则性规定，而无意取代《民法通则》中的分则性规定。那么，《民法通则》哪些章节"基本制度和一般性规定"而被《民法总则》取代？依据前述立法者的"说明"，比较《民法通则》与《民法总则》，可以认为《民法通则》第五章"民事权利"、第六章第二节"违反合同的民事责任"和第三节"侵权的民事责任"、第八章"涉外民事关系的法律适用"属于分则性规定，其他章节含第七章"诉讼时效"属于《民法通则》中的总则性规定，不是立法机关有意留待将来民法典分则编纂时再予统合的分则性规定。②因此，《民法通则》中属于民法总则规范的内容，与《民法总则》冲突的均适用《民法总则》的规定。

有疑问的是，《民法通则》中在板块上属于总则内容，但《民法总则》没有规定的条款如何适用？例如《民法通则》关于"个人合伙""联营"的规定。对此，立法者称"《民法总则》基本吸收了《民法通则》规定的民事基本制度和一般性规则，同时作了补充、完善和发展"，既然是"补充、完善和发展"后删除了《民法通则》的规定，其立法本意当为此类规定失效，不再适用。不过，从法律失效规范看，还需有权机关予以明示。

（二）《民法总则》与民法单行法的冲突适用

从立法角度看，全国人大法律委员会称，根据民法典编纂工作"两步走"的思路，民法总则草案经本次会议审议通过后，下一步将进行民法典的合同编、物权编、侵权责任编等各分编的编纂工作。在各分编编

---

① 李建国：《关于〈中华人民共和国民法总则（草案）〉的说明——2017年3月8日在第十二届全国人民代表大会第五次会议上》，《人民日报》2017年3月9日。

② 李宇：《〈民法总则〉与其他民事法的适用关系》，《法学》2017年第5期。

纂工作完成前，合同法、物权法、侵权责任法等民事单行法的规定与《民法总则》不一致的，根据新法优于旧法的原则，适用《民法总则》的规定。[①]

具体而言，特别法规定重复《民法通则》等旧法规定而与《民法总则》相抵触者，应依照新法优于旧法之原则，适用《民法总则》的规定；特别法规定与《民法通则》等旧法规定不同而与《民法总则》相抵触者，依体系可知《民法总则》有意取代旧的特别法规定的，应依照新法优于旧法的原则适用《民法总则》的规定；特别法规定与《民法通则》等旧法规定不同而与《民法总则》相抵触者，如适用《民法总则》的规定更有利于实现特别法的立法目的或本法的立法目的，应依照新法优于旧法的原则适用本法规定。[②] 此种阐释符合法理，但在具体操作上，还需结合具体案例、条款进一步分析，方可能成就。

【案例思考】

在某市商业区有一条商业街，在这个商业街的丁字路口建了一座商厦。商厦的主楼部分面临繁华街道，售价为每平方米7000元人民币；配楼部分面临一条不大的街道，售价为每平方米4000元。本案原告在每平方米4000元的这一侧买了一套300平方米的商铺，装修后开始营业。后来，原告想在商铺中安装设施，对商铺进行测量后才发现商铺的面积只有200平方米，遂找到开发商。经双方共同测量，确认房屋面积少了100平方米。对如何解决少给的100平方米，双方意见不同：原告主张其将200平方米的商铺退回开发商，由开发商另行交付一套300平方米的商铺。开发商则主张现有商铺已经卖出去或租出去了，同意向原告退还100平方米的购房款项。双方发生争议，原告遂以开发商为被告向法院起诉，要求开发商交付300平方米的商铺。

该案件由某高级人民法院做出终审判决，认为：原告购买的是300平

---

① 《第十二届全国人民代表大会法律委员会〈关于中华人民共和国民法总则〉（草案）审议结果的报告》，2018年5月30日（http：//www.dffyw.com/fazhixinwen/lifa/201703/42314.html）。

② 李宇：《〈民法总则〉与其他民事法的适用关系》，《法学》2017年第5期。

方米的商铺，只要商场中还有一套300平方米的商铺，就应该卖给业主。因开发商尚有一套售价为每平方米7000元、面积为300平方米的主楼出租商铺，遂判决被告退租，将这套300平方米的商铺交付给原告并且不找差额。

问题：此判决适用法律正确吗？应该如何适用？

第二编

民事主体

第六章

自然人

【本章导读】民事主体是一个特定的法律范围，是民法总论的基本问题之一。在我国，民事主体包括自然人、法人和非法人组织。本章主要内容包括自然人的民事权利能力，自然人的民事行为能力，自然人的民事责任能力，监护，自然人的姓名、住所、户籍、身份证、宣告失踪以及宣告死亡制度。

第一节　自然人的民事权利能力

法律意义上的人格以权利能力之享有为标志。自然人享有权利能力，也就享有私法主体地位，即自然人只能是权利主体，而不能也不应成为权利的客体。

一　自然人民事权利能力的概念

权利能力虽不同于权利本身，但唯具有权利能力，才享有具体权利。可见，法律意义上的人格以权利能力之享有为标志，易言之，享有权利能力也就意味着具有私法主体地位。19 世纪德国法学家萨维尼在《当代罗马法体系》中对权利能力与行为能力做出了区分，《德国民法典》正式确立权利能力的概念。

自然人的民事权利能力系指自然人依法享有民事权利，承担民事义务的资格。自然人民事权利能力是一种法律上的可能性，自然人只有具有这种资格时，才能享有民事权利和承担民事义务，才能平等地参与民事法律关系。

在我国民法理论上，民事权利能力分为一般民事权利能力和具体民事权利能力。一般民事权利能力是指作为权利和义务承担者的能力，具体民事权利能力是指作为特定权利和义务承担者的能力。除此以外，该学者提出新概念“准人格”，后又称其为限制民事权利能力或者部分民事权利能力，并将其定义为具有部分民法人格要素的人或组织之人格状态，准人格欠缺规范化的意志能力，具有部分人格要素，其权利能力并未得到法律的规定，而且具有开放性特征。① 据此可以判定，《民法总则》第16条对胎儿的民事权利能力（以及关于死者人格利益保护的规定、对设立和清算中的法人资格）的规定表明，该法事实上接受了关于部分民事权利能力的概念，这使得民事权利能力由单一结构变为复式结构，即民事权利能力并非只有完全民事权利能力一种状态，同时也存在部分民事权利能力的状态。②

二 自然人民事权利能力的特征

自然人民事权利能力主要具有下列特征：

（一）平等性

自然人的民事权利能力平等，是我国民法中平等原则的基础。《民法总则》第14条规定，自然人的民事权利能力一律平等。无论性别、民族、职业、文化程度、宗教信仰、政治面貌、财产状况等有何不同，自然人民事权利能力平等，均享有民事权利，承担民事义务。

应当注意的是，自然人民事权利能力只是一种抽象的地位或资格的平等，并非具体的法律关系中自然人之间的具体权利义务上的平等。在司法实践中，自然人的民事权利能力在特定情形之下会受到一定的限制。

（二）普遍性

在现代法治社会，各国法律均承认外国人和无国籍人具有与本国人平等的民事权利能力。《民法总则》第12条规定，中华人民共和国领域

---

① 杨立新：《民法总论》，高等教育出版社2007年版，第72页。

② 杨立新：《〈民法总则〉中部分民事权利能力的概念界定及理论基础》，《法学》2017年第5期。

内的民事活动，适用中华人民共和国法律。法律另有规定的，依照其规定。《涉外民事关系法律适用法》“民事主体”一章第 11 条规定，自然人的民事权利能力，适用经常居所地法律。可以看出，外国人、无国籍人在中国领域内参加民事活动时，与中国自然人享有平等的民事权利能力。不过，我国对外国人在中国的此种待遇以该外国人所属之国平等地给予我国自然人以国民待遇为前提。如若某国对我国自然人在该国的民事权利能力予以限制，则我国亦对该国自然人进行同等的限制。

（三）不可处分性

权利能力是自然人主体地位的法律标志。自然人享有权利能力意味着自然人具有成为权利主体的资格和法律地位。权利能力既是民事主体的基础，也是民事主体的前提条件，因此无权利能力的自然人不可能形成民事主体，也不能从事任何社会经济活动，故权利能力具有与自然人不可分离和不可转让的属性。一个自然人可以放弃或转让自己的权利，但不可转让或抛弃自己的权利能力。

（四）不可剥夺性

根据《民法总则》第 13 条的规定，自然人从出生时起到死亡时止，具有民事权利能力，依法享有民事权利，承担民事义务。可见，除了死亡以外，自然人是不丧失民事权利能力的。当然，除依据法律规定并经过法定程序对自然人的民事权利能力加以限制或剥夺以外，任何人不得限制或剥夺。《民法总则》第 11 条规定，其他法律对民事关系有特别规定的，依照其规定。例如，《婚姻法》第 6 条规定，结婚年龄，男不得早于 22 周岁，女不得早于 20 周岁。据此可见，自然人的结婚民事权利能力已受到其他法律的限制。

三 自然人民事权利能力的开始

关于自然人民事权利能力的开始，学界存在一定争议，主要有受孕说和出生说两种观点。依据受孕说，自然人民事权利能力始于受孕，以受孕时间作为自然人生命的开始。依据出生说，以出生作为自然生命的开始，亦为自然人民事权利能力的开始。[①] 《德国民法典》第 1 条规定，

① 龙卫球：《民法总论（第二版）》，中国法制出版社 2002 年版，第 201 页。

人的权利能力始于出生之完成。瑞士、日本民法典均如此规定。出生说为通说观点。

根据《民法总则》第 13 条、第 16 条的规定，自然人从出生时起到死亡时止，具有民事权利能力，依法享有民事权利，承担民事义务。涉及遗产继承、接受赠与等胎儿利益保护的，胎儿视为具有民事权利能力。有学者认为，保护胎儿利益在内的《民法总则》制度设计，彰显了时代特色，回应了当今社会的现实需求，是民法本质是人法的具体表现，[①] 也是以人的保护为《民法总则》的核心的表现。[②]

（一）出生时间的认定

在法律上，必须提供相应证据予以证实具体的出生日期。《民法总则》第 15 条规定，自然人的出生时间和死亡时间，以出生证明、死亡证明记载的时间为准；没有出生证明、死亡证明的，以户籍登记或者其他有效身份登记记载的时间为准。有其他证据足以推翻以上记载时间的，以该证据证明的时间为准。依据《母婴保健法》第 23 条，医疗保健机构和从事家庭接生的人员按国务院卫生行政部门的规定，出具统一制发的新生儿出生医学证明；有产妇和婴儿死亡以及新生儿出生缺陷情况的，则应向卫生行政部门报告。

【疑难争点】如何认定自然人的出生时间？

关于自然人出生时间的认定，主要有三种学说：（1）露出说。该说又分为部分露出说和全部露出说两种观点，第一种观点主张以胎儿的一部分露出母体之时为出生时间，第二种观点主张以胎儿身体全部脱离母体时为出生时间。（2）初声说。该说主张以胎儿第一声啼哭之时为出生时间。（3）独立呼吸说。该说以胎儿能独立呼吸之时为出生时间。[③] 有学者主张，《民法总则》第 16 条中的“娩出”一语里的“娩”指“分娩”，不仅指自然分娩，还应包括人工分娩即“剖宫产”；所谓“出”指胎儿与

① 王利明：《民法总则彰显时代精神》，《检察日报》2017 年 3 月 21 日。

② 梁慧星：《民法总则的时代意义》，《海南人大》2017 年第 5 期。

③ 魏振瀛：《民法》，北京大学出版社、高等教育出版社 2000 年版，第 52 页。

母体分离之时，脐带是否剪断在所不问。[①] 全部露出说为通说。[②]

本书认为，从《民法总则》《民法通则》关于自然人民事权利产生时间规定来看，结合《继承法》关于保留自然人胎儿应继承份额的规定，我国实际上采用的是独立呼吸说。实际上，也有其他学者持此观点。[③]

（二）胎儿权益的保护

从生物学上看，自受胎之日起，人即处于形成过程中，不出意外，胎儿终将成为现实。但是，一般不宜把民事权利能力的起点确定为受胎之日，只是基于人道主义思想，法律对于胎儿应当提供相应的必要保护。

从比较法看，胎儿权益保护的立法例主要有下列三种：[④]（1）总括的保护主义。凡涉及胎儿利益保护的，视为其已出生。《瑞士民法典》第31条规定，子女，只要其出生时尚生存，出生前即具有权利能力。我国台湾地区“民法”亦采用此立法例。（2）个别的保护主义。胎儿原则上无权利能力，但是，在例外情形下视为具有权利能力。《日本民法典》就损害赔偿请求、遗产继承、受遗赠能力、父亲认领胎儿等情形之下，规定胎儿具有权利能力。《德国民法典》亦有类似规定。（3）否认胎儿具有权利能力的绝对主义。原《苏俄民法典》和《民法通则》采用此种立法例。根据《民法总则》第16条的规定，胎儿视为具有民事权利能力。但是胎儿娩出时为死体的，其民事权利能力自始不存在。依据《民法通则》第9条规定，公民从出生时起到死亡时止，具有民事权利能力，依法享有民事权利能力，承担民事义务。可以看出，《民法通则》对民事主体资格的认定，采用独立呼吸说，对处于母体中的胎儿来说，并非能够独立呼吸的个体，因而在我国胎儿并非是民事关系的主体，但这并不代表胎儿就没有“利益”需要法律保护。我国《民法通则》并未明文规定胎儿权利的保护，但在继承法中有相关规定。依据《继承法》第28条规定，遗产分割时，应保留胎儿的继承份额。胎儿出生时是死体的，则保留的份额按法定继承办理。可以看出，我国继承法虽已规定胎儿的特留份额，但

---

① 梁慧星：《〈民法总则〉重要条文的理解与适用》，《四川大学学报》（哲学社会科学版）2017年第4期。

② 梁慧星：《民法总论》，法律出版社2011年版，第88页。

③ 李开国：《民法总论》，华中科技大学出版社2013年版，第92页。

④ 梁慧星：《民法总论》，法律出版社2011年版，第89页。

是，并未全面保护胎儿的权益。《民法总则》第 16 条的规定系对《继承法》第 28 条关于遗产继承时应保留胎儿的应继份额的规定的发展。①

根据现行法律的相关规定，我国在涉及胎儿权益保护的特定领域，已将胎儿视为具有民事权利能力。《民法总则》第 16 条规定，涉及遗产继承、接受赠与等胎儿利益保护的，胎儿视为具有民事权利能力。但是胎儿娩出时为死体的，其民事权利能力自始不存在。可以看出，此条已明文规定胎儿的民事权利保护的适用范围、内容以及分娩时为死体的法律后果，体现了以胎儿最佳利益的实现为目的。②

首先，胎儿保护的适用范围包括遗产继承保护、接受赠与保护以及胎儿利益保护的其他情形，如损害赔偿请求权。此处“等”具有法律前瞻性的开放性用词，表示在将来生活需要保护胎儿的其他情形时，也需要保护。

其次，胎儿保护的内容尤其特别，即胎儿在被“视为具有民事权利能力”时，不履行相应民事义务。这是由胎儿的特殊性所决定的。

最后，在胎儿分娩时为死体的法律后果方面，胎儿的民事权利能力自始不存在。此处“分娩”包括自然分娩，也包括人工分娩。胎儿的民事权利能力不存在时，其依据第 16 条取得的利益应当予以返还，否则，按照民法原理，相对方有权通过行使不当得利返还请求权予以追回。

四 自然人民事权利能力的终止

依据《民法总则》第 13 条规定，我国自然人死亡时，民事权利能力终止。死亡是引起自然人民事权利能力终止的法律事实；因此，民事权利能力不可剥夺，只有死亡为自然人民事权利能力消灭的唯一原因。

我国民法上的死亡包括自然死亡和宣告死亡两种。

（一）自然死亡

自然死亡亦称“生理死亡”，是指自然人生命的终结。民法理论上对自然死亡时间的认定存在不同的观点，如心脏搏动停止说、呼吸停止说、

---

① 陈华彬：《论我国〈民法总则〉的创新与时代特征》，《法治研究》2017 年第 3 期。

② 朱晓峰：《民法典编纂视野下胎儿利益的民法规范——兼评五部民法典建议稿胎儿利益保护条款》，《法学评论》2016 年第 1 期。

脑死亡说等。心脏搏动停止说主张以自然人的心脏搏动停止作为自然人死亡的判断标准。呼吸停止说主张以自然人的呼吸停止作为自然人死亡的判断标准。脑死亡说主张以包括脑干在内的全脑机能丧失的不可逆转状态作为自然人死亡的判断标准。相对而言，以脑死亡的时间作为判断死亡的时间比较科学。[①] 我国一般以呼吸和心跳均停止为自然人生理死亡的时间。[②]

在现实生活中，还存在推定死亡的特殊制度。所谓推定死亡，是指对于数人因为同一事故而遇难，不能证明其死亡时间先后，对各个遇难者的死亡时间予以推定。《〈继承法〉意见》第2条规定，相互有继承关系的几个人在同一事件中死亡，若不能确定死亡先后时间的，则推定没有继承人的人先死亡。死亡人各自都有继承人的，若几个死亡人辈分不同，则推定长辈先死亡；几个死亡人辈分相同，则推定同时死亡，彼此不发生继承，由他们各自的继承人分别继承。根据《保险法》第42条的规定，被保险人死亡后，有下列情形之一的，保险金作为被保险人的遗产，由保险人按照《继承法》的规定履行给付保险金的义务：没有指定受益人，或受益人指定不明无法确定的；受益人先于被保险人死亡，没有其他受益人的；受益人依法丧失受益权或者放弃受益权，没有其他受益人的。受益人与被保险人在同一事件中死亡，且不能确定死亡先后顺序的，则推定受益人死亡在先。可见，《保险法》对推定受益人死亡在先的规定，和继承法的司法解释存在冲突，这有待于今后最高人民法院对于继承法做出法律适用的更新司法解释。

自然人死亡后，医疗机构应出具死亡医学证明书，或由公安部门出具死亡证明。

自然人自然死亡以后，将产生以下两方面的法律后果：

（1）财产关系。在无遗嘱的情况下，自然人死亡以后，按照《继承法》的相关规定，法定继承开始；有遗嘱或遗赠的，自然人死亡的，则遗嘱或遗赠发生法律效力。在保险方面，自然人死亡是人身保险的保险事故，自然人死亡后，受益人对保险金的请求权产生。在知识产权方面，

---

① 崔建远等：《民法总论（第二版）》，清华大学出版社2013年版，第102页。

② 王建平：《民法学（上）》，四川大学出版社2005年版，第43页。

死者对于著作权中的财产权，可于死后50年享有，由其继承人行使。

（2）人身关系。自然人死亡的，婚姻关系消灭，对未成年子女的亲权消灭。自然人死亡以后仍享有著作权。死者名誉权受到侵害的，死者近亲属可依法行使损害赔偿请求权。

（二）宣告死亡

自然人下落不明达到法律规定期间，并因利害关系人的申请，由人民法院依法宣告其死亡的法律制度，为宣告死亡。

宣告死亡是否导致自然人权利能力的当然终止，存在一定争议。一种观点认为，民事权利能力因自然死亡或宣告死亡而终止。另一种观点认为，权利能力并不因宣告死亡而当然终止，而是推定终止。在立法上，我国《民法总则》第49条规定，自然人被宣告死亡但是并未死亡的，不影响该自然人在被宣告死亡期间实施的民事法律行为的效力。可见，我国立法上采纳了第二种观点。

第二节 自然人的民事行为能力

自然人是权利主体，这并非表明自然人可以自动建立一切法律关系。具备行为能力的自然人，方可通过自己的法律行为享有民事权利和承担民事义务。

一 自然人民事行为能力的概念

行为能力有广义行为能力与狭义行为能力之分。广义行为能力不但包括权利主体实施合法行为的能力，即取得权利和承担义务的能力，而且还包括权利主体因实施违法行为而承担损害赔偿责任的能力。狭义的行为能力仅指权利主体通过实施合法行为而享有权利和承担义务的能力。世界各国民法大多数采用广义上的行为能力。

在我国，自然人的民事行为能力，也称为法律行为能力，是指自然人依法能够通过自己的行为从事民事活动，行使民事权利和承担民事义务的能力。易言之，自然人的民事行为能力是自然人可以独立进行民事活动的能力或资格。

自然人民事行为能力不同于民事权利能力。从法律关系上看，自然人民事权利能力是民事行为能力的前提，民事行为能力是实现具体民事权利能力的条件。

二　自然人民事行为能力的划分

民事主体的行为能力以权利能力为基础，以意思能力为前提，这是判断自然人民事行为能力类型的考虑因素。不同自然人的智力发育、认识能力不同，意思能力亦不相同，因此自然人的民事行为能力不相同。作为理性人的自然人在民法中具有重大的实践意义，所以，如果没有足够理性能力，法律即需为之设置相应的制度，以保护其在法律交往中的利益。

从各国民法的立法例来看，自然人的行为能力以年龄和精神状态为标准进行划分。以自然人的年龄为标准，各国主要有三种立法例：（1）两分法。自然人民事行为能力按照下列两种方式分类：成年人为完全民事行为能力人，未成年人为限制民事行为能力人。（2）三分法。自然人民事行为能力按照下列三种方式分类：成年人为完全民事行为能力人，未成年人进一步分为限制民事行为能力人和无民事行为能力人。（3）四分法。四分法将自然人分为四级，罗马法以 7 岁为一级，7 岁到成熟期（男满 14 岁，女满 12 岁为成熟期）为一级，成熟期到成年（25 岁）为一级，成年以上为一级。①

根据《民法总则》的规定，我国按照三分法，自然人的民事行为能力包括完全民事行为能力、限制民事行为能力、无民事行为能力三种。

（一）完全民事行为能力

完全民事行为能力指自然人能以其自己的行为独立享有民事权利，承担民事义务的资格。

世界各国民法均以成年为自然人享有完全民事行为能力的标准，然而，由于各国人生理发育情况不一致，所以规定的成年年龄不相同，现在一般有降低成年年龄的趋势。② 法、奥、意、比、荷、泰等国以 21 岁为成年，瑞士、日本等国以 20 岁为成年，英国、土耳其、匈牙利、罗马

---

① 郑云瑞：《民法总论（第七版）》，北京大学出版社 2017 年版，第 163 页。

② 史尚宽：《民法总论》，中国政法大学出版社 2000 年版，第 112 页。

尼亚、保加利亚等国以18岁为成年。

在我国，18周岁以上的自然人为成年人。按照《民法总则》第18条的规定，成年人为完全民事行为能力人，可以独立实施民事法律行为。除不能完全辨认自己行为的精神病人以外，成年人为完全民事行为能力人，可以独立实施民事法律行为。以18周岁作为自然人成年和具有完全民事行为能力的标准，考虑了自然人的生理、心理、智力发育等综合因素。

我国还设立了“视为成年”制度。根据《民法总则》第18条的规定，16周岁以上的未成年人，以自己的劳动收入为主要生活来源的，视为完全民事行为能力人。对“自己的劳动收入”的认定，应理解为专职的劳动收入，而不是兼职的劳动收入。对“主要生活来源”的认定，可以考察其是否能够在脱离监护人的情况下，维持一般的生活水准。《〈民法通则〉意见》第2条规定“视为成年”制度，即16周岁以上不满18周岁的公民，能够以自己的劳动取得收入，并且能维持当地群众一般生活水平的，可认定为以自己的劳动收入为主要生活来源的完全民事行为能力人。“视为成年”制度是法理为了缓解依照年龄划分民事行为能力造成的僵化而做出的特别规定。

（二）限制民事行为能力

限制民事行为能力，亦称为不完全民事行为能力或部分民事行为能力，是指自然人部分独立地，或者只能在法律限定的范围内，进行有效法律行为，并取得权利、承担义务的能力。

我国不满18周岁的自然人为未成年人。为了更好地尊重未成年人的自主意识，《民法总则》第19条规定，8周岁以上的未成年人为限制民事行为能力人，实施民事法律行为由其法定代理人代理或者经其法定代理人同意、追认，但是可以独立实施纯获利益的民事法律行为或者与其年龄、智力相适应的民事法律行为。《民法总则》第19条做出前述规定，赋予未成年人更多自主决定权，既符合现实需要，也强化了未成年人的主体意识；有学者认为，其法理在于私法建构的核心是自然人规则，因此更能彰显人文主义精神。①

① 谢鸿飞：《〈民法总则〉的时代特征、价值理念与制度变革》，《贵州省党校学报》2017年第3期。

对于虽年满 18 周岁，但由于精神状态不能识别自己法律行为的限制民事行为能力人，《民法总则》第 22 条做出了具体规定：不能完全辨认自己行为的成年人为限制民事行为能力人，实施民事法律行为由其法定代理人代理或者经其法定代理人同意、追认，但是可以独立实施纯获利益的民事法律行为或者与其智力、精神健康状况相适应的民事法律行为。

（三）无民事行为能力

无民事行为能力是指完全不具有独立进行有效法律行为，取得民事权利和承担民事义务的能力。

根据《民法总则》第 20 条、第 21 条的规定，不满 8 周岁的未成年人，8 周岁以上但不能辨认自己行为的未成年人，均为无民事行为能力人，由其法定代理人代理实施民事法律行为。在成年人中，不能辨认自己行为的成年人，为无民事行为能力人，由其法定代理人代理实施民事法律行为。不能辨认自己行为的成年人，《民法总则》第 21 条亦界定为无民事行为能力人，由其法定代理人代理实施民事法律行为。

根据《民法总则》第 23 条的规定，无民事行为能力人、限制民事行为能力人的监护人是其法定代理人。限制民事行为能力人或无民事行为能力人被限制独立实施民事法律行为，实际上是我国法律对行为能力欠缺者的消极保护；法律要求由无民事行为能力人法定代理人代理实施民事法律行为，实际上是我国法律对行为能力欠缺者的消极保护与积极保护。①

不过，从实际生活中我国对未成年人权益保护情况来看，未成年人在下列情形下可以单独从事法律行为：（1）使未成年人纯获法律上利益的行为。这种行为对未成年人只赋予利益而不施加任何负担，法律不禁止，如受赠与行为、接受奖励、报酬。附条件或附负担的行为会使未成年人承担一定的义务，不属于纯粹获得利益的法律行为。《〈民法通则〉意见》第 6 条规定，无民事行为能力人、限制民事行为能力人接受奖励、赠与、报酬，他人不得以行为人无民事行为能力、限制民事行为能力为由，主张以上行为无效。应当注意的是，《民法总则》第 144 条规定："无民事行为能力人实施的民事法律行为无效。"该条从文意看，意味着

---

① 朱庆育：《民法总论》，北京大学出版社 2016 年版，第 398 页。

无民事行为能力人订立的纯获利益的民事法律行为当无效。那么，从该条保护未成年人权益的立法意旨出发，是否可以做出相反解释，即此种行为可以有效呢？从立法体系解释看，答案是否定的。因为《民法总则》第145条限制民事行为能力人的纯受益的行为规定为“有效”，即立法者在立法时充分考虑到了未成年人“纯受益”行为的效力问题而故意区别对待，这与《民法通则》及其司法解释的规范明显不同。（2）日常生活所必需的法律行为。限制民事行为能力人或无民事行为能力人从事日常学习、生活所必需的法律行为，例如，7岁的孩子买一块橡皮擦，或买一瓶矿泉水，没有必要经过法定代理人追认或许可，以便利行为能力欠缺者，这是我国也是世界各国民法所一致认可的。[①]

三 自然人无民事行为能力和限制民事行为能力的宣告

在自然人行为能力的设定标准上，由于立法背景等差别，不同国家在不同历史时期的相关法律制度规定往往具有差异。例如，古罗马法在年龄、精神状态因素以外，还增加了性别、健康等因素，妇女被规定为限制民事行为能力人。1804年《法国民法典》设定对妇女行为能力的限制，原《日本民法典》旧法例也规定妻子无行为能力，后来法国、日本先后都已废除前述对妇女行为能力的限制。德国等大陆法系一度还建立了成年人的禁治产宣告制度，但大多数国家在当代都予以废除，取代以保护制度。[②] 在德国，《德国民法典》旧法例规定了禁治产宣告制度，即使受宣告的成年人为无行为能力人的法律制度。1990年德国通过《关于修正监护法和保佐法的法律》修正《德国民法典》的方式予以废除，转采用个案审查标准，对成年人行为能力之有无，在个案中按照现行《德国民法典》第104条第2款确定本人实际是精神正常还是错乱。《德国民法典》第104条第2款规定，处于并非暂时性的，不能自己决定意志的精神错乱状态的人，不具有行为能力，因为这种人在事实上没有理智权衡的能力。从法理上看，行为能力欠缺宣告消极地限制了受宣告人参与法律行为的可能，也即限制了其合理行为的可能，尤其在其实际上具备

---

① 孙宪忠：《中国民法总论》，中国社会科学出版社2009年版，第99页。

② 龙卫球：《民法总论（第二版）》，中国法制出版社2002年版，第221页。

意思能力的时候。可见，法、德等国对行为能力欠缺宣告制度的废除，是民法当代发展的重要事件。《民法总则》第 24 条扩张了成年的行为能力欠缺者的范围，以“不能辨认和不能完全辨认自己行为”为认定标准，从而在立法上再次扩张了成年被监护人的范围，彰显了民法的人文关怀理念，① 同时，这个范围基本上包含了现阶段司法实务中确定需要监护的成年人的范围。②

为了防止无民事行为能力或限制民事行为能力人不当处理自己财产或者造成他人财产、人身的损害，从而保护该公民及其利害关系人的合法权益，我国建立了在特定情形下自然人无民事行为能力和限制民事行为能力的宣告制度。《民法总则》《民事诉讼法》等相关法律均规定了具体的程序。

（一）申请主体

申请人范围的确定，有一定争议性，因为申请人范围过宽，则申请人可能滥用申请权损害被申请人的权益，若申请人范围过窄，则申请人本人的权益可能不能获得及时的充分保护。依据《民法总则》第 24 条规定，不能辨认或者不能完全辨认自己行为的成年人的利害关系人或有关组织，为宣告无民事行为能力人或限制民事行为能力人的申请人。此处的有关组织包括：居民委员会、村民委员会、学校、医疗机构、妇女联合会、残疾人联合会、依法设立的老年人组织、民政部门等。根据《民事诉讼法》第 187 条、第 349 条等相关规定，申请人为被申请人的近亲属或者其他利害关系人。此处的近亲属包括配偶、父母、子女、兄弟姐妹、祖父母、外祖父、孙子女、外孙子女等。此处的“利害关系人”并非局限于“人身关系”的利害关系人，因此其他具有民事权利义务关系的人亦应包含在申请人的范围之内。

在申请人没有近亲属或亲属的情形下，《民事诉讼法》第 352 条做出了相关规定。申请认定公民无民事行为能力或限制民事行为能力的案件，被申请人没有近亲属的，人民法院可以指定其他亲属为代理人。被申请

---

① 王利明：《关于制定民法总则的几点思考》，《法学家》2016 年第 5 期。

② 李国强：《论行为能力制度和新型成年监护制度——兼评〈中华人民共和国民法总则〉的制度安排》，《法律科学》（西北政法大学学报）2017 年第 3 期。

人没有亲属的，人民法院可以指定经被申请人所在单位或者住所地的居民委员会、村民委员会同意，且愿意担任代理人的关系密切的朋友为代理人。

被人民法院认定为无民事行为能力人或限制民事行为能力人的，人民法院可以根据其智力、精神健康恢复的状况，认定该成年人恢复为限制民事行为能力人或者完全民事行为能力人，依据《民法总则》第 24 条的规定，本人、利害关系人或者有关组织为申请人。

（二）受理法院

申请认定自然人无民事行为能力或者限制民事行为能力，由其近亲属或者其他利害关系人向该自然人住所地基层人民法院提出。申请书应当写明该自然人无民事行为能力或者限制民事行为能力的事实和根据。

（三）鉴定

确定自然人无民事行为能力或者限制民事行为能力，是一项专业技术性较强的过程。依据《民事诉讼法》第 188 条，人民法院受理申请后，必要时应当对被请求认定为无民事行为能力或者限制民事行为能力的自然人进行鉴定。申请人已提供鉴定意见的，应当对鉴定意见进行审查。根据《〈民法通则〉意见》第 7 条，当事人是否患有精神病，人民法院应根据司法精神病学鉴定或者参照医院的诊断、鉴定确认。不具备诊断、鉴定条件的，也可参照群众公认的当事人的精神状态认定，但应当以利害关系人没有异议为限。

（四）判决

人民法院认定申请有事实根据的，判决该自然人为无民事行为能力或者限制民事行为能力人；认定申请没有事实根据的，应当判决予以驳回。

（五）判决的撤销

依据《民法总则》第 24 条、《民事诉讼法》第 190 条的规定，被人民法院认定为无民事行为能力人或限制民事行为能力人的，经本人、利害关系人或者有关组织申请，人民法院可根据其智力、精神健康恢复的状况，证实该自然人无民事行为能力或者限制民事行为能力的原因已经消除的，应当撤销原判决，做出新判决，认定该成年人恢复为限制民事行为能力人或者完全民事行为能力人。

四　自然人民事行为能力的终止

自然人民事行为能力的终止是指自然人民事行为能力的消灭。自然人因一定的法律事实而取得民事行为能力，也因一定的法律事实而终止。死亡是自然人民事行为能力终止的法律事实。当自然人死亡时，自然人丧失权利能力，不再是民事主体，自然人的民事行为能力随之而终止，不可能再从事民事活动。

值得注意的是，因为健康状况被宣告为无民事行为能力人的自然人，其民事行为能力在法律性质上并没有终止，而属于中止，精神障碍消除以后，可以由人民法院撤销原宣告判决，恢复其民事行为能力。

五　自然人的诉讼行为能力①

我国现行实体法与程序法均未规定诉讼权利能力和诉讼行为能力的概念。一般认为，自然人的诉讼权利能力，是指自然人享有诉讼权利、承担诉讼义务，能以自己的名义起诉、应诉的资格。自然人的诉讼行为能力，又称为诉讼能力，是指自然人可亲自实施诉讼行为，通过自己的行为，行使诉讼权利和承担诉讼义务的诉讼法上的资格。

有诉讼权利能力的人，可以作为民事诉讼当事人。有诉讼权利能力的人进行诉讼时，还必须有诉讼行为能力。诉讼权利能力和诉讼行为能力，一般与民事上的权利能力和行为能力相适应，有民事权利能力的人，即有诉讼权利能力；有民事行为能力的人，即有诉讼行为能力。

自然人的诉讼行为能力采用两分法：有诉讼行为能力和无诉讼行为能力。因为自然人的诉讼权利能力和诉讼行为能力在存续时间上，可能会不一致，因此自然人会存在有诉讼权利能力但没有诉讼行为能力的情况。根据《民事诉讼法》第 57 条的规定，无诉讼行为能力人由其监护人作为法定代理人代为诉讼。法定代理人之间互相推诿代理责任的，则由人民法院指定其中一人代为诉讼。据此，有诉讼权利能力但没有诉讼行为能力的人，虽可成为民事诉讼中的当事人，但是却不能亲自实施诉讼

---

①　诉讼能力与民事行为能力从其行为性质、法律后果、法律规制看均有差异，是两个范畴。本书在此述及不是理论原因使然，而是生活原因使然。

行为，而只能通过其法定代理人或由其法定代理人委托的诉讼代理人代为实施诉讼行为。

由上可见，具有诉讼行为能力既是有效起诉的要件，也是对当事人实体请求或实体权利义务做出裁决的前提条件，即诉讼要件，是全部诉讼行为有效的要件。

第三节 自然人的民事责任能力

自然人的责任能力是与自然人行为能力类似的一种法律制度，有利于确定行为人是否承担相应责任。世界各国对责任能力无明确的统一界定标准。多数国家仅规定自然人的侵权责任能力。

一 自然人民事责任能力的概念

各国对于民事责任能力没有法律上的明文界定，但在法理上有所探讨。德国民法理论认为，民事责任能力是对自身违法行为负损害赔偿义务的能力。也有学者主张，责任能力确定一个人是否得对其不法行为的制裁取得归属，实际上为一种归属能力。[①] 还有学者坚持，责任能力是因违法而应负责的能力，包括侵权能力、债务不履行能力。[②]

实际上，在大陆法系国家，责任能力是作为类比于行为能力的一种能力而设计的。由于行为能力是自行以法律行为取得权利、负担义务的能力或资格，所以，责任能力是对自己不法行为后果承担责任的能力。从本质上看，两种能力指向的行为都以意思为要素，具有同根性。正因如此，德国学界以意思能力为基础，建立了“广义行为能力”的概念。该概念系指，行为人以自身行为产生法律效果（合法与违法）的能力，强调行为能力与责任能力都以自然人具有意思能力为基础，不是随人之出生而产生，而是法律对可认定具有最低限度的判断能力者所赋予能力之结果。

因此，传统民法认为，自然人的民事责任能力是自然人享有的承担

① 龙卫球：《民法总论（第二版）》，中国法制出版社2002年版，第233页。

② 王泽鉴：《民法总则》，北京大学出版社2009年版，第123页。

民事责任的资格。根据《民法总则》第187条的规定，民事责任能力与刑事责任能力、行政责任能力，共同构建为我国的责任能力体系。承担行政责任或者刑事责任不影响承担民事责任；民事主体的财产不足以支付的，优先用于承担民事责任。

二　自然人的民事责任能力

现代各国没有统一的自然人民事责任能力的认定标准，而是重点规定了侵权责任能力的界定。我国亦如此，只明文规定了自然人的侵权责任能力，未明文规定违约责任能力、缔约过失责任能力等。

我国经历了从传统民法将自然人的民事责任能力和行为能力相关联到现行民法相互独立的发展过程。依据《侵权责任法》第32条的规定，无民事行为能力人、限制民事行为能力人造成他人损害的，由监护人承担侵权责任。监护人尽到监护责任的，则可减轻其侵权责任。有财产的无民事行为能力人、限制民事行为能力人造成他人损害的，从本人财产中支付赔偿费用；不足部分，则由监护人赔偿。根据《民法通则》第133条的规定，无民事行为能力人、限制民事行为能力人造成他人损害的，由监护人承担民事责任。监护人尽了监护责任的，可适当减轻其民事责任。有财产的无民事行为能力人、限制民事行为能力人造成他人损害的，从本人财产中支付赔偿费用；不足部分，则由监护人适当赔偿，但单位担任监护人的除外。《〈民法通则〉意见》第161条规定，侵权行为发生时行为人不满18周岁，在诉讼时已满18周岁，并有经济能力的，应承担民事责任；行为人没有经济能力的，应由原监护人承担民事责任。可以看出，传统民法原则规定无民事行为能力人和限制民事行为能力人均无侵权责任能力，但具有经济能力的则为例外。

《民法总则》第176条规定，民事主体依照法律规定和当事人约定，履行民事义务，承担民事责任。民事主体依法或依约不履行或者不完全履行民事义务的，应依法承担民事责任。据此可见，我国现行民法在自然人的民事责任能力方面，未再与其行为能力相混同，而是应依法承担相应的民事责任。

【疑难争点】怎样确定自然人侵权能力的标准？

在确定自然人侵权能力的标准方面，主要有出生主义和识别能力两种立法例。

出生主义立法例主要以法国为代表，其采取自然人出生就具有侵权责任能力的标准。1804 年《法国民法典》第 1382 条、第 1383 条规定，任何行为使他人受损害时，因自己的过失而致行为发生之人对该他人负赔偿的责任。1970 年修正后的《法国民法典》第 1384 条规定，父、母因行使对子女的监护权，对与其共同生活的未成年子女所造成的损害，负连带责任。据此可见，《法国民法典》采取绝对的出生主义主张，任何人均生而具有责任能力。即使是未成年人，其父母虽承担连带责任，但未成年人因其本身具有责任能力，不能免除其赔偿责任。

识别能力立法例以德国为代表，是以一定的识别能力为准，根据自然人有无识别能力确定自然人有无责任能力。在德国，自然人的责任能力与行为能力无关。根据《德国民法典》第 827、828、829 条和第 832 条的相关规定，德国 7 周岁以下的人没有责任能力；满 7 周岁而不满 18 周岁或者聋哑成年人，以加害时个人客观生理发育条件达到必要的理解力为具体判断；满 18 周岁的成年人，原则上均具有责任能力，但出于无意识状态或出于精神错乱而不能以自由意志决定的状态中的加害行为人，则不具有责任能力。

本书认为，我国采用识别能力立法例。依据《侵权责任法》第 33 条规定，完全民事行为能力人对自己的行为暂时没有意识或失去控制造成他人损害有过错的，应承担侵权责任；没有过错的，则根据行为人的经济状况对受害人适当补偿。但是，和国外不同，在我国，完全民事行为能力人因醉酒、滥用麻醉药品或者精神药品对自己的行为暂时没有意识或失去控制造成他人损害的，应承担侵权责任。

第四节 监护

对缺乏自我保护能力的无民事行为能力人以及限制民事行为能力人，传统民法专门构建了监护制度。法律观念上，监护制度基于伦理意识，因此各国法律一般以血缘或某种亲属关系确定监护人。我国正逐步完善以家庭监护为基础，社会监护为补充，国家监护为兜底的监护制度。

一 监护的概念和沿革

监护是指民法上建立的对无民事行为能力人、限制民事行为能力人的人身、财产以及其他合法权益进行监督和保护的法律制度。监护是保护无民事行为能力人或者限制民事行为能力人的合法权益，弥补其民事行为能力不足的法律制度。在监护法律关系中，对无民事行为能力人、限制民事行为能力人进行监督和保护的人，是监护人；而被监督、保护之下的无民事行为能力人、限制民事行为能力人，是被监护人。

无民事行为能力人和限制民事行为能力人由于年龄、智力状况原因，在参与民事活动中，既没有足够的自我保护能力，也可能侵害其他民事主体的权益。所以，监护制度的设立目的，在于弥补无民事行为能力人和限制民事行为能力人的行为能力缺陷，使他们的民事权利能力得以真正实现。这既有利于保护无民事行为能力人和限制民事行为能力人的权益，也有利于维护其他民事主体的合法权益。

现代监护制度，肇始于古罗马法。古罗马法对于未成年人设立的监护人，称为保护人，其职责在于保护未成年人的身体；对于精神病人设立的监护人，称为照管人，其职责在于保护被照管人的财产。早期监护制度以宗族制和家长制为基础。现代民法监护制度，将保护人和照管人统称为监护人。自20世纪以来，欧美等国已建立以维护成年智障者的尊严和正常参与社会活动为宗旨的成年照顾制度。

二 监护的性质

监护是一种权利，还是一种职责，学界存在分歧，主要有三种观点：第一种观点认为，监护是监护人的权利；第二种观点主张，监护是监护人的义务；第三种观点坚持，监护是监护人的职责。[①] 我国《民法通则》第18条规定，监护人应当履行监护职责，保护被监护人的人身、财产及其他合法权益，除为被监护人的利益外，不得处理被监护人的财产。监护人依法履行监护的权利，受法律保护。监护人不履行监护职责或者侵害被监护人的合法权益的，应当承担责任；给被监护人造成财产损失的，

① 王建平：《民法学（上）》，四川大学出版社2005年版，第45页。

应当赔偿损失。人民法院可以根据有关人员或者有关单位的申请，撤销监护人的资格。可以看出，我国《民法通则》第 18 条规定的是监护人的职责，未规定监护人的权利。

近年来，有学者研究认为，监护虽然常常被称为“监护权”，但此处之“权”只是表明并不是任何人都有“权利”成为监护人，并且在内容方面，监护人对被监护人的法定代理权亦非“权利”，而是“权力”，[①]即监护人以被监护人名义实施的法律行为直接归属于被监护人之权力。

另有学者认为，《民法总则》第 26 条只单向地规定了父母对未成年子女的义务，事实上父母在抚养和教育子女的过程中，除了义务，也必然存在和需要权利的情形，比如适当的惩戒权、子女交往决定权等。上述问题的存在根源在于对监护性质的认识差异，第 26 条潜在地将监护性质界定为义务，忽略了父母对子女的照顾和父母以外的人对父母的监护在性质上的差异。[②]

实际上，依据我国现行民法规定，监护既包括一定的权利，亦包括一定的义务与职责。《民法总则》第 34 条规定，监护人依法履行监护职责产生的权利，受法律保护。监护人不履行监护职责或者侵害被监护人合法权益的，应当承担法律责任。因此，现代监护制度实为我国法律保护民事行为能力欠缺者合法权益的一种综合民事制度。

三 监护人的设定

在传统民法上，设定监护人的典型方式有法定监护、指定监护与协议监护三种。

（一）法定监护

法定监护是指依法律直接规定而产生的监护，包括对未成年人的法定监护和对精神病人的法定监护。

1. 对未成年人的法定监护

依据《民法总则》第 27 条的规定，父母是未成年子女的监护人。未

① 朱庆育：《民法总论》，北京大学出版社 2016 年版，第 399 页。

② 高丰美：《〈民法总则〉监护规定的进步、不足与完善——兼谈“婚姻家庭编”的监护立法》，《上海政法学院学报》（法治论丛）2017 年第 3 期。

成年人的父母已经死亡或者没有监护能力的，由下列有监护能力的人按顺序担任监护人：祖父母、外祖父母；兄、姐；其他愿意担任监护人的个人或者组织，但是须经未成年人住所地的居民委员会、村民委员会或者民政部门同意。应当注意的是，认定监护人的“监护能力”时，参照《〈民法通则〉意见》第11条规定，应当根据监护人的身体健康状况、经济条件、与被监护人在生活上的联系状况等因素确定。并且，除父母作为监护人以外，其他人担任监护人应当按照法律规定的顺序进行确定。

2. 对精神病人的法定监护

根据《民法总则》第28条规定，对无民事行为能力或者限制民事行为能力的成年人，由下列有监护能力的人按顺序担任监护人：配偶；父母、子女；其他近亲属；其他愿意担任监护人的个人或者组织，但是须经被监护人住所地的居民委员会、村民委员会或者民政部门同意。此处的“其他近亲属”，根据《〈民法通则〉意见》第12条的规定，可以理解为兄弟姐妹、祖父母、外祖父母、孙子女、外孙子女。

法定监护人可以被人民法院依法撤销，亦可由人民法院恢复其监护资格。《民法总则》第38条规定，被监护人的父母或者子女被人民法院撤销监护人资格后，除对被监护人实施故意犯罪的以外，确有悔改表现的，经其申请，人民法院可以在尊重被监护人真实意愿的前提下，视情况恢复其监护人资格，人民法院指定的监护人与被监护人的监护关系同时终止。

如果非完全民事行为能力人，依法没有适格的监护人，《民法总则》第32条规定，监护人由民政部门担任，也可以由具备履行监护职责条件的被监护人住所地的居民委员会、村民委员会担任。

（二）指定监护

指定监护是指由法律规定的特定机构依法指定监护人。有监护能力的自然人之间对担任监护人有争议，包括争当监护人，或者都不想担任监护人，则由有权指定的单位指定或者由人民法院裁决。

有权指定监护人的机构，包括被监护人住所地的居民委员会、村民委员会、民政部门或者人民法院。

有权指定监护人的机构应在有监护资格的人中指定。依据现行《民法总则》第31条的规定，对监护人的确定有争议的，由被监护人住所地的居民委员会、村民委员会或者民政部门指定监护人，有关当事人对指定不服的，可以向人民法院申请指定监护人；有关当事人也可以直接向人民法院申请指定监护人。居民委员会、村民委员会、民政部门或者人民法院应当尊重被监护人的真实意愿，按照最有利于被监护人的原则在依法具有监护资格的人中指定监护人。依照前述规定指定监护人前，被监护人的人身权利、财产权利以及其他合法权益处于无人保护状态的，由被监护人住所地的居民委员会、村民委员会、法律规定的有关组织或者民政部门担任临时监护人。监护人被指定后，不得擅自变更；擅自变更的，不免除被指定的监护人的责任。

依据《民法总则》第 29 条的规定，被监护人的父母担任监护人的，可以通过遗嘱指定监护人。有学者简称为“遗嘱监护”，这进一步加强了对无行为能力人和限制行为能力人的保护，是自然人保护上有所完善和进步的一种表现。①

（三）协议监护

监护人之间可以通过协商确定被监护人的监护人。这也称为“意定监护”。《民法总则》第 30 条规定，依法具有监护资格的人之间可以协议确定监护人。协议确定监护人应当尊重被监护人的真实意愿。第 33 条规定，具有完全民事行为能力的成年人，可以与其近亲属、其他愿意担任监护人的个人或者组织事先协商，以书面形式确定自己的监护人。协商确定的监护人在该成年人丧失或者部分丧失民事行为能力时，履行监护职责。为满足老年人的监护需求，有学者主张改变目前《民法总则》中以行为能力的缺失作为意定监护的适用前提的状况，拓宽意定监护的适用范围，允许老年人根据自己可能出现的认识能力逐步减弱的情况，进行灵活的约定。并且，应根据监护内容进行划分，可以划分为人身监护、财产监护、饮食监护、社交监护等。②

除此以外，我国原来还存在委托监护。最高人民法院《关于贯彻执行〈中华人民共和国民法通则〉若干问题的意见（试行）》第 22 条规定，

① 江平：《〈民法总则〉评议》，《浙江工商大学学报》2017 年第 3 期。

② 刘安宁：《〈民法总则〉视角下的老年人监护制度研究——以意定监护为中心》，《辽宁师范大学学报》（社会科学版）2018 年第 2 期。

监护人可以将监护职责部分或者全部委托给他人。因被监护人的侵权行为需要承担民事责任的，应当由监护人承担，但另有约定的除外；被委托人确有过错的，负连带责任。

四　监护权的内容

在监护人的权利方面，《民法总则》第 34 条规定，监护人依法履行监护职责而产生的权利，受法律保护。

在监护人的义务方面，根据《民法总则》第 26 条的规定，父母对未成年子女负有抚养、教育和保护的义务。成年子女对父母负有赡养、扶助和保护的义务。因此，法定监护人必须履行《民法总则》《婚姻法》等法律规定的义务。此外，对于指定监护人，监护人被指定后，不得擅自变更；擅自变更的，不免除被指定的监护人的监护责任。应当注意的是，特定情况下监护人的资格虽然被撤销，但其监护义务不因此而免除。《民法总则》第 37 条规定，依法负担被监护人抚养费、赡养费、扶养费的父母、子女、配偶等，被人民法院撤销监护人资格后，应当继续履行负担的义务。

在监护人的职责方面，《民法总则》第 35 条做出了具体规定。据此规定，监护人应当按照最有利于被监护人的原则履行监护职责。监护人除为维护被监护人利益外，不得处分被监护人的财产。未成年人的监护人履行监护职责，在做出与被监护人利益有关的决定时，应当根据被监护人的年龄和智力状况，尊重被监护人的真实意愿。成年人的监护人履行监护职责，应当最大限度地尊重被监护人的真实意愿，保障并协助被监护人实施与其智力、精神健康状况相适应的民事法律行为。对被监护人有能力独立处理的事务，监护人不得干涉。

对于监护人不履行监护职责或者侵害被监护人合法权益的，《民法总则》第 34 条规定，监护人应当承担法律责任。监护人承担的具体法律责任，主要有直接责任、补充责任。

其一，直接责任。根据《侵权责任法》第 38 条、第 39 条的规定，无民事行为能力人在幼儿园、学校或者其他教育机构学习、生活期间受到人身损害的，则幼儿园、学校或者其他教育机构应当承担责任，但是，能够证明尽到教育、管理职责的，不承担责任。限制民事行为能力人在学校或其他教育机构学习、生活期间受到人身损害，则学校或其他教育机构未尽到教育、管理职责的，应承担责任。

其二，补充责任。依据《侵权责任法》第 40 条的规定，无民事行为能力人或限制民事行为能力人在幼儿园、学校或其他教育机构学习、生活期间，受到幼儿园、学校或其他教育机构以外的人员人身损害的，由侵权人承担侵权责任；幼儿园、学校或其他教育机构未尽到管理职责的，则应承担相应的补充责任。

五 监护关系的终止

监护关系可以被人民法院裁决终止，也可依据法律的直接规定而自然终止。

（一）裁决终止

依据《民法总则》第 36 条的规定，监护人有下列情形之一的，人民法院根据有关个人或者组织的申请，撤销其监护人资格，安排必要的临时监护措施，并按照最有利于被监护人的原则依法指定监护人：

（1）实施严重损害被监护人身心健康行为的；

（2）怠于履行监护职责，或者无法履行监护职责并且拒绝将监护职责部分或者全部委托给他人，导致被监护人处于危困状态的；

（3）实施严重侵害被监护人合法权益的其他行为的。

此处规定的个人和民政部门以外的组织未及时向人民法院申请撤销监护人资格的，民政部门应当向人民法院申请。

此处的“有关个人和组织”包括：其他依法具有监护资格的人，居民委员会、村民委员会、学校、医疗机构、妇女联合会、残疾人联合会、未成年人保护组织、依法设立的老年人组织、民政部门等。

应注意的是，被监护人的父母或者子女被人民法院撤销监护人资格后，除对被监护人实施故意犯罪的外，确有悔改情形的，经其申请，人民法院可以在尊重被监护人真实意愿的前提下，视情况恢复其监护人资格，人民法院指定的新监护人与被监护人的监护关系同时终止。

（二）自然终止

依据《民法总则》第 39 条的规定，有下列情形之一的，监护关系终止：

（1）被监护人取得或者恢复完全民事行为能力。未成年人已经成年，则具有完全民事行为能力，其监护关系自然终止。精神病人已经康复，则恢复完全民事行为能力，其监护关系也予以终止。

（2）监护人丧失监护能力。法律规定监护人必须具有监护资格或条件。监护人丧失民事行为能力的，监护人丧失监护能力，与被监护人之间的监护关系自然终止。

（3）被监护人或监护人死亡。监护人或被监护人一方自然死亡，或被宣告死亡，监护关系自然终止。

（4）人民法院认定监护关系终止的其他情形。《民法总则》规定指定监护人不得擅自变更。但是，如若发生指定监护人不履行监护职责或者利用监护之便侵害被监护人合法权益的，利害关系人可向人民法院申请变更监护人，人民法院变更以后，则原监护关系自然终止。

监护关系终止后，被监护人仍然需要监护的，应当依法另行确定监护人。

第五节　自然人的姓名、住所、户籍和身份证

自然人姓名、住所，是确定法律关系的基础主体制度。不同于其他各国，在我国，户籍制度、身份证制度并行。其目的，均在于证明自然人基本身份信息。

一　姓名

自然人的姓名，就是确定和代表个体自然人并与其他自然人相区别的文字符号，包括自然人的姓和名字。姓名是自然人的特定化标志。自然人出生后，经过父母或其他亲属命名并记入户籍登记簿，便取得姓名权。①

在我国台湾地区，姓名包括字号、变名、艺名、笔名、略名、收信件名号等。②

---

① 龙卫球：《民法总论（第二版）》，中国法制出版社 2002 年版，第 100 页。

② 史尚宽：《民法总论》，中国政法大学出版社 2000 年版，第 128 页。

《民法通则》第 99 条对自然人姓名规定较细，即公民享有姓名权，有权决定、使用、依照规定改变自己的姓名，禁止他人干涉、盗用、假冒。《民法总则》第 110 条规定则相对简单，即自然人享有生命权、健康权、身体权、姓名权、肖像权、名誉权、荣誉权、隐私权、婚姻自主权等权利。

在我国，姓名的决定权由自然人本人享有。《婚姻法》第 14 条规定，夫妻双方都有各用自己姓名的权利。第 22 条规定，子女可随父姓，可随母姓。依据《收养法》的规定，养子女可随养父或者养母的姓，经当事人协商一致，也可保留原姓。可以看出，和英美国家不一样，我国夫妻双方都有各自使用自己的姓名的权利，姓名权不受婚姻关系的影响，男女双方在婚姻关系成立后，都可以保持自己姓名的独立性。

公民行使姓名权属于民事活动，因此，应遵守法律的规定。根据《户口登记条例》第 18 条，自然人变更姓名的，年龄阶段不同，则法定变更程序不尽相同。其一，未满 18 周岁的人需变更姓名的，则由本人或者父母、收养人向户口登记机关申请变更登记。其二，18 周岁以上的人需变更姓名的，则由本人向户口登记机关申请变更登记。

此外，自然人行使姓名权应尊重社会公德，不得损害社会公共利益。原则上，自然人应随父姓或者母姓。但是，有下列情形之一的，自然人可在父姓和母姓之外选取姓氏：选取其他直系长辈血亲的姓氏、因由法定扶养人以外的人扶养而选取扶养人的姓氏、有不违反公序良俗的其他正当理由。少数民族公民的姓氏可依本民族的文化传统和风俗习惯确定。

二 住所

住所，是指自然人生活和进行民事活动的中心处所。住所不同于居所。居所是指自然人因临时目的而居住的场所。

世界各国对于住所的确定标准有不同规定，主要有三种立法例。第一种为主观标准，即以具有长久居住意思的地方为住所，德国、日本均采用此标准。第二种为客观标准，即以事实上长期居住的地方为住所，英国、美国均采用此标准。第三种标准为折中标准，即综合居住意思和实际居住的事实，以有永久居住意思的居住地为住所，瑞士和我国台湾地区采用此标准。

我国原则上采用客观标准。《民法总则》第 25 条规定，自然人以户籍登记或者其他有效身份登记记载的居所为住所；经常居所与住所不一致的，经常居所视为住所。对于“经常居所”的界定，传统民法称为“经常居住地”。依据《〈民法通则〉意见》第 9 条的规定，自然人离开住所地最后连续居住 1 年以上的地方，为经常居住地。但住院治病的除外。自然人由其户籍所在地迁出后至迁入另一地之前，无经常居住地的，仍以其原户籍所在地，即登记的居所，为住所。

根据我国现行法律的规定，确定自然人的住所，具有重要的作用与意义。这主要体现如下：确定自然人的住所，则可决定监护；决定宣告失踪、宣告死亡地；确定权利享有地、债务履行地；确定法律文书的送达地；确定民事案件的诉讼管辖法院地；确定涉外民事法律关系的准据法。

三　户籍

户籍，是指记载自然人姓名、出生、性别、籍贯、民族、职业、结婚、离婚、住址等反映自然人基本情况的法律文件。

根据《户口登记条例》的规定，居民出生地、定居或居住地的公安机关及其派出机构（统称户籍登记机关），负责居民户籍的登记和日常管理工作。户口登记机关应设立户口登记簿。户口登记簿和户口簿登记的事项，具备证明自然人身份的效力。户口登记以户为单位。同主管人共同居住一处的立为一户，以主管人为户主。单身居住的自立一户，以本人为户主。居住在机关、团体、学校、企业、事业等单位内部和公共宿舍的户口共立一户或者分别立户。

自然人应当在经常居住的地方登记为常住人口，一个自然人只能在一个地方登记为常住人口。自然人迁出本户口管辖区，由本人或户主在迁出前向户口登记机关申报迁出登记，领取迁移证件，注销户口。

自然人因结婚、离婚、收养、认领、分户、并户、失踪、寻回或者其他事由引起户口变动的时候，由户主或者本人向户口登记机关申报变更登记。

可以看出，户籍不同于住所，但与住所有密切联系。在我国传统民法中，自然人的住所以他的户籍所在地的居住地为住所，因为户籍上的住址在多数情况下与自然人的住所是同一的。现行《民法总则》规定自然人以登记的居所为住所，登记的居所即为户籍登记的住址。

四 身份证

居民身份证是指记载自然人姓名、性别、民族、出生、住址等反映自然人基本情况、证明自然人拥有居住国身份的证件。

一般情况下，居民身份证与户籍具有同等的证明效力。不同之处在于，居民身份证以个人为单元，有一定的有效期。户籍以户为单元，没有有效期。

我国居民身份证登记的项目包括：姓名、性别、民族、出生日期、住址、公民身份号码、相片、证件的有效期、签发机关等。公民身份号码是每个公民唯一的不变身份代码，由公安机关按公民身份号码国家标准编制。公民应当自年满 16 周岁之日起 3 个月内，向常住户口所在地的公安机关申请领取居民身份证。当然，未满 16 周岁的公民，也可由监护人代为申请领取居民身份证。居民身份证具有一定的有效期。

依照《居民身份证法》第 14 条，符合下列任意条件的，公民应出示居民身份证证明身份：常住户口登记项目变更；婚姻登记；收养登记；兵役登记；申请办理出境手续；法律、行政法规规定需要用居民身份证证明身份的其他情形。依法规定未取得居民身份证的公民，从事前述有关活动，可使用符合国家规定的其他证明方式证明身份。

我国自然人从事有关活动过程中需证明身份时，有权使用居民身份证证明身份，有关单位及其工作人员不得拒绝。居民身份证不受任何组织或个人扣押，但公安机关依照《刑事诉讼法》执行监视居住等法定情形除外。

第六节 宣告失踪和宣告死亡

法律拟制是指依据某种事实或事实表象的存在，在法律上“制造”出某种特定的法律后果。常见的法律拟制方式为“推定”和“视为”。此所谓拉丁法谚称“无法律，无拟制”。民法为自然人因某种原因下落不明的情况，专门规定了宣告失踪和宣告死亡制度。其实质，均为对失踪和死亡的推定。

一 宣告失踪

宣告失踪，是指自然人离开住所下落不明达到法定期限后，经利害关系人提出申请，人民法院依法宣布该自然人为失踪人的法律制度。由于自然人失踪，所以其于住所地的行为能力事实上陷入空缺而需救济。[①]据此，宣告失踪制度为民法上不可或缺的一项特殊法律制度。

（一）宣告失踪的条件与程序

1. 自然人下落不明

自然人离开最后居住地后没有音讯的状况，此即“下落不明”。

2. 自然人下落不明的状况满2年

《民法总则》第40条规定，自然人下落不明满2年的，利害关系人可以向人民法院申请宣告该自然人为失踪人。依据《民法总则》第41条的规定，自然人下落不明的时间从其失去音讯之日起计算。战争期间下落不明的，下落不明的时间自战争结束之日或者有关机关确定的下落不明之日起计算。

3. 利害关系人向人民法院提出申请

依据《〈民法通则〉意见》第24条的规定，申请宣告失踪的利害关系人，主要有被申请宣告失踪人的配偶、父母、子女、兄弟姐妹、祖父母、外祖父母、孙子女、外孙子女、其他与被申请人有民事权利义务关系的人。在申请宣告失踪时，利害关系人不存在申请的先后顺序，也无须取得其他利害关系人的同意，都可以向人民法院提出申请。[②]

4. 人民法院经过法定程序宣告

根据《民事诉讼法》的相关规定，利害关系人申请宣告失踪的，向下落不明人住所地基层人民法院提出申请。人民法院受理宣告失踪、宣告死亡案件以后，应发出寻找下落不明人的公告。宣告失踪的公告期间是3个月。公告期间届满，人民法院应根据被宣告失踪的事实是否得到确认，做出宣告失踪的判决或驳回申请的判决。

---

① 张俊浩：《民法学原理》，中国政法大学出版社2000年版，第123页。

② 孙宪忠：《中国民法总论》，中国社会科学出版社2009年版，第105页。

（二）宣告失踪的法律后果

宣告失踪并不导致失踪人的民事主体资格的终止或丧失，而是为解决失踪人财产问题而设立代管。

根据《民法总则》第 42、43、44 条的规定，失踪人的财产由其配偶、成年子女、父母或者其他愿意担任财产代管人的人代管。代管有争议，或没有前款规定的人，或者前款规定的人无代管能力的，由人民法院指定的人代管。

财产代管人应当妥善管理失踪人的财产，维护其财产权益。失踪人所欠税款、债务和应付的其他费用，由财产代管人从失踪人的财产中支付。财产代管人因故意或者重大过失造成失踪人财产损失的，应当承担赔偿责任。

财产代管人不履行代管职责、侵害失踪人财产权益或者丧失代管能力的，失踪人的利害关系人可以向人民法院申请变更财产代管人。财产代管人有正当理由的，可以向人民法院申请变更财产代管人。人民法院变更财产代管人的，变更后的财产代管人有权要求原财产代管人及时移交有关财产并报告财产代管情况。

（三）失踪人再出现的法律后果

按照《民法总则》第 45 条的规定，失踪人重新出现，经本人或者利害关系人申请，人民法院应当撤销失踪宣告。失踪人重新出现，有权要求财产代管人及时移交有关财产并报告财产代管情况。

二　宣告死亡

宣告死亡，是指人民法院根据利害关系人的申请，依照法律规定的程序推定失踪达到一定期限的自然人死亡并予以宣告的法律制度。推定死亡不是对自然人确实死亡的认定，而是从一个已证明“失踪”事实出发，依法对另一个尚未证实的情况做出推定死亡推定，以利于处理与其他民事主体的人身关系、继承等民事法律关系。

宣告失踪与宣告死亡为目的明显不同的两种法律制度。设立宣告失踪的目的，在于解决失踪人的财产关系的代管问题，仅仅对财产关系发生法律效力。建立宣告死亡制度，则旨在解决因失踪人生死不明而引起的民事法律关系的确定问题。

在各国立法例上，宣告失踪与宣告死亡有三种立法例：一是只设立宣告失踪制度，不设立宣告死亡制度；二是只设立宣告死亡制度，不设立宣告失踪制度；三是同时设立宣告失踪和宣告死亡制度。我国采取了第三种立法例。

（一）宣告死亡的条件与程序

1. 自然人下落不明

宣告自然人死亡，同样要求具备自然人离开最后居住地后没有音讯的状况。

2. 自然人下落不明的状况满 4 年或 2 年的期限

依据《民法总则》第 46 条的规定，自然人有下列情形之一的，利害关系人可以向人民法院申请宣告该自然人死亡：下落不明满 4 年的；因意外事件，下落不明满 2 年的。自然人下落不明时间的起算点，和宣告失踪相同。因意外事件下落不明，经有关机关证明该自然人不可能生存的，申请宣告死亡不受 2 年时间的限制。

但是，对于在我国台湾地区或者国外，无法正常通信联系的，依据《〈民法通则〉意见》第 26 条的规定，不得以下落不明宣告死亡。

3. 利害关系人向人民法院提出申请

依据《〈民法通则〉意见》第 25 条的规定，申请宣告死亡的利害关系人的范围与顺序是：配偶；父母、子女；兄弟姐妹、祖父母、外祖父母、孙子女、外孙子女；其他有民事权利义务关系的人。

一般认为，宣告失踪不是宣告死亡的必经程序。公民下落不明，符合申请宣告死亡的条件，利害关系人可以不经申请宣告失踪而直接申请宣告死亡。根据《民法总则》第 47 条，对同一自然人，有的利害关系人申请宣告死亡，有的利害关系人申请宣告失踪，符合本法规定的宣告死亡条件的，人民法院应当宣告死亡。

4. 人民法院经过法定程序宣告

根据《民事诉讼法》第 184 条、第 185 条的规定，利害关系人向下落不明人住所地基层人民法院提出宣告自然人死亡的申请。

人民法院受理宣告死亡案件后，应发出寻找下落不明人的公告。宣告死亡的公告期间是 1 年。因意外事故下落不明，经有关机关证明该公民不可能生存的，宣告死亡的公告期间是 3 个月。公告期间届满，人民法院应根据被宣告失踪、宣告死亡的事实是否得到确认，做出宣告失踪、宣告死亡的判决或驳回申请的判决。

（二）宣告死亡的法律后果

被宣告死亡的人死亡日期应依法确定。根据《民法总则》第 48 条的规定，人民法院宣告死亡的判决做出之日视为其死亡的日期；因意外事件下落不明宣告死亡的，意外事件发生之日视为其死亡的日期。

按照法律规定自然人被宣告“视为”死亡，但是并未死亡的，不能推翻法院“视为”死亡的结果；但是，按照《民法总则》第 49 条的规定，这不影响该自然人在被宣告死亡期间实施的民事法律行为的效力。当然，在实践中，利害关系人可以依据相反证据向人民法院主张撤销“视为”宣告死亡的判决。据此可见，宣告死亡不一定导致被宣告死亡的人的民事权利能力或行为能力的终止。因此，被宣告死亡和自然死亡的时间不一致的，被宣告死亡所引起的法律后果仍然有效，但自然死亡前实施的民事法律行为与被宣告死亡引起的法律后果相抵触的，则以其实施的民事法律行为为准。

被宣告死亡的人的婚姻关系，自死亡宣告之日起消灭。被宣告死亡人的子女，可以被他人依法收养。

（三）被宣告死亡人再出现的法律后果

按照《民法总则》第 50 条的规定，被宣告死亡的人重新出现，经本人或者利害关系人申请，人民法院应当撤销死亡宣告。

1. 人身关系的处理

被宣告死亡的人的婚姻关系，按照《民法总则》第 51 条的规定，自死亡宣告之日起消灭。死亡宣告被撤销的，婚姻关系自撤销死亡宣告之日起自行恢复，但是其配偶再婚或者向婚姻登记机关书面声明不愿意恢复的除外。

被宣告死亡的人在被宣告死亡期间，其子女被他人依法收养的，在死亡宣告被撤销后，依据《民法总则》第 52 条的规定，不得以未经本人同意为由主张收养关系无效。

2. 财产关系的处理

被撤销死亡宣告的人有权请求返还财产。依据《民法总则》第 53 条的规定，被撤销死亡宣告的人有权请求依照继承法取得其财产的民事主体返还财产。无法返还的，应当给予适当补偿。

利害关系人隐瞒真实情况，致使他人被宣告死亡取得其财产的，除应当返还财产外，还应当对由此造成的损失承担赔偿责任。

第七节　个体工商户和农村承包经营户

一　个体工商户

（一）个体工商户的概念

个体工商户是指在法律允许的范围内，经依法核准登记，从事工商经营活动的自然人或家庭。《民法总则》第54条对个体工商户给予了明确的法律界定，自然人从事工商业经营，经依法登记为个体工商户。个体工商户可以起字号。个体工商户是个体商业经济在法律上的具体表现形式。

（二）个体工商户的特征

个体工商户在民法上具有下列两方面主要特征：

一方面，个体工商户是从事工商业经营的自然人或家庭。个体工商户不局限于以“户”为单位。依据《个体工商户条例》，个体工商户可以个人经营，也可以家庭经营。在香港特别行政区、澳门特别行政区永久性居民中的中国公民、台湾地区居民可按照国家有关规定，申请登记为个体工商户。并且，无论自然人个人从事工商业经营，还是全家从事工商业经营，都统称为“个体工商户”。但是，个体工商户不能超越家庭范围。若超越一个家庭范围，由几个家庭的几个自然人联合经营，那就不是个体工商户，而是个人合伙。个体工商户的经营主体是自然人，但不是所有自然人都能成为个体工商户，国家机关干部、企业事业单位职工，均不能申请从事个体工商户经营。国家对个体工商户实行市场平等准入、公平待遇等原则。申请办理个体工商户登记，经营范围不属于法律、行政法规禁入行业的，登记机关应依法予以登记。

另一方面，个体工商户必须依法经核准登记，才能从事商业经营。县、自治县、不设区的市、市辖区登记管理部门为个体工商户的登记机关（以下简称登记机关）。登记机关按照国务院工商行政管理部门（现调整为国家市场监督管理部门）的规定，可委托其下属工商行政管理所办理个体工商户登记。个体工商户有变更登记事项、不再从事经营活动的，应到登记机关办理变更登记、注销登记。

（三）个体工商户的法律地位与责任

个体工商户是民商上的一类特殊民事主体，有其独特的权利与义务，对外承担相应的法律责任。个体工商户的民事权利能力和民事行为能力自发给营业执照之日起产生，到注销营业执照之日起终止。

在权利方面，《个体工商户条例》规定，个体工商户合法权益受法律保护，任何单位和个人不得侵害。个体工商户可根据经营需要招用从业人员。

在义务方面，《个体工商户条例》规定，个体工商户领取营业执照后，应依法办理税务登记。个体工商户从事经营活动，应遵守法律、法规，遵守社会公德、商业道德，诚实守信，接受监督。

在对外承担责任方面，根据《民法总则》第56条的规定，个体工商户的债务，个人经营的，则以个人财产承担；家庭经营的，则以家庭财产承担；无法区分的，则以家庭财产承担。

二 农村承包经营户

（一）农村承包经营户的概念

根据《民法总则》第55条，农村承包经营户是指依法取得农村土地承包经营权，从事家庭承包经营的农村集体经济组织的成员。此处的“农村土地”，可以理解为农民集体所有和国家所有依法由农民集体使用的耕地、林地、草地，以及其他依法用于农业的土地。和个体工商户一样，农村承包经营户系我国非常特殊的民事主体，立法上逻辑上属于特殊的“自然人”。

（二）农村承包经营户的特征

农村承包经营户的主要法律特征如下：

其一，农村承包经营户是农村集体经济组织的成员。《农村土地承包法》规定国家实行农村土地承包经营制度，并且，除法律规定以外，农村土地承包采取农村集体经济组织内部的家庭承包方式，易言之，农村集体经济组织成员有权依法承包由本集体经济组织发包的农村土地。据此，在界定农村集体经济组织成员的资格时，必须是其依法承包农村土地，才能成为农村承包经营户。

其二，农村承包经营户通过承包合同取得承包经营权。土地承包经营权依法由合同产生，属于我国的一种法定用益物权。《物权法》第127条规定，土地承包经营权自土地承包经营权合同生效时设立。承包方自承包合同生效时取得土地承包经营权。承包合同的发包方、承包方必须符合《农村土地承包法》的相关规定。在发包方式上，农民集体所有的土地依法属于村农民集体所有的，由村集体经济组织或者村民委员会发包；已分别属于村内两个以上农村集体经济组织的农民集体所有的，则由村内各该农村集体经济组织或者村民小组发包。在发包过程中，不得改变村内各集体经济组织农民集体所有的土地的所有权。依据现行法律规定，家庭承包的承包方是本集体经济组织的农户。在承包期限方面，不同用地性质的承包期不尽相同：耕地承包期为30年，草地承包期为30年至50年，林地承包期为30年至70年；特殊林木下的林地承包期，经国务院林业行政主管部门批准可延长。

应注意的是，发包方不得在承包期内收回承包地或调整承包地，亦不得单方面解除承包合同。当然，承包方承包期内全家迁入小城镇落户的，则应按照承包方的意愿，保留其土地承包经营权或允许其依法进行土地承包经营权流转；如承包方全家迁入设区的市而转为非农业户口的，则应将承包的耕地和草地交回发包方。承包期内，承包方依法交回承包地或发包方依法收回承包地的，承包方有权获得相应的补偿。此外，在承包期内妇女结婚但在新居住地未取得承包地的，发包方不得收回其原承包地；妇女离婚或丧偶，仍在原居住地生活或不在原居住地生活但在新居住地未取得承包地的，发包方亦不得收回原承包地。

其三，农村承包经营户是相对独立的商品生产者和经营者。《农村土地承包法》等我国现行法律规定国家保护农村承包经营户的相对独立性、长期性、稳定性。土地所有权在农村土地承包后性质不变，承包地不得买卖。农村集体经济组织成员，无论男女，其承包土地的权利不得被剥夺和非法限制。在承包人死亡时，其应得承包收益依照继承法规定进行继承。并且，林地承包人死亡的，其继承人可在承包期内继续承包。

我国鼓励土地承包经营权合法有序流转。在流转方式上，现行法律规定承包方可依法采取转包、出租、互换、转让或其他方式流转。在土地承包经营权的流转问题上，承包方可依法自主决定土地承包经营权是否流转以及流转的方式。当事人双方协商确定土地承包经营权流转的转包费、租金、转让费等，流转的收益依法归承包方所有。承包方可在一定期限内将部分或全部土地承包经营权转包或者出租给第三方，并且承包方、发包方的承包关系不发生变更。承包方因病或其他原因可将土地交由他人代耕，代耕不超过一年时，可不签订书面合同。

（三）农村承包经营户的法律地位与责任

农村承包经营户是我国民商法上的一类特殊民事主体，对外承担相应的法律责任。《民法总则》第56条规定农村承包经营户的债务，以从事农村土地承包经营的农户财产承担；事实上由农户部分成员经营的，以该部分成员的财产承担。

【疑难争点】怎样看待个体工商户、农村承包经营户的法律地位？

在《民法总则》制定过程中，学界对个体工商户、农村承包经营户这“两户”的去留争论较大，[①] 主要体现于其法律地位，目前主要有三种观点：第一种观点主张个体工商户、农村承包经营户没有主体资格，它们只是自然人参加民事活动的特殊形式，是自然人为了取得从事商品生产和经营活动的特殊权利能力和行为能力而采取的一种形式。第二种观点主张个体工商户、农村承包经营户分为由全体家庭成员经营的和由家庭中一人经营的两种形式；前者是以家庭成员为合伙人的以营利为目的的经济组织，即家庭合伙，后者是由家庭中一人经营的，为独资企业。[②] 第三种观点认为个体工商户、农村承包经营户是非法人主体，具有民事主体资格。其理由在于，个体工商户、农村承包经营户是非法人经营体，[③] 因为个体工商户、农村承包经营户可以起字号、领取营业执照、刻制印章、开立银行账户、办理税务登记、雇用工人等。这使个体工商户、农村承包经营户可以以“户”的名义从事民事活动，表明个体工商户、农村承包经营户有组织体的属性。并且，个体工商户、农村承包经营户

---

① 徐国栋：《我国民法总则制定中的四个问题》，《暨南学报》（哲学社会科学版）2017年第2期。

② 王建平：《民法学（上）》，四川大学出版社2005年版，第64—65页。

③ 梁慧星：《民法总论》，法律出版社2011年版，第147页。

有明确的目的，即其经营范围，并在其经营范围内，享有相应的区别于自然人的民事权利能力和民事行为能力。个体工商户、农村承包经营户有相对独立的财产。该财产主要用于所从事的工商经营活动、承包经营活动，当然，其财产与个人财产、家庭财产不存在严格区分。①

本书认为，个体工商户、农村承包经营户虽然不同于自然人，但作为自然人参加民事活动的特殊形式，依然可以从事相关法律行为，因此具有民事主体的法律地位。例如，尽管不排除农村承包经营户适用“民法有关合伙”一般规定的情况，但是，这也没有否认农村承包经营户作为民事主体的存在。

在立法体例上，很多学者对现行《民法总则》将“两户”列入“自然人”部分有异议，认为应当在“非法人组织”部分列明，② 或者，淡出《民法总则》，由特别法规定为好。③

【案例思考】

赵 A 与尚 B 监护权纠纷④

1995 年，赵 A 与尚 B、张 C 夫妇之女尚 D 结婚，1996 年 10 月 20 日生育一女名赵 E。2000 年 9 月 19 日，尚 D 病逝，赵 E 随尚 B、张 C 二人共同生活。同年 9 月 28 日，赵 A 向尚 B、张 C 出具代为看护孩子的委托书。载明“同意孩子先暂由岳父、岳母抚养，我每月给抚养费叁佰元整。允许我自由探望，待孩子到 16 岁成人后，其家庭归属，由孩子自行选择决定”。之后，双方当事人因抚养赵 E 问题发生矛盾。2015 年 4 月，赵 A 诉至法院要求尚 B、张 C 归还赵 E，恢复其抚养权。

---

① 魏振瀛：《民法》，北京大学出版社、高等教育出版社 2000 年版，第 111 页。

② 郭明瑞：《民法总则中非法人组织的制度设计》，《法学家》2016 年第 5 期。

③ 徐国栋：《我国民法总则制定中的四个问题》，《暨南学报》（哲学社会科学版）2017 年第 2 期。

④ 案号：〔2016X 甘民再 40 号，［2017 - 11 - 03］，2018 年 7 月 18 日（http：//wenshu. court. gov. cn/content/content？DocID = eaaba7df - a13d - 4c5b - 890a - a85600e57494&KeyWord =% E7% 9B%91% E6%8A% A4% E6%9D%83% E7% BA% A0% E7% BA% B7）。

问题： 1. 赵 A 是否对赵 E 享有监护权？

2. 尚 B、张 C 拒绝将赵 E 交由赵 A 监护抚养的行为是否侵害赵 A 的监护权？

第七章

法　　人

【本章导读】从词源上看，现代“法人”译自德语 Juristische Person。一般认为，现代法人理论始于19世纪，由德国著名法学家萨维尼所开创。

根据学者研究，萨维尼区分了三类法人，一是“自然法人”，如国家、社区、城市、农庄等，它们源远流长，是法律上的实体。其中，国家在私法上作为国库，是最大、最重要的私法主体。二是封建行会，法律承认其习惯法上的效力。三是“人为法人”，即自然人自由联合组成的法人，是“人为的、意定的”，其成立需要国家特许，其权利也不由成员享有，而由观念中的法人享有。[①]

本章主要内容包括法人制度概述、法人的成立、法人的民事能力、法人机关和分支机构以及法人的变更、终止。

第一节　法人制度概述

在民法上，所有法律后果最终必须由人承受。由此决定，法律以何种观念来看待“人”，直接关系到民事法律规范的价值取向。[②] 法人，作

① 谢鸿飞：《论民法典法人性质的定位——法律历史社会学与法教义学分析》，《中外法学》2015 年第 6 期。

② 朱庆育：《民法总论》，北京大学出版社 2016 年版，第 418 页。

为德国19世纪概念法学的努力成果，体现了以形式化的逻辑手段整理复杂法律概念的高超立法技术。这是民事主体制度发展史上的划时代成果。

法人制度是我国民事法律的一项基本制度。目前，我国主要有营利法人、非营利法人、特别法人三类法人。与日本另行设立“法人法”的立法例不同,[①] 我国《民法通则》《民法总则》坚持采取设立专章“法人”的立法方式。

一 法人的概念、特征及沿革

根据《民法总则》第57条的规定，法人是具有民事权利能力和民事行为能力，依法独立享有民事权利和承担民事义务的组织。[②] 在学理上，有观点主张法人是由法律规定具有民事权利能力的人合组织体和财合组织体。法律未规定其具有民事权利能力之组织体，则称为非法人团体,[③] 亦即非法人组织。

法人与自然人同为民事主体，但法人是一种与自然人分离的、独立的民事主体。法人具有下列主要特征：

第一，法人是社会组织。社会组织是指按照一定的宗旨和条件建立起来的具有明确的活动目的与内容，有一定组织机构的有机整体。法人作为社会组织体是区别于自然人生命体的关键所在。

第二，法人是依法具有民事权利能力和民事行为能力的社会组织。有资格成为法人的社会组织，必须依法具有成为民事法律关系主体的权利能力，有独立参加民事法律关系的行为能力。

第三，法人是独立享有民事权利和承担民事义务的社会组织。法人经严格程序依法设立，目的在于让法人能够独立享有民事权利、承担民事义务。据此，法人享有权利和承担义务的独立性，并以其独立人格、独立财产为基础，最终体现为独立的民事责任能力。法人应当有其名称、组织机构，这是形成法人人格独立的组织前提。法人必须有独立的财产，

---

① 周江洪：《日本非营利法人制度改革及其对我国的启示》，《浙江学刊》2008年第6期。

② 这是《民法总则》对法人概念的界定。有学者认为，以这种下定义的方式立法，会混淆立法与学理之间的界限，定义在本质上属于法学教育和研究的范畴。石佳友：《民法典的立法技术：关于〈民法总则〉的批判性解读》，《比较法研究》2017年第4期。

③ 梁慧星：《民法总论》，法律出版社2011年版，第117页。

该财产独立于法人的股东，这是法人人格独立的财产基础。法人以自己的名称、独立的财产对外承担民事责任，这是法人有独立人格的必然反映与结果，也是法人与非法人组织的根本区别。当然，也有学者持不同观点。①

法人制度可追溯至古罗马时期，但是罗马法并没有形成法人的概念。在古罗马共和国时期，罗马法有条件地承认了国家和地方政府等公法人的独立人格。除了罗马法的渊源以外，法人制度还有两种重要的渊源，即日耳曼法和教会法。日耳曼法向来以团体主义著称，日耳曼人的家族、氏族或村庄都具有集体人格色彩，关注集体人格和共同体精神。此外，中世纪教会革命以后，教会社团法得到空前发展。11—13 世纪，罗马天主教会所发展起来的社团法律体系成为整个教会法律体系的一个次级体系。②

英国《1855 年有限责任法》确立了公司股东对公司债务承担有限责任的制度。1848 年美国纽约州通过立法准许股东对公司债务承担有限责任，1860 年有限责任原则在美国各州得到普遍适用。英美国家通过建立股东有限责任制度，确立了公司的独立法人人格制度。

大陆法系晚于英美法系建立法人制度。1900 年生效的《德国民法典》，将法人分为社团法人和财团法人，建立了完备的法人制度，第一次真正形成了现代民法的法人主体制度。这对日本、瑞士等大陆法系国家的法人立法制度产生了深远影响。

二 法人的本质

在法人制度形成过程中，对法人本质存在较大争议，形成了拟制说、否认说和实在说三种主要学说。

（一）法人拟制说

此学说以德国法学家萨维尼为代表，主张权利义务的主体仅限于自

---

① 有学者认为，法人区别于非法人组织的本质在于成员或者设立者是否享有有限责任的优惠，而不在于该主体是否依法独立享有民事权利和承担民事义务。曹兴权：《组织类民事主体制度的民法典表达——兼评〈民法总则（草案）〉》，《河南社会科学》2016 年第 7 期。

② 孙宪忠：《中国民法总论》，中国社会科学出版社 2009 年版，第 126 页。

然人，法律将法人拟制为自然人，由此取得权利主体资格。基于法人的建构具有现实的历史基础和人类实践基础，[①] 萨维尼强调，只有具备意思能力的自然人，才具有法律上的人格。社团本来不是实体的存在，而是抽象的概念，是通过法律之力将社团拟制为人的结果。拟制说第一次提出了法人，和自然人一样，是权利主体。

拟制说将法人财产与法人成员财产分离开来，法人成员对法人的债务承担有限责任，这是一个历史的进步。直至今日，现代法人制度依然秉承此原则。

（二）法人否认说

其主张非自然人不得成为权利主体，以自然人代替法人成为权利主体，法人是假设的主体，据此，否认说不承认法人具有独立人格。

法人否认说与法人拟制说有共同的出发点，致力于对法人实体本质的分析。否认说可分为下列三种观点。（1）目的财产说。这由德国学者布林兹（Brinz）提出，主张法人仅为一定目的而组成的无主财产。法人本身不具有独立人格，仅为一定目的而存在的财产进行使用和管理。（2）受益者主体说。这由德国学者耶林（Jhering）提出，主张拟制的团体不存在，法人只不过是形式上的权利义务的归属者，而权利义务归属的实体是享有该社团财产利益的自然人。立法者要保护的既不是存在于社团中的集体意思，也不是团体的独立人格，而是团体各成员所要追求的利益目标。（3）管理者说。这由德国霍达、宾德等学者提出，主张法人财产归属于管理其财产的自然人，并不归属于法人本身，实际管理财产的自然人才是法人的主体。[②] 法人否认说以耶林的观点最具影响力，这些观点实质均为观察法人制度存在的理由，具有积极意义，但是其否认法人有独立人格与现行法制不符。[③]

（三）法人实在说

这由德国学者基尔克（Gierke）提出。基尔克推崇日耳曼法团体本位主义，主张将社会团体视为超个体的生物，是社会实体，通过为其决定

---

① 谭启平、黄家镇：《民法总则中的法人分类》，《法学家》2016 年第 5 期。

② 郑云瑞：《民法总论（第七版）》，北京大学出版社 2017 年版，第 200 页。

③ 王泽鉴：《民法总则》，北京大学出版社 2009 年版，第 151 页。

的人来行使行为，如同自然人通过其器官来行使行为一样。法人并非一种法律技术上的拟制，而是一种实在的组织体，是拥有超个体的自有生存实体。

前述法人本质的三种学说各有其理，但也同时存在不合理之处。这三种学说的共同合理之处，在于都将法人本质问题聚集于人们是否把由人组成的共同体视为个人生存表现的化身或总体，抑或视为一个超越其个体成员的存在物。据此，把集体解释为独立的法律上的存在，对作为针对国家的社团自治的设计方案很合适。[①] 法人拟制说虽然分析了法人与自然人之间的差别，却未回答法人的本质究竟是什么以及从该本质出发，其与自然人在多大程度上存在共性与差异。法人否认说虽然强调了团体所具有的目的性，强调任何法人为了能够在法律活动中如同自然人那样行为，必须拥有意思决定机关与财产基础。但是该学说难以圆满解释财产承受人的问题和法人机关行为的责任主体问题。另外，法人实在说剖析了团体在社会生活中的真实存在及其作用，并指出了国家虽然通过法律承认新设立的团体授予法人资格，但该学说未真正解决究竟法人与自然界生命体的自然人有什么区别的问题。

本书认为，在这三种学说中，相对可以接受的是法人拟制说。其一，它强调法人是法律拟制的结果，这与自然人成为法律主体并非天赋而是法律赋予（从法律史看）具有一致性。其二，拟制说意味着法人的权利能力必定有国家意志的影响，为国家干预法人构造提供了恰当性依据。这对于遏制自然人创设法人，法人反过来控制自然人的“法人异化”有重要意义。

三　法人的分类

不同法系的国家，按照不同标准，对法人分类亦不相同。

在大陆法系国家，法人主要分为公法人和私法人，营利法人和公益法人，社团法人、财团法人和中间法人。依据法人设立的法律依据与设立的目的，法人可分为公法人和私法人，这是大陆法系对法人的典型分类。公法人是依据公法，为完成国家职能而设立的法人，如国家机关法

---

① 崔建远等：《民法总论（第二版）》，清华大学出版社2013年版，第128页。

人。私法人是依据私法，为私人利益而设立的法人，如公司。依据法人设立的目的，法人可分为营利法人和公益法人。营利法人是为了从事商业经营，以营利为目的的法人，如公司。公益法人是以社会公共利益为目的的法人，如慈善机构。有学者主张，作为社团法人之下的二级分类，包括营利性法人、非营利性法人，从而形成逻辑周延的法人分类序列。[①] 依据法人成立的基础，法人可以分为社团法人、财团法人和中间法人。社团法人是以人的集合为基础成立的法人，如公司。财团法人是以为一定目的而设立的财产为基础成立的法人，如基金会。中间法人既不是为了社会公共利益，也不是为了成员的经济利益而成立的法人，如同学会。

在英美法系国家依据法人成员人数的多少，将法人主要划分为集体法人、独任法人。集体法人是由多数人组成的、可以永久存在的集合体法人，如地方政府法人、公司法人等。独任法人是一个自然人由于法律的确认而形成的法人，如英王、主教。[②]

随着我国经济社会的发展，新的组织形式不断出现，法人形态发生了较大变化，《民法通则》关于企业法人、机关法人、事业单位法人和社会团体法人的分类已难以适应新的情况，有必要进行调整完善。为适应社会组织改革发展要求，按照法人设立目的和功能等方面的不同，我国民法现将法人分为营利法人、非营利法人和特别法人。有学者指出，《民法总则》关于法人的分类，发展、扩张了传统大陆法系民法关于将法人区分为公法人与私法人、社团法人与财团法人等的分类，具有很大的创新，并且，它同时也为今后大陆法系有关法人理论的学理研究提供了新思路和新素材。[③] 另有学者认为，这种分类考虑到不同法人的社会功能，从体系建构的功能和规范功能实现的需求出发，具有形式逻辑上的周延性和自足性，其所建立的法人类型体系具有开放性和流动性，有利于与其他法律的衔接，便于充分发挥不同类型法人的功能，便于公共管理。[④] 举例说，在我国，营利法人主要包括有限责任公司和股份有限公司，这

---

① 谭启平、黄家镇：《民法总则中的法人分类》，《法学家》2016 年第 5 期。

② 王建平：《民法学（上）》，四川大学出版社 2005 年版，第 53 页。

③ 陈华彬：《论我国〈民法总则〉的创新与时代特征》，《法治研究》2017 年第 3 期。

④ 张新宝：《从〈民法通则〉到〈民法总则〉：基于功能主义的法人分类》，《比较法研究》2017 年第 4 期。

二者是结构主义分类中“社团法人”的主要部分，可见“营利法人”与“社团法人”在外延上基本一致。究其原因，社团概念不能包含公司法上的一人公司是《民法总则》放弃社团法人与财团法人分类模式的重要原因。[①] 不过，有学者对《民法总则》区分营利法人和非营利法人持批判意见，担心非营利性法人的框框扭曲现实生活，必然产生不必要的争议和烦恼。[②]

（一）营利法人

根据《民法总则》第 76 条的规定，以取得利润并分配给股东等出资人为目的成立的法人，为营利法人。营利法人包括有限责任公司、股份有限公司和其他企业法人等。在适用法律上，营利法人适用《民法总则》的规定，《民法总则》没有规定的，则适用公司法等有关法律的规定。

营利法人，经依法登记成立，取得法人资格。按照《民法总则》第 79 条的要求，设立营利法人应当依法制定法人章程。根据该法第 78 条的规定，依法设立的营利法人，由登记机关发给营利法人营业执照。营业执照签发日期为营利法人的成立日期。

营利法人应当依法设立权力机构、执行机构和监督机构。

首先，营利法人应当设权力机构。根据《民法总则》第 80 条的规定，权力机构行使修改法人章程，选举或者更换执行机构、监督机构成员，以及法人章程规定的其他职权。

其次，营利法人应当设执行机构。根据《民法总则》第 81 条的规定，执行机构行使召集权力机构会议，决定法人的经营计划和投资方案，决定法人内部管理机构的设置，以及法人章程规定的其他职权。

执行机构为董事会或者执行董事的，董事长、执行董事或者经理按照法人章程的规定担任法定代表人；未设董事会或者执行董事的，法人章程规定的主要负责人为其执行机构和法定代表人。

此外，营利法人应当设监督机构。根据《民法总则》第 82 条的规定，营利法人设监事会或者监事等监督机构的，监督机构依法行使检查

---

① 左婧：《〈民法总则〉法人制度的固守与变革新论》，《天津法学》2017 年第 4 期。

② 孟勤国：《变革性与前瞻性：民法典的现代化使命〈民法总则〉的现代性缺失》，《江汉论坛》2017 年第 4 期。

法人财务，监督执行机构成员、高级管理人员执行法人职务的行为，以及法人章程规定的其他职权。

法人具有独立人格，法人出资人对法人债务不承担责任，但在特殊情况下应当承担责任。根据《民法总则》第 83 条第 1 款的规定，营利法人的出资人不得滥用出资人权利损害法人或者其他出资人的利益。滥用出资人权利给法人或者其他出资人造成损失的，应当依法承担民事责任。被侵权人据此主张法人应当承担的侵权责任，适用《公司法》第 151 条、第 152 条等关于股东派生诉讼的相关规定。依据《民法总则》第 83 条第 2 款的规定，营利法人的出资人不得滥用法人独立地位和出资人有限责任损害法人的债权人利益。滥用法人独立地位和出资人有限责任，逃避债务，严重损害法人的债权人利益的，应当对法人债务承担连带责任。这在公司法上称为法人人格否认制度，亦称为“刺穿法人面纱”原则。应注意的是，法人人格否认制度不仅用于保护私法上的债权人利益，也用于保护公法上的国家利益。在英美法系的美国，之所以实行“长臂”管辖权原则，其目的也在于保护美国的国家利益。

《民法总则》第 84 条规定，营利法人的控股出资人、实际控制人、董事、监事、高级管理人员不得利用其关联关系损害法人的利益。利用关联关系给法人造成损失的，应当承担赔偿责任。在救济方式上，可以采用《民法总则》第 83 条、《公司法》第 152 条等相关规定的方式。

根据《民法总则》第 85 条的规定，营利法人的权力机构、执行机构做出决议的会议召集程序、表决方式违反法律、行政法规、法人章程，或者决议内容违反法人章程的，营利法人的出资人可以请求人民法院撤销该决议，但是营利法人依据该决议与善意相对人形成的民事法律关系不受影响。人民法院撤销股东决议的判定程序，可以依据《最高人民法院关于适用〈中华人民共和国公司法〉若干问题的规定（四）》的具体规定予以确定。不过，为了保护交易的安全，股东决议的撤销不当然地导致该决议与善意相对人形成的民事关系在法律上无效。

《民法总则》第 86 条规定，营利法人从事经营活动，应当遵守商业道德，维护交易安全，接受政府和社会的监督，承担社会责任。可见，营利法人应当承担《公司法》上同样规定的企业社会责任。

（二）非营利法人

根据《民法总则》第 87 条的规定，为公益目的或者其他非营利目的成立，不向出资人、设立人或者会员分配所取得利润的法人，为非营利法人。非营利法人包括事业单位、社会团体、基金会、社会服务机构等。

为公益目的成立的非营利法人终止时，不得向出资人、设立人或者会员分配剩余财产。剩余财产应当按照法人章程的规定或者权力机构的决议用于公益目的；无法按照法人章程的规定或者权力机构的决议处理的，由主管机关主持转给宗旨相同或者相近的法人，并向社会公告。

1. 事业单位法人

根据《事业单位登记管理暂行条例》的规定，事业单位是指国家为了社会公益目的，由国家机关举办或者其他组织利用国有资产举办的，从事教育、科技、文化以及卫生等活动的社会服务组织。按照《民法总则》第 88 条、第 89 条的规定，具备法人条件，为适应经济社会发展需要，提供公益服务设立的事业单位，经依法登记成立，取得事业单位法人资格；依法不需要办理法人登记的，从成立之日起，具有事业单位法人资格。事业单位法人设理事会的，除法律另有规定外，理事会为其决策机构。事业单位法人的法定代表人依照法律、行政法规或者法人章程的规定产生。

《事业单位登记管理暂行条例》及其实施细则规定，县级以上各级人民政府机构编制管理机关所属的事业单位登记管理机构负责实施事业单位登记管理工作。县级以上各级人民政府机构编制管理机关应当加强对登记管理机关的事业单位登记管理工作的监督检查。事业单位实行分级登记管理。分级登记管理的具体办法由国务院机构编制管理机关规定。法律、行政法规对事业单位的监督管理另有规定的，依照有关法律、行政法规的规定执行。经依法登记或备案的，事业单位取得《事业单位法人证书》。该《事业单位法人证书》系事业单位法人资格的唯一合法凭证。未取得《事业单位法人证书》的，不得以事业单位法人名义开展活动。

2. 社会团体法人

根据《社会团体登记管理条例》第 2 条，社会团体是指中国公民自愿组成，为实现会员共同意愿，按其章程开展活动的非营利性社会组织。应注意的是，国家机关以外的组织可作为单位会员加入社会团体。按照

《民法总则》第 90 条、第 91 条的规定，具备法人条件，基于会员共同意愿，为公益目的或者会员共同利益等非营利目的设立的社会团体，经依法登记成立，取得社会团体法人资格；依法不需要办理法人登记的，从成立之日起，具有社会团体法人资格。设立社会团体法人应当依法制定法人章程。社会团体法人应当设会员大会或者会员代表大会等权力机构，并应当设理事会等执行机构。理事长或者会长等负责人按照法人章程的规定担任法定代表人。依据《中华人民共和国慈善法》第 8 条的规定，社会团体是我国的一种慈善组织形式。

依据法律规定，国务院民政部门、县级以上地方各级人民政府民政部门是本级人民政府的社会团体登记管理机关。国务院有关部门、县级以上地方各级人民政府有关部门、国务院或县级以上地方各级人民政府授权的组织，是有关行业、学科或业务范围内社会团体的业务主管单位。成立社会团体时，应有 50 个以上的个人会员或 30 个以上的单位会员；如由个人会员、单位会员混合组成，则会员总数不得少于 50 个，并且，应符合法律规定的其他条件。准予登记的社会团体，取得《社会团体法人登记证书》。社会团体不得从事营利性经营活动。国家保护社会团体依照法律、法规及其章程开展活动，任何组织和个人不得非法干涉。

3. 捐助法人

按照《民法总则》第 92 条的规定，具备法人条件，为公益目的以捐助财产为基础设立的基金会、社会服务机构等，经依法登记成立，取得捐助法人资格。

依法设立的宗教活动场所，具备法人条件的，可以申请法人登记，取得捐助法人资格。法律、行政法规对宗教活动场所有规定的，依照其规定。

设立捐助法人应当依法制定法人章程。捐助法人应当设理事会、民主管理组织等决策机构，并设执行机构，并应设立监事会等监督机构。理事长等负责人按照法人章程的规定担任法定代表人。

捐助人有权向捐助法人查询捐助财产的使用、管理情况，并提出意见和建议，捐助法人应当及时、如实答复。捐助法人的决策机构、执行机构或者法定代表人做出决定的程序违反法律、行政法规、法人章程，或者决定内容违反法人章程的，捐助人等利害关系人或者主管机关可以请求人民法院撤销该决定，但是捐助法人依据该决定与善意相对人形成的民事法律关系不受影响。

4. 基金会法人

依据《基金会管理条例》的规定，基金会是指利用自然人、法人或其他组织捐赠的财产，以从事公益事业为目的，依据法律规定而成立的非营利性法人。基金会分为面向公众募捐的基金会和不得面向公众募捐的基金会。基金会依照章程从事公益活动，应当遵循公开、透明的原则。国务院民政部门和省、自治区以及直辖市人民政府民政部门是基金会的登记管理机关。

基金会为特定的公益目的而设立，其设立必须符合法律规定的条件，经依法登记设立取得法人资格。基金会章程须明确基金会的公益性质，不得规定使特定自然人、法人或者其他组织受益的内容。基金会设理事会。理事会是基金会的决策机构，依法行使章程规定的职权。基金会设立监事。理事、理事的近亲属和基金会财会人员不得兼任监事。基金会组织募捐、接受捐赠，应符合章程规定的宗旨和公益活动的业务范围。境外基金会代表机构不得在中国境内组织募捐、接受捐赠。基金会及其捐赠人、受益人按照法律、行政法规的规定享受税收优惠。依据《慈善法》第 8 条的规定，基金会是我国的一种慈善组织形式。

5. 社会服务机构法人

《慈善法》第 8 条规定，社会服务机构是我国的一种慈善组织形式。为了更准确地反映社会服务机构的定位和属性，与《慈善法》的表述相衔接，2016 年 5 月，《社会服务机构登记管理条例》（原《民办非企业单位登记管理暂行条例》修订草案征求意见稿）把“民办非企业单位”名称改为“社会服务机构”，并将现行《民办非企业单位登记管理暂行条例》改为《社会服务机构登记管理条例》。《民法总则》第 87 条直接规定了社会服务机构为非营利法人的一种组织形式。

社会服务机构指自然人、法人或其他组织为了提供社会服务，主要利用非国有资产设立的非营利性法人。国务院民政部门、县级以上地方各级人民政府民政部门是本级人民政府的社会服务机构登记管理机关。

申请设立社会服务机构，应当具备不以营利为目的等法律规定的条件。社会服务机构应当制定章程，并设立理事会。理事会是社会服务机构的决策机构。社会服务机构可设立执行机构、监事或监事会。

社会服务机构与利益关联方发生交易的，应当遵循公开、公平、公允的原则，不得损害社会服务机构利益。国家鼓励兴办社会服务机构。

（三）特别法人

根据《民法总则》第96条的规定，特别法人包括机关法人、农村集体经济组织法人、城镇农村的合作经济组织法人以及基层群众性自治组织法人。可以看出，机关法人、居民委员会、村民委员会以宪法或法律的直接规定而成立，农村集体经济组织法人、城镇农村的合作经济组织法人，则其成员以特定身份加入组成法人的法律规定而设立，据此，这些法人不能以营利、公益或非营利的成立目的为标准进行简单划分，故此列入特别法人。有学者称此为“公法人”，只因为要明确化这些公法人可否以及在多大范围内可以从事私法活动。①

《民法总则》在法人制度中创设“特别法人”这种新的法人类型，是一种进步与创新。②

1. 机关法人

依据《民法总则》第97条的规定，有独立经费的机关和承担行政职能的法定机构从成立之日起具有机关法人资格。

根据《宪法》的相关规定，国家机关是国家为行使其职能而设立的各种机构，是专司国家权力和国家管理职能的组织，包括中央和地方各级组织。从国家学说上讲，国家机关，即国家政权机关，包括各级权力机关、行政机关、审判机关、检察机关和军队中的各级机关。

应注意的是，中国共产党是我国执政党，宪法明文确定了共产党在国家事务中居于领导一切的地位。因此，从广义上看，中国共产党的各级机关可纳入国家机关的范围。

机关法人被撤销的，按《民法总则》第98条的规定，机关法人终止，其民事权利和义务由继任的机关法人享有和承担；没有继任的机关法人的，由做出撤销决定的机关法人享有和承担。

---

① 苏永钦：《体系为纲，总分相宜——从民法典理论看大陆新制定的〈民法总则〉》，《中国法律评论》2017年第3期。

② 江平：《〈民法总则〉评议》，《浙江工商大学学报》2017年第3期。

2. 农村集体经济组织法人

我国现行法律，如《物权法》《土地管理法》《土地承包法》《村民委员会组织法》等虽然提到“农村集体经济组织”名称，但却没有对其进行法律界定。农村集体经济组织是除国家以外唯一的一个对土地拥有所有权的组织。《民法总则》第99条明确规定，农村集体经济组织依法取得法人资格。当然，法律另有规定的，从其规定。

我国法律规定了农村集体经济组织的基本任务。根据《物权法》第124条的规定，我国农村集体经济组织实行家庭承包经营为基础、统分结合的双层经营体制。农民集体所有和国家所有由农民集体使用的耕地、林地、草地以及其他用于农业的土地，依法实行土地承包经营制度。在现行法律没有明确界定农村集体经济组织成员的情况下，我国某些地方做出了一定的实践探索。按照2002年《四川省人大常委会法制工作委员会关于如何确定农村集体经济组织成员问题请示的答复》（川人法工〔2002〕5号）的解释，农村集体经济组织的成员，是指户口在被征用土地农村集体经济组织内，依法享有该农村集体经济组织成员应有的权利（如土地承包经营权、宅基地使用权、重大事项的决定权、集体经济组织财产权益分配权等），并依法履行该农村集体经济组织成员应尽的义务（如缴纳税金，承担村提留、乡统筹等费用和农村义务工、劳动积累工）的人员。

3. 城镇农村的合作经济组织法人

依据《民法总则》第100条的规定，城镇农村的合作经济组织依法取得法人资格。法律另有规定的，依其规定。城镇农村的合作经济组织法人可分为城镇的合作经济组织法人、农村的合作经济组织法人两种。

（1）城镇的合作经济组织法人。城镇的合作经济组织体现为城镇集体所有制企业。《宪法》第8条规定，城镇中的手工业、工业、建筑业、运输业、商业、服务业等行业各种形式的合作经济，都属于社会主义劳动群众集体所有制经济。根据《城镇集体所有制企业条例》第4条的规定，城镇集体所有制企业（以下简称集体企业）是财产属于劳动群众集体所有、实行共同劳动、在分配方式上以按劳分配为主体的社会主义经济组织。此处所称劳动群众集体所有，应当符合下列任意一项的规定：本集体企业的劳动群众集体所有、集体企业的联合经济组织范围内的劳动群众集体所有、投资主体为两个或者两个以上的集体企业，其中前两项劳动群众集体所有的财产应占主导地位。

集体企业依法取得法人资格，以其全部财产独立承担民事责任。设立集体企业应当经省、自治区、直辖市人民政府规定的审批部门批准。集体企业实行厂长（经理）负责制。集体企业必须按照下列要求建立、健全职工大会制度：其一，100 人以下的集体企业，建立职工大会制度；其二，300 人以上的集体企业，建立职工代表大会制度；其三，100 人以上 300 人以下的集体企业，建立职工大会或者职工代表大会制度，由企业自定。集体企业有下列原因之一的，应当予以终止，企业无法继续经营而申请解散，经原审批部门批准、依法被撤销、依法宣告破产、其他原因。

在 20 世纪的国家经济建设中，城镇集体经济一直是仅次于国有经济的第二大经济力量。自 1993 年开始颁布《公司法》以来，城镇合作经济以明晰产权为重点，以建立现代企业制度为目标，不断深化改革，在企业产权上实现了明晰化，在企业组织形式上出现了多样化，在企业管理机制上有了新突破，在发展方式上初步走上了科学发展的轨道，城镇合作经济坚持创新发展，坚持共同富裕，走出了一条公有制与社会主义市场经济相结合的成功之路，为创新和发展中国特色集体经济理论、巩固我国基本经济制度、坚持中国特色社会主义道路做出了新的贡献。

（2）农村的合作经济组织法人。农村的合作经济组织体现为农民专业合作社。依据《农民专业合作社法》第 2 条的规定，农民专业合作社是指在农村家庭承包经营基础上，同类农产品的生产经营者或同类农业生产经营服务的提供者、利用者，自愿联合、民主管理的互助性经济组织。在农民专业合作社中，其成员为主要服务对象，并提供农业生产资料的购买，农产品的销售、加工、运输、贮藏以及与农业生产经营有关的技术、信息服务。农民专业合作社的名称应包括“专业合作社”字样，并应符合国家有关企业名称登记管理的规定。

在成立方面，依据《农民专业合作社法》《农民专业合作社登记管理条例》等有关规定，农民专业合作社经登记机关依法登记，领取农民专业合作社法人营业执照，取得法人资格。工商行政管理部门（现为国家市场监督管理部门）是农民专业合作社登记机关。

在责任承担方面，依据法律，农民专业合作社对由成员出资、公积金、国家财政直接补助、他人捐赠以及合法取得的其他资产所形成的财产享有占有、使用和处分的权利，并以上述财产对债务承担责任。农民专业合作社成员以其账户内记载的出资额和公积金份额为限对农民专业合作社承担责任。

在成员构成方面，农民专业合作社的成员中，农民应至少占成员总数的 80%。成员总数 20 人以下的，可有一个企业、事业单位或社会团体成员；成员总数超过 20 人的，企业、事业单位和社会团体成员不得超过成员总数的 5%。作为农民专业合作社的权力机构，农民专业合作社成员大会出席人数应达到成员总数 2/3 以上，当农民专业合作社成员超过 150 人的，可按章程规定设立成员代表大会。

在治理结构方面，农民专业合作社确定理事长一名，可设理事会。理事长为本社的法定代表人。人事治理过程需回避的对象，包括执行与农民专业合作社业务有关公务的人员；其基本要求为他们不得担任农民专业合作社的理事长、理事、监事、经理或财务会计人员。

在实际效果方面，自《农民专业合作社法》实施以来，我国农民专业合作社快速发展，有利于推进农业标准化生产，提高农产品质量安全水平，逐步成为创新农业经营体制机制和提高农业生产和农民进入市场的组织化程度的有效途径，在促进农业增效、农民增收等方面发挥了重要作用。

4. 基层群众性自治组织法人

基层群众性自治组织主要包括居民委员会和村民委员会两种特别形态。依据《宪法》第 111 条的规定，城市和农村按居民居住地区设立的居民委员会或村民委员会是基层群众性自治组织。根据《民法总则》第 101 条的规定，居民委员会、村民委员会具有基层群众性自治组织法人资格，可从事为履行职能所需要的民事活动。未设立村集体经济组织的，村民委员会可依法代行村集体经济组织的职能。

（1）居民委员会。《城市居民委员会组织法》第 2 条规定，居民委员会为居民、村民自我管理、自我教育、自我服务的基层群众性自治组织。居民委员会协助不设区的市、市辖区的人民政府或者它的派出机关开展工作。居民委员会应当开展便民利民的社区服务活动，可兴办有关的服务事业。居民委员会管理本居民委员会的财产，任何部门和单位不得侵犯居民委员会的财产所有权。居民委员会由主任、副主任和委员共5—9人组成。年满18周岁的本居住地区居民，不分民族、种族、职业、性别、家庭出身、宗教信仰、财产状况、教育程度、居住期限，均有选举权和被选举权；但是，依照法律被剥夺政治权利的人除外。居民委员会决定问题，采取少数服从多数的原则。居民委员会可分设若干居民小组。居民应遵守居民会议的决议和居民公约。

（2）村民委员会。《村民委员会组织法》第2条规定，村民委员会是村民自我管理、自我教育、自我服务的基层群众性自治组织。村民委员会根据村民居住状况、人口多少，按照便于群众自治，有利于经济发展和社会管理的原则设立。村民委员会的设立、撤销、范围调整，由乡、民族乡、镇的人民政府提出，经村民会议讨论同意，报县级人民政府批准。村民委员会可以根据村民居住状况、集体土地所有权关系等分设若干村民小组。村民委员会由主任、副主任和委员组成，并由村民直接选举产生。年满18周岁的村民，不分民族、种族、职业、性别、家庭出身、宗教信仰、财产状况、教育程度、居住期限，均有选举权和被选举权；但依照法律被剥夺政治权利的人除外。村民委员会应实行少数服从多数的民主决策机制和公开透明的工作原则。村民委员会实行村务公开制度。村民委员会和村务监督机构应建立村务档案。村民委员会成员实行任期和离任经济责任审计。

第二节 法人的成立

法人成立，指法人开始取得法人资格，相当于自然人的出生，取得民事权利能力。实际上，法人必须经由自然人筹组、创办而成，此项筹组、创办，称为设立。设立完成，还必须办理完毕法人登记，法人始告成立。因此，“成立”不同于“设立”，“设立”尚未“成立”，“成立”必经“设立”。[①] 因此，本书称法人的成立。

① 梁慧星：《民法总论》，法律出版社2011年版，第134页。

一　设立的原则

对不同类型的法人，我国遵循了特许主义、许可主义和准则主义三种设立的原则。

（一）特许主义原则

该原则适用于部分非营利法人和特别法人的设立。特别法人中的机关法人设立适用特许主义原则。机关法人包括权力机关、行政机关、军事机关、司法机关等，其依据宪法和国家机关组织法的规定，相当于特许设立主义。部分非营利法人，如部分事业单位法人、社会团体法人依法不需要办理法人登记的，如中国科学院、中国社会科学院、中华全国总工会等法人的设立，属于特许主义。依据特许主义设立的公益法人数量非常有限，并不具有普遍意义。

（二）许可主义原则

该原则适用于部分非营利法人和营利法人的设立。非营利法人中依法需办理登记的事业单位法人、社会团体法人、基金法人，如各种协会、学会、行业团体、基金会等，应当经过行政主管部门审查同意，向登记机关申请登记，设立原则为行政许可主义。营利法人中依据法律、法规的直接规定，如金融业、保险业、证券业、交通运输业、医疗卫生业、广播电影电视、新闻出版等领域的营利法人的设立，应获得相关行政主管部门的批准，故属于许可主义原则。

（三）准则主义原则

该原则适用于营利法人的设立。根据《公司法》的规定，除法律、法规规定必须经有关部门审批的以外，有限责任公司的设立需向公司登记机关申请设立登记，即适用准则主义原则。

二　成立条件

根据《民法总则》第 58 条的规定，法人应依法成立。法人应当有自己的名称、组织机构、住所、财产或者经费。法人成立的具体条件和程序，由法律、行政法规的规定确定。

对于营利法人中的公司的成立，《公司法》做出了更加具体的规定，其第 7 条规定，依法设立的公司，由公司登记机关发给公司营业执照。公司营业执照签发日期即公司成立日期。可以看出，法人成立时，必须具备一定的条件。虽然营利法人、非营利法人和特别法人的成立条件不尽一致，但依据《民法总则》第58条的规定，法人成立应当具备下列基本条件：

（一）依法成立

法人依法成立，既包括法人成立的实质要件，也包括法人应当按照法律、行政法规规定的程序履行成立手续。

（二）有自己的名称、组织机构、住所

首先，只有法人具有自己的名称，法人才是特定化的组织，才有可能以自己的名义参加民事法律关系。这是法人具有独立人格的前提。其次，法人应当有其组织机构，包括权力机构、执行机构、监督机构，形成法人的团体意思，这是法人独立主体资格的组织保障。《公司法》规定了营利法人，即公司的股东会、董事会、监事会的具体内容。此外，法人应当有其住所，这是法人开展民事活动所必需的条件，是法人作为特定主体的外在标志之一。

（三）有自己的财产或者经费

法律根据法人成立的不同目的，对法人应具有自己的财产和经费的来源、数额有不同的规定。法人必须有自己的财产或者经费，是法人成立实质要件之一，是法人能独立享有民事权利、承担民事义务的物质基础。

应当注意到，我国1986年《民法通则》规定法人的设立条件包括“有必要的财产或者经费”。但是，2014年修订的《公司法》第3条则规定，有限责任公司的股东以其认缴的出资额为限对公司承担责任；股份有限公司的股东以其认购的股份为限对公司承担责任。可以看出，我国对于营利法人的设立要求，已从传统的实缴资本发展到认缴资本，因此，《民法通则》原规定“必要”的财产或者经费自动进行相应调整，即法人设立时有其财产或经费即可。

（四）章程

法人章程是指团体设立人对团体的设立、运行和终止等事项所达成的共同规则，是法人的组织法。[①] 除了特别法人以外，我国对营利法人、非营利法人，均做出了要求具备章程的强制性规定。《公司法》规定了公

---

① 郑云瑞：《民法总论（第七版）》，北京大学出版社2017年版，第213页。

司章程的具体内容，是公司成立的必备要件之一。

在《民法通则》第37条中，还要求具备“能够独立承担民事责任”的法人成立条件。实际上，法人是否能够独立承担民事责任，是法人是否具备相应的独立财产或者经费的结果，也是法人成立以后可能出现的对外债务履行的一种情形，因此，不宜界定为一种法人成立的条件。

以上四个条件，是法人成立时必须同时具备的基本条件。当然，依据现行法律，特别法人无须具备章程；除前述四个条件以外，法律规定有其他成立条件的，必须符合该条件。在我国，某些法人，如公司，对于法人的成员数量有特别的规定。依据《公司法》的相关规定，有限责任公司的股东为50人以下，股份有限公司股东则为2人以上200人以下。可见，法律对法人成立的成员数量有特别规定的，应当符合该规定。

三 法人的名称和住所

（一）法人的名称

法人具备特定的名称，是法人成立的必备要件。法人依法成立后，根据《民法总则》第110条的规定，享有名称权等权利。

法人名称的确定，必须符合法律法规的相关规定。除特别法人以外，我国的营利法人，应按照《企业名称登记管理规定》的规定确定和使用名称。

1. 法人名称的唯一性

在我国，法人只准许使用一个名称。设立法人时，登记主管机关确保其辖区内不得出现与已登记注册的同行业企业名称相同或近似，在规定的范围内均核准同意使用一个从属名称的除外。

2. 法人名称的构成

法人名称应由以下部分依次组成：字号（或商号）、行业或经营特点、组织形式。法人名称应冠以企业所在地省、自治区、直辖市或市、县、市辖区行政区划名称；但是，部分法人名称经国家工商行政管理局核准可不冠以法人所在地行政区划名称。

法人应根据其组织结构或责任形式标明组织形式。《公司法》第8条规定，依照公司法设立的有限责任公司，必须在公司名称中标明“有限责任公司”或“有限公司”字样；设立股份有限公司须在公司名称中标明“股份有限公司”或“股份公司”字样。

3. 法人名称的语言

法人名称应使用汉字，在民族自治地方的法人名称可同时使用本民族自治地方通用的民族文字。使用外文名称的，其外文名称应与中文名称相一致，并应依法登记注册。

4. 法人名称的禁止性规定

下列内容、文字不得出现在法人名称中：有损于国家、社会公共利益的；可能对公众造成欺骗或误解的；外国国家或地区名称、国际组织名称；政党名称、党政军机关名称、群众组织名称、社会团体名称及部队番号；汉语拼音字母（外文名称使用除外）、数字；其他法律、行政法规的禁止规定。

此外，登记主管机关不予核准登记的情况还包括申请登记注册的法人名称与下列情况的法人名称相同或近似的情形：法人被撤销未满 3 年的；法人营业执照被吊销未满 3 年的；法人因前述所列情况以外的原因办理注销登记未满 1 年的。

5. 法人名称的取得前置程序

法人有特殊原因的，可以在开业登记前预先单独申请名称登记注册，但在保留期内不得用于从事生产经营活动。预先单独申请登记注册的法人名称经核准后，保留期为 1 年；经批准有筹建期的，法人名称保留到筹建期终止。

6. 法人名称的变更、转让

法人名称经核准登记注册后，无特殊原因在 1 年内不得申请变更。

法人名称可随法人或法人的一部分一并转让。法人名称只能转让给一个法人。法人名称的转让方与受让方应签订书面合同或协议，报原登记主管机关核准。

7. 法人名称的争议处理

两个以上法人向同一登记主管机关申请相同的符合规定的法人名称，登记主管机关依照申请在先原则核定。如在同一天申请，则应由法人协商解决；协商不成的，由登记主管机关做出裁决。

两个以上法人向不同登记主管机关申请相同的法人名称，登记主管机关按照受理在先原则核定。若属于同一天受理，则应由法人协商解决；协商不成的，由各该登记主管机关报共同上级登记主管机关做出裁决。

（二）法人的住所

法人的住所是法人成立的必备要件之一。没有住所，法人不得成立。

1. 法人住所的界定标准

根据《民法总则》第 63 条的规定，法人以其主要办事机构所在地为住所。依法需要办理法人登记的，应当将主要办事机构所在地登记为住所。

【疑难争点】怎样确定法人的住所?

关于法人住所界定标准的争论，形成了下列四种主要观点:

第一种观点为管理中心所在地说。其主张法人的住所为主事务所所在地或管理中心所在地，也就是法人的董事会或监事会所在地。理由在于，既然法人的主事务所是法人的首脑机构，它决定该法人活动的大政方针并监督其施行，那么，就应该以法人的主事务所所在地为法人的住所。

第二种观点为营业中心所在地说。其主张法人的住所为法人实际从事营业活动的所在地。这是因为一个法人运用自己的资本进行营业活动的地方是该法人实现营业目的之处，与该法人的生存具有重要的关系；此外，法人的营业中心相对稳定，不可能因当事人意欲规避法律而任意变更。

第三种观点为章程指定住所说。这种主张认为，法人特别是公司法人的住所以法人章程指定的住所为住所。在章程未指定时，才以其他标准如主事务所来确定法人的住所。

第四种观点为主要办事机构所在地说。其主张法人住所为法人的主要办事机构所在地。这是兼采管理中心所在地说和营业中心所在地说的一种主张，因为主要办事机构所在地既可能是管理中心所在地，也可能是营业中心所在地。

本书认为，第四种观点更为可取。理由在于，现代社会法人的办事机构虽不局限于一处，但确定一处为主要办事机构并不困难；根据主要办事机构对法人予以规范管理，有利于维护正常的市场交易秩序。根据《民法总则》第 63 条的规定，我国现行立法上采用了第四种观点，即主要办事机构所在地说。

2. 法人住所的选定

法人的住所，除非符合法律的规定，不得使用自己的住宅房屋。按照《物权法》第77条的规定，业主不得违反法律、法规以及管理规约，将住宅改变为经营性用房。业主将住宅改变为经营性用房的，俗称“住改商”，除遵守法律、法规以及管理规约外，还应经有利害关系的业主同意。

3. 法人住所的变更

根据《民法总则》第64条的规定，依法需要办理法人登记的法人，存续期间其住所发生变化的，应当依法向登记机关申请变更登记。

4. 法人住所的意义

法人的住所，和自然人一样，是法人行使民事权利、承担民事义务的主要场所，因此，法人的住所具有重要的法律意义。

根据我国现行法律的规定，确定法人的住所，有利于确定该法人的权利享有地、债务履行地、诉讼管辖法院地，有利于确定法律文书的送达地，有利于确定涉外民事法律关系的准据法。

第三节 法人的民事能力

法人的民事能力，包括法人的民事权利能力、民事行为能力以及民事责任能力。在法律规定的情况下，法人人格否定制度的实施，是对法人人格制度的肯定与发展。

一 法人的民事权利能力

（一）法人的民事权利能力的概念

法人的民事权利能力是指法人享有民事权利和承担民事义务的资格。法人的民事权利能力是法人从事民事行为、参加民事活动的前提与基础。

关于法人民事权利能力的立法，大陆法系国家主要有两种不同的规定方式。一是日本式立法例。《日本民法典》第43条规定，法人仅限于目的范围内享有民事权利能力。二是瑞士式立法例。《瑞士民法典》第53条规定，法人的权利能力原则上和自然人相同，但是，自然人专有的民事权利能力，法人不得享有。

（二）法人的民事权利能力的特征

和自然人的民事权利能力相比，法人的民事权利能力具有下列主要特征：

第一，法人民事权利能力的产生与消灭。依据《民法总则》第 59 条，法人的民事权利能力和民事行为能力，从法人成立时产生，到法人终止时消灭。法人成立需要具备法律规定的条件，并进行依法登记。法人终止时，应依法进行清算、注销等程序。自然人的民事权利能力，从出生时享有，到死亡时消灭。

第二，法人民事权利能力的内容。法人民事权利能力为享有其特定的民事权利提供了可能，这和自然人民事权利能力为其依法享有民事权利提供的可能范围各不相同。根据《民法总则》第 110 条的规定，法人享有名称权、名誉权、荣誉权等权利。此外，法人还享有申请商标、反不正当竞争、刻制公章等民事权利。但是，自然人享有生命权、健康权、身体权、姓名权、肖像权、名誉权、荣誉权、隐私权、婚姻自主权等权利。自然人的人身自由、人格尊严受法律保护。自然人的个人信息受法律保护。自然人因婚姻、家庭关系等产生的人身权利受法律保护。

第三，法人民事权利能力的法律限制。法人的民事权利能力，因法人经营范围而受法律限制，且不同法人受到限制的内容各有不同。一般情况下，自然人的权利能力具有平等性，并且普遍一致。

（三）法人的民事权利能力的限制

在实行法人制度的国家，法人的民事权利能力受到了不同的限制，主要有：（1）法律规定的自然限制。不同法律对不同的法人有不同的限制。如公司法对营利法人的权利能力有限制，而慈善法等则对非营利法人的权利能力有不同的限制。（2）法人目的的限制。在我国法人应当在其经营范围内从事民事活动，“经营范围”实际上就是外国民法以及我国台湾地区“民法”上的法人目的。

【疑难争点】法人目的行为以外的行为是否具有法律效力？

关于法人目的行为以外行为的法律效力，取决于对法人目的限制性质的剖析。在学理上，学者对法人目的的限制的性质，有四种不同的主要观点。第一，权利能力限制说，主张法人目的产生的限制，是对法人权利能力的限制；据此，法人目的外的行为当然对法人无效，无补正的余地。第二，行为能力限制说，主张法人的权利能力仅受其性质及法规的限制，法人作为权利义务主体，对其目的的限制只是对其行为能力的限制，因此，法人目的外的行为，并非当然无效，如果得到法定代表人的追认，则该行为有因补正而完全有效的可能。第三，代表权说，主张法人的目的不过是法定法人机关的对外代表权的范围而已，因此，法人目的外的行为属超越代表权的行为，应当无效，但是，存在依代理的法理予以追认的可能性。第四，内部责任说，主张法人目的不过是决定法人机关在法人内部的责任而已，不具有对抗外部的效力，因此法人目的外行为当然有效。①

本书认为，法人目的外行为并非当然无效。代表权说更为可取。理由在于：其一，在立法上，世界各国逐渐趋于废止法人目的外行为无效的规定。英美法系国家，如英国传统认为，公司超越目的之行为，即越权（ultra vires）行为无效，但英国2006年公司法则对其予以废止。在大陆法系国家，例如法国，也认为第三人不得以公司超越业务范围而主张公司行为无效。其二，我国通过司法解释已对合同效力的判定采取了更加审慎态度。根据《〈合同法〉解释（一）》第10条的规定，对当事人超越经营范围订立合同，人民法院不因此认定合同无效。但是，违反国家限制经营、特许经营以及法律、行政法规禁止经营规定的除外。由上可见，代表权说更具说服力。

二 法人的民事行为能力

（一）法人的民事行为能力的概念

法人的民事行为能力，是指作为民事权利主体，法人以自己的行为享有民事权利，并承担民事义务的资格。具体而言，法人的民事行为能力是法人能够以自己的意思独立进行民事活动的能力或资格。

依据《民法总则》第59条，法人的民事权利能力和民事行为能力，从法人成立时产生，到法人终止时消灭。

（二）法人的民事行为能力的性质

在学理上，法人行为能力的性质，涉及前述法人本质的争论。② 依据法人拟制说，法人没有行为能力，法人执行机关的行为，是其个人的行

---

① 梁慧星：《民法总论》，法律出版社2011年版，第128页。

② 孙宪忠：《中国民法总论》，中国社会科学出版社2009年版，第138页。

为，而非法人的行为，不过其行为效力及于法人而已。实际上这是一种代理，法人就被代理人的法律行为依据代理法律承受后果，而就被代理人的侵权行为依据雇主责任的法理承担责任。① 根据法人否认说，法人不具有独立人格，只有自然人才是民事权利主体，因此法人当然不具有自然人才享有的民事行为能力。依据法人实在说，法人的执行机关即法人的机关，与法人是同一体，而不是法人的代理人，所以执行机关的行为不是个人行为，而是法人行为，因此，法人有民事行为能力，不过由其机关执行而已。②

在立法上，由《民法总则》第 59 条的规定可以看出，我国采用法人实在说的主张，认为法人具有完全民事行为能力。

（三）法人的民事行为能力的范围

法人的经营范围，是法人民事行为能力的范围。法人的权利能力与行为能力在范围上具有一致性。然而，不同法人的民事权利能力范围各不相同，法人的民事行为能力范围受民事权利能力范围的限制，所以，不同法人的民事行为能力并不相同。

在特定情况下，法人虽然存续，但是法人的行为能力受到一定的限制。根据《民法总则》第 72 条的规定，清算期间法人存续，但是不得从事与清算无关的活动。

三　法人的民事责任能力

（一）法人的民事责任能力的概念

法人的民事责任能力，是指法人承担民事责任的能力或资格。法人是世界各国认可的民事主体，具有完全民事行为能力，所以，法人必然具有民事责任能力。

法人具有民事责任能力，实际上包含了两层内容：其一，法人有以自己的名义承担民事责任的能力；其二，当不法行为由法人机关做出时，则该行为确定由法人自负责任，不能由法人转承责任。③

---

① 崔建远等：《民法总论（第二版）》，清华大学出版社 2013 年版，第 142 页。

② 胡长清：《中国民法总论》，中国政法大学出版社 1997 年版，第 108 页。

③ 龙卫球：《民法总论（第二版）》，中国法制出版社 2002 年版，第 376 页。

（二）法人的民事责任能力产生于法人成立

法人的民事责任能力，与法人的民事权利能力同时产生，同时消灭。根据《民法总则》的规定，法人终止的，法人的民事责任能力消灭。

（三）法人民事责任的承担

法人对法人的法定代表人、其他工作人员或者代理人的职务行为，承担民事责任。因为，他们执行的是法人的团体意志，其后果自然由法人承担。依据《民法总则》的相关规定，法人以其全部财产独立承担民事责任。法人合并的，其权利和义务由合并后的法人享有和承担。法人分立的，其权利和义务由分立后的法人享有连带债权，承担连带债务，但是债权人和债务人另有约定的除外。

分支机构以自己的名义从事民事活动，产生的民事责任由法人承担；也可以先以该分支机构管理的财产承担，不足以承担的，由法人承担。

（四）筹备中法人的民事责任问题

筹备中法人是指自完成法人设立行为时起至法人成立以前，为完成法人成立而从事筹备活动的组织体。

筹备中法人是否具有民事权利能力、民事责任能力，学界争论较大。依据法人自成立时起具有权利能力的法理与逻辑，筹备中法人不具有权利能力，性质上不应属于有权利能力的权利主体。德国传统民法理论认为，无权利能力的社团准用合伙关系，因此，筹备中法人，视为成立筹备参加者的合伙关系。也有学者主张，筹备中的法人为常见的非法人组织。①

【疑难争点】筹备中法人的民事责任，是否由成立后法人予以承担？

针对筹备中法人与成立后法人的关系，学理上有下列两种学说。第一种“分离说”，主张法人成立后，筹备中法人以连带责任继续存在，筹备中法人于成立期间发生的所有权利义务，除非另有特别的法律移转手续，不得自动移转至成立后的法人。第二种“同体说”（或“共同体说”），主张以法人成立为条件，成立筹备中法人发生的全部法律关系，均自动移转于成立后的法人。学理上称为“绝对同体”说。之后，该学说发展为“有限同体说”。

---

① 郭明瑞：《民法总则中非法人组织的制度设计》，《法学家》2016 年第 5 期。

本书认为，根据筹备中法人和成立后法人的一致宗旨来看，共同体说更具一定合理性。筹备中法人与登记中的法人虽然法律性质不同，但都出于同一目的之下，组织本质相同，因此筹备中法人发生的权利与义务，当然转由事后成立的法人享有或承担，无须办理特别移转手续，但这种移转有一定限制，即只有筹备中法人所为筹备必要行为产生的法律关系才能移转。这就形成“有限同体说”①。

从立法实践来看，我国经历了一个发展过程，现趋向于共同体说。我国公司法等单行法律对于筹备中法人与成立后法人债权债务关系未做出明确规定。依据《公司法》第 94 条的规定，股份有限公司发起人承担责任的方式如下：公司不能成立时，对设立行为所产生的债务和费用负连带责任，对认股人已缴纳的股款，负返还股款并加算银行同期存款利息的连带责任；在公司设立过程中，由于发起人的过失致使公司利益受到损害的，应对公司承担赔偿责任。可以看出，我国对营利法人中的公司，在其筹建过程中所产生的法律关系，并不自动移转于成立后的公司。

不过，对筹备中法人的民事责任能力的复杂问题，2017 年由我国《民法总则》最终做出了法律上的明确界定。根据《民法总则》第 75 条的规定，设立人为设立法人从事的民事活动，其法律后果由法人承受；法人未成立的，其法律后果由设立人承受，设立人为二人以上的，享有连带债权，承担连带债务。设立人为设立法人以自己的名义从事民事活动产生的民事责任，第三人有权选择请求法人或者设立人承担。据此可见，我国采用了“同体说”的理论。不过，应当注意的是，在法人设立过程中所涉及的法律关系并不限于债权债务关系，例如当设立人为设立法人而购置不动产时还会涉及物权关系。所以，条文中设立人为二人以上的，“享有连带债权、承担连带债务”的文义过窄，应当做扩张解释，解释为“享有连带权利、承担连带义务”。

---

① 龙卫球：《民法总论（第二版）》，中国法制出版社 2002 年版，第 389—392 页。

四 法人人格[1]否定

（一）法人人格及法人人格否定的概念

法人人格（corporate personality）源自英国1862年公司法（Companies Act，1862）确立的法人人格原则。法人人格是指法人团体在法律上被视为能够享有权利承担义务的权利主体。在Salomon v. Salomon一案中，Macnaghter法官认为：在法律上，公司是完全独立于公司章程中股份认购者的独立实体。只要符合法定成立要件，公司应在各方面享有其所被赋予的作为公司而拥有的权利，并以此为准，承担相应的义务。此案在英国历史上称为法人人格独立的一个经典判例。

法人人格否定，也称为“揭开法人面纱”（Lifting the Veil of the Corporation），或“刺破法人面纱”（Piercing the Corporation's Veil）。它是指为防止股东有限责任原则和公司独立法人人格制度被滥用，司法审判人员基于法律关系的特定事实，在个案中否认公司的独立法人人格、股东的有限责任，要求公司股东对公司的债权人直接承担责任，以更充分保护公司债权人利益和社会公共利益。法人人格否定判例较早见于美国US v. Refrigerator Transit Co一案。英美法系上的公司法人人格否定制度，作为美国法院在审理公司纠纷案件中创设的一个判例法原则，为德、法、日等国家司法实践所接受。

（二）法人人格否定的法理基础

法人人格否定是在承认法人人格原则的前提下，否定特定的法律关系中法人人格独立和有限责任，直接追索公司背后控制股东的法律责任，以防止公司人格独立和有限责任的滥用行为。据此，法人人格否定应遵循公平主义、禁止权利滥用、诚实信用三大原则。

1. 公平正义原则

公平正义原则是法律追求的终极价值目标，法人人格否定是对法人实践中被扭曲的公平正义的矫正。依据法人人格制度，法人对外承担有限责任，法人股东对法人债务不承担法律责任；依据法人人格否定制度，

---

① 梁慧星：《〈民法总则〉重要条文的理解与适用》，《四川大学学报》（哲学社会科学版）2017年第4期。

则滥用法人人格的股东对公司债务应当承担法律责任，滥用法人人格的公司对其债务应当承担连带责任。这实际上是公平正义原则在法人制度中的运用与体现。

2. 禁止权利滥用原则

公司股东一旦滥用公司法人独立地位和股东有限责任，对外逃避债务，则实际已侵害公司利益或公司债权人利益，使公司人格受到实质损害，违反了法律上的禁止权利滥用的基本原则。

3. 诚实信用原则

肇始于古罗马法的诚实信用原则，被奉为现代民法的最高指导原则，适用于具体的民事活动。《民法总则》第 7 条规定，民事主体从事民事活动，应当遵循诚信原则，秉持诚实，恪守承诺。因此，在法人人格制度下，法人的成员，例如，公司的股东，应当遵守诚实信用原则，不得违背诚信，将股东自身的人格与公司的法人人格混同，不得侵害公司利益或者逃避公司债务、侵害他人利益。法人人格否认制度，正是诚实信用原则在法人制度中的外化。

（三）法人人格否定制度的适用条件

依据《公司法》第 20 条的规定，公司股东应遵守法律、行政法规和公司章程，依法行使股东权利，不得滥用股东权利损害公司或者其他股东的利益；不得滥用公司法人独立地位和股东有限责任损害公司债权人的利益。公司股东滥用股东权利给公司或者其他股东造成损失的，应依法承担赔偿责任。公司股东滥用公司法人独立地位和股东有限责任，逃避债务，严重损害公司债权人利益的，应当对公司债务承担连带责任。可以看出，我国适用法人人格否定制度，应当具备一定的条件。①

1. 主体要件

法人人格否定制度的适用前提，是法人依法成立，即具有独立的法人人格。依据我国公司法，法人人格否定制度的适用主体，既包括公司法人人格的滥用者，即公司股东，一般是公司的控股股东，也包括公司法人人格被滥用的受害人，即公司的债权人。

---

① 郑云瑞：《民法总论（第七版）》，北京大学出版社 2017 年版，第 223 页。

2. 行为要件

从客观行为来看，公司股东滥用股东权利，或滥用公司法人独立地位和股东有限责任，造成公司资本不足，使公司、其他股东或公司债权人利益受到侵害。从行为的结果来看，一方面，公司股东滥用股东权利，给公司或者其他股东造成损失；另一方面，公司股东滥用公司法人独立地位和股东有限责任，逃避债务，严重损害公司债权人利益。从因果关系来看，股东滥用股东权利的行为或者滥用公司法人独立地位和股东有限责任的行为，与公司、其他股东利益损失或公司债权人利益受到侵害结果之间，存在必然的因果关系。

3. 程序要件

公司股东滥用股东权利的行为或者滥用公司法人独立地位和股东有限责任的行为，必须经人民法院根据法律的规定，做出合法有效的判决，才能确认公司法人人格被否定。

4. 法人人格否认制度的意义

一方面，公司法人人格否认是公司法人制度的有益补充。公司法人人格否认制度的本质在于，当法人背离法律赋予法人人格的原始初衷而为他人控制和操纵，已不再具有独立性质时，法律将无视法人的独立人格而追究法人背后控制人的法律责任。因此，这种法人人格否认所引起的从法人人格确认向法人人格否认的复归，并非是对整个法人制度的否定，恰恰是对法人人格的严格恪守。

另一方面，法人人格否认是法人制度的内容延伸。法人的独立人格除了法律规定的消灭情形以外，亦存在此处的法人人格否定制度，使法人人格之确认与法人人格之否认构成了法人制度的辩证统一、不可分离的两个方面，极大地丰富了公司法人理论，使法人制度更加丰富、完善。

第四节 法人机关和分支机构

法人机关是法人从事法人事务的机构，外观上可能是自然人，如法定代表人；也可能是集体，如公司权力机关股东大会；在公司法上主要体现为股东会、董事会和监事会。法定代表人是法人的合法代表人，对外代表法人从事职务行为，其法律后果由法人承担。在我国，法人的分支机构应当依法办理营业登记、注销登记。

一　法人机关的概念、种类

（一）法人机关的概念

法人机关是指根据法律、法规或公司章程的规定，于法人成立时产生，不需要特别为它授权就能以法人名义对内负责法人的生产经营或业务管理，对外代表法人进行民事活动的集体或个人。各种法人的机关不完全相同。

法人机关与法人职能部门不同。法人机关出于法人治理的目的而设立，通常是依据法律规定而必须设立的法人内部组织。法人的职能部门，如人力资源部，则是法人依据自己的具体情况而任意设置的内部工作部门。

（二）法人机关的特征

法人机关具有下列法律特征：

第一，法人机关是法人的有机组成部分。法人机关不是法人，而是法人的组成部分。在作为营利法人的公司中，董事会并不是一个独立的法人，而是法人的一个机关。

第二，法人机关是表示和实现法人意志的机构。符合法律规定或者法人章程规定的，法人机关的意志是法人的意志，法人机关所为的民事行为就是法人的民事行为，其法律后果由法人承担。

第三，法人机关是依据法律或章程的规定而设立的法人的领导或代表机关。我国营利法人中的公司、非营利法人的事业单位法人、特别法人中的机关法人是依据法律的规定而设立，非营利法人中的社会团体的法人机关主要依据章程而设立。法人机关对内负责法人的生产经营或业务管理，对外代表法人进行民事活动。

第四，法人机关由单个的个人或集体组成。由一个人形成的法人机关是独任机关，由集体组成的法人机关为合议机关。

（三）法人机关的种类

法人机关有独任机关和合议机关两种类型。

第一，独任机关。独任机关是指由一个人形成的法人机关。例如，全民所有制企业的厂长（或经理），为一个人构成的法人机关。

第二，合议机关。合议机关是指由集体组成的法人机关。营利法人中的公司，其法人机关包括股东大会、董事会、监事会，均为集体组成。

在营利法人中，例如公司，根据法律规定必须有股东会、董事会和监事会。这些都是合议机关。

在作为营利法人的公司中，法人机关体现为公司法人治理机构，主要指公司股东、董事、监事及高管之间的关系，目的在于协调公司与所有利害相关者之间的利益关系，防止经营者对所有者利益的背离，最终维护公司利益。公司治理结构的基本框架是实行分权分治，与现代三权分立的思想相似，其中股东大会是公司的最高权力机构（类似于立法机关），董事会是公司的经营决策机构，对股东大会负责，执行股东会的决议即执行机关（类似于行政机关），监事会是公司的监督机构，对股东大会负责，依法对董事会和经理人员在法人经营中的行为进行监督（类似于司法机关）。①

二 法定代表人

依据《民法总则》第 61 条第 1 款的规定，依照法律或者法人章程的规定，代表法人从事民事活动的负责人，为法人的法定代表人。

法定代表人具有下列主要法律特征：

第一，法定代表人系依据法律或章程的规定而确定。依据《全民所有制工业企业法》的规定，厂长是企业的法定代表人。根据《公司法》第 13 条的规定，公司法定代表人依照公司章程的规定，由董事长、执行董事或经理担任，并依法登记。公司法定代表人变更，应办理变更登记。

第二，法定代表人为代表法人行使职权的负责人。法定代表人一般是执行机关的负责人，可依照法律或章程的规定，无须法人机关的专门授权，就可直接以法人名义，代表法人对外进行民事活动。

第三，法定代表人是代表法人从事业务活动的自然人。法定代表人只能是自然人，且该自然人只有在代表法人从事法人的民事活动时才具有这种身份。

---

① 孙宪忠：《中国民法总论》，中国社会科学出版社 2009 年版，第 146 页。

《民法总则》第 61 条第 2 款规定，法定代表人以法人名义从事的民事活动，其法律后果由法人承受。

《民法总则》第 61 条第 3 款规定，法人章程或者法人权力机构对法定代表人代表权的限制，不得对抗善意相对人。可见，法定代表人超过该限制的，则构成越权行为。由于法定代表人以法人名义所为行为视同法人的行为，故对相对人产生合理信赖。法人限制法定代表人的代表权是法人内部关系，此种内部关系不能够对抗外部善意相对人。相对人即第三人不知道或不应知道的构成“善意”，法定代表人的行为由法人承担法律后果。此外，相对人无须对“善意”进行举证，而实行善意推定原则，因为按照社会经验，一个人不能对自己不知道或不应当知道的事实状态进行举证，但可以证明“知道”的事实状态。在《民法总则》第 61 条第 3 款制定以前，法律适用依据为《合同法》第 50 条，即法人或其他组织的法定代表人、负责人超越权限订立的合同，除相对人知道或应当知道其超越权限的以外，该代表行为有效；以此弥补《民法通则》的相关立法不足。

依据《民法总则》第 62 条的规定，法定代表人因执行职务造成他人损害的，由法人承担民事责任。法人承担民事责任后，依照法律或者法人章程的规定，可以向有过错的法定代表人追偿。可以看出，法定代表人的侵权行为，由法人承担责任。这正是《民法总则》第 62 条与《侵权责任法》第 34 条的一个区别。[①] 此外，法定代表人以外的其他人员，如总经理、副董事长、项目经理、业务经理、普通员工在执行职务造成他人损害的，也由法人承担责任；不过，其法律适用依据不是《民法总则》第 62 条，而是《侵权责任法》第 34 条，即用人单位的工作人员因执行工作任务造成他人损害的，由用人单位承担侵权责任。其理论根据为单位的使用人责任；《侵权责任法》第 34 条实行无过错责任原则，理论依据为利益的归属者承担相应的风险，即单位享受被使用人服务的利益，则应承担在使用过程中产生的风险。《民法总则》中的“执行职务”与《侵权责任法》中的“执行工作任务”，系同一概念的不同文字表述。当

---

① 梁慧星：《〈民法总则〉重要条文的理解与适用》，《四川大学学报》（哲学社会科学版）2017 年第 4 期。

然，法定代表人是否“执行职务”，无须法定代表人进行举证，而实行客观理论原则，这是民法上通行的标准。

三 法人分支机构

法人的分支机构，是指法人在某一区域设置的具有对外事务职能的机构。《民法总则》第 74 条规定，法人可以依法设立分支机构。法律、行政法规规定分支机构应当登记的，依照其规定。

法人的分支机构不同于法人的职能部门。二者的共同点都是企业法人的下属单位。但是，法人的分支机构，体现为分公司、分厂、项目公司、营业部、分理处等，依照法律的规定，必须履行法定的核准程序，进行营业登记，取得营业执照；企业法人的职能部门，如办公室、市场部、车间、班组、科、室等，根据企业法人的内部规章制度建立，不需要单独领取营业执照。

分支机构应当依法办理营业备案登记，完成公示，以利于对第三人信赖利益的保护。《日本商法典》第 39 条、第 40 条规定，主任可以选任经理人，使其经营本店或分店的营业。对于经理人的选任或其代理权的消灭，营业主任应当在该经理人所在的本店或分店进行登记。

依据《企业法人登记管理条例施行细则》第 4 条和第 37 条的规定，企业法人在异地（跨原登记主管机关管辖地）增设或者撤销分支机构，应向原登记主管机关申请变更登记。经核准后，向分支机构所在地的登记主管机关申请开业登记或者注销登记。企业法人在国外开办企业或增设分支机构，应向原登记主管机关备案。不具备企业法人条件的情况下，外商投资企业设立的分支机构，应当申请营业登记。外商投资企业撤销其分支机构，应当申请注销登记。

根据《公司登记管理条例》，分公司变更登记事项的，应向公司登记机关申请变更登记。公司应自分公司登记之日起 30 日内，持分公司的《营业执照》到公司登记机关办理备案。

法人的分支机构，不是法人，因此不具有实质上的权利能力。但是，法人分支机构在形式上具有一定的复杂性，具有以其自身名义从事民事活动的行为能力。《民法总则》第 74 条对此予以明确规定：分支机构以自己的名义从事民事活动，产生的民事责任由法人承担；也可以先以该分支机构管理的财产承担，不足以承担的，由法人承担。

第五节　法人的变更、终止

在法人存续过程中，可变更法人登记事项，但需办理变更登记手续。法人终止的，则应办理注销登记。

一　法人的变更

法人的变更，是指法人在存续期间，法人组织上发生分离、合并以及在活动宗旨、经营范围等方面的变化。一般情况下，法人的变更，应当在法人的登记机关办理相应的变更登记。

依据我国公司法等相关法律，法人变更的主要事项与类型如下：

（一）法人分立

法人分立是指一个法人分成两个以上法人的法律行为。法人分立有新设分立和派生分立两种类型。新设分立，即指解散原法人，而分立为两个以上的新法人。派生分立，是指原法人继续存续，但从中分出新的法人。企业法人的分立应经债权人同意，或者向债权人提供担保；债权人反对分立的，法人不得分立。

法人的分立必须履行相应的公示程序。根据《公司法》的相关规定，股东会会议做出公司分立的决议，必须经代表三分之二以上表决权的股东通过。

《公司法》和《民法总则》均规定，法人分立的，其权利和义务由分立后的法人享有连带债权，承担连带债务，债权人和债务人另有约定的除外。公司分立，应当依法向公司登记机关办理变更登记。

（二）法人合并

法人合并是指两个以上的法人合并为一个法人的法律行为。依据我国公司法的规定，法人合并分为新设合并和吸收合并。两个以上法人合并设立一个新法人为新设合并，合并各方解散。一个法人吸收其他法人为吸收合并，被吸收法人解散。企业法人的合并应经债权人同意，或向债权人提供担保；否则，法人不得合并。

法人的合并必须履行相应的法定程序。依据《公司法》的相关规定，股东大会做出公司合并的决议，须经出席会议的股东所持表决权的三分之二以上通过。公司合并，应由合并各方签订合并协议，并编制资产负债表及财产清单。

根据《公司法》第 174 条的规定，公司合并时，合并各方的债权、债务，应由合并后存续的公司或者新设的公司承继。《民法总则》第 67 条亦规定，法人合并的，法人原权利和义务由合并后的法人享有与承担。公司合并，应依法向公司登记机关办理变更登记。

（三）组织形式的变更

对于营利法人，如公司，存在公司组织形式的变更问题。根据《公司法》的规定，有限责任公司变更为股份有限公司，应符合公司法规定的股份有限公司的条件。股份有限公司变更为有限责任公司，应符合公司法规定的有限责任公司的条件。公司应依法办理变更登记，由公司登记机关换发营业执照。

有限责任公司变更为股份有限公司的，或股份有限公司变更为有限责任公司的，公司变更前的债权、债务由变更后的公司享有与承担。

（四）法人其他重要事项的变更

它是指法人的活动宗旨、经营范围等事项发生的变化。《公司法》规定，公司营业执照记载的事项发生变更的，公司应依法办理变更登记，由公司登记机关换发营业执照。按照《公司登记管理条例》的规定，公司变更章程、名称、住所、经营范围、法定代表人、增加注册资本、减少注册资本、公司类型、公司股东、分公司登记事项等，应向原公司登记机关申请变更登记。未经变更登记，公司不得擅自改变登记事项。

当然，对于未涉及法人登记事项的变更的，则无须办理变更登记，但应办理备案登记。根据《公司登记管理条例》的规定，公司章程修改未涉及登记事项的，公司应将修改后的公司章程或公司章程修正案送原公司登记机关备案。公司董事、监事、经理发生变动的，应向原公司登记机关备案。企业法人因主管部门改变，涉及原主要登记事项的，应区别不同情况，不涉及原主要登记事项变更的，企业法人应持主管部门改变的有关文件，及时向原登记主管机关备案。外商投资企业董事会成员发生变化的，应向原登记主管机关备案。

实际上,《民法总则》对法人的变更事项已做出明确规定。《民法总则》第 64 条规定，法人存续期间登记事项发生变化的，应当依法向登记机关申请变更登记。第 65 条规定，法人的实际情况与登记的事项不一致的，不得对抗善意相对人。第 66 条规定，登记机关应当依法及时公示法人登记的有关信息。这是对《公司法》相关规则的完善。[①] 此处应注意“善意相对人”的认定。举例来说，公司股东已转入股份，但在工商局的股东名册未进行变更登记，该股东又以其名义上的股东身份再次转让股份给其他第三人，此时，该股东的股权转让行为与法人无关，故第二次购买该公司名义股东股份的第三人不是《民法总则》第 65 条中“善意相对人”；名义股东将登记于其名下的股权转让的行为效力，则按照《〈公司法〉规定（三)》第 25 条、第 26 条的相关规定进行判定。

二　法人的终止

法人的终止，是指法人丧失民事主体资格，其民事权利能力和民事行为能力终止，又称为法人的消灭。

《民法总则》第 68 条规定，法人由于下列原因之一终止，法律、行政法规规定法人终止须经有关机关批准的，依照其规定。

（一）法人解散

法人解散是指因解散事由的发生而停止经营活动，是法人走向消灭过程中的一个法律行为。依据导致法人解散的原因，可分为自愿解散和强制解散。《民法总则》第 69 条规定，有下列情形之一的，法人解散：法人章程规定的存续期间届满或者法人章程规定的其他解散事由出现的；法人的权力机构决议解散的；因法人合并或者分立需要解散的；法人依法被吊销营业执照、登记证书，责令关闭或者被撤销的；法律规定的其他情形。

（二）法人被宣告破产

债务人有不能清偿到期债务，且资产不足以清偿全部债务或明显缺乏清偿能力的，可向人民法院提出破产清算申请。债务人不能清偿到期

---

① 谢鸿飞:《〈民法总则〉的时代特征、价值理念与制度变革》,《贵州省党校学报》2017 年第 3 期。

债务，债权人可向人民法院提出对债务人进行重整或破产清算的申请。2017 年《最高人民法院关于执行案件移送破产审查若干问题的指导意见》规定：符合一定条件时，当事人可对被执行债务人（公司或企业）申请“执转破”。执行案件移送破产审查，由被执行人住所地人民法院管辖。在级别管辖上，实行以中级人民法院管辖为原则、基层人民法院管辖为例外的管辖制度。

法人被宣告破产的，依法进行破产清算并完成法人注销登记时，法人终止。

（三）法律规定的其他原因

法人发生合并或者新设分立时，解散原法人。除此以外，法人终止，法律、行政法规规定须经有关机关批准的，依照其规定。

法人解散的，除合并或者分立的情形外，清算义务人应当及时组成清算组进行清算，根据《民法总则》的规定，法人的董事、理事等执行机构或者决策机构的成员为清算义务人。法律、行政法规另有规定的，依照其规定。清算义务人未及时履行清算义务，造成损害的，应当承担民事责任；主管机关或者利害关系人可以申请人民法院指定有关人员组成清算组进行清算。法人的清算程序和清算组职权，依照有关法律的规定；没有规定的，参照适用公司法的有关规定。清算期间法人存续，但是不得从事与清算无关的活动。法人清算后的剩余财产，根据法人章程的规定或者法人权力机构的决议处理。法律另有规定的，依照其规定。清算结束并完成法人注销登记时，法人终止；依法不需要办理法人登记的，清算结束时，法人终止。

【案例思考】

中国长城资产管理公司沈阳某办事处与辽宁中百商厦（集团）有限公司、颜士琴、锦州中百商厦（集团）公司其他借款合同纠纷上诉案①

原告：中国长城资产管理公司沈阳某办事处

被告：锦州中百商厦 B（集团）公司

---

① 案号：〔2014〕民二终字第 76 号，［2014 - 12 - 26］，2018 年 7 月 8 日（http：//www. court. gov. cn/wenshu/xiangqing - 5029. html）。

被告：辽宁中百商厦A集团有限公司

被告：颜士琴

1995年11月27日至1996年1月25日，中国工商银行锦州市某古塔办事处与锦州中百商厦A（集团）公司曾签订6份《借款合同》，借款本金共计8635.70万元。依约发放贷款后，锦州中百商厦A（集团）公司仅于1998年11月19日偿还本金976万元。截至2011年10月20日，锦州中百商厦A（集团）公司共欠本金7659.70万元，利息12735.72元，本息合计为20395.42万元。1998年10月28日，锦州中百商厦A（集团）公司根据锦州市贸易局锦贸发〔1998〕64号批复更名为锦州中百B（集团）公司。2005年7月15日，长城沈阳某办事处与原债权银行签订《债权转让合同》受让了上述债权，依法成为锦州中百B（集团）公司的债权人。针对上述贷款，相关债权人均依照相关规定及程序依法进行了相应的催收通知和公告催收。

案外人锦州中百商厦C系经锦州市商业局批准，拨入锦州市百货公司50万元和辽宁省锦州百货某采购供应站150万元注册资金，于1993年5月31日成立，系隶属于锦州市商业局的全民所有制企业。1994年1月1日，由锦州中百商厦C、辽宁省锦州百货某采购供应站、锦州市新上海百货商店等16家商企，依照国家工商总局、国家计委、国家体改委、国务院体改委、国务院生产办工商企字〔1992〕第96号《关于国家试点企业集团登记管理实施办法（试行）》的精神，按锦州市体改委锦体改字〔1993〕102号《关于组建锦州中百商厦集团的批复》的要求，共同签署锦州中百商厦A（集团）公司章程，拟组建集团性质的锦州中百商厦A（集团）。该章程规定："集团成员单位都可冠以'锦州中百'"；"公司行政隶属于市商业局，其核心层、紧密层、半紧密层企业行政隶属于公司。各成员单位在履行公司章程和协议的前提下，均具有独立的法人资格，各自独立核算、自主经营、自负盈亏、照章纳税，实行经营承包"。1994年3月28日，由锦州市百货公司申请，经锦州市体改委同意，辽宁省锦州百货某采购供应站于1994年4月7日投入1300万元注册资金，在工商机关注册成立了锦州中百商厦A（集团）公司。工商机关根据上述情况，将其锦州中百商厦A（集团）公司的第一称谓，恢复为原来的锦州中百商厦C。1998年7月29日，锦州市人民政府召开了16个相关部门参加的关于案外人锦州中百商厦C公开整体出售的专题会议，就该商厦资产评估状况、职工安置、出售方案等进行了专题讨论，并做出锦政纪〔1998〕38号《关于锦州中百商厦C公开出售的会议纪要》。本案原告的前手权利人上级行锦州工商银行作为会议的参加者，未提及和申报本案争议债权。1998年9月29日，锦州中百商厦C经过锦州市政府相关部门的审计、评估、核算、债权债务处理等相关程序后，由锦州市贸易局将该商厦全部资产及附带职工安置等为条件以2650万元人民币出售给王锦林。企业出售评估中的“资产评估报告所有者权益明细”中，未有涉案贷款。王锦林在购买锦州中百商厦C后，依据其与政府达成的安置职工等相关协议，于1998年11月2日经工商机关核准，与27名股东发起注册成立了锦州中百商厦有限责任公司。2007年8月14日，该公司又更名为本案第二被告辽宁中百商厦A集团有限公司。

案外人迟颖曾于2004年12月28日从中国信达资产管理公司沈阳某办事处受让了原锦州中百商厦A（集团）公司的债权，在执行生效判决中，以与本案原告相同的理由要求第二被告承担第一被告的相关债务。锦州市中级人民法院以〔2012〕锦执二字第00037号裁定驳回其请求，该裁定已经发生法律效力。

另：辽宁省锦州市工商行政管理局工商企字〔1988〕第258号企业法人申请变更登记注册书载明，企业法人名称由原核准登记事项“锦州中百商厦C”申请变更登记为“锦州中百商厦A（集团）公司（第一名称）、锦州中百商厦C（第二名称）”，两个名称登记在同一企业法人工商档案中，其住所、注册资金、法定代表人、经营范围等内容均一致。2012年10月7日，辽宁省锦州市工商行政管理局出具一份《情况说明》，载明：经查询档案，锦州中百商厦A（集团）公司的注册登记情况如下：(1) 锦州中百商厦C于1993年5月31日办理设立登记。经济性质：全民所有制，主管部门：辽宁省百货公司锦州采购供应站。(2) 1994年4月，经市体改委批准，组建以锦州中百商厦C为核心层的企业集团。依据国家工商行政管理局、国家计委、国家体改委、国务院生产办《关于国家试点企业集团登记管理实施办法（试行）》（工商企字〔1992〕第96号）第5条“企业集团的登记应由集团的核心企业提出申请，并与核心企业的开业登记或变更登记一并进行”的规定，4月8日，锦州中百商厦

C申请登记锦州中百商厦A（集团）公司。我局核准登记第一名称为锦州中百商厦A（集团）公司，第二名称为锦州中百商厦C。（3）1998年3月4日，集团核心层由锦州中百商厦C变更为辽宁省百货公司锦州某采购供应站，同时取消锦州中百商厦C第二名称。1998年10月28日，由锦州中百商厦A（集团）公司更名为锦州中百B（集团）公司。（4）1998年11月，锦州中百商厦C完成了产权制度改革，由王锦林等28名自然人股东投资设立了锦州中百商厦有限责任公司，现已更名为辽宁中百商厦集团有限公司。（5）2003年9月，辽宁省百货公司锦州某采购供应站因未参加2002年度企业年检，被依法吊销营业执照。王锦林先后担任锦州中百商厦C、辽宁省百货公司锦州采购供应站、锦州中百商厦A（集团）公司、锦州中百B（集团）公司、锦州中百商厦有限责任公司、辽宁中百商厦集团有限公司法定代表人。

问题：1. 锦州中百商厦C与锦州中百B（集团）公司系同一企业法人还是两个独立企业法人？

2. 辽宁中百商厦A集团有限公司、颜士琴就锦州中百B（集团）公司所负中国长城资产管理公司沈阳某办事处本案债务是否承担连带清偿责任？

第八章

非法人组织

【本章导读】从民法历史发展来看，我国《民法通则》名义上包括自然人、法人的两主体说，但后来的《合同法》延伸至还包括其他组织在内的三主体说。作为社会发展的结果，现行《民法总则》则直接采用包括自然人、法人、非法人组织在内的三主体说。有学者主张，基于主体制度是法律关系的第一要素，现行三元结构的民事主体，体现了统一民商事主体的努力。[①] 并且，纳商入典应为21世纪我国民法典的当然使命。[②]

非法人组织虽不具有法人资格，但依法设立的非法人组织具有一定民事权利能力和民事行为能力。根据我国现行法律，非法人组织主要包括个人独资企业、合伙企业、不具有法人资格的专业服务机构等。其中，合伙企业为典型的非法人组织。

第一节　非法人组织概述

随着我国经济社会的发展，在实际生活中，大量不具有法人资格的组织以自己的名义从事民事活动。赋予前述组织以民事主体地位，有利于其开展民事活动，也有利于与其他法律的规定相衔接。

---

① 李建伟：《民法总则设置商法规范的限度及其理论解释》，《中国法学》2016年第4期。

② 肖海军：《民法典编纂中商事主体立法定位的路径选择》，《中国法学》2016年第4期。

一　非法人组织的概念和特点

（一）非法人组织的概念

根据《民法总则》第 102 条，非法人组织是指不具有法人资格，但能够依法以自己的名义从事民事活动的组织。我国传统民法上曾对其冠以“其他组织”的提法（本书除非明确特指，“其他组织”亦为此处的非法人组织）。

在学理上，非法人组织即域外法上的“无权利能力的社团”[①]，也称非法人团体。[②] 在立法上，我国传统民法实体法未对“其他组织”做出法律界定，程序则规定为“合法成立、有一定的组织机构和财产，但又不具备法人资格的组织”。并且，我国原《〈民诉法〉意见》第52条还对常见“其他组织”做出了列举式规定。

《民法总则》第 2 条规定，民法调整平等主体的自然人、法人和非法人组织之间的人身关系和财产关系。很明显，非法人组织为我国现行民法规定的一种合法民事主体。

在法律适用方面，《民法总则》第 108 条规定，非法人组织“除适用本章规定外，参照适用本法第三章第一节的有关规定”。由此可推之，非法人组织参照适用《民法总则》第三章第一节关于“法人”的一般规定。无疑，这对非法人组织在法律适用方面做出了较宽泛的规定。

（二）非法人组织的特点

非法人组织不同于自然人，亦不同于法人，其具有下列主要特点：

第一，非法人组织为具备一定组织机构的组织。非法人组织必须符合法律规定的条件，包括依法确定的名称、生产经营场所、相应组织管理机构以及负责人。

但是，非法人组织不同于自然人。非法人组织不是自然人，但可以是自然人的组织体。并且，非法人组织体并非临时性，一般有负责人，有自己的名称、组织机构，有进行业务活动的场所，是具有一定稳定性的组织体。

---

① 陈华彬：《论我国〈民法总则〉的创新与时代特征》，《法治研究》2017 年第 3 期。

② 魏振瀛：《民法》，北京大学出版社、高等教育出版社 2000 年版，第 95 页。

另外，非法人组织不同于法人。法人是由法律直接规定的、对外独立承担有限责任的组织体，其法人机关、法定代表人、议事规则等均依法律规定而设立。非法人组织虽有一定的财产和组织机构等，但不能对外承担有限责任，且非法人组织的机构设置、议事规则等均由非法人组织自行决定，法律未予强制性规定。

第二，非法人组织是依法定程序成立的组织。在非法人组织的设立程序上，必须履行法律规定的登记手续，且有关机关核准登记并领有营业执照或社会团体登记证。

第三，非法人组织是具有一定民事权利和民事行为能力的组织。非法人组织不要求其有独立的财产，但因为具有与经营活动和经营规模相适应的财产或经费，因此可作为其参与民事、经济活动，享受民事权利、承担民事义务的物质基础和财产保证。据此可见，非法人组织在核准登记并领有营业执照或社会团体登记证的经营范围或业务范围内，可以以自己的名义对外从事民事活动，享受一定的民事权利、承担一定的民事义务，因此享有人格权，成为法律关系的主体。① 可见，在核准登记的范围内，非法人组织享有民事权利能力与民事行为能力。

第四，非法人组织为不能完全独立承担民事责任的组织。由于非法人组织在设立时未要求独立的财产或经费，所以其不具有独立承担民事责任的能力，这正是其和法人不相同的重要特征之一。当其在对外进行经营业务活动而负债时，若其所拥有的财产或经费能够清偿债务，则应由其自身偿付；若其拥有的财产或经费不足以偿付债务，则依据《民法总则》第 104 条的规定，非法人组织的出资人或设立人承担无限责任。如法律另有规定，则依照其规定。

依法设立的非法人组织，在法律规定的情形下予以解散。《民法总则》第 106 条、第 107 条规定，在符合下列条件之一时，章程规定的存续期间届满或章程规定的其他解散事由出现、非法人组织解散、出资人或者设立人决定解散、法律规定的其他情形，非法人组织在解散时，应依法进行清算。

---

① 杜万华：《中华人民共和国民法总则实务指南》，中国法制出版社 2017 年版，第 399 页。

二　非法人组织的设立

根据《民法总则》第 103 条的规定，非法人组织应当依照法律的规定登记。设立非法人组织，法律、行政法规规定须经有关机关批准的，依照其规定。据此可见，非法人组织的设立必须符合法律规定的要件。

（一）有自己目的的组织

非法人组织首先是一种人合组织体，由两人及两人以上的人组成。法律规定有人数限制的，必须符合其人数限制。此外，非法人组织的目的，既可以是营利的，也可以是非营利的。营利目的在我国现行民商法中可称为经营范围。

（二）有自己的名称

非法人组织须有自己的名称，并以非法人组织名义对外进行民事活动。非法人的名称不得侵犯自然人的姓名权，亦不得侵犯法人的名称权。

（三）有自己的财产或经费

为了实现其目的，非法人组织从事民事活动，应当有一定的财产或经费。与法人不同的是，非法人组织仅需自行支配即可，不要求必须与其成员的财产截然分开，而由非法人组织享有所有权；当然，法律另有规定的除外。

（四）有代表人或管理人

在非法人组织参加民事活动时，根据《民法总则》第 105 条的规定，非法人组织可以确定一人或者数人代表该组织从事民事活动。因此，非法人组织应当设有代表人或管理人。

三　非法人组织类型

学理上，我国非法人组织主要包括下列三类：[①]

第一类，非法人企业。在以所有制界定的企业中，非法人企业包括非法人乡镇企业、非法人乡村集体企业、非法人私营企业以及非法人外资企业。从组织形式看，非法人企业包括非法人合伙企业、个人独资企业。

---

① 梁慧星：《民法总论》，法律出版社 2011 年版，第 146—147 页。

第二类，非法人经营体。这主要包括领取营业执照的企业法人分支机构、国家机关或事业单位开办的不具有法人资格的经营实体、设立中的公司、企业集团等。

第三类，非法人非营利组织。前述非法人企业、非法人经营体均属于非法人营利组织。除此以外，其他非法人组织均属于非法人非营利组织。主要包括不具有法人资格的机关、事业单位和社会团体。

立法上非法人组织主要包括：个人独资企业、合伙企业、不具有法人资格的专业服务机构等。

（一）个人独资企业

个人独资企业是指依法在中国境内设立，由一个自然人投资，财产为投资人个人所有，投资人以其个人财产对企业债务承担无限责任的经营实体。根据我国《个人独资企业法》的规定，个人独资企业以其主要办事机构所在地为住所，并且个人独资企业不得使用“有限”“有限责任”或者“公司”字样的名称。

个人独资企业（含分支机构）的设立、变更、注销，应依法办理相应登记。在过去，工商行政管理机关是个人独资企业的登记机关，但依据《深化党和国家机构改革方案》等，登记机关已调整为国家市场监督管理机关。个人独资企业应依法核准登记并领取营业执照后，才准许从事经营活动。个人独资企业营业执照的签发日期，为个人独资企业成立日期。

个人独资企业投资人对企业财产依法享有所有权，其投资人可自行管理企业事务，也可委托或聘用其他具有民事行为能力的人负责企业的事务管理。投资人对受托人或者被聘用的人员职权的限制，不得对抗善意第三人。

在符合下列四项条件之一时，个人独资企业应予以解散。其一，投资人决定解散；其二，投资人死亡或被宣告死亡，无继承人或者继承人决定放弃继承；其三，被依法吊销营业执照；其四，法律、行政法规规定的其他情形。

个人独资企业解散的法律后果在于，在申请企业设立登记时投资人明确以其家庭共有财产作为个人出资的，则原投资人应以家庭共有财产依法对企业债务承担无限责任。虽然个人独资企业解散，但是原投资人对个人独资企业存续期间的债务仍应当承担偿还责任，其除斥期限为5年，即债权人在5年内未向债务人提出偿债请求时，原投资人责任消灭。

（二）合伙企业

在我国，合伙企业包括普通合伙企业和有限合伙企业。

普通合伙企业系由普通合伙人组成，合伙人对合伙企业债务承担无限连带责任。有限合伙企业系由普通合伙人和有限合伙人构成，普通合伙人对合伙企业债务承担无限连带责任，有限合伙人以其认缴的出资额为限对合伙企业债务承担责任。

营业执照的签发日期是合伙企业的成立日期，自此具有相应民事权利能力和民事行为能力。

（三）不具有法人资格的专业服务机构

依据原《民办非企业单位登记管理暂行条例》的规定，成立民办非企业单位，应依法登记，取得《登记证书》。依据《社会服务机构登记管理条例》（征求意见稿）的规定："民办非企业单位"统一名称为"社会服务机构"。国家鼓励兴办社会服务机构。设立社会服务机构，准予登记的，核准章程，发给《社会服务机构法人登记证书》。

（四）其他的非法人组织

以上三种组织为我国非法人组织的法定具体形态。但是，法律不能详尽列举，《民法总则》在法律条文（第102条）中使用一个"等"字样体现了典型概括式立法模式特征。据此，其他的非法人组织应理解为法律条文"等"所包含的、依法设立但没有法人资格的其他组织。例如，依法设立并领取营业执照的法人的分支机构，以及依法设立并领取营业执照的商业银行、政策性银行和非银行金融机构的分支机构。

按照有的学者理解，与现行法律"非法人组织"对应的"其他组织"，还应包括不具备法人资格的村委会、业主大会和业主委员会、家庭农场、筹建中的法人。甚至该学者还主张把个体工商户、农村承包经营户也纳入非法人组织。① 按照其他学者的主张，"非法人组织"还包括依法登记领取我国营业执照的中外合作经营企业、外资企业以及经依法登记领取营业执照的乡镇企业、街道企业，符合《民法总则》关于非法人

---

① 郭明瑞：《民法总则中非法人组织的制度设计》，《法学家》2016年第5期。

组织条件的要求的，都应成为《民法总则》第102条规定的“等”里面包含的其他非法人组织，成为民法中的第三类民事主体。[①]

第二节 合伙企业[②]

合伙是以人合为基础构建的一种古老的组织形式。法人制度最早源于合伙制度。[③] 在现代市场经济环境下，虽然法人制度发展日臻成熟，但作为与商品经济同步发展起来的合伙制度并未灭失，仍是一种相对普遍的经营方式。

一 合伙的概念和特征

(一) 合伙的概念

在我国传统民法上，合伙是指两个或两个以上自然人、法人、非法人组织，根据合伙协议而共同出资、共同经营，并依据合同约定或者法律规定承担责任的组织。[④]

(二) 合伙的特征

合伙具有下列法律特征：

第一，合伙是两个或两个以上的合伙人所成立的组织。合伙必须是两个以上的人所组成，一个人不能形成合伙。此处的合伙人，不仅指自然人，也指法人或非法人组织。合伙人之间基于相互信任，从而使合伙得以存续。

不过，不是任何自然人、法人或非法人组织都可担任合伙人。依据《律师法》第15条的规定，合伙律师事务所的“合伙人”，应是具有三年以上执业经历的执业律师。根据《合伙企业法》第3条，国有独资公司、

---

① 杨立新：《〈民法总则〉规定的非法人组织的主体地位与规则》，《求是学刊》2017年第5期。

② 从严格意义上讲，非法人组织包括“合伙企业”，不包括“个人合伙”，并且，《民法总则》未规定“个人合伙”。但是，鉴于尚未废止的《民法通则》关于“个人合伙”的规定依然有效，在现实生活中“个人合伙”作为民事主体确实大量而客观地实际存在，确需进行法律调整；因此，本节“合伙企业”包括了对“个人合伙”的部分陈述。

③ 郑云瑞：《民法总论（第七版）》，北京大学出版社2017年版，第237页。

④ 王利明：《民法总论（第二版）》，中国人民大学出版社2015年版，第191页。

国有企业、上市公司、公益性的事业单位、社会团体，均不得成为普通合伙人。

第二，合伙是按照合伙协议成立的组织。合伙协议即合伙合同，一般应当包括合伙的目的、合伙人的出资、合伙盈余分配、合伙的亏损分担、合伙事务的执行、入伙与退伙、合伙的终止等事项。

合伙协议为合伙成立的必要条件。无论是个人合伙还是合伙企业，书面合伙协议均为成立合伙的法定要求。因此，在法理上合伙协议属于要式合同。当然，根据《〈民法通则〉意见》第50条等的相关规定，当事人之间没有书面合伙协议，但在具备合伙的其他法定条件时，人民法院可认定为合伙关系。由此可见，合伙协议，原则上应当是要式合同，但在司法审判实务中，合伙协议又被承认为非要式合同。

第三，合伙人应当共同出资、共同经营。合伙既是人的联合，又是财产的联合。因此，合伙必须有一定的财产，这些财产为合伙人的共同出资。合伙人的出资数额、方式等由合伙人共同约定，这是其一。其二，在共同出资的基础上，合伙人应当共同从事合伙事业，并与第三人发生法律关系。不过，根据《合伙企业法》等法律和司法解释的规定，不是每一个合伙人必须以现金出资，也不是每一个合伙人必须参与经营。

在营利性合伙中，合伙人应当共享收益、共担风险。合伙人参与合伙的目的是追求一定的利益，因此，合伙人有权共享收益，在发生债务或承担责任时，合伙人应当共同承担。

第四，合伙以经营共同事业为目的，独立从事经营活动。合伙目的系合伙人经营共同的事业。合伙可有自己的名称，依法核准登记，领取营业执照后独立从事经营活动。

第五，普通合伙人对外应当承担无限连带责任。依据《合伙企业法》第2条等的相关规定，合伙企业普通合伙人对合伙企业债务承担无限连带责任。有限合伙人以其认缴的出资额为限对合伙企业债务承担责任，《合伙企业法》有特别规定的除外。

二 合伙协议

合伙人应遵循自愿、平等、公平、诚实信用等原则，以书面形式订立合伙协议。这是申请设立合伙企业应提交的一项基本材料。

合伙协议应载明下列事项：合伙企业的名称和主要经营场所的地点；合伙人的姓名或者名称、住所；合伙目的和合伙经营范围；合伙人的出资方式、数额和缴付期限；利润分配、亏损分担方式；合伙事务的执行；入伙与退伙；争议解决办法；合伙企业的解散与清算；违约责任。但是，合伙协议不得约定由部分合伙人承担全部亏损。这是《合伙企业法》第33条所做出的禁止性规定。

从法律属性上看，合伙协议为一种民事合同。因此，经全体合伙人签字、盖章后，合伙协议方生效。并且，按照合伙协议的约定，合伙人享有相应的权利，履行相应的义务。全体合伙人协商一致同意的，可以修改或补充合伙协议，原合伙协议另有约定的从其约定。合伙协议未约定或约定不明确的事项，则由合伙人协商决定；协商不成则按《合伙企业法》及其他有关法律的规定处理。

三 合伙财产

合伙财产，是指合伙人的出资以及合伙取得的收益。按照《合伙企业法》第20条，合伙企业财产包括：合伙人的出资；以合伙企业名义取得的收益；以合伙企业名义依法取得的其他财产。依据《民法通则》第32条、《〈民法通则〉意见》第54条等相关规定，个人合伙财产包括：合伙人投入的财产；合伙期间积累的财产；合伙期间的债权；合伙期间的债务。

由上可见，合伙财产具有下列三项主要特征：

其一，统一性。作为共有财产，合伙财产由全体合伙人共同管理和使用，不能由合伙人分别使用、管理和支配。这是保障合伙正常运行的物质基础。

其二，完整性。在合伙企业进行清算前，合伙人不得请求分割合伙企业的财产。在合伙期间，合伙人出质其财产份额或向合伙人以外的人转让其在合伙企业中的全部或部分财产份额，除非合伙协议另有约定，须经其他合伙人同意。

其三，一定程度的独立性。合伙财产在法律上是合伙人的共有财产，但与合伙人的个人财产相区别。合伙人出资后依法不得随意抽回投资，并且合伙人不得擅自将合伙的收益转为个人所有。不过，由于合伙企业与合伙人存在一定的人身联系，所以，合伙财产与合伙人本人的个人财产不能完全分离。

【疑难争点】合伙财产属于合伙人共同共有还是按份共有?

对于合伙人对合伙财产享有共同共有还是按份共有的权利，学理上有一定争论。有观点认为，合伙人以一定出资而成立合伙，因此，各合伙人之间可以按照出资比例拥有合伙财产。另有观点主张，合伙财产在依法分割之前，无法确定其共有的比例。只有将此合伙财产视为共同共有，才更有利于合伙财产的经营与管理。

本书认为，合伙财产属于合伙人共同共有。理由在于，合伙存续的基础在于合伙人之间的、具有组织法律属性的共同关系，该共同关系不终结，合伙财产则不能终局性地分配给各合伙人。

依据《〈民法通则〉意见》第48条的规定，“拟制”合伙人，即只提供技术性劳务，不提供资金、实物的合伙人，就合伙经营的亏损额，对外应承担连带责任；对内则应按照协议约定的债务承担比例或者技术性劳务折抵的出资比例承担；协议未规定债务承担比例或者出资比例，应按约定的或合伙人实际的盈余分配比例承担；没有盈余分配比例，应按其余合伙人平均投资比例承担。

根据《合伙企业法》第33条第1款的规定，合伙企业利润分配和亏损分担均按合伙协议的约定办理；合伙协议未约定或者约定不明确的，则由合伙人协商决定；协商不成则由合伙人按照实缴出资比例分配、分担；无法确定出资比例，则由合伙人平均分配、分担。

由上可见，合伙人对合伙财产是一种共同共有的关系。

四　合伙事务的内部关系

一般而言，基于合伙追求利润的宗旨，合伙的内部关系在法律上属于合伙关系，即共同出资、共同经营、共享收益、共担风险。

合伙的经营管理，是合伙人的重要权利与义务。其主要内容包括：合伙经营管理的决策、决策的执行、对执行决策的监督、合伙负责人与其他合伙人的关系等。

（一）合伙人的出资

合伙人出资，是指合伙人基于合伙协议经营共同的事业而对合伙的投资。合伙人应按照合伙协议约定的出资方式、数额和缴付期限，履行出资义务。这是《合伙企业法》第 17 条所做的强制性规定。

当然，合伙人关于出资方式，依据相关法律规定，和法人相比，比较灵活。《合伙企业法》规定，除法律规定以外，合伙人既可用货币、实物、知识产权、土地使用权或者其他财产权利出资，也可通过劳务出资。

一方面，《合伙企业法》第 16、17、64 条等规定，如以非货币财产出资，依照法律、行政法规的规定，需办理财产权转移手续的应依法办理。合伙人以实物、知识产权、土地使用权或其他财产权利出资，需要评估作价的可由全体合伙人协商确定，也可由全体合伙人委托法定评估机构评估。可以看出，法律的前述制度设计既体现了当事人意思自治的原则，也考虑了公平性的基本要求。

另一方面，《合伙企业法》第 16 条强调，合伙人以劳务出资的，其评估办法由全体合伙人协商确定，并在合伙协议中载明；但有限合伙人不得以劳务出资。个人合伙允许劳务出资，但必须符合相应的法律条件。

(二) 合伙事务的执行

合伙事务的执行是指合伙的经营管理以及其对内对外关系中的一些事务处理，包括合伙事务的主要执行方式、合伙人的竞业竞争与关联交易、合伙人执行不当的法律责任等内容。

1. 合伙事务的执行方式

依据现行法律相关规定，我国对于合伙事务的执行，主要规定了下列三种方式：

第一，共同执行。《合伙企业法》规定，在普通合伙企业中，合伙人对执行合伙事务享有同等的权利。作为合伙人的法人、其他组织执行合伙事务的，由其委派的代表执行。当全体合伙人共同执行合伙企业事务时，此处“同等的权利”应包含两层内容：其一，全体合伙人对内同等地享有合伙事务管理权；其二，全体合伙人都有权对外代表合伙企业，以企业名义从事经营活动。

第二，分别执行。合伙人分别执行合伙事务的，执行事务合伙人可以对其他合伙人执行的事务提出异议。提出异议时，应当暂停该项事务的执行。如果发生争议，依照《合伙企业法》第 30 条的规定做出决定。受委托执行合伙事务的合伙人不按照合伙协议或者全体合伙人的决定执行事务的，其他合伙人可以决定撤销该委托。《合伙企业法》第 30 条规定，合伙人对合伙企业有关事项做出决议，按照合伙协议约定的表决办法办理。合伙协议未约定或者约定不明确的，实行合伙人一人一票并经全体合伙人过半数通过的表决办法。《合伙企业法》对合伙企业的表决办法另有规定的，从其规定。

第三，委托执行。在个人合伙中，合伙的经营活动，合伙人可以推举负责人。关于合伙负责人和其他人员的经营活动，由全体合伙人承担民事责任；在合伙企业中，按合伙协议的约定或者经全体合伙人决定，可委托一个或者数个合伙人对外代表合伙企业，执行合伙事务。据此委托一个或者数个合伙人执行合伙事务的，其他合伙人不再执行合伙事务。由一个或者数个合伙人执行合伙事务的，执行事务合伙人应当定期向其他合伙人报告事务执行情况以及合伙企业的经营和财务状况，其执行合伙事务所产生的收益归合伙企业，所产生的费用和亏损由合伙企业承担。不执行合伙事务的合伙人有权监督执行事务合伙人执行合伙事务的情况。合伙人为了解合伙企业的经营状况和财务状况，有权查阅合伙企业会计账簿等财务资料。

有限合伙人不执行合伙事务，不得对外代表有限合伙企业。有限合伙人的下列行为，不视为执行合伙事务：参与决定普通合伙人入伙、退伙；对企业的经营管理提出建议；参与选择承办有限合伙企业审计业务的会计师事务所；获取经审计的有限合伙企业财务会计报告；对涉及自身利益的情况，查阅有限合伙企业财务会计账簿等财务资料；在有限合伙企业中的利益受到侵害时，向有责任的合伙人主张权利或者提起诉讼；执行事务合伙人怠于行使权利时，督促其行使权利或者为了本企业的利益以自己的名义提起诉讼；依法为本企业提供担保。

无论采取哪种方式执行合伙事务，合伙企业对合伙人执行合伙事务以及对外代表合伙企业权利的限制，不得对抗善意第三人。

2. 合伙的经营管理人员

除合伙协议另有约定外，聘任合伙人以外的人担任合伙企业的经营管理人员，应经全体合伙人一致同意。被聘任的合伙企业的经营管理人员应当在合伙企业授权范围内履行职务。

被聘任的合伙企业的经营管理人员，超越合伙企业授权范围履行职务，或者在履行职务过程中因故意或者重大过失给合伙企业造成损失的，依法承担赔偿责任。

3. 合伙人执行不当的法律责任

在执行合伙事务过程中，执行人应因其行为承担相应的法律责任。这主要体现如下：

（1）合伙人执行合伙事务时有不正当行为的，经其他合伙人一致同意，可以决议将其除名。

（2）合伙企业登记事项发生变更，执行合伙事务的合伙人未按期申请办理变更登记的，应当赔偿由此给合伙企业、其他合伙人或者善意第三人造成的损失。

（3）合伙人执行合伙事务，或者合伙企业从业人员利用职务上的便利，将应当归合伙企业的利益据为己有的，或者采取其他手段侵占合伙企业财产的，应当将该利益和财产退还合伙企业；给合伙企业或者其他合伙人造成损失的，依法承担赔偿责任。

（4）合伙人对《合伙企业法》规定或者合伙协议约定必须经全体合伙人一致同意始得执行的事务擅自处理，给合伙企业或者其他合伙人造成损失的，依法承担赔偿责任。

（5）不具有事务执行权的合伙人擅自执行合伙事务，给合伙企业或者其他合伙人造成损失的，依法承担赔偿责任。

（6）第三人有理由相信有限合伙人为普通合伙人并与其交易的，该有限合伙人对该笔交易承担与普通合伙人同样的责任。

有限合伙人未经授权以有限合伙企业名义与他人进行交易，给有限合伙企业或者其他合伙人造成损失的，该有限合伙人应当承担赔偿责任。

（三）合伙的损益分配

合伙人共同享受合伙的收益，共同承担合伙的亏损与风险，这是合伙人的重要权利与义务。

1. 合伙的利润分配

为了避免不必要的法律纷争，合伙的利润分配比例、分配周期、分配方式等具体事项，应在合伙协议中予以约定。在符合法律规定的情况下，利润分配涉及合伙人身份的界定。例如，依据《〈民法通则〉意见》第46条的规定，按协议提供技术性劳务而不提供资金、实物，但同时约定参与盈余分配的自然人视为合伙人。

合伙协议未约定合伙利润分配或者约定不明确的，则按《合伙企业法》第33条规定的下列方式予以确定分配比例：由合伙人协商决定；协商不成的，由合伙人按照实缴出资比例分配、分担；无法确定出资比例的，由合伙人平均分配、分担。

在合伙利益的分配上，根据法律规定，应当注意：合伙利润不得分配给部分合伙人。依据《合伙企业法》第33条、第69条等的规定，合伙协议不得约定将全部利润分配给部分合伙人。有限合伙企业不得将全部利润分配给部分合伙人；但合伙协议另有约定的除外。

2. 合伙的亏损分担

为了维护合伙的债务人合法权益，也为了合伙本身的合法利益，合伙协议应约定合伙亏损的分担方式。

合伙协议未约定合伙亏损分担或者约定不明确的，则按照《合伙企业法》第33条第1款的下列规定确定分担方式：由合伙人协商决定；协商不成的，由合伙人按照实缴出资比例分配、分担；无法确定出资比例的，由合伙人平均分担。

在个人合伙中，对合伙经营的亏损额承担方式与合伙企业不尽相同。一方面，在对外责任承担时，全体合伙人（包括只提供技术性劳务，不提供资金、实物的合伙人，下同）承担连带责任；另一方面，在对内责任承担时，对全体合伙人按协议约定的债务承担比例或者出资比例承担；协议未规定债务承担比例或者出资比例时，按约定的或者实际的盈余分配比例承担。当然，个人合伙的责任承担方面亦关注过错责任。依据现行相关规定，对造成合伙经营亏损有过错的合伙人应根据其过错程度相应地多承担责任。[①] 在理解与运用《民法通则》第35条第1款关于合伙人“以各自的财产承担清偿责任”的规定时，应严格按照《〈民法通则〉意见》第57条的规定执行。[②]

---

① 详见《关于贯彻执行〈中华人民共和国民法通则〉若干问题的意见（试行）》第47条、第48条。

② 《关于贯彻执行〈中华人民共和国民法通则〉若干问题的意见（试行）》第57条规定：《民法通则》第35条第1款中关于“以各自的财产承担清偿责任”是指合伙人以个人财产出资的，以合伙人的个人财产承担；合伙人以其家庭共有财产出资的，以其家庭共有财产承担；合伙人以个人财产出资，合伙的盈余分配所得用于其家庭成员生活的，应先以合伙人的个人财产承担，不足部分以合伙人的家庭共有财产承担。

（四）合伙人的其他义务

合伙人除了履行按约缴付出资以外，还应履行下列合伙义务：

1. 积极参与合伙事务管理的义务

就合伙事务的经营与执行，《合伙企业法》第 14 条规定“应当经全体合伙人一致同意”。《合伙企业法》第 97 条明文规定：“合伙人对本法规定或者合伙协议约定必须经全体合伙人一致同意始得执行的事务擅自处理，给合伙企业或者其他合伙人造成损失的，依法承担赔偿责任。”由此可以看出，为了维持合伙企业的正常经营，无论合伙人是否参与合伙事务的执行，亦无论合伙企业是否外聘经营管理人员，合伙人就合伙事务表示同意还是不同意，既是合伙人的权利，也是合伙人的义务。

依据《合伙企业法》的相关规定，有权参与经营的合伙人应就下列合伙事务，按要求履行其表示同意或不同意的义务：

（1）修改或者补充合伙协议。

（2）合伙人向合伙人以外的人转让其在合伙企业中的全部或者部分财产份额的。

（3）以其在合伙企业中的财产份额出质的。

（4）改变合伙企业的名称。

（5）改变合伙企业的经营范围、主要经营场所的地点。

（6）处分合伙企业的不动产。

（7）转让或者处分合伙企业的知识产权和其他财产权利。

（8）以合伙企业名义为他人提供担保。

（9）聘任合伙人以外的人担任合伙企业的经营管理人员。

（10）新的合伙人入伙。

（11）合伙协议约定合伙期限的，在合伙企业存续期间，没有出现合伙协议约定的退伙事由，合伙人可以退伙的情形。

（12）合伙人被依法认定为无民事行为能力人或者限制民事行为能力人的，经其他合伙人一致同意，可以依法转为有限合伙人，普通合伙企业依法转为有限合伙企业。

（13）合伙人有下列情形之一的，经其他合伙人一致同意，可以决议将其除名：未履行出资义务；因故意或者重大过失给合伙企业造成损失；执行合伙事务时有不正当行为；发生合伙协议约定的事由。

（14）合伙人死亡或者被依法宣告死亡的，对该合伙人在合伙企业中的财产份额享有合法继承权的继承人，按照合伙协议的约定或者经全体合伙人一致同意，从继承开始之日起，取得该合伙企业的合伙人资格。

（15）合伙人的继承人为无民事行为能力人或者限制民事行为能力人的，经全体合伙人一致同意，可以依法成为有限合伙人，普通合伙企业依法转为有限合伙企业。全体合伙人未能一致同意的，合伙企业应当将被继承合伙人的财产份额退还该继承人。

（16）除合伙协议另有约定外，普通合伙人转变为有限合伙人，或者有限合伙人转变为普通合伙人，应当经全体合伙人一致同意。

应特别注意，在前述任意一项合伙事务中，除合伙协议另有约定外，才有权要求参与经营的合伙人履行表示同意或不同意的义务。如合伙协议对此确已另有约定，则表示合伙人已进行相应的意思表示。

2. 竞业禁止的义务

依据《合伙企业法》第 32 条，为了防止合伙人利用合伙的客户名单、经营或服务方式等资源从事个人的业务而损害合伙的利益，合伙人不得自营或者同他人合作经营与本合伙企业相竞争的业务，这是合伙的竞业禁止规定。

3. 不得进行关联交易的义务

关联交易即关联方交易，是公司法上的专业法律术语，合伙就此借鉴适用。具体而言，关联方交易是指关联方之间转移资源、劳务或义务的行为，在对价方面，关联交易不要求收取价款。依据《企业会计准则第 36 号——关联方披露》的规定，所谓关联方，是指一方控制、共同控制另一方或对另一方施加重大影响，以及两方或两方以上同受一方控制、共同控制或重大影响的交易方。关联方的单位或人员，包括但不限于该企业主要投资者个人及与其关系密切的家庭成员。“主要投资者个人”的法律意义是指能够控制、共同控制一个企业或者对一个企业施加重大影响的个人投资者。

在合伙企业中，合伙企业的组成人员即合伙人，可以视为合伙企业的关联方。合伙人同合伙企业自己进行交易，不利于维护合伙企业的合法权益。当然，除非合伙人于交易前表示同意。《合伙企业法》第 32 条规定除合伙协议另有约定或者经全体合伙人一致同意外，合伙人不得同本合伙企业进行交易。

4. 不得从事损害合伙企业利益的活动

合伙企业系人合与财合的组织体。因此，合伙人除了遵守前述合伙义务以外，还应当维护合伙企业的利益。《合伙企业法》第 32 条规定，合伙人不得从事损害本合伙企业利益的活动。

除此以外，《合伙企业法》第 79 条规定，作为有限合伙人的自然人在有限合伙企业存续期间丧失民事行为能力的，其他合伙人不得因此要求其退伙。

5. 有限合伙人转变为普通合伙人的责任承担

依据《合伙企业法》第 83 条的规定，有限合伙人转变为普通合伙人，在法律性质上发生改变，则其对作为有限合伙人期间有限合伙企业发生的债务承担无限连带责任。

五 入伙与退伙

在合伙存续期间，第三人可以加入合伙，原合伙人可以退出合伙，但必须符合合伙协议的约定即法律的相关规定。

（一）入伙

1. 入伙的界定

入伙是指合伙成立后非合伙人加入合伙而成为合伙人。理论界对入伙性质的认识存在两种争议观点。第一种观点认为，入伙协议是原合伙协议解散而成立的新合伙协议；第二种观点认为，入伙是对原合伙协议的变更，但合伙仍然保持其同一性。《合伙企业法》第 44 条规定新合伙人对入伙前合伙企业的债务应承担无限连带责任。我国《民法通则》第 35 条规定合伙人对合伙的债务承担连带责任，法律另有规定的除外。

可以看出，根据我国立法情况，新入伙的合伙人对合伙企业原有债务承担责任。故第二种观点为通说。

2. 入伙的条件

非合伙人合法加入合伙成为新合伙人，根据《合伙企业法》第 43 条的规定，应具备下列三个条件：

第一，全体合伙人须一致同意。无论合伙企业的新合伙人，还是个人合伙的新合伙人，最基本条件是必须经过全体合伙人一致同意。例外情形是合伙协议另有特别约定。

第二，签订入伙协议。非合伙人加入合伙时，应当依法订立书面入伙协议。

第三，新入伙的合伙人必须办理登记手续。按照《合伙企业法》第9条关于申请设立合伙企业应当向企业登记机关提交登记申请书、合伙协议书、合伙人身份证明等文件的规定，新入伙的合伙人也应办理相关登记。

3. 入伙的法律后果

由于订立入伙协议时，原合伙人应当向新合伙人如实告知原合伙企业的经营状况和财务状况，所以，非合伙人加入合伙以后，成为新合伙人，取得和原合伙人同等的法律地位，与原合伙人有同等的权利与义务。《合伙企业法》第44条规定，入伙的新合伙人与原合伙人享有同等权利，承担同等责任。入伙协议另有约定的，从其约定。新合伙人对入伙前合伙企业的债务承担无限连带责任。不过，新入伙的有限合伙人的责任有所不同。《合伙企业法》第77条规定，新入伙的有限合伙人对入伙前有限合伙企业的债务，以其认缴的出资额为限承担责任。

（二）退伙

1. 退伙的概念

退伙是指合伙人退出合伙而丧失合伙人资格。合伙成立以后，合伙人并非固定不变，在符合特定的条件之下，可以退伙。

2. 退伙的类型

基于不同的退伙事由，退伙的类型主要有自愿退伙、法定退伙、强制退伙三种。

（1）自愿退伙。自愿退伙是指合伙协议约定的退伙事由发生，或经退伙人申请退伙而其他合伙人同意退伙，从而退出合伙。

自愿退伙包括有约定合伙期限退伙和未约定合伙期限退伙两种情形。其一，有约定合伙期限的退伙是《合伙企业法》第45条规定的退伙情形，即合伙协议约定合伙期限的，在合伙企业存续期间，有下列情形之一的，合伙人可以退伙：合伙协议约定的退伙事由出现；经全体合伙人一致同意；发生合伙人难以继续参加合伙的事由；其他合伙人严重违反合伙协议约定的义务。其二，未约定合伙期限的退伙是《合伙企业法》

第 46 条规定的退伙情形，即合伙协议未约定合伙期限的，合伙人在不给合伙企业事务执行造成不利影响的情况下，可以退伙，但应当提前 30 日通知其他合伙人。该法第 73 条规定，有限合伙人可以按照合伙协议的约定向合伙人以外的人转让其在有限合伙企业中的财产份额，但应当提前 30 日通知其他合伙人。

（2）法定退伙。法定退伙，也称当然退伙，是指基于法律的直接规定原因而退伙。[①]《合伙企业法》第 48 条、第 50 条规定的直接原因退伙有下列四种情形：

第一，依据《合伙企业法》第 48 条第 1 款，合伙人符合下列情形之一条件的，当然退伙：作为合伙人的自然人死亡或者被依法宣告死亡；个人丧失偿债能力；作为合伙人的法人或者其他组织依法被吊销营业执照、责令关闭、撤销，或者被宣告破产；法律规定或者合伙协议约定合伙人必须具有相关资格而丧失该资格；合伙人在合伙企业中的全部财产份额被人民法院强制执行。

依据《合伙企业法》第 42 条第 2 款，人民法院强制执行合伙人的财产份额时，应当通知全体合伙人，其他合伙人有优先购买权；其他合伙人未购买，又不同意将该财产份额转让给他人的，依照《合伙企业法》第 51 条的规定为该合伙人办理退伙结算，或办理削减该合伙人相应财产份额的结算。

根据《合伙企业法》第 78 条的规定，有限合伙人符合第 48 条第 1 款所列情形之一条件的（个人丧失偿债能力的情形除外），当然退伙。按照该法第 79 条的要求，作为有限合伙人的自然人在有限合伙企业存续期间丧失民事行为能力的，其他合伙人不得因此要求其退伙。

第二，依据《合伙企业法》第 48 条第 2 款、第 3 款的规定，合伙人被依法认定为无民事行为能力人或者限制民事行为能力人的，经其他合伙人一致同意，可以依法转为有限合伙人，普通合伙企业依法转为有限合伙企业。其他合伙人未能一致同意的，该无民事行为能力或者限制民事行为能力的合伙人退伙。退伙事由实际发生之日为退伙生效日。

第三，依据《合伙企业法》第 50 条第 1 款、第 2 款的规定，合伙人

---

① 郑云瑞：《民法总论（第七版）》，北京大学出版社 2017 年版，第 244 页。

死亡或者被依法宣告死亡的，对该合伙人在合伙企业中的财产份额享有合法继承权的继承人，按照合伙协议的约定或者经全体合伙人一致同意，从继承开始之日起，取得该合伙企业的合伙人资格。有下列情形之一的，合伙企业应当向合伙人的继承人退还被继承合伙人的财产份额：继承人不愿意成为合伙人；法律规定或者合伙协议约定合伙人必须具有相关资格，而该继承人未取得该资格；合伙协议约定不能成为合伙人的其他情形。

第四，依据《合伙企业法》第 50 条第 3 款的规定，合伙人的继承人为无民事行为能力人或者限制民事行为能力人的，经全体合伙人一致同意，可以依法成为有限合伙人，普通合伙企业依法转为有限合伙企业。全体合伙人未能一致同意的，合伙企业应当将被继承合伙人的财产份额退还该继承人。

（3）强制退伙。强制退伙指合伙人基于某些法定原因或条件，其他合伙人可强制该合伙人退伙。[①]《合伙企业法》第 49 条规定，合伙人有下列情形之一的，经其他合伙人一致同意，可以决议将其除名：未履行出资义务；因故意或者重大过失给合伙企业造成损失；执行合伙事务时有不正当行为；发生合伙协议约定的事由。对合伙人的除名决议应当书面通知被除名人。被除名人接到除名通知之日，除名生效，被除名人退伙。被除名人对除名决议有异议的，可以自接到除名通知之日起 30 日内向人民法院起诉。

3. 退伙的法律后果

（1）退伙人应当承担连带责任。退伙人对基于其退伙前的原因发生的合伙企业债务，承担无限连带责任。合伙人退伙时，合伙企业财产少于合伙企业债务的，退伙人应按《合伙企业法》第 33 条第 1 款的规定分担亏损。

有限合伙人退伙后，《合伙企业法》第 81 条规定，对基于其退伙前的原因发生的有限合伙企业债务，以其退伙时从有限合伙企业中取回的财产为限承担责任。

（2）自愿退伙人应当赔偿损失。违反《合伙企业法》第 45 条、第

① 王利明：《民法总论（第二版）》，中国人民大学出版社 2015 年版，第 207 页。

46 条规定，合伙人自愿退伙的，应赔偿由此给合伙企业造成的损失。

《合伙企业法》第 51 条规定，退伙结算的方式如下：合伙人退伙，其他合伙人应与该退伙人按照退伙时的合伙企业财产状况进行结算，退还退伙人的财产份额。退伙人对给合伙企业造成的损失负有赔偿责任的，则相应扣减其应当赔偿的数额。退伙时有未了结的合伙企业事务的，则待该事务了结后进行结算。

（3）合伙企业退还退伙人在合伙企业中的财产份额。退伙人在合伙企业中财产份额的退还办法，由合伙协议约定或者由全体合伙人决定；退还内容与方式，既可退还货币，也可退还实物。

个人合伙中的退伙法律后果，依然按书面合伙协议处理，未有书面约定或约定不明的，则退伙人对原合伙的债务承担清偿责任，具体承担方式按《〈民法通则〉意见》第 52、53、54 条的相关规定执行。①

六 合伙的终止

（一）合伙终止的概念

合伙的终止，也称合伙企业的解散，是指由于法定原因出现，或者合伙人约定的原因，导致合伙企业消灭。

（二）合伙终止的事由

依据《合伙企业法》第 85 条的规定，符合下列任意一项条件，应予解散合伙企业：合伙期限届满，合伙人决定不再经营、合伙协议约定的解散事由出现、全体合伙人决定解散、合伙人已不具备法定人数满 30 天、合伙协议约定的合伙目的已经实现或者无法实现、依法被吊销营业

---

① 《关于贯彻执行〈中华人民共和国民法通则〉若干问题的意见（试行）》第 52 条规定：合伙人退伙，书面协议有约定的，按书面协议处理；书面协议未约定的，原则上应予准许。但因其退伙给其他合伙人造成损失的，应当考虑退伙的原因、理由以及双方当事人的过错等情况，确定其应当承担的赔偿责任。

第 53 条规定：合伙经营期间发生亏损，合伙人退出合伙时未按约定分担或者未合理分担合伙债务的，退伙人对原合伙的债务，应当承担清偿责任；退伙人已分担合伙债务的，对其参加合伙期间的全部债务仍负连带责任。

第 54 条规定：合伙人退伙时分割的合伙财产，应当包括合伙时投入的财产和合伙期间积累的财产，以及合伙期间的债权和债务。入伙的原物退伙时原则上应予退还，一次清退有困难的，可以分批分期清退；退还原物确有困难的，可以折价处理。

执照、责令关闭或被撤销，以及法律、行政法规规定的其他原因。

根据《合伙企业法》第75条的规定，有限合伙企业仅剩有限合伙人时应解散；但是有限合伙企业仅剩下普通合伙人的不应解散，而转为普通合伙企业。显然，这是为了维护债权人合法权益的需要。

（三）合伙终止的清算

个人合伙终止的处理办法不称为“清算”。依据《〈民法通则〉意见》第55条的规定，对个人合伙终止的合伙财产的处理，有书面协议的按协议处理；没有书面协议且协商不成的，则按照具体情况处理；若合伙人出资额相等，应考虑多数人意见酌情处理；若合伙人出资额不等，则可按出资额占全部合伙额多的合伙人的意见处理，但是，应当保护其他合伙人的利益。

合伙企业解散时应由清算人进行清算。依据《合伙企业法》的规定，清算人的组成人员为全体合伙人。此外，经过半数全体合伙人同意，可自合伙企业解散事由出现后15日内指定一个或数个合伙人，或委托第三人，担任清算人。不过，自合伙企业解散事由出现之日起15日内未确定清算人时，合伙人或其他利害关系人可申请人民法院指定清算人。在清算期间，合伙企业存续，清算人执行法律规定的事务，但不得开展与清算无关的经营活动。清算结束，合伙企业应办理注销登记。合伙企业注销，或合伙企业依法被宣告破产，原普通合伙人对合伙企业存续期间的债务，仍应承担无限连带责任。这也是为了保护合伙债权人利益的一种特殊制度设计。

【案例思考】

郑铁山、杜长民等与太康县常营镇常南行政村第五村民组土地承包经营权纠纷再审案①

1982年前后，太康县常营镇常南行政村第五村民组（以下简称第五

① 案号：河南省高级人民法院〔2015〕豫法民提字第298号，2018年5月30日（http://wenshu.court.gov.cn/content/content?DocID=586d689c-a2e2-4a8a-b571-029abc8aa22b&KeyWord=%E5%86%9C%E6%9D%91%E6%89%BF%E5%8C%85%E7%BB%8F%E8%90%A5）。

村民组）根据国家政策规定实行农村土地承包制度，村民杜长民家承包常营镇东、311 国道南、原常营镇道班对面的承包地 0.34 亩。村民郑学言家承包地 0.61 亩，后因郑学言与儿子郑铁山分家，该地分给郑铁山管理使用。村民杜新家承包地 0.33 亩，为耕种方便，杜新家与婆弟袁存喜家进行了互换。后因杜新去世，三个女儿出嫁，该地一直由袁存喜家管理使用。1995 年第五村民组将该土地收回，交给他人耕种两年。1997 年第五村民组又将包括该争议地在内的 6 亩土地租赁给常营镇水利站，期限 20 年，租赁费每亩每年 600 元，郑铁山作为村民代表在租赁合同上签字。另外与该 6 亩土地相对、311 国道北的另一块土地租赁给了常营镇政府，每年的租金合在一起，由第五村民组按人口、地亩数统一分配。郑铁山、袁存喜、杜长民和其他户一样每年领取出租地分配款。直到 2012 年 6 月 28 日第五村民组与常营镇水利站协商解除租赁合同。

2012 年 9 月 10 日，郑铁山、杜长民、袁存喜起诉至太康县人民法院请求确认郑铁山、杜长民、袁存喜分别享有 0.61 亩、0.34 亩、0.33 亩土地承包经营权。

问题： 1. 郑铁山和袁存喜在该案中是否具有主体资格？

2. 本案第五村民组在民事主体类型中属于何种类型？为什么？

3. 杜长民三人的诉讼请求是否超过诉讼时效？

4. 争议的土地承包经营合同是否已经协议解除？

5. 争议的土地应由第五村民组依法收回还是归杜长民三人继续承包使用？

第三编

民事权利和民事义务

第九章

民事权利

【本章导读】民法是权利本位法，民法典就是“书写人民权利的圣经”。在民法学领域，无论是学术理论的构筑还是法律规范的构建，都是以民事权利作为核心与基石的。本章从民事权利的含义入手，对民事权利的本质、民事权利的分类、民事权利的取得与变动、民事权利的行使与保护问题进行分析和阐述，以期对民事权利有全面而深刻的理解和把握。

第一节　民事权利概述

一　民事权利的含义

根据国内学者的研究，“权利”一词源自域外，中国的本土文化并未孕育出私法意义上的“权利”概念。在域外，“直至中世纪临近结束之时，在任何古代的或中世纪的语言里，都没有找到可以用‘权利’来准确翻译的用语”。虽然罗马法创造出了与“权利”概念相当的“ius”，但真正提出“权利”概念的则是古典自然法学派的先驱人物——托马斯·阿奎那。阿奎那把法律区分为反映神意的神法和反映自然人理性的自然法。他认为自然法体现的是人的天性，这种天赋的、不可剥夺的天性就是“自然权利”。19 世纪中期以后，“权利”和“义务”才作为法学的基本概念被总结出来并沿用至今，以至如今已经成为法学的基石。[①]

关于“权利”的概念，学者们基于不同的价值取向，从不同的角度进行过诠释，但迄今为止未见毫无争议的权威性界定。之所以如此，是因为任何社会科学都以一定的假设为基础，并以此假设为出发点去论证相关的社会问题，而权利概念恰好处于假设的基点位置上，“任何用以论证权利的依据首先也是由权利推导出来的”，这就必然导致了逻辑上的循环往复。用康德的话来说：“问一位法学家‘什么是权利?’就像问一位逻辑学家‘什么是真理?’那样使他感到为难。他们的回答很可能是这样，且在回答中极力避免同义语的反复，而仅仅承认这样的事实，即指出某个国家在某个时期的法律认为唯一正确的东西是什么，而不是正面回答提问者提出来的那个普遍性的问题。”[②] 不过应该肯定，学者们关于权利的各种学说和谈论无疑对全面理解“权利”是有帮助的。

德国通说将“权利”界定为是满足利益需要的意志支配力。[③] 国内学者李永军认为该定义颇具借鉴意义。梁慧星在其《民法总论》（2001 年版）中认为：所谓权利，指的是享受特定利益之法律上之力也。王利明认为，权利不是单一的简单概念，而是一个认识框架，是服务于民事主体特定利益的实现或者维持，由法律上之力保证实现的自由。[④] 在一般意义上，没有自由意志就意味着服从，谈不上权利，离开法律保障的意志自由不是真实的自由，故本书认为民事权利是民事主体为实现特定利益而受法律保障的意志自由。

---

① 文正邦：《有关权利问题的法哲学思考》，载张文显、李步云主编《法理学论丛》第 1 卷，法律出版社 1999 年版，第 313 页。

② 康德：《法的形而上学原理》，商务印书馆 1991 年版，第 39 页。或如黑格尔所言，法学作为科学的一个部门，它具有一定的出发点，这个出发点就是先前的成果和真理，正是这先前的东西构成对出发点的所谓证明。必须如此是因为“哲学形成一个圆圈：它有一个最初的、直接的东西，因为它总得有个开端，即一个未得到证明的东西”，而“这个起点必然要在另一终点上作为成果显现出来”并最终形成“一条锁链”，构成“一个完整的圆圈”。

③ ［德］迪特尔·梅迪库斯：《德国民法总论》，邵建东译，法律出版社 2001 年版，第 63 页。

④ 王利明主编：《民法（第四版）》，中国人民大学出版社 2008 年版，第 101 页。

二　权利的本质

对于权利本质的认识众说纷纭，仁者见仁，智者见智。概括起来有，权利即是自由；权利即是利益；权利即是资格；权利即是主张；权利即是选择自由；权利即是一种法律上的“力”；权利即是行为尺度；权利即是意思自由等。在众多理论中影响较大的学说主要有人性说、意志说、利益说和法力说（或称能力说）四种。

人性说从自然权利理论出发，把权利本质归于人的自然理性。权利是一个理性人天生固有的“道德品质”，“由于这种品质，一个人有资格正当地占有某种东西或者正当地做出某件事情”。人性说实质上是从天赋人权的角度去讨论了权利的本质问题，而现代西方法理学注重实证主义，对于以自然理性基础上的人性说往往持批评态度，认为这一理论的构筑基础模糊不清。

意志说认为权利就是以权利所有者的意志为中心的选择。斯宾诺莎最早提出了权利是一种免予干扰的条件，而霍布斯则把法律与自由联系起来，进一步指出权利就是法律允许的自由。意志说的代表人物有德国的康德和萨维尼，在现代的代表人物中还有哈特。哈特关于权利本质的理论被称为“新意志说”。他认为：“主体之所以有某种权利取决于法律承认该主体关于某标的或某特定关系的选择优越于他人。”他举例说：“相关义务对应的权利的取得与行使是以权利人的选择为前提的，只有权利主体选择要求履行，义务主体才需要履行，权利才得以成立。自由权和权力权更是说明权利是权利主体主动和积极的选择。只要法律没有禁止，我就有自由去选择这样做；只要法律承认，我就获得了一个权力去自由选择那样做。”

利益说是以边沁的功利主义观点为基础的，代表人物为耶林。利益说认为：“一切社会关系都是各种利益的衡定。把权利这种授权性规范纳入这一体系考察，其结论则是任何权利总是一种利益，否则就是荒谬的。”①

① 文正邦：《有关权利问题的法哲学思考》，载张文显、李步云主编《法理学论丛》第1卷，法律出版社1999年版，第314页。

利益说和意志说都有着各自明显的缺陷。利益说受到批评是因为它没能将权利与义务明显地区别开来，能够用权利表达的同样也可以用义务表达，权利概念几乎多余。所以哈特对利益说的评价是："除了制造义务公式外，并没有真正理解权利。"意志说虽然囊括了一些主要的权利类型，但尚有一种重要的权利并不依赖于主体的意志选择，即人身自由权。人身自由权既不可被另一公民剥夺，也不可放弃。根据刑法，如果某人受到了非法拘禁，无论他是否愿意指控受不法侵害，国家机关都将对该拘禁行为进行惩处，将权利主体的人身自由恢复到圆满状态，哪怕该权利主体愿意失去自由。由于意志说实际上排除了这种最重要的权利，所以说它是一种不适当的、不完满的关于权利本质的理论。

法力说又称法律力量说，代表人物是德国学者梅克尔（Merkel），他认为"权利是由法律和国家权力保证人们为实现某种特定利益而进行一定行为的'力'"。换句话说，权利就是用法律保障主体以一定的方式行使其意志，而其意志的目的就是实现某种利益。显然，该学说认为权利由特定的利益和法律之力两种因素构成，"法律之力的目的在于保护和充实个人的特定利益"。尽管有学者认为"法力说是民事权利的陷阱，它必将导致民事权利陷入权利法定化的泥潭"，但不可否认，法力说避免了以往学说的那些明显的缺陷，逐渐被学术界广泛接受。

本书认为民事权利是民事主体为实现特定利益、受法律之力保障的意志自由，故权利本质是受法律之力保障的意志自由，而主体的特定利益是权利的目的。

【疑难争点】关于权利与利益的相互转化问题

利益与权利关系如何？二者是否可以相互转化？一种观点认为：受到法律保护的利益也就成了权利。另一种观点认为：权利和利益之间的关系可概括为两个方面，从执法的角度看，权利是法律保护的利益，利益经过法律确认才能上升为权利，从而使其具有对抗他人、组织甚至国家侵害的特点；而从立法的角度看，权利是无须经过成文法确认的，其原本就是人基本的价值与尊严的延伸和外在表现。所以，限于执法领域内把权利解释为法律所保护的利益是恰当的。

本书认为，上述观点有值得借鉴之处，利益在经过法律确认后即转化为权利。权利与利益有时候无法分得非常清楚，这是由权利的特征之一即利益性所决定的。我们之所以划分民事权利与民事利益，其意义只是在于区分当事人是否享有民事权利，是否具有诉权，当事人所取得的民事利益是否合法，是应受到法律的保护还是应受到法律的制裁。

第二节　民事权利的种类

民事权利依据不同标准有不同的种类。

一　人身权、财产权和综合性权利

依据民事权利所体现的利益不同，可分为人身权、财产权和综合性权利。

（一）人身权

人身权，是指法律赋予民事主体与其人身紧密联系而无直接财产内容的权利。这一定义明确了如下特征：第一，人身权是法律赋予的，离开法律的认可谈不上人身权，无所谓天赋人权的说法。第二，人身权与人身紧密相连，不可分离。这意味着人身权一般意义上是不能够抛弃、转让的。第三，人身权本身没有财产内容，这意味着人身权领域不能够简单适用等价有偿规则。但是，基于人身权关系是可以派生财产权益的。

人身权是民事主体的人身关系在法律上的体现和反映，包括了人格权和身份权。

1. 人格权

人格权是生命个体存在和发展的基础，是整个法律体系中一种最基础性的权利。我国《民法总则》第 110 条规定：“自然人享有生命权、身体权、健康权、姓名权、肖像权、名誉权、荣誉权、隐私权、婚姻自主权”等权利；法人、非法人组织享有名称权、名誉权、荣誉权等权利。这是我国民事主体人格权类型的法律依据，由此，我国人格权包括了生命权、健康权、身体权、姓名权（名称权）、肖像权、名誉权、荣誉权、隐私权、婚姻自主权等。

（1）生命权：以自然人性命维持和安全维护为内容的权利。

（2）健康权：自然人维护其身体生理机能正常运行及其功能正常发挥的权利。

（3）身体权：自然人保持其身体各组织完整以及支配其肢体、器官和其他的身体组织并保护自己的身体不受其他人非法侵害的权利。

【疑难争点】健康权与身体权的关系

健康以身体为物质载体，破坏身体的完整性必然导致对健康的损坏，如折断自然人的肢体，此种情形应认定为侵害健康权还是身体权？

本书认为，当自然人身体构成的完整性、完全性受到了损害，且这种损害对人体机能的正常发挥及整体功能的完善造成了损害的，应当认定成侵害了健康权。

（4）姓名权：自然人享有的决定、使用、改变其姓名的权利。

（5）名称权：法人、个体工商户、个人合伙或非法人组织享有的决定、使用、改变自己的名称以及依法转让自己的名称，并不受他人侵犯的权利。

（6）肖像权：权利主体对自己的肖像享有的再现、使用并排除他人侵害的权利。

（7）名誉权：权利主体所享有的就其自身特性所表现出来的社会价值而获得社会公正评价的权利。

（8）荣誉权：民事主体对其获得的荣誉及其利益所享有的保持、支配的权利。

【疑难争点】关于荣誉权的性质

对荣誉权性质有不同的看法。第一种主张是“人格权说”，认为荣誉权是一种人格权，而非身份权，属于尊严性人格权。第二种主张是“身份权说”，认为荣誉权的性质是身份权，不是自然人生来就有的人格权，而是基于一定的事实受到表彰奖励后取得的身份权，其可以依法获得，也可以经一定程序予以剥夺或撤销。第三种主张是“双重属性说”，认为荣誉权兼具身份和人格的双重属性，身份权是其基本性质。

本书认为，荣誉权的主要内容是对荣誉的保持权和精神利益的支配权。荣誉保持权是权利人对获得的荣誉保持归已享有、独占的权利，未经法定程序不得撤销或剥夺，也不得转让、继承。而对精神利益的支配权是权利人对其获得的荣誉中的精神利益的自主支配的权利。荣誉权的精神利益是指权利人因获得荣誉而享有的受到尊重、敬仰、崇拜以及荣耀、满足等精神待遇和精神感受，这些利益由权利人专属享有。从荣誉权的内容看，其与权利人的人格尊严密切相关，将其定义为人格权更为合适。在《民法通则》中，荣誉权就规定在人格权中，《民法总则》亦做了同样处理。

（9）隐私权：权利人享有的私人生活安宁与私人生活秘密依法受到保护，不被他人非法侵扰、知悉、收集、利用和公开的权利。

（10）婚姻自主权：当事人依法决定缔结或解除婚姻的权利。

（11）个人信息权：个人信息指包括自然人姓名、年龄、有效证件号码、婚姻状况、工作单位、学历、履历、家庭住址、电话号码等能够识别个人身份的信息、数据资料。① 也就是说，个人信息包括能否识别个人身份的专属性信息和涉及个人隐私的信息两大类。个人信息权是指权利人对个人信息依法享有的支配、控制并排除他人侵害的权利。其和隐私权并不重复，两者保护的侧重点不同。② 隐私权属于一种防御性权利，在该种权利被侵犯之前权利人无法主动积极地行使该项权利，而个人信息权侧重于个人对信息的自主决定和支配，属于一种主动性权利。③

2. 身份权

身份权是指公民因特定身份而产生的民事权利，也是人身权的重要组成部分。我国《民法总则》第 112 条规定，自然人因婚姻、家庭关系等产生的人身权利受法律保护。此为我国民事主体身份权类型的法律依据，由此，民事主体身份权包括配偶权、亲权、亲属权等以具备某种身份为要件的权利。

（1）配偶权：是指在合法有效的婚姻中，夫妻之间互为配偶，并以夫妻之间的特定身份利益为内容的权利。

（2）亲权：父母基于其身份对于未成年子女在人身、财产方面的管理和保护的权利。大陆法系国家普遍没有关于亲权的规定，英美法系国家将亲权纳入监护的范围，我国《民法总则》也没有直接使用亲权的概

---

① 最高人民法院、最高人民检察院、公安部：《关于依法惩处侵害公民个人信息犯罪活动的通知》（公通字〔2013〕12 号）。

② 个人信息不等同于个人隐私，即便个人信息已经公开，仍有可能成为个人信息犯罪侵犯的对象。

③ 李永军：《〈民法总则〉中个人隐私与信息的二元制保护及请求权基础》，《浙江工商大学学报》2017 年第 3 期。

念，但第121条的表达和关于法定监护权的规定带有亲权的性质。

（3）亲属权：除配偶以外的其他近亲属之间以特定身份利益为内容的权利。

【疑难争点】身份权的外延

关于身份权的范围，学界有观点认为，除了以上列举的典型的身份权内容外，还包括知识产权中的人身权——著作人身权，原因在于著作人身权享有以作者“身份”为前提。

本书认为，在知识产权立法中，专利法、商标法所规定的专利权、商标权并不包含人身权方面的内容，而是单纯的财产性权利；虽然著作权法中规定了著作人身权，但从该法其他条文的规定和表述来看，著作人身权与作者的人身并非不可分离。“著作人身权”这一表达在学界一直存在争议，有人认为“著作人身权”与传统民法中的“人身权”完全不相关，“著作人身权”的提法应该予以纠正，且“作者”并非“身份”而是基于创作事实而获得的“资格”。

（二）财产权

财产权是指以财产利益为内容的民事权利，其所体现的利益具有经济价值或可以予以经济评价。财产权不具有专属性，可以与主体发生分离，故财产权可以通过转让、抛弃、继承等方式发生主体变更。财产权包括了物权、债权以及网络虚拟财产权。①

1. 物权

物，分为动产和不动产。物权是指权利人依法对特定的物所享有的直接支配和排他性的权利。包括了所有权、用益物权和担保物权。

（1）所有权：是权利主体在法律规定的范围内对属于他的财产所享有的占有、使用、收益、处分的权利，具有绝对性、排他性、永久性的特点。

（2）用益物权：是指权利主体对他人所有的动产或不动产，依据法律规定享有占有、使用和收益的权利。

（3）担保物权：是指权利主体在债务人不履行到期债务或发生了当

---

① 徐国栋教授等国内学者认为，《民法总则》第127条描述的数据、网络虚拟财产既不属于人身权，也不属于财产权，而是第三类权利。

事人约定的担保物权实现的情形，依法享有的就担保财产优先受偿的权利（法律另有规定的除外）。

2. 债权

“债”，不是日常生活中的“借债”之意，而是民事主体之间因法律规定或合同约定而产生的权利、义务关系，享有权利的一方为债权人，负有义务的一方为债务人。债权是权利人得请求他人为或不为一定行为（作为或不作为）的权利。包括合同之债、无因管理之债、不当得利之债、侵权行为之债。

（1）合同之债：依据有效合同（契约）所产生的权利义务关系。

（2）无因管理之债：无因管理（没有法律规定或约定的义务而为他人管理事务）人要求受益人返还因管理而支出的必要费用而产生的权利义务关系。

（3）不当得利之债：因债务人的不当得利（没有法律上的根据而取得利益）而引起的权利义务关系。

（4）侵权行为之债：因侵权行为（由于过错侵害他人的财产权或人身权）产生的权利义务关系。

3. 网络虚拟财产权

网络虚拟财产是指以电子化形式存在于网络空间的，具有交换价值和使用价值的，可以被人为控制的一种财产，是对客观真实财产的一种模拟性再现。主要包括两类：（1）长时间虚拟生活所形成的人物形象，这是不能转换到现实生活中的虚拟财产；（2）数字化、非物质化的财产，包括网络游戏、电子邮件、网络寻呼等一系列信息产品。由于目前网络游戏的盛行，虚拟财产在很大程度上就是指存在于网络游戏空间的财物，如游戏币、游戏账号的等级、游戏玩家装备等，这些虚拟财产在一定条件下可以转换成现实中的财产。①

获得网络虚拟财产往往经过财产所有人的劳动（如练级）、真实的财物付出（如购买游戏币）、市场交易行为（如买卖装备），因此可以说，网络虚拟财产已经具备了真实财产的基本特征。但由于虚拟财产是存储

① 吕照军：《网络虚拟财产的民法保护》（2014 年 7 月 16 日），2018 年 5 月 30 日（http：//www. chinacourt. org/article/detail/2014/07/id/1339681. shtml）。

于服务器上的一种以电子化方式存在的记录，只依赖于网络空间而存在，人们必须借助于计算机和互联网才能够把握到它的存在，因此虚拟性就构成了虚拟财产与现实财产的本质区别；同时，网络虚拟财产是游戏开发商在设计游戏时就已经编制好的程序和电子数据，玩家需要完成特定的行为或是达到一定的级别时才能够获得，并非人人可以得到，更不可以被随意创造和复制，所以，虚拟财产还具有技术限制性和稀缺性的特征。

虽然理论界与实务界都不同程度地存在着否定虚拟财产的观点，但《民法总则》已经明确了对网络虚拟财产进行保护，只是对于将其归属于哪一种性质的财产权利，目前理论界还存在不同的意见，实务界也有待其进一步明确：

第一种观点认为应将虚拟财产归入物权。认为“只要法律上认可支配的排他性、管理的可能性及独立的经济性，就应当被认定为法律上的物，网络虚拟财产与民法上的物在基本属性上是相同的，所以，应当将其作为一种特殊物，适用现有法律有关物权的规定。”①

将虚拟财产权归属于物权，在法理上无法自圆其说。物权是直接支配物的权利，无须借助于他人的行为，仅依靠自己的意愿支配标的物，并取得权利的内容，除了权利人以外的他人只负有不侵害或不妨碍权利人行使权利的消极义务。而在网络游戏中，玩家对虚拟财产的支配和控制，需要服务商的积极配合，并且该配合义务的主体也只有服务商，由此看出其义务主体是特定的，不符合物权的特征。

第二种观点认为，虚拟财产属于游戏开发商的智力成果，应归入知识产权的范畴。也就是说，将网络虚拟财产作为游戏开发商的作品来对待，游戏开发商享有著作权；而玩家所享有的则限于著作权中的使用权，就是说玩家通过练级或购买等行为所获取的并非对这些智力成果的独占权和所有权，而仅仅是使用权。②

事实上，网络虚拟财产并不符合知识产权客体的特征和要求。它要

---

① 吕照军：《网络虚拟财产的民法保护》（2014 年 7 月 16 日），2018 年 5 月 30 日（http：//www. chinacourt. org/article/detail/2014/07/id/1339681. shtml）。

② 同上。

么是游戏开发商预先编制好的程序和数据，要么是网络程序和规则运作的产物，也就是说，在玩家开始游戏以前，虚拟财产已经作为游戏软件的组成部分存在了。玩家只是在遵循游戏规则的情况下，通过练级或是购买等行为来获取虚拟财产，所获取的财产既不具有新颖性或独创性，也不具有知识产权法所要求的实用性，因此无法将其划归为知识产权的任何一种客体。此外，对于游戏开发商而言，虚拟财产也不是其著作权的客体，从著作权法关于作品的分类来看，无法将虚拟财产归为任何一种类型的作品中。因此，虚拟财产不是知识产权的客体。①

第三种观点认为，虚拟财产权是一种债权。认为游戏开发商与玩家是一种服务合同关系，因此虚拟财产权的本质是一种债权性权利。在双方的合同关系中，开发商与玩家分别是服务提供者和接受者：开发商提供符合法定或约定的质量和数量要求的服务，玩家接受服务并支付相应对价。所以，开发商和玩家不存在所有权的交易关系，开发商也不是以转移游戏及其辅助功能的所有权为目的；玩家对相关装备的控制仅仅标志着其有权享受运营商提供的相关服务。②

合同关系是一种相对关系，如果认为虚拟财产权仅仅体现服务商与玩家之间的合同关系，既不符合现实，也不利于保护玩家的利益。在网络游戏中，除了玩家与服务商的关系，还可能产生玩家与玩家、玩家与其他侵害人之间的关系，这些关系的标的都有可能指向虚拟财产，因此将虚拟财产关系仅仅界定为玩家与服务商之间的合同关系并不全面。

综合以上几种观点，我们认为：虚拟财产权无论归入物权、债权抑或是知识产权都存在理论上无法自圆其说的缺陷。虚拟财产权应该是一种独立的财产权类型，结合《民法总则》的规定，将其作为无形资产的一种予以保护较为合适。

（三）综合性权利

人身权与财产权的划分是传统民法对民事权利的分类，但近代以来，

---

① 吕照军：《网络虚拟财产的民法保护》（2014 年 7 月 16 日），2018 年 5 月 30 日（http：//www. chinacourt. org/article/detail/2014/07/id/1339681. shtml）。

② 同上。

民事权利中又出现了一些兼具人身和财产双重属性的权利，传统的划分方式很难覆盖这些权利，学者们将其称为综合性权利，并将其与人身权和财产权并列。①

综合性权利（亦称混合型权利），是指兼具人身和财产双重属性的权利。这类权利主要包括继承权、知识产权和社员权。

1. 继承权

继承权就是继承人无偿取得被继承人遗产的权利。就其内容而言，属于财产权，但其取得却基于继承人的身份。

【疑难争点】关于继承权存在与否的争论

中外学者对继承权的客观存在尚存在疑问，德国通说认为被继承人死亡之后的继承权概念，用来指继承人对遗产的支配权。我国学者谢怀栻指出："继承权是指在实行当然继承的国家，继承开始后，继承人立即取得遗产上的各种权利，此时，继承人的权利即为许多物权、债权等权利的集合，并无所谓另外的继承权。"②

本书认为，虽然从外在的表象上看继承是取得了对遗产的支配权，但对遗产支配的前提是基于某种身份使其拥有支配的资格，这种资格及基于此种资格所获得的对遗产支配的权利才是继承权的全部。

2. 知识产权

知识产权是指对智力成果或工商业标记所享有的排他性权利，包括著作权、专利权、商标权等。在《中华人民共和国著作权法》中，明确列举了著作人身权和著作财产权所包含的各项具体权能，所以说完整的著作权应该是兼具人身和财产双重属性的，但在《专利法》和《商标法》中，并未明确表达带有人身性质的具体权能，且从专利权和商标权的具体内容来看，将其概括为财产性权利则更为合适。

3. 社员权

社员权是指在某个团体中的成员依据法律规定或团体的章程而享有的各种权利的总称。其中，具有财产内容的权利称为"自益权"，而成员参与团体事务的权利则称为"共益权"，所以，社员权实则是一个权利集

---

① 李永军：《民法总论》，北京大学出版社 2015 年版，第 297 页。

② 同上书，第 307 页。

合，如股权、会员权等。

【疑难争点】关于《民法总则》第127条中描述的“数据”的权利属性

存在网络环境下的“数据”具有多样态的表现形式，诸如文字资料、电子表格、照片、截图、聊天记录等，不同表现形式的“数据”功能不同，对“数据”拥有人的价值不同。从权利所保护的利益性质的角度考察，很难将其归入现有类型，因此，国内有学者将其称为“第三类权利”值得思考。

二　支配权、请求权、抗辩权和形成权

依据权利的作用，可以将民事权利分为支配权、请求权、抗辩权和形成权。

（一）支配权——典型的绝对权

支配权是指权利人可以直接支配权利客体（物、人身利益与智力成果）并实现其利益的权利，典型的支配权如物权、知识产权、人身权。其特点是：第一，客体是特定的；第二，主体是特定的；第三，义务主体是不特定的；第四，权利实现不需要义务人的积极作为；第五，具有排他效力。

（二）请求权——典型的相对权

请求权是指权利人要求他人为特定行为（作为或不作为）的权利。其特点是：第一，具有相对性；第二，具有非公示性；第三，大多表现为实体性权利。请求权作为独立的实体权利，是联结实体法与程序法的一种权利，因为民事诉讼的三种类型即确认之诉、给付之诉、变更之诉，其中给付之诉是核心，而给付之诉的基础就是请求权。请求权既可以独立存在，也可以只作为某权利的内容（权能）。请求权在民法上的意义还在于，它确立了诉讼时效制度的适用范围，从而使诉讼时效与取得时效之间有了明显的区别：一般认为，诉讼时效适用的对象是请求权（即只适用于债权请求权和继承法上的请求权）。

（三）抗辩权

也称异议权，是指对抗对方请求权的权利。如果说请求权是矛，则抗辩权是盾，抗辩权的功能在于延缓请求权的行使或者使请求权归于消

灭。其特征表现为：第一，抗辩权的行使以请求权的行使为前提，没有请求权的行使，抗辩权便没有行使的必要。第二，抗辩权只能由法律明确规定而产生，约定的抗辩事由只能产生合同权利，而不产生抗辩权。第三，抗辩权是私权，是否行使由当事人决定，不主动行使则视为放弃；法官不得依职权主动审查抗辩权是否存在。第四，抗辩权的行使有期限限制，该期限要么由法律直接规定，要么推定为合理期限，但抗辩权没有自己独立的行使期间，因为抗辩权是依附于请求权而发生的，如果对方请求权合法成立，则抗辩权也就合法成立，如果对方的请求权不合法，则抗辩权也无行使之必要。

（四）形成权

形成权是指权利人依其单方意思表示使民事法律关系产生、变更、消灭的权利。形成权必须通过行使才能产生效力，否则虽然权利人享有该权利，但法律关系不会发生任何变动。形成权的行使不以相对人的同意为要件，故对相对人的影响很大，只有及时行使才能使法律关系尽快明确，为此法律上规定了除斥期间。依此期间，权利人逾期不行使将导致该权利的消灭。如果法律规定了该期间，即是形成权的存续期间；法律没有规定的，则依当事人约定的期间；当事人没有约定的，应当在合理期间内行使，否则该权利即告消灭。

形成权的行使还要遵循两条规则：一是不得附任何条件或期限；二是一经行使不得撤销。因为行使形成权的意思表示一旦到达对方即产生效力，故不能撤销。但在到达对方之前，意思表示尚未生效，故其可以撤回。

形成权的特点表现为：第一，形成权的行使表现为单方行为；第二，单方意思表示一经到达对方即为生效（所以，行使形成权的意思表示可以撤回但不得撤销）；第三，效力的产生不需要借助另一方做出某种行为；第四，形成权不能与所依附的原权利分割而单独转让；第五，形成权的存在有除斥期间。

三 绝对权和相对权

以义务主体是否特定以及权利的特点可将民事权利划分为绝对权和相对权。

（一）绝对权

绝对权是指无须通过义务人实施一定的行为即可实现并可对抗不特定人的权利，如人身权、物权、知识产权等。因为任何一个人都得尊重该权利，故为“绝对”。由于绝对权的义务主体不特定，故又称对世权。

（二）相对权

相对权是必须通过义务人实施一定的行为才能实现并只能对抗特定人的权利，最典型的莫过于债权。因为该权利仅仅相对于某个特定人产生效力，故为“相对”。由于相对权的义务主体是特定的，指向特定的人，故又称对人权。

四　既得权和期待权

以取得权利是否需要具备全部要件为标准，民事权利可以划分为既得权和期待权。

（一）既得权

既得权是权利取得之时，必是该取得权利的全部要件已经成就的权利。德国学者称为“完整权”。此种权利既然已经成就，则意味着权利人已经取得且能享受其利益，我国学者多在该意义上解释既得权。一般民事权利均为既得权，如物权、债权等。

（二）期待权

期待权是当一种权利的成就条件还没有完全具备，将来有可能取得与实现的，权利人在取得权利行为之时到权利取得之时的期间，依法享有的权利。此种权利的效力不是欲成就的权利效力，而是保障欲成就权利的合理期待的效力。我国《民法总则》第 158 条到第 160 条关于附延缓期限、条件的规定中，权利人在期限或者条件成就前享有的权利，不是行为本身指向的权利，而是期待该权利的权利，是为期待权。

五　主权利与从权利

依据民事权利之间的主从关系，可以将民事权利划分为主权利与从权利。

（一）主权利

主权利是不依赖于其他权利的存在，可以独立存在的权利。民事权利一般是主权利。

（二）从权利

从权利是依附于主权利而存在的权利。主权利是从权利的基础与前提，除法律另有规定外，主权利的存在、变更、转让影响从权利的存在、变更和转让。权利人不能在转让主权利的情况下而单独保留从权利，也不能在抛弃主权利的情况下而单独享有从权利。

第三节 民事权利的取得与变动

一 民事权利的取得

民事权利的取得是指依据民事法律行为、事实行为、法律规定的事件或者法律规定的其他方式使民事主体获得民事权利。依据其取得方式可以分为原始取得和继受取得。

（一）原始取得

权利的原始取得是指不以已经存在的权利为基础而取得，是权利的第一次发生。原始取得可以依据法律的直接规定而发生，如天然孳息、法定孳息、优先权等；也可以基于法律事实或法律行为而出现，如先占取得、不当得利返还请求权、合同债权等。

（二）继受取得

继受取得也称“传来取得”，是指通过某种行为从原权利人那里取得某种权利，这种方式是以已经存在的某项民事权利为基础而产生权利移转或产生出新的权利，如基于买卖而取得他人的物权、基于继承而取得物权或债权等。

二 民事权利的变动

民事权利的变动是指由于法律的规定或者某种法律事实的发生导致民事权利的内容、效力或存续期间等发生变化，以至于消灭。

（一）权利的变动

根据法律规定或当事人之间的约定，民事权利的内容、效力、存续期间都会发生变化，如债权因部分清偿而减少、债权人在法定期间怠于行使债权而导致丧失公力保护的权利等。

（二）权利的消灭

民事权利的消灭可以区分为绝对消灭和相对消灭两种。前者如所有物的灭失，导致物权的消灭；后者如买卖导致所有权的移转，原权利人所有权的丧失即为相对消灭。

导致民事权利消灭的原因主要有以下几方面：权利人抛弃、转让、权利客体灭失、形成权在除斥期间未行使等。

第四节　民事权利的行使和保护

一　民事权利的行使

权利行使是指权利内容的实现，权利人通过实施一定的行为使其利益由可能转变为现实。任何权利的行使，不仅关乎个人的利益，同时也关系到义务人的利益甚至是国家的利益，因此，对民事权利的行使有必要予以限制，权利人行使权利时应践行社会主义核心价值观，并遵循以下原则：

（一）自由原则

权利的行使，应该属于权利人的意思自治范畴，原则上不受干涉，这就是权利行使的自由原则，也是司法自治原则的应有之义。罗马法上有“凡行使权利者，无论对于何人，皆非不法”的谚语，足以说明权利行使的绝对性。

然自 19 世纪以来，民法思想发生变迁，虽然权利意味着主体的自由意志，但这种自由应有一定的限制，如果权利的行使完全无视他人和社会的利益，自然违反了权利存在的理由。因此，对权利行使的绝对性进行必要的限制成为现代民法的基本原则。

（二）公序良俗原则

公序良俗原则是指民事主体行使民事权利应当遵守公共秩序，符合善良风俗，不违反国家的公共秩序和社会的一般道德。公共秩序是指国家和社会的存在及其发展所必需的一般秩序。善良风俗是指国家和社会的存在及其发展所必需的一般道德。

民事活动必须遵守法律，尊重社会公德，不得损害社会公共利益。

这些规定均体现了私权社会性的理念。史尚宽曾将私法中的公共利益作为权利义务的指导原则进行讨论，认为“个人有追求自由及幸福之权利，同时惟于适合公共利益之限度，赋予以法律上之力（权利），负有以其力贡献于公共利益之义务”，并将其定义为私权社会性乃至义务性。

（三）诚实信用原则

诚实信用原则是指民事主体在行使民事权利时，应诚实守信，以善意的方式从事行为，不得滥用权利及规避法律或合同规定的义务。具体内容为：第一，民事主体行使民事权利，与他人建立民事法律关系，均应诚实，不损害他人利益和社会利益。第二，民事主体在不履行义务造成他人损失时，应当自觉承担责任。

（四）禁止权利滥用原则

权利的来源正当，行使权利方式与手段也应当正当。在法律上，滥用权利的行为是被禁止的，因为这一行为有损于社会利益和他人利益。构成滥用权利的条件一般包括：当事人有权利存在；当事人基于其权利有作为或不作为的行为；当事人行使权利的行为违法，损害公共利益或者他人合法权益。权利人行使权利在法律上是应当的，但是，如果滥用权利，就可能给社会或他人带来危害，因此，行使权利应当在法律许可的范围内进行。

（五）绿色生态原则

绿色生态原则是指人们在生产生活中所从事的一切活动和行为都要与环境、资源相协调，其本质是人与环境的和谐相处。《民法总则》第1章第9条明确规定：“民事主体从事民事活动，应当有利于节约资源、保护生态环境”，这样规定既传承了人与自然和谐共生的传统文化理念，又与我国是人口大国，需要长期处理好人与资源生态的矛盾这一国情相适应，“只有将绿色发展理念作为一项基本原则，才能成为所有民事活动的遵循和司法判断的准则”。①

【疑难争点】绿色生态原则属于强制性规范还是倡导性规范？

“绿色生态原则”在《民法总则》中作为民法的基本原则予以规定，但该规范究竟是属于强制性规范还是倡导性规范在理论上存在争议，该争议也最终会在实践中反映出来。

---

① 吕忠梅：《民法总则应体现绿色发展理念》，《民主与法制》2017年第3期。

关于“绿色生态原则”的表述体现在《民法总则》第1章第9条，从《环境保护法》以及《民法总则》与《环境保护法》的衔接来看，环境领域的节约资源，保护环境分为两个层面：第一层面是民事主体应当遵循环境立法中有关的强制性规范，这是最低层级的要求；第二层面是民事主体在遵循强制性规范的基础上自觉以更高标准要求自己，自觉履行环境立法中的倡导性规范。

本书认为，作为《民法总则》中的“绿色生态原则”的体现，仅能涵盖第一层面，强调民事主体在民事活动中应当满足环境保护的最低标准，否则将遭受不利的法律后果，以此得出“绿色生态原则”应为强制性规范而非倡导性规范。[①]

二　民事权利的保护

没有保障的权利是没有意义的，正所谓“无救济则无权利”。私权神圣是民法的基本理念，保障权利的圆满也是民法的基本任务。权利的保护可以分为事前保护和事后保护两种。事前保护是指在权利受到侵害之前，由当事人根据法律设置的保障措施自行防止或避免权利被侵害。事后保护是指权利受到侵害之时或受到侵害之后，由权利人自行或借助国家公权将权利恢复到圆满状态。李永军认为权利保护和权利救济是有区别的，事前保护为权利保护，事后保护为权利救济，不可混淆。

权利的救济根据当事人选择的途径可以区分为公力救济和私力救济两种。

公力救济是指权利遭受侵害时或侵害后，权利人请求国家以公权力排除侵害的行为，体现的是国家对权利圆满状态的维护，公力救济的主要手段是民事诉讼和强制执行。民事诉讼遵循“不告不理”原则，当权利受到侵害时，国家公权力并不主动介入，而是由当事人自主决定是否寻求公力救济。由于民事权利的种类不同，受到侵害的方式不同，权利主体提起民事诉讼的请求也不同，根据当事人的请求，民事诉讼可以分为确认之诉、给付之诉和形成之诉三种。确认之诉的目的在于请求法院确认某种权利的存在。针对的对象主要是支配权，一旦支配权受到侵害

---

① 陈镜先：《民法总则绿色原则研究》，《法制与社会》2017年第18期。

或在归属上发生争议，当事人有必要请求法院予以明确。给付之诉旨在向对方当事人发出指令，请求法院责令对方做出某种行为。针对的对象主要是请求权，当事人提起给付之诉，必须以请求权的存在为前提。形成之诉在于通过法院判决改变既有的法律关系，以形成新的权利义务关系。针对的对象主要是形成权，因为形成权以一方的行为就可以使法律关系发生或变动，而义务人并不享有对应的权利，所以只有通过形成之诉才可以改变形成权行使而形成的法律关系。

在三种诉的类型中，确认之诉和形成之诉不需要执行，而给付之诉旨在实现实体请求权，所以需要执行，当对方当事人没有主动履行生效判决确定的义务时，权利人可以选择申请强制执行的方式，借助国家公权对对方当事人或其财产采取强制措施，以实现自己的权利。

私力救济是指权利人通过自己的行为，采取各种合法的措施使受到侵犯的权利恢复到圆满状态。因为保护措施是权利人自己采取的，因此又称为自我救济。权利人可以采取的救济措施包括自行协商、在有关人员或单位的调解下通过非诉程序解决等。但在实务中，有些场合下，权利遭受侵害时，因情势紧迫，如不及时制止，可能会造成严重的社会危害后果，此时，法律容忍权利人私自采取一定的“暴力行为”，以及时制止正在进行的侵害的继续发生，如正当防卫和紧急避险。

正当防卫是指对正在进行的不法侵害予以制止，以保护自己或他人的人身或财产的行为。因正当防卫的目的在于阻却违法，故防卫人不需要对因此造成的施害人的损失承担责任。当然，正当防卫必须符合一定的条件才能构成：第一，有不法侵害行为的真实存在，不能进行假想防卫，也不能进行事后防卫；第二，有防卫的紧迫性与必要性；第三，防卫只能针对不法侵害者本人；第四，防卫不能超过必要的限度，只要能遏制住不法侵害，阻止损害的发生或防止进一步扩大足矣，否则会造成“防卫过当”，防卫人对过当造成的损失要承担责任。

紧急避险是指为避免自己、他人的人身或财产遭受现实的紧迫的危险不得已而采取的损害较小利益以保全更大利益的行为。在紧急避险的情况下，危险可能来源于自然，也可能来源于他人。紧急避险需满足一定的条件要求：第一，须为了避免自己或他人的人身或财产遭受的危险；第二，须有紧迫的危险存在；第三，避险人须别无选择，迫不得已；第四，损害的利益小于保护的利益，即以最小的损害保全最大的利益。[①]

【案例思考】

原告顾正安诉称，原告租赁经营文登市张家产北水道村树利石子厂。2013 年 6 月至今，被告以种种理由阻碍原告运输石子的车辆从被告村所在的道路通行。该道路系张家产镇政府修建，不属于村所有。被告的行为侵害了原告的合法权益。请求判令：四被告停止侵害、排除妨害、保持原告运输道路畅通；四被告赔偿因妨碍通行给原告造成的经济损失 50 万元。

被告西水道村委辩称，原告只是租赁经营者，无开采证明，石子厂属私自开采石子，原告不应起诉村委；本村村民近十几年一直生活在灰尘中，引起了村民不满；村路是祖辈留下来的，镇政府在修路过程中确实给予了支持，但是村委在修路时出工出力，有权处置村路；原告要求赔偿 50 万元没有依据，无证据证明；在协商时，原告称其不参与协商，让村委直接与石子厂协商解决，故造成现有局面；因石子厂侵占了村委的山，给村委造成了财产损失，且石子厂建成至今已 20 余年，环境污染严重，给村民生活造成了严重影响；再者，上级政府为了公益事业为村修的连村路，因车辆碾轧已被破坏，故村委与村民已达成共识，在问题未解决前，到石子厂拉石子或拉石头的车辆一律不准从其村通行。

被告毕可福辩称，石子厂致其村严重污染，村民很不满，所以其才挡道。

被告毕建传辩称，其从未看见原告运输石子的车辆亦未见过原告，故原告称其自 2013 年至今阻碍车辆通行及与其协商的说法不属实；原告

---

① 除以上列举的两种紧急情况下外，在生活实践中还存在一种紧急情况下的救济行为，即自助。它是权利人为保护自己请求权的实现而对他人的人身或财产采取限制措施的行为。如：用餐后不付账餐馆暂时不允许顾客离开；住宿后不付费，旅馆扣留客人的行李等。实施自助行为，目的是保证自己请求权的实现，且当时情况紧急，来不及请求公力救济。其与正当防卫和紧急避险的区别在于：自助保护的是自己的权利，而正当防卫和紧急避险所保护的可能是自己的利益，也有可能是他人的利益；自助行为保护的是基于合同之债或绝对权受到侵害后产生的请求权，所以在实施自助措施前，当事人之间已经存在了债的关系，而正当防卫和紧急避险行为实施前，当事人之间并未系形成债权债务关系。转引自王利明《民法总论（第二版）》，中国人民大学出版社 2015 年版。

诉称其租赁村石子厂，但租赁是否合法、是否有资质承包无法确认；该条道路已有几百年历史，属村路；原告是偷着打其村的石头，是原告侵害其村的权益，不是村委侵害原告的权益；原告称50万元的损失无证据证实亦无证据证明是其造成的。

被告毕崇召辩称，石子厂给其村造成了严重污染，引起村民不满，故其才参与了阻拦原告车辆。

经审理查明，原告于2010年6月租赁了位于文登市张家产镇北水道村树利石子厂。合同履行至2013年6月，被告西水道村村委主任毕建安以石子厂对其村造成严重污染、原告运输车辆致其村路面严重损坏等情形为由，在村里“招呼”村民以“挡道”的方式阻拦原告的运输车辆通行，被告毕可福、毕崇召参与了阻拦原告运输车辆通行之事。庭审中，被告西水道村村委主任毕建安坚称在前述事由未得到解决前，到石子厂拉石子或拉石头的车辆一律不准从其村通行；被告毕可福称永远阻拦运输车辆；被告毕崇召称其碰见运输车辆就阻拦。

审理中，依原告的申请并经本院委托，威海普信资产评估有限公司于2013年11月21日对原告的经济损失出具鉴定意见书（本次鉴定费用为2000元），意见为：因停运滞销造成的额外积坨堆积发生的费用为103425元；因停运滞销造成开工不足的损失为3210元/天；因停运滞销造成的产品积压致资金周转速度缓慢，产生的资金成本每月19500元。原告据此将其经济损失的数额明确为103425元+3210元/天×6个月×30天+19500元/月×6个月=798225元。

以上事实，有庭审笔录、鉴定意见书、视听资料（录像）等证据在案为凭。

问题：本案如何处理？

第十章

民事义务

【本章导读】 民事义务与民事权利相对，有权利必有义务。本章主要介绍了民事义务的概念、类型，同时对民事义务的履行及其与民事责任之间的关系进行了分析。

第一节　民事义务概述

一　民事义务的概念

民事义务，是指民事主体为了使权利人实现权利或不影响权利人实现权利所承担的法律上的约束。依据民事义务，义务人应当通过为一定的行为或不为一定的行为以满足权利人利益实现的需要。所以说民事义务是义务人为实现他人的权利而受到的行为限制的界限。其具有如下特点：

（1）民事义务与民事权利相对。承担民事义务就是为了实现权利人的民事权利。民事权利的产生必然伴随民事义务的产生，有权利必然有义务。

（2）民事义务的内容表现为一定的行为约束。义务人必须依法或依照合同为或不为某种行为。

（3）民事义务是一种法律上的义务，它的履行由国家强制力加以保障。但这并不是说一切义务都需要强制履行，生活中大部分义务的履行是由当事人自觉完成的。

（4）不履行民事义务，是构成民事责任承担的一个要件。换言之，义务与责任密切相关。在民事审判中，不仅要弄清义务人是否存在没有履行义务的事实，还要弄清楚是否承担民事责任。

二 民事义务的意义

作为法律对民事主体行为的约束，义务人必须遵守，不能随意变更或免除，否则将受到法律的强制和制裁。权利与义务相对，权利的实现或圆满有赖于义务的履行。

第二节 民事义务的类型和履行

一 民事义务的分类

民事义务可以分为以下几种：

（一）约定义务与法定义务

以义务发生的依据为标准，民事义务可分为约定义务和法定义务。

约定义务是当事人之间通过协商一致确定的义务。法定义务是指法律规范规定的民事主体应负担的义务。

约定义务来源于约定，没有约定则不存在义务。法定义务不需要当事人约定就适用于当事人，且法定义务不能通过当事人的约定排除。

（二）积极义务与消极义务

以义务人的行为方式为标准分为积极义务与消极义务。

积极义务又叫作为义务，是指义务人应做出一定的积极行为的义务。消极义务又叫不作为义务，是指义务人必须为消极行为或容忍他人行为的义务。

（三）基本义务与随附义务

在合同法中，以义务的不同基础为标准，分为基本义务与随附义务。

基本义务是依据合同约定或者法律规定所产生的义务，包括主义务和从义务。而附随义务是指合同双方依据诚实信用原则所产生的，根据合同的性质、目的和交易习惯不同所应当承担的通知、照顾、协助、注意等义务。

二　民事义务的履行及其与民事责任的关系

民事义务的履行就是根据义务的内容积极地从事某种行为或消极地不从事某种行为，以保障权利人权利的实现或维护权利状态的圆满。也就是说，权利人权利的实现依靠义务人对义务的履行，二者之间相互对应。当义务人没有履行法定或约定义务，或履行义务不符合相应的法律规定或双方约定时，则应当承担相应的法律责任，这就是民事责任。

一般认为，民事义务与民事责任是前提与条件的关系：民事义务是民事责任的前提，民事主体不履行民事义务是其承担民事责任的条件。

罗马法并没有区分民事责任和民事义务，到德国普通法时代仍旧沿袭了罗马法的思想，对义务和责任不加以区分。在日耳曼法上，民事义务与民事责任才有了明确的区别。近现代大陆法系民法因受日耳曼法影响，也区分了民事义务与民事责任。我国民法因受大陆法系民法及苏联民法思想的影响，也有民事义务与民事责任两个概念。一般认为，两者之间有以下区别：

第一，法律性质不同。此处存在两种观点：一种观点认为民事义务基于法律的直接规定或当事人的合法约定而发生，当民事主体负担某种民事义务时，他并非当然的民事违法者，所以其不是当然的民事责任承担者；而民事责任作为民事违法行为的法律后果，当民事主体承担某种民事责任时，即意味着他已经处于民事违法者的地位。另一种观点认为民事义务体现的是一种现实的、具体的约束，是法律要求义务人必须履行的具体的为或不为；民事责任是义务主体违反民事义务而应承担的法律上的不利后果，这种不利后果是潜在的、非现实的，是法律对权利人的权利实现设置的一种强制性保障。

第二，发生的条件不同。民事义务的发生以民事行为合法（包括表意行为与事实行为）和某种事实状态的适法为条件。而民事责任的发生条件则是民事主体实施了违反其依法应负担的民事义务的违法行为。

第三，法律拘束力不同。义务是“当为”，由义务人自觉履行，其法律的拘束力体现为民事主体受到法律潜在的强制和制裁。而责任是“必为”，由国家保障强制履行，责任作为违法行为的后果，法律的强制和制裁已经现实地落在了责任承担者的头上。

第四，义务和责任所包含的内容不同——以承担者所受的“不利益”的性质为视角。民事义务对承担者而言，并非属于真正的“不利益”，而民事主体承担民事责任，是强制使其承担真正的“不利益”。其理由是：民事义务的内容由法律直接规定或当事人约定，法定的义务是为维护正常社会经济和生活秩序而需要人人遵守的基本约束，约定的义务则是相对方获得利益的对价。因此民事义务对于承担者而言，并非属于真正的“不利益”。民事责任是违反民事义务的主体承担的不利后果，是对违法者违法行为的制裁。法律责令民事主体承担民事责任，是强制使其承担真正的“不利益”。

第五，承担者的范围不同。任何民事主体都要依法或依约承担一定的民事义务。而民事责任作为民事违法行为的后果，则不是任何民事主体都要承担的。由此可见，民事义务承担者的范围要远大于民事责任承担者的范围，也可以进一步证明民事责任并不是民事义务的必然延伸或者必然产物。

【案例思考】

甲持有A公司90%的股权，后甲将其持有的该90%的股权依法转让给了乙，双方签订了股权转让合同，并办理了A公司的股东变更登记手续。后来因乙有少部分股权转让尾款未支付给甲，甲在催要无果的情况下向法院起诉，要求乙支付剩余股权转让款。案件审理过程中，乙提起反诉，称其委派的人员在经营公司过程中发现，虽然甲在股权转让时向乙移交了大部分会计资料，但仍有少部分未移交，导致A公司的正常经营受到影响，乙不支付尾款即是因为甲未全面履行合同。甲抗辩称，股权转让合同并未约定交付会计资料的义务。假设甲有少部分会计资料未移交给乙属实。

问题： 1. 甲移交会计资料属于从给付义务还是附随义务？

2. 乙是否应向甲支付剩余股权转让款？

第四编

民事权利的客体

第十一章

民事权利客体概述

【本章导读】（1）民事权利客体是民法法律关系的要素之一，有的称为民事法律关系客体或民事法律关系的标的，有的称为民事权利客体或私权客体。通说认为，民事权利客体是指民事法律关系主体之间民事权利和民事义务共同指向的对象，具体包括人身利益和财产利益。（2）民事权利客体具有利益性、客观性、法定性、多样性等特征。（3）民事权利客体的范围具有多样性，且随着人类物质文明和精神文明的不断发展，权利客体范围亦在呈现不断扩张之势。主要的民事权利客体范围包括人身利益、物、货币及有价证券、行为、智力成果、权利、网络虚拟财产、数据等。

第一节　民事权利客体的概念和特征

一　民事权利客体的概念

不同学者对民事权利客体这一概念有不同称谓。有的称为民事法律关系客体或民事法律关系的标的，有的称为民事权利客体或私权客体。一般认为，民事法律关系客体概念与民事权利客体概念所指含义一致，并无实质差别。[①] 我们使用民事权利客体这一概念。

对民事权利客体的概念界定，学者表述存在略微不同。有的认为是指权利义务共同指向的对象；[②] 有的认为是指主体之间据以建立民事法律关系的对象性事物；[③] 有的认为是指民事权利或民事义务的载体；[④] 有的认为是指主体之间得以形成法律关系的目标性事物；[⑤] 有的认为权利由特定利益与法律上之力两要素构成，本质上是受法律保护的特定利益。此特定利益之本体，即是权利的客体。[⑥] 民法方法论上，民法概念下定义的基本方法为若干定语加中心词。在上述定义中，学者们基本均认同该民事权利客体定义的定语是民事权利和民事义务的共同指向。除特定利益之本体的说法较为特殊外，各学者定义的主要分歧在于定义时所使用的中心词略有不同，但实则无本质上的差别。我们采纳通说。通说认为，民事权利客体是指民事法律关系主体之间民事权利和民事义务共同指向的对象，具体包括人身利益和财产利益。

二 民事权利客体的特征

民事权利客体具有如下特征：

（一）利益性

人们进行民事活动，总是为了满足自己一定的利益。民事法律关系建立的目的，总是保护、获取或者分配转移某种利益。民事权利客体之所以是民事主体依据其意思得以支配和追求的目标或对象，其原因就在于民事权利客体自身包含着民事权利所固有的归属于权利人的某种民事

① 参见魏振瀛主编《民法》，北京大学出版社、高等教育出版社 2016 年版，第 121 页；杨立新《民法总则》，法律出版社 2013 年版，第 303 页；梁慧星《民法总论》，法律出版社 1996 年版，第 50 页。

② 佟柔主编：《中华法学大辞典：民法学卷》，中国检察出版社 1995 年版，第 460 页；王利明：《民法总则研究》，中国人民大学出版社 2012 年版，第 397 页；杨立新：《民法总则》，法律出版社 2013 年版，第 304 页；张文显主编：《法学概论》，高等教育出版社 2004 年版，第 128 页。

③ 席志国：《中国民法总论》，中国政法大学出版社 2013 年版，第 88 页；张俊浩：《民法学原理（上）》，中国政法大学出版社 2000 年版，第 58 页。

④ 李永军：《民法总论》，中国政法大学出版社 2015 年版，第 23 页。

⑤ 龙卫球：《民法总论》，中国法制出版社 2002 年版，第 113 页。

⑥ 梁慧星：《民法总论》，法律出版社 2011 年版，第 149 页。

利益的，权利人权利的行使和实现依赖于权利人对民事客体的支配和追求，即权利人是通过支配、追求民事客体来具体行使和实现民事权利，进而实现自己的某种民事利益的。因此，只有具有物质利益、精神利益或其他利益的事物，才能成为民事客体。[①] 因此，民事利益可以说是民事权利客体的基本属性。

（二）客观性

民事权利的客体是不以主体的意识为转移，独立存在于主体之外客观世界中的各种现象。在客观上根本不存在的事物，或者头脑中主观臆断、单纯的主观意识，均不能成为民事权利客体。同时应当特别注意，人是法律关系的享有者，不能成为法律关系的客体，人只能买卖物，而不能被当作物来买卖。

（三）法定性

民事权利客体须得到国家法律的确认和保护。民事权利客体虽然是自然界的客观现象，但并非任何客观现象均可成为民事权利的客体，何种客观现象能够成为民事权利客体须经国家法律认可。民事客体的种类、范围、条件等，原则上应由法律规定，当事人不得随意设定。

（四）多样性

由于民事权利种类多样，不同种类，不同效力的民事权利指向的客体类型各不相同，因此民事权利客体具有多样性特征。如物权客体为物，债权客体为给付行为，人身权客体为人身利益，知识产权客体为智力成果。

第二节　民事权利客体的范围

一　民事权利客体范围概述

关于民事权利客体的范围，学者认识不一，归纳起来主要有如下几种观点：一是认为民事权利的客体是物；[②] 二是认为民事权利的客体是体

① 李建华、彭诚信：《民法总论》，吉林大学出版社 1998 年版，第 201 页。

② 陈华彬：《民法总论》，中国法制出版社 2011 年版，第 333 页。

现一定物质利益的行为;[①] 三是认为民事权利客体包括物、行为和智力成果;[②] 四是认为民事权利客体包括物、行为、智力成果和有价证券,[③] 或者认为民事权利客体包括物、行为、智力成果与人身要素（人格、身份）等;[④] 五是认为不同的民事权利的客体是不同的，民事权利多种多样，民事权利客体也是多种多样的，民事权利客体具有多样性。[⑤] 以上关于民事权利客体的观点中，通说为多样性说。

一般认为，民事权利客体的主要类型为人身利益、物、行为、智力成果、有价证券等。但需注意的是，民事权利客体的范围受一定生产力发展和社会历史水平的制约，随着人类物质文明和精神文明的不断发展，权利客体范围亦呈逐渐扩张之势，呈现出发展性及多样化特点。如在古罗马法中，民事权利客体仅限于物，奴隶亦属于物。近代以来，专利、商标、著作权等知识产权对人类社会的作用逐渐彰显，智力成果也成为权利客体中重要的一环。而在当前互联网及大数据时代，虚拟财产、数据等成为新兴的财产权的重要客体。因此，除上述客体外，其他一切能够满足人的需要的各种利益，也可能在经法律认可后成为民事权利客体。

二 我国民事权利的客体

根据《民法总则》的相关规定，我国民法调整的民事权利客体范围包括：

（一）物

物是物权的客体。民法上所称的物，是指存在于人身之外，能够满足人们的社会需要而又能为人力所实际控制或支配的物质存在。物包括动产和不动产。

（二）行为

行为是债权的客体。债权是得请求他人为一定行为或不为一定行为

---

① 佟柔主编：《中国民法》，法律出版社 1990 年版，第 36 页。

② 李由义主编：《民法学》，北京大学出版社 1988 年版，第 35 页。

③ 王利明：《民法总则研究》，中国人民大学出版社 2012 年版，第 400—401 页。

④ 龙卫球：《民法总论》，中国法制出版社 2002 年版，第 113 页。

⑤ 梁慧星：《民法总论》，法律出版社 2011 年版，第 149 页；郭明瑞主编：《民法》，高等教育出版社 2003 年版，第 87 页；张民安、王荣珍主编：《民法总论》，中山大学出版社 2013 年版，第 214 页。

的民法上的权利，因此债权的客体即是债务人向债权人为一定的行为或不为一定的行为。作为客体的行为，特指能够满足债权人利益的行为，亦称给付，包括作为和不作为。

（三）智力成果

智力成果是知识产权的客体。所谓智力成果是指人们通过劳动创造的精神财富或精神产品，主要包括：作品、发明、实用新型、外观设计、商标、地理标志、商业秘密、集成电路布图设计、植物新品种，以及法律规定的其他客体等。具体而言：（1）作品属于著作权的客体。所谓作品，包括以下列形式创作的文学、艺术和自然科学、社会科学、工程技术等作品：文字作品；口述作品；音乐、戏剧、曲艺、舞蹈、杂技艺术作品；美术、建筑作品；摄影作品；电影作品和以类似摄制电影的方法创作的作品；工程设计图、产品设计图、地图、示意图等图形作品和模型作品；计算机软件；法律、行政法规规定的其他作品。[①]（2）发明、实用新型、外观设计属于专利权的客体。发明，是指对产品、方法或者其改进所提出的新的技术方案。实用新型，是指对产品的形状、构造或者其结合所提出的适于实用的新的技术方案。外观设计，是指对产品的形状、图案或者其结合以及色彩与形状、图案的结合所做出的富有美感并适于工业应用的新设计。[②]（3）商标属于商标权的客体。商标是指商品生产者、经营者或者服务的提供者为了标明自己、区别他人在自己的商品或者服务上使用的可视性标志，即由文字、图形、字母、数字、三维标志和颜色组合，以及上述要素的组合所构成的标志。[③] 经商标局核准注册的商标，包括商品商标、服务商标和集体商标、证明商标，商标注册人享有商标专用权，受法律保护。为相关公众所熟知的商标，持有人认为其权利受到侵害时，可以依照商标法规定请求驰名商标保护。[④]（4）地理标志属于商业标识的一种类型，我国纳入《商标法》予以保护，并专门制定了《计算机软件保护条例》对其进行保护。所谓地理标志，是指标

① 参见《中华人民共和国著作权法》第 3 条。

② 参见《中华人民共和国专利法》第 2 条。

③ 刘春田主编：《知识产权法》，高等教育出版社、北京大学出版社 2010 年版，第 258 页。

④ 参见《中华人民共和国商标法》第 3 条、第 13 条。

示某商品来源于某地区，该商品的特定质量、信誉或者其他特征，主要由该地区的自然因素或者人文因素所决定的标志。[①]（5）商业秘密受《反不正当竞争法》保护。所谓商业秘密，是指不为公众所知悉、能为权利人带来经济利益、具有实用性并经权利人采取保密措施的技术信息和经营信息。[②]（6）集成电路布图设计、植物新品种属于新型的知识产权的客体。所谓集成电路布图设计，是指集成电路中至少有一个是有源元件的两个以上元件和部分或者全部互联线路的三维配置，或者为制造集成电路而准备的上述三维配置。[③] 所谓植物新品种，是指经过人工培育的或者对发现的野生植物加以开发，具备新颖性、特异性、一致性和稳定性并有适当命名的植物品种。[④]（7）《民法总则》第 123 条第 2 款第 8 项还规定了一个兜底条款，即“法律规定的其他客体”，亦即其他法律对知识产权的客体有规定的，也作为民法上的知识产权客体加以保护。（8）关于“科学发现”是否应为知识产权的客体。按照 1978 年《科学发现国际登记日内瓦公约》所下的定义，科学发现是指对物质宇宙中迄今为止尚未认识的现象、性质或规律的能够证明的认识。[⑤] 在我国《侵权责任法》及《民法通则》中，曾将“科学发现”纳入知识产权的保护范围。[⑥]《民法总则》第一次审议稿也将“科学发现”作为知识产权客体加以规定。但实际上，“科学发现”是人类对客观世界的认识，认识对象的现象，本质和规律是固有的，不是人造的，不以人的主观意志为转移，不应当为任何人所专有。因此，在草案讨论中就有学者提出“科学发现”不宜作为知识产权的客体或者认为这样的立法规定过于模糊。自草案第三次审议稿开始，即不再将“科学发现”作为知识产权客体，最终通过的《民法总则》亦未将“科学发现”作为知识产权的客体。

（四）权利

权利本身是否得为民事权利的客体，理论上颇有争议。通说认为，

---

① 参见《中华人民共和国商标法》第 16 条。

② 参见《中华人民共和国反不正当竞争法》第 10 条。

③ 参见《集成电路布图设计保护条例》第 2 条。

④ 参见《中华人民共和国植物新品种保护条例》第 2 条。

⑤ 马原主编：《中国民法教程》，中国政法大学出版社 1998 年版，第 604 页。

⑥ 参见《侵权责任法》第 2 条第 2 款、《民法通则》第 97 条。

在法律有规定的情况下，权利本身可成为民事权利的客体。

【疑难争点】权利是否得为民事权利客体？

权利是否可作为民事法律关系的客体，多有争议。一说认为，在法律有明确规定的情况下，权利可以成为民事法律关系的客体。[①] 如权利质押，质押权关系的客体就是权利本身。一说认为，权利之所以能出质是因为在权利之上负载有利益，以权利出质时，客体应是权利所负载的利益，这种利益可以是物，可以是行为，也可以是智力成果，而权利本身并非法律关系的客体。[②] 笔者认为，一些具有可转让性的财产权利本身具有利益属性，经法律规定后可以成为民事权利客体。一般认为，权利要成为民事权利客体需具备以下条件：（1）必须是财产权利。人身权（如生命权、肖像权等）通常不能成为民事权利的客体。（2）必须是可转让的财产权利。不可转让的财产权利，如专属于权利人的财产权（退休金、养老金、抚恤金等权利）不能成为民事权利客体。如《物权法》第232条第4项、第5项即明确规定可以设立质权的股权知识产权范围为“可以转让的基金份额、股权”“可以转让的注册商标专用权、专利权、著作权等知识产权中的财产权”。（3）必须是法律规定可以成为民事权利客体的权利。如《物权法》第180条规定的建设用地使用权，农村承包经营权等可设定抵押权的规定，第232条规定的股权、知识产权等可设定质权的规定。我国《民法总则》第115条明确规定：“法律规定权利作为物权客体的，依照其规定”，系采纳了权利本身得为民事权利客体的意见。

（五）货币和有价证券

在民法上，货币作为法定支付手段的一般等价物，有价证券作为权利凭证，二者被视为特殊的物。

（六）数据及网络虚拟财产

随着互联网及大数据时代的到来，数据及网络虚拟财产成为对人们具有重要价值的新型财产，二者作为独立而重要的财产权利客体亦将为我国民事法律做出明确规定和保护。我国《民法总则》第127条明确规定：“法律对数据、网络虚拟财产的保护有规定的，依照其规定”，但本

---

① 魏振瀛主编：《民法（第六版）》，北京大学出版社2016年版，第122页。

② 刘凯湘：《民法总论》，北京大学出版社2011年版，第59页。

条规定自身没有对数据、网络虚拟财产的概念、范围、分类等做出规定，而是指向其他法律的规定，因此这一规定本质上是一个指引性条款。该条规定中两个核心概念为数据和网络虚拟财产。所谓数据，是指表示客观事物的未经加工的原始素材，是信息的表现形式和载体。在计算机系统中，数据以二进制信息单位 0/1 的形式表示。①《网络安全法》第 76 条第 4 项规定，网络数据是指计算机数据或网络数据，及通过计算机技术在互联网上收集、储存、传输、处理和产生的各种电子数据。数据具有两个特点：一是它依赖载体而存在；二是它通过应用代码或程序自然显现出信息。② 所谓网络虚拟财产是指在网络环境下，以二进制信息单位 0/1的数字化形式存在且能为人力所支配的信息资源。学术上，网络虚拟财产存在广义和狭义之分：广义的网络虚拟财产包括虚拟的网络本身以及存在于网络上的具有财产性的电磁记录，③ 诸如网游账号和装备、电子邮箱、虚拟货币、网络店铺等新生财产样态均被视为网络虚拟财产；狭义的网络虚拟财产仅限于网络游戏中能够为玩家所支配的游戏资源，④ 包括游戏账号、金币、装备等。网络虚拟财产应满足以下三个要件：一是网络性。该要件限定了网络虚拟财产的存在网络空间，也决定了网络虚拟财产的代码本质，其是以 0/1 数字化形式存在的信息资源。二是虚拟性。此要件表明网络虚拟财产是借助于计算机媒介表现出的数字化效果，本质上是存储于服务器上的电磁记录，人们必须借助计算机和互联网才能够把握到它的存在。三是财产性。该要件表明网络虚拟财产必须具有独立的经济价值，能够满足部分民事主体财产上的需求，或者能在部分民事主体之间进行交易，具有财产性质。⑤

---

① 张新宝：《〈中华人民共和国民法总则〉释义》，中国人民大学出版社 2017 年版，第249页。

② 梅夏英：《数据的法律属性及其民法定位》，《中国社会科学》2016 年第 9 期。

③ 杨立新、王中合：《论网络虚拟财产的物权属性及其基本规则》，《国家检察官学院学报》2004 年第 6 期。

④ 钱明星、张帆：《网络虚拟财产民法问题探析》，《福建师范大学学报》（哲学社会科学版）2008 年第 5 期。

⑤ 张新宝：《〈中华人民共和国民法总则〉释义》，中国人民大学出版社 2017 年版，第249页。

（七）人身利益

人身利益是人身权的客体。所谓人身利益是指民事主体在人格关系和身份关系上所体现的与其自身不可分离的利益，具体包括人格利益和身份利益。人格利益是指民事主体对于自己的作为构成民事主体资格的各个要素上所享有的利益，如自然人拥有的人身自由、人格尊严、生命、健康、身体、姓名、肖像、名誉、隐私、婚姻自主、个人信息等利益，法人、非法人组织拥有的名称、名誉等利益。身份利益指自然人就其在亲属相互之间，以及自然人或法人在其他非亲属的社会关系中所处的稳定地位所享有的利益，如自然人拥有的为配偶、为父母、为亲属等利益，自然人、法人、非法人组织拥有的荣誉利益等。

【疑难争点】民事权利客体应否专章规定

民事权利客体应否专章规定，以及如何规定的问题，是我国民法总则立法研讨过程中争论的热点问题。

西方国家立法例：《德国民法典》总则编专章规定“物和动物”（第90条至第103条），该章规则适用于民法典各编，但《德国民法典》仅对物下了定义，对权利客体没有一般性的定义。《葡萄牙民法典》《日本民法典》《韩国民法典》及我国台湾地区“民法”、澳门地区民法典总则篇等都继承了德国法传统，在总则编仅规定“物”的规则。而《俄罗斯联邦民法典》，该法总则编一改德国法传统做法，第三分编专设“民事权利客体”并分为三章，分别规定一般规定、有价证券和非物质利益及其保护。其中第128条规定民事权利客体的种类：“民事权利的客体包括：物，其中包括金钱和有价证券；其他财产，其中包括财产权利；工作和服务；信息；智力活动成果，其中包括智力活动成果的专属权（知识产权），非物质利益。”

我国学者主要意见：王利明主编的《中国民法典学者建议稿》总则编第五章规定“民事权利客体”，梁慧星主编的《中国民法典草案建议稿》总则编第四章规定“权利客体”，杨立新主编的《中华人民共和国民法总则草案建议稿》在第五章设“民事法律关系客体”，徐国栋主编的《绿色民法典草案》序编的第三题规定“客体”，孙宪忠领衔的中国社会科学院版《民法典总则建议稿》亦强调了“权利客体”的重要性，专设“权利客体”一章进行了规定。在《民法总则》草案研讨中，也有不少理论及实务界人士认为在《民法总则》中应当将民事权利客体独立成章。

我国立法：1986 年《民法通则》从权利主体即自然人和法人的规定，直接过渡到民事法律行为、民事权利、民事责任和诉讼时效等有关民事法律关系内容即权利义务关系的规则，并没有规定权利客体规则。2017 年 3 月 15 日通过并于 2017 年 10 月 1 日生效的《民法总则》中也没有专章规定民事权利客体规则。

问题： 试分析我国《民法总则》中没有专章规定“民事权利客体”的原因及利弊？

第十二章

物

【本章导读】（1）物是物权的客体。由于物是人们主要的财产，因此物在民事权利客体中的地位极为重要，大部分民事法律关系的客体为物，民法中许多权利义务内容都是围绕物而展开的。（2）物具有广狭二义。民法上所称的物，是指存在于人身之外，能够满足人们的社会需要而又能为人力所实际控制或支配的客观存在。物具有存在于人身之外，须能够满足人们的社会需要，须能为人力实际控制或者支配，一般为有体物，须有独立性等特征。（3）根据不同标准，可以对物做出不同的分类。需掌握每一种分类的标准，具体含义及分类的意义。（4）在民法上，货币和有价证券被视为特殊的物。

第一节　民法物的概述

一　物的概念及意义

物的概念，存在广狭二义。广义的物，泛指一切在自然界占有一定空间的东西，包括动物、植物、矿物、人等，它是物理学、化学、生物学等许多自然科学的研究对象，但这不是民法上物的含义。狭义的物，即作为物权客体的物，仅指有体物，是指存在于人身之外，能为人力所实际控制或支配并能够满足人类社会生活需要的有形物和自然力。[①]

物在实体法及程序法上均具有重要意义。物是人的重要财产，物在民事法律关系中占有重要地位。物不仅是物权关系的客体，也可以是继承权的客体。债权虽以行为为客体，但在交付物的债权关系中，实际仍与物紧密相关。物还在很大程度上决定着民事法律关系是否有效，除了法律关系的主体、内容会影响法律关系的效力之外，标的物是否符合法律规定也是法律关系效力判断的重要方面，如禁止流通物不能成为自由流通物，不能成为私人所有权的客体。在程序法上，物也有重要意义，在某些情况下决定诉讼的管辖，如我国《民事诉讼法》第 33 条明确规定，因不动产纠纷提起的诉讼，由不动产所在地法院管辖。[②] 此外，物在法律适用上也具有重要意义，如涉外继承案件中不动产适用不动产所在地法，动产则适用被继承人死亡时住所地法律。

【疑难争点】动物是物，还是民事主体？[③]

关于动物的地位，学术界有两种对立的观点：一是动物主体论，该观点认为动物不是物，应该就是法律主体，动物成为主体是法律的必然选择。[④] 或者认为应当给予动物“有限的法律主体”的地位，[⑤] 甚至有学者承认包括动物在内的整个自然界的“法律主体”地位，认为自然界中的存在物——动物、树木、岩石、河流……可以和人类一样享有平等的法律权利。[⑥] 二是与之相对的是动物物格论，该观点认为动物是物。在传统民法上，动物一直是作为法律关系的客体看待的，在民事法律关系中，

---

① 张新宝：《〈中华人民共和国民法总则〉释义》，中国人民大学出版社 2017 年版，第 228 页。

② 参见《民事诉讼法》第 33 条。

③ 本部分关于“【疑难争点】动物是物，还是民事主体?”的主要内容为本书作者王明成撰写。主要参考侯水平主编《物权法争点详析》，法律出版社 2007 年版，第 44—50 页。

④ ［美］T. 雷根：《关于动物权利的激进的平等主义观点》，杨通进译，《哲学译丛》1999 年第 4 期；严春友：《主体性批判》，《社会科学辑刊》2000 年第 3 期；高利红：《动物的法律地位研究》，中国政法大学出版社 2005 年版，第 232—235 页。

⑤ 江山：《法律革命：从传统到超现代———兼谈环境资源法的法理问题》，《比较法研究》2000 年第 1 期。

⑥ 李萱、江山：《动物如何不是物》，《河南社会科学》2003 年第 11 期。

动物只是权利主体支配的对象，是特殊的权利客体。[①] 甚至有学者认为主张动物权利是反人类的。[②]

前述两种对立观点项下，主要又从动物是否应当享有权利，是否可能享有权利两个方面进行讨论。

其一，动物是否应当享有权利，成为权利主体问题。

动物主体论者认为，动物应当享有权利，是权利主体，将其规定为物是很不合理的。因为：（1）从自然的角度看人并不比动物更优越。在大自然的宴席上一切存在物都是平等的。一切存在物都有其存在的理由、价值和意义。[③] 因而，主张将动物由法律关系的客体上升为人类道德关系的主体，并进而升格为有限的法律主体。[④]（2）从权利进化历史看，认为法律权利的主体是在不断扩大的，如奴隶、子女、黑人、妇女等都是逐渐从客体上升为主体的。因而，动物也可以成为法律主体。[⑤]（3）人与非人确有不同，但这种不同导致各方拥有权利的不同，而不会成为平等基本原则推广于非人动物的障碍。例如男女有别，男女权利也不同，男人没有流产权利。由于男人不能流产，谈论男人的流产权利是无意义的。猪不能投票，谈论猪的选举权利也是无意义的。（4）所谓“动物没有内在价值，只有外在价值，人有内在价值，因为人有理性、德性等”是不成立的。因为以人类有内在价值进行辩护需要提到唯有人才有的能力或特征。可是一提到这些特征或能力，就会发现一些人不具备这些特征或能力。甚至会发现有些人的理性或德性可能比一些动物更差。（5）即使非人动物除了为人的利益服务没有其他目的，但不能毫无理由肆意施暴

① 林占发、张骏、张义忠：《动物纳入权利主体范畴之我见》，《江南大学学报》2004 年第 4 期。

② 赵南元：《动物权利论的要害是反人类》，《南方日报》2012 年 1 月 18 日。

③ 严春友：《主体性批判》，《社会科学辑刊》2000 年第 3 期。

④ ［美］T. 雷根：《关于动物权利的激进的平等主义观点》，杨通进译，《哲学译丛》1999 年第 4 期；高利红：《动物不是物，是什么?》，载梁慧星主编《民商法论丛》第 20 卷，金桥文化出版（香港）有限公司 2001 年版；徐昕：《论动物法律主体资格的确立——人类中心主义法理念及其消解》，《北京科技大学学报》（社会科学版）2002 年第 2 期；江山：《法律革命：从传统到超现代——兼谈环境资源法的法理问题》，《比较法研究》2000 年第 1 期。

⑤ 徐昕：《论动物法律主体资格的确立——人类中心主义法理念及其消解》，《北京科技大学学报》（社会科学版）2002 年第 2 期。

于非人动物；认为非人动物不能表达自己的利益，与他人协商，因此不能成为潜在订约人，这是错误的，因为设想大多数潜在订约人是白人，黑人是少数，又是文盲，看不懂书面合同内容，因而黑人不是潜在订约人，这样白人将黑人排除在协商契约以外，甚至将他们沦为奴隶也是合理的了。[①]（6）我们每个人都是生命的体验主体，每个人都是拥有个人幸福（不管我们对他人有什么用处，这种幸福对我们来说都非常重要）的有意识的存在物。这一切对于那些与我们有关的动物（例如，我们吞食和捕捉的动物）来说也是真实的，因而，它们必须被当作（具有自身的天赋价值的）生命的体验主体来看待。所有生物都是道德的主体。[②]（7）世界是一具有内在关联性的统一整体，法律关系的主客二分体系有违于此，才会出现人与自然秩序的失衡。承认自然体的主体资格，但这并不意味着我们就此承认人的内在价值和存在意义就可以和一只昆虫或一片森林相提并论。每个存在体的本质和意义并不是由法律主体资格这一构成性的属性决定的。正相反，通过主体构成性的法律关系模式，我们非但没有贬斥自身的存在价值，而且把对人类福祉的特别关注与对生态的考虑融为一体。[③]

否定论认为动物不应当是权利主体。其理由有：（1）将动物纳入人类道德关怀的范畴并不等于动物获得了道德上的主体地位。在道德关系中，人类是唯一的评价主体，除此之外的一切事物，均应是道德评价的对象。虽然动物具有内在价值和内在需求，但依它们的认知水平，它们永远只能被评价和感知，只能是人类道德关怀的对象（客体），而不能成为道德上的主体或者说获得了道德上的主体地位。（2）即使规定了动物的主体地位而没有人类的执法，它们的权利又如何能实现？谁都无法否认，维护人类社会的可持续发展与保护生态环境的责任，必须也只能由人类这个群体担当。（3）权利主体范围扩展的立法变化不能作为动物享有权利主体地位的论据。非人动物与人类有着不可类比的生命特征，这

① 仓庚：《动物权利何以可能》，《出版参考》2004 年 3 月 15 日。

② ［美］T. 雷根：《关于动物权利的激进的平等主义观点》，杨通进译，《哲学译丛》1999 年第 4 期。

③ 李萱、江山：《动物如何不是物》，《河南社会科学》2003 年第 11 期。

之间有着无法逾越的障碍，所以，即使是在动物保护的法律制度相对健全和完善的发达国家，也无法真正地承认动物的权利主体地位。[①]（4）必须“承认人类在环境中处于中心地位，因为法律是人类的法律”。从环境法的立法目的看，其终极目的是保护人类。[②]（5）从预防道德风险的角度出发，对于任何伦理学主张我们都有权问一问：这个主张是否符合最大多数人的最大利益。对于违反这一原则的道德，可以认定它具有社会危害性，我们有权拒绝。权利的合理性要靠权利与由其产生的义务之间的利益平衡来判断。但是在涉及动物时，这种判断会失去效用，因为没有人有能力站在动物的立场上考虑权利和义务之间的利益平衡。假如从极端拟人化的立场上看，把动物等同于人类，我们看到的是一部分“人”（动物）只有权利而不承担任何义务，而另一部分人却白白承担了义务而没有获得相应的权利，这显然是不公平的。或者说，动物权利之所以不合理，是由于动物没有承担相应义务的能力。从“契约社会”的角度看，动物也不可能和人签订或履行任何契约。（6）伦理学的“伦”字的本义就是人与人之间的关系，物种之间的关系由自然规律调节，不属于伦理学的范畴。因此老虎吃羊不存在任何道德问题，无论羊是否感到痛苦都是一样的。人对待动物的态度取决于人类自身情感的需要，与动物是否具有感觉无关。[③]

概而言之，肯定论与否定论的争议在于人和非人动物究竟是什么关系，在于动物的感受是否属于人的道德伦理范畴。我们赞同否定论观点。

其二，动物是否可能成为权利主体。

肯定者认为，动物成为权利主体是可行的，理由有：（1）现在我们已经有条件来谈论和维护动物权利。这些条件有：公众保护环境、保护动物意识的觉醒，对虐待和残害动物的罪行的揭露，保护动物的实践经验，权利意识的增强，小康生活的逐步实现等。（2）动物视为权利主体，是比人类儿童、残疾人和老年人更为脆弱的个体和群体。它们更应该有

① 许健、沈展昌：《动物“权利主体论”质疑》，《河北法学》2004 年第 1 期。

② 王曦：《国际环境法》，法律出版社 1998 年版，第 8 页。

③ 赵南元：《动物权利论的要害是反人类》，《南方日报》2012 年 1 月 18 日；李萱、江山：《动物如何不是物》，《河南社会科学》2003 年第 11 期。

合理和合法的权利，要求人类善待它们，向它们提供物品或服务。反之，人类有义务善待动物，向它们提供生存必需的物品或服务。对动物是权利的，对人类就是义务。① 言外之意是，动物权利的实现是通过人类履行义务完成的。（3）可以通过监护制度来补救动物行为能力的欠缺问题。② 否定者认为，动物成为权利主体是不可行的，理由有：（1）自我意识是感知痛苦和谈及权利的必要条件。动物没有自我意识，那么动物就没有主体地位，不可能成为“感知”的主体，也不可能成为“痛苦”的主体，更不可能成为“权利”的主体。③（2）代理制度是不可行的。因为，人不是非人动物，无论如何也超不出自己的视野来理解非人类存在物，无从知道其需求。所谓“子非鱼，安知鱼之乐?”而且，代理的后果由被代理者承担，非人动物如何能够承担该法律责任?即使这种法律责任能够实现，对于动物的同类却起不到丝毫的警示作用。动物的责任终究在法律上是由人承担的。可见，非人动物成为权利主体有悖法理，不可操作。（3）将非人动物纳入权利主体范畴将产生难以解决的社会学、经济学、法学问题。④ 对于前述观点，本书赞同否定论观点。

二　物的特征

（一）物仅指有体物

关于物权的客体是否仅指有体物，还是包括有体物和无体物，实际是一个颇有分歧的问题。我们赞同作为物权客体的物仅指有体物的观点。有体物不仅包括有固定形态的有形物，固体、液体、气体等形态可变化的物，空间，以及电、热、声、光、电磁波、能量等自然力，也被视为

---

① 仓庚：《动物权利何以可能》，《出版参考》2004 年 3 月 15 日。

② 徐昕：《论动物法律主体资格的确立——人类中心主义法理念及其消解》，《北京科技大学学报》（社会科学版）2002 年第 2 期。

③ 赵南元：《动物权利论的要害是反人类》，《南方日报》2012 年 1 月 18 日；许健、沈展昌：《动物“权利主体论”质疑》，《河北法学》2004 年第 1 期。

④ 林占发、张骏、张义忠：《动物纳入权利主体范畴之我见》，《江南大学学报》2004 年第 4 期。

有体物，可以成为物权的客体。[①] 无体物主要是指权利。[②] 但权利不属于物。《物权法》把权利（如权利质押时之权利）作为物权客体，属于例外。[③]

【疑难争点】有体物、无体物概念的内涵和外延

关于物权的客体是否仅指有体物，还是包括有体物和无体物问题，各国立法及学术界存在争议。我们认为，实际上，产生这一分歧的核心原因在于有体物、无体物概念的内涵和外延的界定不同，因此，在此主要厘清有体物、无体物概念的内涵和外延。

在罗马法上，物被分为有形体物和无形体物。所谓有形体物，指“按其性质能被触觉到的东西”，而“不能被触觉到的东西是无形体物”，这些无形体物是由“权利组成的”。[④] “无体物是不能触摸到的物。定型在权利中的东西如此……事实上，继承权本身、用益权本身以及债权本身，是无体物。”[⑤] 在罗马法之后，大陆法系以之为基础派生出三种立法。一是以《法国民法典》为代表，把物分为有体物和无体物。在法国法中，各种权利（如用益权、著作权、工业产权）等没有实体存在的“物”均被视为无体物。[⑥] 二是以《德国民法典》为代表（包括《日本民法典》在内），并不承认无体物的概念，明确规定民法上的物为有体物。在德国，与（有形）“物相对应的是无形的权利，如请求权”。[⑦] 因此，德国根本不承认“无体物”概念。三是以《瑞士民法典》为代表（含我国台

---

① 张新宝：《〈中华人民共和国民法总则〉释义》，中国人民大学出版社 2017 年版，第 228 页。

② 王利明：《物权法论》，中国政法大学出版社 1998 年版，第 39 页。

③ 《物权法》第 2 条第 2 款规定：“本法所称物，包括不动产和动产。法律规定权利作为物权客体的，依照其规定。”虽然未使用“有体物”概念，因不动产和动产属于“有体物”的分类，可知本法所称物，是指“有体物”，而权利作为物权客体，属于例外。参见梁慧星《民法总论（第四版）》，法律出版社 2011 年版，第 150 页。

④ ［古罗马］查士丁尼：《法学总论》，张企泰译，商务印书馆 1996 年版，第 59 页。

⑤ ［古罗马］优士丁尼：《法学阶梯》，徐国栋译，中国政法大学出版社 2000 年版，第 137 页。

⑥ 侯水平、郑泰安主编：《物权法教程》，四川出版集团、四川人民出版社 2010 年版，第 52 页。

⑦ ［德］迪特尔·梅迪库斯：《德国民法总论》，邵建东译，法律出版社 2001 年版，第 875 页。

湾地区“民法”)，采折中法。此折中观点认为物包括有体物和无体物，但权利不包含在内。《瑞士民法典》第 655 条第 1 项规定：“本法所指的土地为：1. 不动产；2. 不动产登记簿上已登记的独立且持续的权利……”第 713 条规定：“性质可移动的物以及法律上可支配的不属于土地的自然力，为动产所有权标的物。”“自然力”指的是电力、热力、磁力等自然现象。《韩国民法典》第 98 条规定：“本法所称物，谓有体物与电气及其他管理可能的自然力。”①

台湾学者，或者认为无体物包含权利和自然力，但权利不属于物的范畴；或者认为无体物指自然力，不包含权利。②

在我国大陆，有学者认为有体物包括有形物和自然力。③ 有学者认为，有体物，是指占有一定空间且具有某种形体的物，例如土地、建筑物、动植物以及各种物品。近年来，学理上对有体物逐渐采扩大趋势，认为有体物不必具有一定形态或者固定的体积，无论固体、液体或者气体，均为有体物。至于各种能源，诸如热、光、电子、电气、放射性、核能、频道、航线等，在技术上已能加以控制，工商业及日常生活中已普遍采用，为民法上的物。④ 有学者认为，有体物指占据空间之一部，依人的五官可能感觉之物，包括固体、液体、气体。电、热、声、光、气味，以在法律上有排他的支配可能性为限，作为物对待。无体物，指不能触觉之物。无体物如专利、商标、著作、营业秘密、信息，均非民法上之物。⑤ 有学者认为，无体物主要是指权利。⑥

综上可知，各国立法及学术界实际对有体物、无体物的内涵和外延存在不同的理解和认识。归纳起来：其一，对于有固定形态或固定体积的有形物，以及物理形态可变化的液体、气体等物，均系有体物，各国立法及学界并无实质分歧。其二，自然力为民法上的物，并无异议。但是，自然

---

① 侯水平、郑泰安主编：《物权法教程》，四川出版集团、四川人民出版社 2010 年版，第 52 页。

② 王泽鉴：《民法总论》，中国政法大学出版社 2001 年版，第 208 页。

③ 张新宝：《〈中华人民共和国民法总则〉释义》，中国人民大学出版社 2017 年版，第 228 页。

④ 魏振瀛主编：《民法（第六版）》，北京大学出版社 2016 年版，第 124 页。

⑤ 梁慧星：《民法总论（第四版）》，法律出版社 2011 年版，第 150 页。

⑥ 王利明：《物权法论》，中国政法大学出版社 1998 年版，第 39 页。

力究竟是有体物，还是无体物，立法及学术上实际存在很大分歧。有的学者认为自然力属于有体物，有的学者认为自然力属于无体物，而有的学者则根本未明确其属性。我们认为，许多不具有“某种形状”的物，但在技术上能够加以控制，在法律上有排他的支配可能性的现实客观存在，如空间，以及电、热、声、光、波、核能等自然力，可视为有体物。其三，权利不属于物权法上的物，此点学界已达成共识。分歧在于，一派认为无体物主要指权利，而一派认为无须采纳无体物的概念。我们认为，在采纳无体物概念的语境下，无体物主要是指权利的说法是成立的。

（二）物须存在于人身之外

自奴隶制被废除以后，法律逐步承认了个人人格，人不再允许被作为民事法律关系的客体。亦即，人虽然是自然界中的高等动物，但在民事法律关系中处于主体地位，具有独立人格，不能为物。即使是某个人自己，也不能对自己的身体的整体或部分主张并行使物权法上的权利。以人工连接在身体上的物，如假牙（可自由取出的除外）、假肢、假眼，安装在人体内的心脏起搏器等，应视为人身体的组成部分，不得视为物，但一旦与人体分离，即可视为物。已经从人体上分离之物体，如抽出的血液、剪下的头发、拔掉的牙齿、割掉的器官等，在不违反公序良俗的情况下，应可成为民事法律关系的客体，得为法律上的物。关于尸体、尸骨的法律属性，国内外学界一直存在不同的认识。[①] 现通说认为，人死亡后人格即丧失，因此尸体得为民事法律关系的客体，但是尸体在民法上属特殊的物，所有权人对其不享有经济利益，而只承担安葬、祭祀的义务并享有相应的精神利益，如在他人侵害死者遗体、遗骸的情况下，有权提出精神损害赔偿。

（三）物须能够满足人们的社会需要

获得某种利益或者满足相应需要是人们建立法律关系的主要目的。因此，对人具有有用性，能够满足人们一定的社会需要的物，才能成为民法上的物。反之，对人类没有意义，不具有使用价值的物，没有必要纳入民法的调整范围并为其确定归属和利用规则。人的社会需要主要由物质生活需要和精神生活需要构成。能够满足人们物质生活需要的吃、

---

① 杨立新、曹艳春：《论尸体的法律属性及处置规则》，《法学家》2005 年第 4 期。

穿、住、用、行等生活消费品或具有经济价值和用途的生产物资等可以成为民法上的物，能够满足人们精神生活需要的具有精神价值的物（如书信、书籍等）等也可以成为民法上的物。

（四）物须能为人力实际控制或者支配

在民法上，物对于人的意义，在于人通过支配、控制物而满足其社会需要，只有为人所实际支配或控制的物才能成为民法上的物。那些现在还不能为人所实际控制或支配的物，如众多星球等，不能成为民事法律关系的客体，而仅是物理学或哲学中的物或者物质。当然，随着科学技术水平的不断提高，人们认识、改造世界的能力不断增强，纳入民法上物权客体的物的范围也会逐渐扩大。

（五）物须有独立性

物权法采“一物一权主义”，因此法律上的物应当具有独立性。独立性要求物或者是在物理形态上自成一体，或者虽然物理形态上与其他部分连为一体但通过技术手段可以明确其特定范围且具有独立价值，在交易观念上和法律规定上可以成为单独的交易对象。① 如通过“四至”界定的宗地、区分建筑物里的房屋均具有独立性，可以成为物权的客体。又如一粒米、一滴油，因交易上不能独立为人类的生活资料或生产资料，就不能成为法律上的物。② 由多数物结合而成的难以分离的合成物，亦作为一个物。物之一部，由于无独立性，不属于物。③

第二节 物的分类

一 动产和不动产

根据物是否能移动且移动是否损害其价值为标准，可将物分为动产和不动产。《物权法》第 2 条第 2 款即规定：“本法所称物，包括不动产和动产。”

（一）不动产

一般认为，不动产，是指依自然性或者法律的规定在空间上占有固

---

① 张新宝：《〈中华人民共和国民法总则〉释义》，中国人民大学出版社 2017 年版，第 228 页。

② 参见王泽鉴《民法总则（增订版）》，中国政法大学出版社 2001 年版，第 208 页。

③ 参见梁慧星《民法总论（第四版）》，法律出版社 2011 年版，第 151 页。

定位置，移动后会影响其经济价值的物，包括土地、土地定着物、与土地尚未脱离的土地生成物、因自然或者人力添附于土地并且不能分离的其他物。[①]

土地是指一块有特定四至的地球的表面，它包括耕地、建设用地、林地、草原、水面、荒山、滩涂。未与土地分离的包含在土地中的土沙、岩石、地下水等，为土地的成分，并非独立于土地的物。但土地的矿物，由《矿产资源法》单独规范，因而为独立的物。土地有地籍，最终按宗编号，每号为个别的不动产，即宗地。

土地定着物是指建筑物、构筑物。所谓建筑物，是指具有顶盖、梁柱、墙壁，供人们在其中生活、生产等活动的房屋或场所，如住宅、办公楼、仓库、地下室等；所谓构筑物，是指一般不在内进行生产和生活活动的建筑，如水塔、桥梁、蓄水池、烟囱等。土地定着物具有独立使用价值，因而被视为独立的不动产。[②] 虽然我国法律认为土地和建筑物为相互独立的不动产，但土地和建筑物的权利应一并移转，即“地随房走”或“房随地走”。

与土地尚未脱离的土地生成物是指林木和农作物。关于与土地尚未脱离的土地生成物究竟其本身是土地组成部分还是其已然为独立的财产，民法上有两种观点，一种观点认为，在土地上种植的林木、花草、甘蔗、稻谷、小麦等，在收获而与土地分离前，为土地的组成部分，而非独立的物，不能单独成为权利客体。[③] 另一种观点认为，与土地尚未脱离的土地生成物亦为独立的财产，可为独立的权利客体。我国立法上采纳后一种观点。例如，最高人民法院《关于适用中华人民共和国〈担保法〉若干问题的解释》第 52 条规定：“当事人以农作物和与其尚未分离的土地使用权同时抵押的，土地使用权部分的抵押无效。”可见，我国立法实际

---

① 杨立新主编：《民法总则重大疑难问题研究》，中国法制出版社 2011 年版，第 309 页。

② 有学者认为，定着物成为不动产须具备两个条件：一是持续附着于土地，使其移动会损害价值或者功能；二是具有独立的经济目的，以至不被认为是土地的一部分。因此，依附于土地但不具有独立经济价值而在性质上成为土地一部分的财产，如水井、排水沟、下水道，应成为土地的一部分，而非定着物；临时搭建的工棚、展览棚、戏台等系为临时或者非密切依附于土地的建筑，亦非定着物。参见魏振瀛主编《民法（第六版）》，北京大学出版社 2016 年版，第 125 页。

③ 参见施启杨《民法总论》，台湾：三民书局 1997 年版，第 181 页。

承认了与不动产尚未分离的土地出产物为独立的不动产，而非土地本身的组成部分。

（二）动产

动产，是指不动产之外的其他物，即指能够移动但不损害其用途或价值的物，如一袋大米、一支笔。其中，船舶、航空器及机动车等物在性质上能够移动，其本身为动产。但因其价值较高，且在交易习惯上人们对其转让较为重视和慎重，同时其在法律上亦具有不动产的某些特征，因此这类特殊动产在学理上被称为“准不动产”。①

区分不动产与动产有以下意义：

（1）以法律行为作为物权变动的法定要件不同。不动产物权变动以登记为要件。而动产物权变动一般以交付为要件。特殊者是船舶、航空器及机动车等“准不动产”，其物权变动仍以交付为要件，但未经登记，不得对抗善意第三人。

（2）公示方式不同。不动产物权以登记为公示方式，而动产物权以占有为公示方式，通常不要求进行登记。

（3）设立的他物权类型不同。物权中的建设用地使用权、土地承包经营权、宅基地使用权、地役权等用益物权只能设定在不动产上。在担保物权中，质权、留置权只能设定在动产上，而抵押权在不动产和动产上则均可设定。

（4）发生的法律关系不同。相邻关系制度，如截水、排水、通行、通风、采光等，仅发生在不动产相邻关系中。动产因能够移动，不发生特定人之间的相邻关系。

（5）地域管辖不同。因不动产发生的争议，一般适用专属管辖。② 但因动产引起的争议，则依普通管辖规则确定地域管辖法院。

---

① 《物权法》第 24 条规定：“船舶、航空器和机动车等物权的设立、变更、转让和消灭，未经登记，不得对抗善意第三人。”

② 《民事诉讼法》第 33 条第 1 项规定：“因不动产纠纷提起的诉讼，由不动产所在地人民法院管辖。”《最高人民法院关于适用〈中华人民共和国民事诉讼法〉的解释》第 28 条规定：“民事诉讼法第三十三条第一项规定的不动产纠纷是指因不动产的权利确认、分割、相邻关系等引起的物权纠纷。农村土地承包经营合同纠纷、房屋租赁合同纠纷、建设工程施工合同纠纷、政策性房屋买卖合同纠纷，按照不动产纠纷确定管辖。不动产已登记的，以不动产登记簿记载的所在地为不动产所在地；不动产未登记的，以不动产实际所在地为不动产所在地。”

（6）法律适用不同。对不动产的各类案件，适用不动产所在地法；对涉动产的案件一般实行属人原则，适用动产权利人所在地法。

二 流通物、限制流通物和禁止流通物

根据在流转过程中物是否受限制及受限的程度为标准，可以将物分为流通物、限制流通物和禁止流通物。

限制流通物，是指法律对其流通的范围有所限制的物。对限制流通物做何种限制，主要是由行政法规规定的。限制流通物主要包括以下几种：（1）土地、草原、森林、荒地、水面、滩涂等自然资源，非专属于国家所有，但其所有权的转让受到限制；（2）毒品、麻醉药品、军用武器、弹药等物品的生产、流通、使用和管理，需依法律特许，不得自由流转；（3）黄金及其制品，只能由国家规定的专营单位经营；（4）文物，自然人可以持有法律允许其持有的文物，但在转让时必须根据法律规定出售给国家指定的文物收购单位，不得走私出口或私自交易文物。

禁止流通物，是指法律绝对不允许自由流通的物。禁止流通物主要包括以下几种：（1）专属于国家所有的矿藏、水流等财产，法律禁止买卖出租、抵押或以其他方式非法转让这类财产；（2）法律禁止流通的物品，如黄色淫秽物品、走私物品等。

前述限制流通物及禁止流通物之外的物即为流通物。流通物，是指法律允许在民事主体之间自由转让的物。

区分流通物、限制流通物和禁止流通物的法律意义在于：（1）流通物的流转不受限制。（2）违反限制流通物及禁止流通物相关法律及行政法规的，不仅导致相关民事行为无效，而且行为人还需依法承担相应行政责任甚至刑事法律责任。

三 特定物和种类物

根据物是否有独立特性和相互代替性为标准，可以将物分为特定物和种类物。

特定物指因物固有的特定性或因权利人的选定而具有特定性，不能以他物替代的物。首先，独一无二的物为特定物，如齐白石的某幅字画，北京鲍家街 43 号的一座房屋。其次，经当事人指定后被特定化的种类物

也属于特定物，如当事人从某品牌某批次汽车中选定的一辆汽车。种类物指具有同一品种、规格、质量、数量、价格等共同特征而相互替代的物，如金钱、米面、烟煤等。种类物被当事人指定而特定化后，也可以成为特定物。

区分特定物和种类物的法律意义在于：（1）适用的民事法律关系存在不同。有的民事法律关系仅以特定物为客体，如租赁法律关系。有的民事法律关系仅以种类物为客体，如货币借贷法律关系；而有的民事法律关系既可是特定物也可是种类物，如买卖法律关系。（2）所有权转移的时间不同。特定物的转让既可以以物的交付，也可以以其他约定或法定的方式确定其所有权的移转时间，而种类物的转让只能以物的交付时间作为确定其所有权的转移时间。（3）标的物灭失时的法律效果不同。当作为履行标的物的特定物在交付前灭失的，债务人可免除交付义务，而仅承担赔偿责任。但是如作为履行标的物的种类物在交付前灭失的，债务人则不能免除交付义务，仍需以同样品质、数量的种类物交付。

四 主物和从物

根据同属于一人所有的，在物理上相互独立但在经济用途上又相互联系，物与物之间是否具有从属关系为标准，可以将物划分为主物和从物。

主物，指同属一人所有的，需结合使用才能发挥经济效用的两个独立的物中起主要效用的物；从物，指同属一人所有的两个独立的物在结合使用中处于从属地位，起配合和辅助作用的物，如网球拍套之于网球拍、遥控器之于电视机。

构成从物需具备以下条件：（1）需不是主物的构成成分。即从物是独立的物，可根据当事人的意思成为交易的客体，主物与从物乃独立二物的相互关系。物的成分，即物的构成部分。需区分从物及主物的成分之间的关系，例如房屋之栋梁，汽车之门窗等为物的成分，而非独立的从物。至于从物，究竟为动产或不动产，在所不问。（2）须常助主物的效用。所谓常助主物的效用，系指非仅暂时地补助主物之经济目的而言，故从物与主物恒具有功能性的关联，而居于从属关系。① 仅暂时地辅助他

① 王泽鉴：《民法总则（增订版）》，中国政法大学出版社 2001 年版，第 210 页。

物经济效用的，不得称其为从物，例如家具之于房屋，不是从物。是否经常辅助主物的使用，应以一般交易习惯和物的所有权人的明确意思表示为标准。（3）需与主物同属于一人。[①] 即从物与主物归属于同一主体。因此时区分主从物才具有法律意义。如主物与从物分属于不同主体的情形且未取得从物所有权人同意的情况下，若主物的处分效力及于从物，则从物所有人的合法权益必然会受到损害。

区分主物与从物的法律意义在于：（1）除法律另有规定或当事人另有约定外，主物的处分效力及于从物。如《物权法》第115条规定："主物转让的，从物随主物转让，但当事人另有约定的除外。"（2）合同解除与主从物的关系。如《合同法》第164条规定："因标的物的主物不符合约定而解除合同的，解除合同的效力及于从物。因标的物的从物不符合约定被解除的，解除的效力不及于主物。"（3）担保物权的效力及于从物。如《最高人民法院关于适用〈中华人民共和国担保法〉若干问题的解释》第63条规定："抵押权设定前为抵押物的从物的，抵押权的效力及于抵押物的从物。但是，抵押物与其从物为两个以上的人分别所有时，抵押权的效力不及于抵押物的从物。"第91条规定："动产质权的效力及于质物的从物。但是，从物未随同质物移交给质权人占有的，质权的效力不及于从物。"

五　可分物和不可分物

根据物能否分割且分割后是否损害物的效用和价值为标准，可以将物分为可分物和不可分物。

可分物，指可以分割且分割后不会损害或降低其效用及价值的物。如粮食、油、酒等。不可分物，指根据实物的性质不能分割，或分割后会损害其原有经济效用及降低价值的物。如一头牛、一架钢琴等。

区分可分物与不可分物的法律意义在于：（1）有利于确立共有物的

---

① 一般认为从物需与主物同为一人，但最高人民法院对此有不同意见。见《最高人民法院关于适用〈中华人民共和国担保法〉若干问题的解释》：第63条"抵押权设定前为抵押物的从物的，抵押权的效力及于抵押物的从物。但是，抵押物与其从物为两个以上的人分别所有时，抵押权的效力不及于抵押物的从物。"

财产分割方法。如共有物为可分物，则财产分割时可进行实物分割；如共有物为不可分物，则只能采变价分割或者作价补偿方式进行分割。(2) 有利于确认多数人之债的性质。在多数人之债中，如其标的物为可分物，产生按份之债；如其标的物为不可分物，则数人之债权为不可分债权，产生连带之债。当然，当事人可通过协议特别约定在一定期限内不得将可分物进行分割，则其债权债务在该特定期限内为连带之债。

六 原物和孳息

根据产生收益的物与所生收益之间的关系为标准，可以将物分为原物和孳息。

原物，指根据自然属性或者法律规定能够产生收益的物，如结果实的果树，收租金的出租房屋。孳息，指原物所产生的收益。孳息包括天然孳息和法定孳息。天然孳息是指依物的自然属性而产生的收益物，如果树上结的果子，母鸡下的蛋等。法定孳息是指依照法律规定而产生的收益物，如借款本金所生的利息，房屋的租金等。孳息产生于原物，但独立于原物。天然孳息在与原物未分离时属于原物的构成部分，属于原物所有人。

区分原物与孳息的法律意义在于：确定孳息的收取权。如《物权法》第 116 条规定："天然孳息，由所有权人取得；既有所有权人又有用益物权人的，由用益物权人取得。当事人另有约定的，按照约定。法定孳息，当事人有约定的，按照约定取得；没有约定或者约定不明确的，按照交易习惯取得。"《合同法》第 163 条规定："标的物在交付之前产生的孳息，归出卖人所有，交付之后产生的孳息，归买受人所有。"质权人有权收取质物所生的孳息。质押合同另有约定的，按照约定。

七 可消耗物和不可消耗物

根据物是否经过一次使用就消灭或者改变原状为标准，可将物分为可消耗物和不可消耗物。

可消耗物指不能重复使用，一经有效使用其原有形态、性质就会改变，甚至灭失的物，如燃料、粮食、烟、酒等。不可消耗物指经反复使用不改变其形态而是逐渐磨损其效用的物，如车辆、房屋、机器设备等。

区分可消耗物和不可消耗物的法律意义在于：可消耗物只能作为转移所有权的合同关系的客体，如买卖合同关系、赠与合同关系、消费借贷合同关系等。不可消耗物不但可以作为转移所有权的合同关系的客体，还可作为不转移所有权的合同关系的客体，如租赁合同关系、借用合同关系等。

八　单一物、结合物和集合物

根据物是否是独立个体而存在为标准，可将物分为单一物、结合物和集合物。

单一物，指能够独立成为个体而存在的物，如一头牛。结合物，指由数个物结合而成的物，其构成部分虽然没有丧失自己的个性，但形体上已成为单一物，在法律上与单一物同等对待，如嵌有钻石的金戒指、钟表、汽车、电脑、电视机等。集合物，指由多个单一物或结合物集合而成的物，如一群羊，一家公司的全部办公用品，一个图书馆的全部藏书。

区分单一物、结合物、集合物的法律意义在于：对于单一物或结合物，原则上权利应存在于物的全部，其中的一部分不得成为权利客体；而对于集合物，原则不作为一个权利的客体，权利分别存在于物的各部分，物的各部分分别可作为个别权利的客体。但是，需注意的是，在财团抵押场合将企业的各种财产这一集合物作为一个抵押权客体，被认为是一个例外。①

第三节　货币和有价证券

一　货币

在民法上，货币是作为法定支付手段的一般等价物，其本身具有以下法律特征：

(1) 法定唯一性。包括唯一性和法定性两个方面。所谓唯一性，即随着商品交易的频繁出现，某一社会对于一般等价物的要求逐步趋同，最终

① 参见《物权法》第181条、第182条。

必然会出现唯一的一般等价物，这是货币的社会特征。即使出现了某些地域性的、临时性的一般等价物，并与货币保持稳定的兑换比例，但由于其价值依然依赖与货币的挂钩，两者是评价与被评价的关系，故货币仍然是唯一的一般等价物。所谓法定性，是指货币种类的确定并不必然决定于社会的自发形成，而是依赖法律的规定，这是货币的法律特征。如《中国人民银行法》第16条规定："中华人民共和国的法定货币是人民币。"

（2）国家信用性。货币一般由中央授权中央银行发行。如《中国人民银行法》第18条第1款规定："人民币由中国人民银行统一印制、发行。"货币之购买力并非基于作为货币之物质素材的价值，实因国家的强制通用力及社会信赖，其具有国家属性，是国家信用，具有法律强制性。

（3）高度流通性。货币存在的特有价值在于流通，当货币静止不动，就不再成其为货币。如《中国人民银行法》第16条规定："以人民币支付中华人民共和国境内的一切公共的和私人的债务，任何单位和个人不得拒收"，此即是对货币高度流通性的法律规定。[①] 在现代经济生活中，货币作为一般等价物主要具有价值尺度、流通手段、支付手段等职能。[②] 在民法学意义上，货币是一种特殊的物，主要有两个方面的作用：其一，作为物权的客体，民事主体对货币享有所有权，可以对其行使占有、使用、收益和处分的权利；其二，作为债权的标的物，货币可作为买卖合同所支付的价款、服务合同中所支付的酬金。

货币是一种特殊的物，性质上属于动产，但又与其他的动产不同。其特殊性表现在：

（1）"占有即所有"规则。通说认为，由货币的性质和职能所决定，货币的所有权不得与对货币的占有相分离。这一规则具体体现为：[③] 第

---

① 参见杨立新、王竹《论货币的权利客体属性及其法律规制——以"一般等价物"理论为核心》，《中州学刊》2008年第4期。

② 价值尺度职能实际上就是货币以自己的尺度来表现和衡量其他一切商品的价值，而不是真正用商品与货币相交换。流通手段职能是指货币充当商品交换的媒介，使物物交换过渡到商品流通。纸币也是从货币作为流通手段职能中产生的。支付手段功能体现为货币的所有权移转和货币债权债务关系的发生与消灭。杨立新、王竹：《论货币的权利客体属性及其法律规制——以"一般等价物"理论为核心》，《中州学刊》2008年第4期。

③ 参见王利明《货币是否成立质押》，https://wenku.baidu.com/view/507d8f6481c758f5f71f6732.html。

一，货币占有的取得就视为货币所有权的取得，货币占有的丧失即视为货币所有权的丧失。第二，货币一旦交付，将会发生所有权的移转。即使是接受无行为能力人交付的货币，货币所有权也发生移转。因此，以货币作为借贷、保管等合同的标的，一旦一方向另一方交付货币，则发生货币所有权的移转。货币所有权移转以后，不能再以该货币设定质押。第三，货币在发生占有移转以后，货币的所有人只能请求对方返还一定数额的钱款，而不能够根据物权请求权要求占有人返还原物或返还对原物的占有，也不能要求恢复原状。第四，货币所有权的取得在适用善意取得制度方面具有特殊性。例如，某人将其一定数额的货币交给他人保管，他人擅自使用了该笔钱款，货币取得人是善意还是恶意，都不影响其取得所有权。

（2）货币是具有高度代替性的种类物。货币作为可以相互替代的种类物，应无疑义。而货币作为一般等价物，人们仅重视其法定的支付手段、流通手段和结算手段功能，重视货币票面金额所代表的财富或购买力，对货币的新旧、纸张大小等个性往往不予重视和考虑。任何具有金钱价值之物或财产，均可用货币予以衡量和交换，可见，货币之物，是具有高度代替性的种类物。

（3）货币属动产，但其是特殊动产。货币可移动，且不改变其价值，当属动产。但因货币购买力的多少并非基于作为货币之物质素材的价值，而是其所代表的社会财富的多少，即表现为一定数量票面金额的多少，此与一般动产不同。

（4）货币是可消耗物。货币一经所有人使用，即转入他人之手，发生了所有权的转移。所以辗转流通是货币的专有机能，而供人消费是货币的唯一目的。

二　有价证券

（一）有价证券的概念和特征

广义的证券是指记载并代表一定权利的所有凭证，包括有价证券和无价证券。有价证券，指设定并证明持券人有权取得一定财产权利的凭证，包括但不限于提单、仓单、支票、本票、汇票、股票、投资基金券、政府债券、金融债券、公司债券、可转换证券等，其是证券的主要类型，也是民法及其相关特别法重点规范对象。无价证券，指不具有交换价值，只表彰证券持有人能够行使一定的权利，或具备某种资格的凭证，如我国政府在经济困难时期或商品短缺时期签发的粮票、布票、邮票、烟票以及机票、车船票、电影票等。

传统民法理论视有价证券为“物”的特殊类型。有价证券具有如下特征：

（1）证券券面上所记载的财产权利与证券本身不可分离。证券所代表的财产权利直接表现在证券上，要享有该财产权利，就必须持有证券。权利的行使亦不能离开证券，权利人一旦丧失证券，就不能主张证券上的权利。可转让的证券转让时，证券上所载权利随交付而转至受让人。但对于无纸有价证券，证券记载的权利的取得与转移以登记为要件。

（2）有价证券的债务人特定，即证券的权利人只能向特定的对证券负有支付义务的人主张券面记载的财产权利。因证券的转让导致有价证券的债权人或持券人发生变更的，不影响债务人对债务的履行。

（3）有价证券的债务人的支付是单方义务。权利人不负有对债务人支付相应的对价的义务。债务人一旦履行了证券上规定的支付义务，就可收回有价证券，以消灭债权债务关系。

（二）有价证券的基本分类

1. 商品证券、货币证券和资本证券

根据有价证券所表明的财产权利性质的不同，有价证券可分为商品证券、货币证券和资本证券。

商品证券，指具有对一定量商品享有索取权的证券，比如提货单、运货单、仓单等。

货币证券，指因商品的买卖而产生的，能使持有人或第三人取得与商品等价值的货币的索取权的证券，如支票、本票、汇票等票据。这种证券作为信用工具，在一定条件下的支付手段，可以以近似货币的形式进行流通，代替现金充当商品购销的中介。货币证券主要属票据法的调整对象。

资本证券，指具有一定量资本所有权、债权和投资利益分配索取权的证券。主要有股票、投资基金券、公司债券和国家债券、各种衍生证券等。资本证券由于其发挥的是资本信用的职能，它作为一种权利凭证、

并非真实的资本，故亦称为虚拟资本。资本证券主要由公司法、证券法来调整。证券法意义上的证券主要指资本证券，因此证券法上证券的含义与民法上证券的含义略有不同。

2. 记名证券、不记名证券和指示证券

根据有价证券记载权利人的方式不同，有价证券可分为记名证券、不记名证券和指示证券。

记名证券，指在证券券面上明确记载权利人的姓名或者名称的有价证券，如记名的票据和股票等。记名证券的优点在于持券人特定化，有利于证券持有人合法资格的认定及召集，对证券的安全保障和持券人的相对稳定均有积极意义。缺点在于其转让存在种种特殊规定，导致其流通性相对较弱。

不记名证券，指在证券券面上不记载证券持有人的姓名或者名称的证券。在不记名证券的情况下，证券持有人被推定为证券权利人，得依相关法律法规的规定行使证券权利。不记名证券使证券持有人不具有特定性，证券可自由流通和转让，使其具有较高程度的流通性。在转让过程中，无须办理持券人的姓名或者名称的变更手续，只需交付即可。

指示证券，指证券上指明第一个权利人姓名和名称，取得该证券的第一个权利人可以以背书的特定方法将其转让的证券，如指示支票。义务人向最终持有证券的特定权利人承担义务。

【案例思考】

被告张某本姓段，自幼其父段某即因病死亡。1961 年前后，其母段张氏改嫁到贾汪区某镇与黄某某结婚，张某随其母生活，黄某某与段张氏婚后无子即于 1964 年抱养刚出生的原告黄某，一家四口生活。张某 22 岁时与本镇某村张某某结婚，并到张某某家定居生活，改为现名。1996 年，段张氏去世，黄某为其操办了丧事，张某按当地农村风俗前来悼念，并拿出丧礼，段张氏被安葬在本村大运河边。2006 年 4 月，黄某某去世，黄某为其举行了葬礼，并与段张氏合葬在本村大运河边，葬礼当日，张某没有前往悼念，亦未出丧礼。2006 年 5 月的一天夜间，张某前往大运河边墓地将其母段张氏的尸骨转移与其父段某合葬，黄某发现后要求张某归还其母段张氏的尸骨仍与其父黄某某合葬，因而与张某发生争执。

原告黄某知道后要求张某归还养母尸骨仍与养父合葬，并要求张某公开赔礼道歉和赔偿精神损害抚慰金30000元。①

问题： 1. 尸体、尸骨的法律属性分别是什么？

2. 本案法院应如何处理？

① 案例来源：2018年1月12日（http：//www. lsbar. com/phone/context/4/7071）。

第十三章

人身利益

【本章导读】（1）人身利益，指民事主体依法享有的，与其自身不可分离且不可转让的，在人格关系和身份关系上所体现的，不具有直接财产内容的利益。具体包括人格利益和身份利益。（2）在民法上，民法学者根据不同的标准对人身利益做出了不同的分类。就人格利益而言，以人格利益内容要素为标准，将人格利益分为物质性人格利益和精神性人格利益；以人格利益范围的不同为标准，将人格利益分为具体人格利益与一般人格利益。就身份利益而言，依据准据法的不同，可将身份利益分为亲属法上的身份利益和非亲属法上的身份利益；依据身份利益的关系和地位，可将身份利益分为基本身份利益和派生身份利益。（3）人身利益的法律保护，包括人身利益的民法保护、刑法保护及行政法保护。前述三种保护方式之间既有各自的明确分工，又相互配合。

第一节　人身利益概述

一　人身利益的含义

人身利益，指民事主体依法享有的，与其自身不可分离且不可转让的，在人格关系和身份关系上所体现的，不具有直接财产内容的利益。具体包括人格利益和身份利益。人格利益，指民事主体必须具备的对于自己的作为构成民事主体资格的各个要素上所享有的利益，如法人、非法人组织拥有的名称、名誉等利益，自然人拥有的生命、身体、健康、姓名、肖像、名誉、婚姻自主、隐私、个人信息、人身自由及人格尊严等利益。身份利益指自然人在亲属关系中，以及自然人或法人在其他非亲属关系中，因特定身份而享有的利益，如自然人所享有的为配偶、为父母、为亲属等利益，自然人、法人、非法人组织所享有的荣誉利益等。身份利益与人格利益虽均属人身利益的范畴，但两者存在以下区别：[①] 其一，取得原因不同。人格利益基于自然人的出生或法人的成立而取得，是人之所以成为人所固有的、必备的利益。因而，人身利益人人享有，毫无例外。而身份利益，却基于特定身份而取得，并非民事主体所固有和必备。例如，自然人一出生，就享有生命权、名誉权、肖像权等人格权，却无须享有荣誉权、配偶权等身份权。正因如此，人格利益不能被剥夺，但身份利益却可以被依法剥夺。其二，利益归属不同。人格利益归属于权利人自己，而某些身份利益的设立则主要是为了相对人的利益。如亲权的身份利益主要表现为父母对未成年子女的抚养、管教及相互尊重、照顾的责任，这种身份利益不仅为父母所享有，更主要为未成年子女而存在。其三，存续期间不同。人格利益无存续期间的限制，只要民事主体存在，人格利益就不会消灭。而身份利益以特定身份的存在为前提，特定身份不存在，身份利益就会随同消失。

人身利益作为民事法律关系客体，其具有以下法律特征：

（1）人身利益与民事主体不可分离。首先，人身利益基本上属民事主体的固有利益。例如，人身利益中的人格利益从自然人出生、法人或非法人组织成立时起，直至其死亡或消灭，自始至终伴随着民事主体，其固有属性甚为典型。人身利益中的身份利益虽然是基于法律事实取得，但是其实际上也不能与民事主体人身相分离。与人身利益相对于的财产利益则完全不同，其并非与生俱来。其次，除法律有特别规定外，人身利益具有专属性，不可让与他人。[②] 例如，民事主体不仅事实上无法将生

---

① 张民安、王荣珍主编：《民法总论（第四版）》，中山大学出版社 2013 年版，第 236—237 页。

② 人身利益的不可让与性存在例外。如企业法人的名称、名誉是企业的一种无形财产，能够为企业带来经济利益，其人身利益依法可以部分转让或全部转让。

命、健康等人格利益转让给他人，而且在法律上也不允许转让人格利益。如民事主体将配偶等身份利益转让给他人，将因违反公序良俗而被法律所禁止。

（2）人身利益为非财产利益，没有直接的财产利益内容。一方面，人身利益是非财产利益。民事主体享有人身权的主要目的是满足精神利益的需要，并非寻求物质利益，如人格独立、人格自由、人格尊严以及配偶间相互照顾关爱等精神利益。人身利益本身也不能够像物质利益一样直接用金钱加以估算和衡量。但另一方面，人身利益虽然没有直接的财产利益内容，却与财产利益有着紧密关系。除了名誉、隐私等为纯精神利益之外，不少具体的人身利益均间接地与财产利益相关联。某些人身利益是获得财产权的前提，如特定身份的存在是享有继承权的前提。某些人身权利的行使可为权利主体带来物质利益，如姓名权、肖像权可以通过许可他人使用的方式间接获得金钱对价。当人身权受到损害时，也可以主张财产损害赔偿。

（3）人身利益的内容包括人格利益和身份利益。一些学者认为，人身利益仅为人格利益，不包括身份利益，这种说法有失偏颇。①

（4）人身利益的享有者包括自然人、法人和非法人组织。一些人身利益，如生命、身体、健康、肖像、隐私、婚姻自主、个人信息、人身自由、人格尊严等人格利益，为配偶、为父母、为亲属等身份利益，仅为自然人所独享。而姓名（名称）、名誉、荣誉等人身利益则为自然人、法人和非法人组织均可享有。

【疑难争点】个人信息的法律属性

个人信息，是指与特定个人相关联、反映个体特征、具有可识别性的符号系统。② 个人信息是“可以识别个人身份的信息”，作为个人人身、行为状态的数据化表示，是个人自然痕迹和社会痕迹的记录。③ 从西方各国立法看，法律所保护的个人信息主要包括以下单项信息及其信息组合：

---

① 杨立新：《民法总则》，法律出版社 2013 年版，第 310 页。

② 王利明：《论个人信息权的法律保护——以个人信息权与隐私权的界分为中心》，《现代法学》2013 年第 4 期。

③ 张新宝：《从隐私到个人信息：利益再衡量的理论与制度安排》，《中国法学》2015 年第 3 期。

姓名、性别、民族、出生日期、住址、身份证号码、电话号码、护照号码、驾照号码、通信信息、电子邮箱地址、教育、职业、工作经历、家庭出身、婚姻状况、宗教信仰、政治观点、工会身份、医疗记录、心理健康、生理健康、基因、指纹、声纹、照片、身体特征、行为特征、性生活、社会活动、犯罪前科、定位数据、银行账号及密码等金融信息。[①]鉴于个人信息权是公民在现代信息社会享有的重要权利，明确对个人信息的保护对于保护公民的人格尊严，使公民免受非法侵扰，维护正常的社会秩序具有现实意义，故我国《民法总则》中专门增设了“个人信息权”保护条款。[②]

然而，在理论上，个人信息的法律属性为何，却颇有争议。主要观点有：（1）财产说。认为个人信息属于人的财产，个人信息权应界定为财产权。[③]（2）人格利益说。具体又有三种观点：其一，一般人格利益说。认为个人信息资料所体现的利益是人格尊严、人性自由、人身完整等基本利益，个人信息权属一般人格权范畴。[④]其二，独立的具体人格利益说。认为个人信息是独立的具体人格利益，个人信息权是独立的人格权类型之一，其内涵和外延不能为隐私权所囊括。[⑤]其三，隐私利益说。

---

① 黄蓝：《个人信息保护的国家比较与启示》，《情报科学》2014年第1期。

② 参见《民法总则》第111条。

③ 如，萨缪尔森（Pamela Samuelson）指出，20世纪中叶以前信息与其载体密不可分，所以法律只需要以财产权的形式保护有形载体即可。而随着社会的发展，信息不再依赖于有形载体，此时便需要赋予个人信息财产权。米勒（Athur R. Miller）认为，“保护隐私最容易的途径是将个人信息的控制作为数据主体拥有的财产权”。威斯丁（Alan F. Westin）指出，可将个人对信息的权利视为人格决定权，应将其界定为财产权，以处置个人信息时可适用限制危险商品的方式予以限制。转引自张里安、韩旭至《大数据时代下个人信息权的私法属性》，《法学论坛》2016年第3期。

④ 马俊驹：《个人资料保护与一般人格权（代序）》，载齐爱民主编《个人资料保护法原理及其跨国流通法律问题研究》，武汉大学出版社2004年版，第1页。

⑤ 王利明：《论个人信息权的法律保护——以个人信息权与隐私权的界分为中心》，《现代法学》2013年第4期；张新宝：《从隐私到个人信息：利益再衡量的理论与制度安排》，《中国法学》2015年第3期。

认为个人信息是隐私权保护的内容之一。[①] 我们赞同自然人的个人信息利益属于独立的具体的人格利益，该个人信息利益与隐私利益既存在联系又存在显著区别。

具体而言，个人信息与隐私既有联系又有区别。联系在于：一方面，许多未公开的个人信息本身就属于隐私的范畴。事实上，很多个人信息都是人们不愿对外公布的私人信息，是个人不愿他人介入的私人空间，不论其是否具有经济价值，都体现了一种人格利益。另一方面，部分隐私权所保护的客体也属于个人信息的范畴。数字化技术的发展使得许多隐私同时具有个人信息的特征，如个人通信隐私甚至谈话的隐私等，都可以通过技术的处理而被数字化，从而可能因具有身份识别的特征而被纳入个人信息的范畴。

二者区别在于：

（1）个人信息包括但不限于隐私信息。个人信息可分为个人敏感隐私信息和个人一般信息。隐私主要是一种私密性的信息或私人活动，如个人身体状况、家庭状况、婚姻状况等，凡是个人不愿意公开披露且不涉及公共利益的部分都可以成为个人隐私，而且，单个的私密信息或者私人活动并不直接指向自然人的主体身份。而个人信息注重的是身份识别性。此种意义上的身份识别应当做广义理解，即只要求此种信息与个人人格、个人身份有一定的联系，无论是直接指向个人，还是在信息组合之后指向个人，都可以认为其具有身份识别性。

（2）隐私不限于信息的形态，它还可以以个人活动、个人私生活等方式体现，且并不需要记载下来。而个人信息必须以固定化的信息方式表现出来，因此，个人信息通常需要记载下来，或者以数字化的形式表现出来。也就是说，个人信息概念侧重于“识别”，即通过个人信息将个人“识别出来”。

---

① 如杨咏婕博士认为，隐私权理论经历了从“独处权说”到“有限地接近自我说”，再到“个人信息控制权理论”的发展过程。在这个过程中，个人信息逐步成为隐私权保护的内容之一。参见杨咏婕《个人信息的司法保护研究》，博士学位论文，吉林大学，2013 年，第 81 页。我国台湾地区亦认为个人信息属于隐私权的保护客体之一，其“司法院”释字第 063 号解释即指出，隐私权在于保障个人资料之自我控制。转引自张里安、韩旭至《大数据时代下个人信息权的私法属性》，《法学论坛》2016 年第 3 期。

（3）相较于个人隐私，个人信息与国家安全的联系更为密切。个人信息虽然具有私人性，但其常常以集合的形式表现出来，形成了所谓的“大数据”。如果某个数据中涉及成千上万人的个人信息（如国民基因信息），且关系到许多人的敏感信息，这本身就可能属于国家安全的范畴。但个人隐私一般具有个体性，除部分特殊主体如国家公职人员外，个人隐私权一般与国家安全没有直接关联。[①]

二 人身权的客体

在学术界，人身权的客体究竟为何，存在不同观点。[②] 但现在通说认为，人身权的客体为人身利益。确立人身利益作为人身权的客体，不仅具有理论意义，而且具有实践意义。确立人身利益这一客体，有利于民法理论深入研究人格要素和身份要素内容，从而有利于完善民事法律关系理论体系。而我国司法实践中侵犯人身权的案件越来越多，明确人身利益这一人身权客体，不仅有利于指导人们正确守法，预防违法，而且有利于追究侵权行为人的责任，从而加强对人身权的保护。

第二节 人身利益的类型和保护

一 人身利益类型

（一）人格利益

人格利益，指民事主体对于自己的作为构成民事主体资格的各个要素上所享有的利益。在民法上，民法学者根据不同的标准对人格利益做出了不同的分类。

---

① 王利明：《论个人信息权的法律保护——以个人信息权与隐私权的界分为中心》，《现代法学》2013 年第 4 期。

② 主要观点为：一是身体说。认为人格权是以人身利益为内容，因而它指向的对象只能是人的身体。因此，这类权利的客体也必然是人的身体。二是精神利益说。认为人身权法律关系以特定的精神利益为客体。三是无形利益说。德国学者耶林认为，法律应保护无形利益，而人格则以无形利益为对象。四是法定无形利益说。认为无形利益应为人身权的客体，但其他权利也包含无形利益，如果将无形利益作为人格权的客体，未免过于宽泛且不具体，因而，应是法定的无形利益。参见杨立新《民商法判解研究（ 第六辑）》，吉林人民出版社 1999 年版，第 127 页。

1. 物质性人格利益和精神性人格利益[①]

以人格利益内容要素为标准，将人格利益分为物质性人格利益和精神性人格利益。物质性人格利益，是指自然人对于自己构成民事主体资格的物质性要素所享有的利益，主要表现为生命利益、健康利益和身体利益，是人之所以为人的物质条件，其能维持生命、维持人体组织完整和人体器官正常机能，是享有民事权利、承担民事义务的物质基础。侵害自然人身体、健康、生命所造成的损害为有形损害，表现为自然人的身体缺损、健康损伤和生命丧失。精神性人格利益，是指民事主体对于自己构成民事主体资格的精神性要素所享有的利益。精神性人格利益可以分为四种类型：（1）一般人格利益，概括地说是人格平等、人格自由和人格尊严。（2）标表型人格利益，概括地说是姓名利益、名称利益和肖像利益。（3）评价型人格利益，概括地说是名誉利益、信用利益和荣誉利益。（4）自由型人格利益，概括地说是人身自由、隐私利益等。精神性人格利益均为精神性人格权的客体，这些人格利益在客观上没有实在的外在表象，只是表现为精神上的利益。例如，名誉利益表现为他人对自然人和法人社会属性所给予的综合评价；隐私利益是自然人享有的与公共利益、群体利益无关的私人信息、私人活动和私人空间；人身自由则是自然人的行为、意志不受他人约束的状态。侵害精神性人格利益，所造成的损害为人格利益的无形损害，也叫作精神损害。

2. 具体人格利益与一般人格利益[②]

以人格利益范围的不同为标准，可以将人格利益分为具体人格利益与一般人格利益。在我国，由于受到德国民法尤其是我国台湾地区“民法”理论的影响，我国民法学者普遍依据人格利益范围的不同将人格利益分为具体人格利益和一般人格利益。所谓具体人格利益，是指民事主体享有的，由法律明确做出具体规定的人格利益，包括生命、健康、身体、姓名、名誉、肖像、隐私等内容。具体人格利益由法律明文规定，

---

① 参见杨立新主编《民法总则重大疑难问题研究》，中国法制出版社 2011 年版，第 145—146 页。

② 参见张民安、王荣珍主编《民法总论（第四版）》，中山大学出版社 2013 年版，第 234 页。

内容具体明确，具有法定性特征。一般人格利益，是指民事主体享有的，法律并未做出具体规定，而以人格平等、人格独立、人格自由和人格尊严为内容的人格利益。一般人格利益内容抽象概括，具有包容性。

然而，德国民法之所以认可一般人格利益，是因为《德国民法典》第823（1）条仅规定四种人格利益：生命、身体、健康以及自由，没有规定名誉、隐私、肖像等无形人格利益。德国联邦最高法院在20世纪50年代至60年代期间通过一系列的司法判例认可了这些人格利益。德国最高法院通过司法判例确立的这些利益在数量上超过《德国民法典》的立法者在第823（1）条当中所规定的人格利益，为了防止德国联邦最高法院成为事实上的立法者，德国联邦最高法院没有将这些利益看作独立的、具体的利益，而将它们看作统一的、一个利益，这就是所谓的一般人格利益，建立在此种一般人格利益基础上的人格权就是所谓的一般人格权。在当今两大法系国家，除了德国之外，没有任何国家的民法承认所谓的一般人格利益。而我国《民法总则》以及《侵权责任法》对包括人格尊严、人格自由等各种具体人格利益及具体人格权做出了规定，没有规定一般人格利益，并不存在《德国民法典》第823（1）条所存在的法律漏洞。因此，不少学者对一般人格利益和具体人格利益的区分颇有质疑。①

（二）身份利益

身份利益，指自然人就其在亲属相互之间，以及自然人或者法人在其他非亲属的社会关系中，所处的稳定地位中所享有的利益。在民法上，民法学者根据不同的标准对身份利益做出了不同的分类。

1. 亲属法上的身份利益和非亲属法上的身份利益②

依据准据法的不同，可将身份利益分为亲属法上的身份利益和非亲属法上的身份利益。亲属法上的身份利益，是指依据亲属法上的身份关系而享有的身份利益，包括基于配偶权、亲权、亲属权所享有的身份利益。例如，配偶权中，夫妻之间共同生活、相互依靠、相互扶助、相互

---

① 马俊驹、王恒：《未来我国民法典不宜采用“一般人格权”概念》，《河北法学》2012年第8期；尹田：《论人格权概括保护的立法模式——“一般人格权”概念的废除》，《河南省政法管理学院学报》2011年第1期。

② 张民安、王荣珍主编：《民法总论（第四版）》，中山大学出版社2013年版，第237页。

关爱的情感利益；亲权中，父母对未成年子女的抚养与照看、管教的亲情和责任等。非亲属法上的身份利益，是指非依亲属法上的身份关系而享有的身份利益，包括基于荣誉权、知识产权而享有的身份利益等。例如，荣誉权中，权利人对特定荣誉称号的保有、支配、非经法定条件和程序不被剥夺的利益；著作权中，权利人发表、署名、修改和保护作品完整的利益等。亲属法上的身份利益，以亲属关系的存在为前提，因而只有自然人才能享有，而非亲属法上的身份利益，自然人、法人均可享有。

2. 基本身份利益和支身份利益①

依据身份利益的关系和地位，可将身份利益分为基本身份利益和支身份利益。

所谓基本身份利益，是指民事主体对于特定身份关系的支配性利益，是为配偶、为父母、为亲属、为著作者的利益。侵害基本身份利益，破坏了这种为配偶、为父母、为亲属、为著作者等的基本身份关系，丧失了对这种基本身份关系的支配，因而失去或损害了为配偶、为父母、为亲属、为著作者的地位。

所谓支身份利益，是指由基本身份利益派生的具体身份利益。支身份利益具有多样性、复杂性的特点。配偶的支身份利益诸如配偶之间共同生活、相互依靠、相互体贴的依赖关系，互相扶助扶养关系等。亲子的支身份利益是父母对未成年子女的管理、教育、抚育以及相互尊重、爱戴关系。其他近亲属的支身份利益是相互扶养、抚养、赡养关系。著作人身权的支身份利益表现为署名、修改、发表、维护作品完整等利益。

二 人身利益保护

人身利益的法律保护，包括人身利益的民法保护、刑法保护及行政法保护。前述三种保护方式之间既有各自的明确分工，又相互配合。

（一）人身利益的民法保护

所谓人身利益的民法保护，是指民法以确认侵害人身利益的违法行为为侵权行为，并使侵权人承担侵权责任，对人身利益遭受损害的受害

① 杨立新主编：《民法总则重大疑难问题研究》，中国法制出版社 2011 年版，第 146 页。

人予以救济的法律保护方法。首先，民法确认侵犯人身利益的行为是民事违法行为，是侵权行为。其次，民法保护的主要方法是要求侵权人承担损害赔偿侵权责任。侵害他人造成人身损害的，应当赔偿医疗费、护理费、交通费等为治疗和康复支出的合理费用，以及因误工减少的收入。造成残疾的，还应当赔偿残疾生活辅助器具费和残疾赔偿金。造成死亡的，还应当赔偿丧葬费和死亡赔偿金。[①] 侵害他人人身权益造成财产损失的，按照被侵权人因此受到的损失赔偿；被侵权人的损失难以确定，侵权人因此获得利益的，按照其获得的利益赔偿；侵权人因此获得的利益难以确定，被侵权人和侵权人就赔偿数额协商不一致，向人民法院提起诉讼的，由人民法院根据实际情况确定赔偿数额。[②] 侵害他人人身权益，造成他人严重精神损害的，被侵权人可以请求精神损害赔偿。[③] 最后，其他民法保护方法。人身权益侵害的其他民法保护方法还包括停止侵害、排除妨碍、消除危险、赔礼道歉、消除影响、恢复名誉等，以上方式，可以单独适用，也可以合并适用。

（二）人身利益的刑法保护

人身利益的刑法保护，是指通过刑法确认侵害人身权的违法行为为犯罪行为，以使犯罪人承担刑罚以及附带承担损害赔偿的刑事责任，对人身权遭受侵害的受害人予以救济的法律保护方法。

（三）人身利益的行政法保护

人身利益的行政法保护，是指依照行政法确认侵害人身利益的行政违法行为，以使行政违法行为人承担行政处罚以及损害赔偿责任，对人身利益遭受侵害的受害人予以救济的法律保护方法。

【案例思考】

2017 年 5 月 9 日，最高人民法院公布了“侵犯公民个人信息犯罪典型案例”，[④] 部分案例如下：

---

① 《侵权责任法》第 16 条。

② 《侵权责任法》第 20 条。

③ 《侵权责任法》第 22 条。

④ 案例来源：2018 年 1 月 12 日（http：//www. court. gov. cn/zixun – xiangqing – 43952. html）。

（1）邵某某等侵犯公民个人信息案。【基本案情】2016年初，被告人邵某某、康某、王某、陆某分别以“大叔调查公司”的名义向他人出售公民个人信息，被告人倪某某不久后参与。五被告人通过在微信朋友圈发布出售个人户籍、车辆档案、手机定位、个人征信、旅馆住宿等各类公民个人信息的广告的方式寻找客户，接单后通过微信向上家购买信息或让其他被告人帮忙向上家购买信息后加价出售，每单收取10元至1000余元不等的费用。经查，被告人邵某某获利人民币26000元，被告人康某获利人民币8000元，被告人倪某某、王某、陆某各获利人民币5000元。

（2）韩某、旷某某、韩某某等侵犯公民个人信息案。【基本案情】2015年9月3日至4日，被告人韩某、旷某某、韩某某利用连某某（湖北省巴东县农村商业银行沿渡河支行征信查询员）的征信查询ID号、密码及被告人李某某、耿某某（洛阳银行郑州东风路支行客户经理）提供的洛阳银行郑州东风路支行的银行专用网络，在该行附近使用电脑非法查询公民个人银行征信信息3万余条。2015年9月5日至6日，被告人韩某、旷某某、韩某某利用连某某的征信查询ID号、密码及被告人李某、卢某某（德州银行滨州金廷支行行长）提供的德州银行滨州分行的银行专用网络，在该行南面的停车场内，使用电脑分两次非法查询公民个人银行征信信息2万余条。2015年9月8日，被告人韩某、旷某某、韩某某利用李某（江苏省淮安市农村商业银行徐溜支行职工）的银行征信查询ID号及密码及被告人李某、卢某某提供的德州银行滨州分行专用网络，在该行南面的停车场内，使用电脑非法查询公民个人银行征信信息近3万条。被告人韩某、邓某某获得征信查询ID号、密码并非法提供给被告人韩某某等人使用，双方通过被告人陈某某中转租金、传递密码。被告人韩某、旷某某、韩某某将查询获得的上述公民个人银行征信信息出售给他人，向被告人韩某、李某某、李某支付了相关费用。

（3）周某某等侵犯公民个人信息案。【基本案情】2016年4月，被告人周某某向他人购买浙江省学生信息193万余条。后被告人周某某将其中100万余条嘉兴、绍兴地区的学生信息以6万元的价格出售给被告人陈某某，将45655条嘉兴地区的学生信息以3500元的价格出售给被告人刘某、陈某、周某，将7214条平湖地区的学生信息以1400元的价格出售，将2320条平湖地区的学生信息以500元的价格出售，共计非法获利65400元。此外，2016年4月，被告人刘某、陈某、周某某以3000元的价格向他人购买嘉兴地区学生信息25068条。

（4）夏某某侵犯公民个人信息案。【基本案情】2015年10月至2016年7月，被告人夏某某买卖大量含有公民姓名、收货地址、手机号码等内容的网购订单信息，非法获利约5万元。被告人夏某某在归案后如实供述自己的罪行。

（5）肖某、周某等侵犯公民个人信息案。【基本案情】被告人肖某、周某预谋窃取邮局内部的公民个人信息进行出售牟利，共同出资购买了黑客软件。2016年5月至2016年6月，二人通过黑客软件侵入邮局内网，在邮局内网窃取邮局内部的公民个人信息103257条，并将窃取的公民个人信息全部出售给被告人李某某。后李某某将购买的公民个人信息出售给被告人王某某40000条，王某某又将购买到的公民个人信息出售给被告人宋某某30000条。

以上案例中，相关被告人因侵犯公民个人信息罪而被依法处以刑事处罚。以上案例也反映了当前公民个人信息被以各种方式非法侵害，个人信息的法律保护在当今社会显得非常紧迫和重要。

问题： 1. 个人信息的法律属性？

2. 个人信息与数据、隐私的关系？

3. 从立法论角度，应如何完善个人信息权受到侵害的民事法律保护制度？

第五编

民事法律行为

第十四章

民事法律行为概述

【本章导读】民事法律行为制度是民法的重要组成部分，在现代民法学说中居于重要地位。[①] 这不仅是因为法律是调整人的行为的规范，更因为民法作为私法，其实现私权自治的法律工具就在于民事法律行为。本章主要内容包括民事法律行为的概念、特征、功能、各种类型；民事法律行为的成立及其法律后果。

第一节 民事法律行为的概念、特征、功能

一 民事法律行为的概念

法律行为是“私人的、旨在引起某种法律效果的意思表示”[②]，是一种法律事实。民事法律行为从目的看在于行为人追求某种“法律效果”，从路径看，体现为意思表示。故依据《民法总则》第133条的规定，民事法律行为指自然人、法人或者非法人组织通过意思表示设立、变更、终止民事权利和民事义务的行为。《民法总则》依意思自治原则重塑民事法律行为制度，相比于《民法通则》，该定义突出了“意思表示”的核心

---

① 王利明主编：《民法（第四版）》，中国人民大学出版社2008年版，第123页。

② ［德］迪特尔·梅迪库斯：《德国民法总论》，邵建东译，法律出版社2001年版，第142页。

地位，使民事法律行为制度有了科学构建的必要基础。①

把握民事法律行为概念，可以从三个方面进行：其一，民事法律行为属于法律事实中的行为；其二，民事法律行为区别于其他法律行为在于其“民事性”，即产生某种民事法律效果；其三，民事法律行为区别于事实行为在于其具有“表意性”，即行为人通过意思表示以达成其期待的法律效果。至于主体则不是其区别于其他法律行为之所在。

把握民事法律行为还需理解“民事行为”一语。依据《民法通则》，一般认为民事行为是自然人、法人及非法人组织为设立、变更、终止民事权利义务的行为，包括民事法律行为（合法民事行为）和其他效力状态的民事行为（无效民事行为，可变更、可撤销民事行为，效力待定民事行为）。但依据《民法总则》则没有了民事行为概念，我国历史上的“民事行为”一语实际上与《民法总则》的民事法律行为相同。从习惯上讲，社会生活中常常用“民事行为”一词来指称各种发生民事法律效果的行为，其实质意义是“民事法律行为”。故可以认为在大众生活中的“民事行为”系“民事法律行为”的简称，这与《民法通则》的术语有所不同。

【疑难争点】民事法律行为评价性属性争议

此种争议核心在于民事法律行为是否必须具有“合法性”。一种观点认为民事法律行为是公民或者法人设立、变更、终止民事权利和民事义务的合法行为，这遵循了《民法通则》第 54 条的规则。② 另一种观点主张民事法律行为，是公民或者法人设立、变更、终止民事权利和民事义务的行为。产生这种差异的原因是《民法通则》规定的民事法律行为是“合法行为”，同时又规定了其他“民事行为”，如第 58 条“下列民事行为无效”，由此产生了“民事行为”和“民事法律行为”的区分。

本书认为，从比较角度看，国外立法没有“民事行为”概念，只有民事法律行为概念，后者不要求“合法性”，只要求具有“民事效果”性；从法理看，法律行为实为受法律调整的行为，质言之，是被法律视

---

① 尹田：《〈民法总则〉（草案）中法律行为制度的创新点之评价》，《法学杂志》2016 年第 6 期。

② 魏振瀛：《民法（第五版）》，北京大学出版社 2013 年版，第 107 页。

为法律事实，产生法律效果的行为。故有学者在阐释“民事行为”概念时，将“民事法律行为”一语等同于其教材中的“民事行为”。[①]我国《民法总则》采纳了第二种观点，其规定民事法律行为是指自然人、法人或者非法人组织通过意思表示设立、变更、终止民事权利和民事义务的行为。

二　民事法律行为的特征

民事法律行为从其内涵、与相关概念的比较看，有着一系列特征：

（一）民事法律行为是法律事实

民事法律行为旨在发生民事法律效果，并且依据法律可以发生相应民事法律效果。因此，民事法律行为是法律事实；区别于其他法律事实在于其“表意”特征。

（二）意思表示是民事法律行为的基本构成要素

民事法律行为是表意行为，没有意思表示就没有法律行为。所以，法律行为需至少有一个以发生私法效果为目的的意思表示。故《民法总则》第 134 条规定“民事法律行为可以基于单方的意思表示成立，也可以基于双方或者多方的意思表示一致成立”。民事法律行为是实现个人自由的私法工具，其合法有效的法律后果是表意人所追求的，并且按照“私法自治”，表意人应当对自己的意思负责，也只对自己的意思负责。但是需要注意以下两点：其一，并非能够发生民事法律效果的人的行为，都是民事法律行为。成年健康自然人 A 为个人恩怨打伤了自然人 B，A 的行为是基于其内心意志而发生的行为，但其赔偿 B 因此遭受的损失之行为法律后果，却不是 A 行为时所期待发生的，故而 A 的行为不是民事法律行为，而是民事事实行为。其二，意思表示不等于民事法律行为，有意思表示不等于已经成立了民事法律行为。意思表示是法律行为的构成要素，例如在民事借用关系中，借用行为的成立除意思表示外，通常还需要交付标的物于借用方。

（三）民事法律行为旨在发生私法上的效果

民事法律行为是依据表意人的意思表示而由法律赋予一定私法上的

---

① 王利明主编：《民法（第四版）》，中国人民大学出版社 2008 年版，第 123 页。

效果，从而导致民事权利义务的发生、变更或者消灭。如果一个行为尽管依据人们的某种“意思”而发生，但依法不能够发生民法上效果，则不属于民事法律行为。例如请人吃饭的行为就不属于民事法律行为，此种行为学理上被称为“情谊行为”[①]。情谊行为的目的在于友谊和社交，这是无法通过法律强制实施的，故在法律上不具有可强制执行性，学理上则解释为情谊行为当事人没有发生民事法律效果的目的，也就是没有使该行为受法律拘束的意思。应当注意的是，“情谊行为”本身没有法律拘束力，只是说当事人没有履行请求权和没有不履行时的赔偿请求权，但仍旧可能因为该行为的不当，触犯相关规定而承担法律责任。此时不是因为“情谊行为”承担法律责任，而是“情谊行为”过程中的不当行为导致法律责任。

三 民事法律行为的功能

（一）民事法律行为是实现私法自治的工具[②]

私法自治是个人可以依据自己的意思设定权利义务关系，“自主意思”并且“自己负责”。通过民事法律行为，个人就能够在法律上实现意思自治，民事法律行为是实现私法自治的主要法律手段。

（二）民事法律行为是实现国家利益、公共利益的手段

民事法律行为本身是以追求个人利益为目的，但国家通过民事法律行为效力制度，对危及国家利益、公共利益的行为予以否定的方式，间接促成国家利益、公共利益的实现。[③]

（三）民事法律行为是一个抽象、概括的概念，有统领、指导具体民事法律行为的规范功能

从社会生活层面看，民事法律行为是对具体相关行为的抽象，从而使得千差万别的社会活动为其涵盖，得以为法律所调整。从规范层面看，民事法律行为为民法总则所规定，是一般性规范，为合同行为、物权行

---

① ［德］迪特尔·梅迪库斯：《德国民法总论》，邵建东译，法律出版社 2001 年版，第 149 页。

② 王泽鉴：《民法总则》，中国政法大学出版社 2001 年版，第 249 页。

③ 王利明主编：《民法（第四版）》，中国人民大学出版社 2008 年版，第 123 页。

为、身份行为等其他下位类型法律行为提供一般行为准则。

第二节　民事法律行为的分类

民事法律行为依据不同标准可以划分为诸多类型。此种类型的划分旨在揭示每种类型的特性，区别对待不同的行为；同时，法律上的有名民事法律行为毕竟是社会生活中的典型部分，大量民事法律行为在法律、法规中没有专门规定，故此种分类有助于把握复杂多样的无名法律行为的本质，准确适用法律。

一　单方民事法律行为、多方民事法律行为

《民法总则》第 134 条规定，民事法律行为可以基于单方的意思表示成立，也可以基于双方或者多方的意思表示一致成立。法人、非法人组织的决议行为应当依照法律或者章程规定的程序和表决规则成立。据此，依据法律行为的成立所需意思表示的数量，可以将民事法律行为分为单方民事法律行为和多方民事法律行为。

单方民事法律行为又称一方法律行为或者单独法律行为，是指依据一项意思表示即可成立的民事法律行为。应注意的是，单方民事法律行为意味着一方的意思表示“可以”成立民事法律行为，但不必然就成立了民事法律行为，因为在逻辑上存在要物的单方民事法律行为。单方民事法律行为依据是否有相对人，还可以区分为向特定人所为的单方民事法律行为和无特定相对人的单方民事法律行为。前者如合同解除行为、效力未定合同中的追认行为，此种行为一般需行为人依据法律或者约定对特定人享有某种权利；行使此种行为的意思表示需到达相对人才生效，且是达到后即生效。后者又称严格的单方民事法律行为，如物权的抛弃行为。此种行为没有特定的行为相对人，该行为的意思表示一经做出，即生效，但法律另有规定的除外。

多方民事法律行为是指需要两项以上的意思表示才能够成立的民事法律行为。多方民事法律行为包括双方民事法律行为、多方民事法律行

为和决议。[①]

双方民事法律行为是行为成立需要两项意思表示一致才能够成立的民事法律行为，如双方合同行为、收养协议行为等。此种行为中两项表示意思是相对的或者说相向的，同时又是彼此依存的，如买与卖的意思、委托与受委托的意思。

多方民事法律行为，我国学者也称共同民事法律行为，[②] 是两个以上主体有着同向的或者说并行的意思且意思表示一致的民事法律行为，如两个以上主体进行的合伙协议行为、公司投资协议行为，此种行为中表意人的意思不彼此对立，而是共向。

决议是依据两个以上主体的意思表示，按照一定的表决原则做出决定的民事法律行为，例如公司股东会议决议行为。此种行为以每个主体意思表示为基础，并不必然要求意思表示一致，但决议对表意人均有拘束力，且不向成员发出而是针对意思形成机关做出；此种行为通常发生在权利人内部，就相关事项进行决断，而不发生在权利人组织与外部第三人之间。决议与多方民事法律行为的相同在于表意人为 2 人以上，但二者存在明显区别：前者意思的形成有着先在的表决原则或者机制，后者无须此种先在的规则；前者不需要表意人全体意思一致，而后者需要全体表意人意思一致；前者系权利人组织内部关系，后者系表意人与外部相对人的关系。

此种区分的意义在于探究民事法律行为是否成立，成立时主体的意思表示是否需要一致。

【疑难争点】“单方”“双方”“多方”“决议”及其后果

“单方”“双方”“多方”强调的是意思表示的数量及其相互关系。“双方”和“多方”都需要两个以上意思表示，二者的区别在于意思表示的关系；“决议”的根本是向意思形成机关做出而不是向成员，更不是向第三人做出。[③] 通说认为，抛弃动产物权是单方行为。例如，若夫妻二人

---

① ［德］迪特尔·梅迪库斯：《德国民法总论》，邵建东译，法律出版社 2001 年版，第 166 页。

② 王利明主编：《民法（第四版）》，中国人民大学出版社 2008 年版，第 124 页。

③ ［德］迪特尔·梅迪库斯：《德国民法总论》，邵建东译，法律出版社 2001 年版，第 167 页。

抛弃不要的电视机，就抛弃行为而言是单方法律行为还是多方法律行为？就抛弃的意思表示而言无疑需要夫妻两个人的共同意思。再如，在租赁双方合同中，该合同行为是双方行为，但如果出租人是N个共有产权人，而承租人是一对夫妻，此种情形是否构成多方行为？一个共有产权人或者承租人意思表示无效是否影响整个租赁合同？[①]

二　要式行为、不要式行为

《民法总则》第135条规定，民事法律行为可以采用书面形式、口头形式或者其他形式；法律规定或者当事人约定采用特定形式的，应当采用特定形式。据此，民事法律行为依据是否应当采取特定形式，可以分为要式行为和不要式行为。

要式行为是指行为的成立应当采取特定形式的民事法律行为。要式的依据是法律规定或者当事人有特别约定，要式的形式可以是一般书面形式、特殊书面形式等。

不要式行为是指行为无须通过特别的形式即可成立的民事法律行为。

此种区分的目的在于识别民事法律行为成立与行为形式的关系。违反要式规定或者约定的，该行为不成立，但法律另有规定的除外，如《合同法》第36条的规定。应当注意的是，要式问题实质是意思表示的形式问题，要式意味意思表示的最终形成是通过特定意思表示形式表征的，没有该形式则没有意思表示。

【疑难争点】要式的依据问题及其后果

要式的依据在既往立法中包括当事人约定、法律或者行政法规的规定，如《合同法》第10条、第36条。学界一般也如此认为，[②] 但也有观点认为要式的依据是“法律或者行政法规”的规定，没有明示当事人约定。[③]《民法总则》第135条规定的要式依据是“当事人约定”或者“法律”规定，排除了行政法规。

---

① ［德］迪特尔·梅迪库斯：《德国民法总论》，邵建东译，法律出版社2001年版，第166页。

② 魏振瀛：《民法（第五版）》，北京大学出版社2013年版，第113页。

③ 王利明主编：《民法（第四版）》，中国人民大学出版社2008年版，第124页。

关于违反要式的后果，我国历史上有影响行为效力和行为成立的争议。有观点认为违反应当采取的形式可能影响效力，但反对者认为只影响行为的成立。笔者认为，前者实际上是将行为有效的条件或者程序与行为的形式混淆了，行为形式仅仅是当事人意思表示的形式，违反形式即不能够确认其意思表示，意思表示是民事法律行为的构成要素，故只影响行为的成立。这是根据《合同法》第 36 条得出的符合逻辑的结论。

三 主民事法律行为、从民事法律行为

依据行为之间的成立与效力的关系，民事法律行为可以分为主民事法律行为和从民事法律行为。

主民事法律行为是不以其他民事法律行为的存在为前提，可以独立存在的民事法律行为。从民事法律行为是以其他民事法律行为的存在为前提才能够存在的民事法律行为。例如借款行为和对该借款的担保行为，前者是主民事法律行为，后者是从民事法律行为。

此种区分的意义在于正确把握行为的成立与效力。主民事法律行为的成立、效力、变更、消灭影响从民事法律行为的成立、效力、变更、消灭，但法律另有规定的除外。

四 独立的民事法律行为、辅助的民事法律行为

依据行为是否有独立的实质性内容，民事法律行为可以分为独立的民事法律行为和辅助的民事法律行为。

独立民事法律行为是指行为人自己的意思表示即可发生效力的民事行为。《民法总则》第 18 条规定“成年人为完全民事行为能力人，可以独立实施民事法律行为”，故完全民事行为能力人实施的民事行为，都是独立民事法律行为。

辅助民事法律行为是辅助他人的民事行为使之确定发生效力的民事行为。《民法总则》规定，限制民事行为能力人，实施其他（非纯获利益）民事法律行为由其法定代理人代理，或者征得其法定代理人的同意。因此，代理人对限制民事行为能力人行为的追认，即为辅助民事法律行为。限制民事能力人的行为是被辅助的民事法律行为。

此种区分的意义在于，前者有自身独立的实质内容，后者没有。因

此，有关民事法律行为内容的生效要件，通常仅适用于独立的民事法律行为以及被辅助的民事法律行为；被辅助的民事法律如果没有“辅助行为”的追认，该行为是不生效的。

五　生前行为、死因行为

根据民事法律行为效力的发生是在行为人生前还是死后，可以把民事法律行为区分为生前行为和死因行为。

生前行为是在行为人生前发生效力的民事法律行为。民事法律行为多为生前行为。死因行为是在行为人死后才发生效力的民事法律行为，例如遗嘱行为。

此种区分的意义在于确定民事法律行为的生效时间。生效前，行为人可以变更、废除该行为，生效后则不能够。《民法总则》第 136 条规定，民事法律行为生效后，行为人非依法律规定或者取得对方同意，不得擅自变更或者解除民事法律行为。

六　负担行为、处分行为

依据行为的内容，民事法律行为可以分为负担行为和处分行为。

负担行为是指一个人相对于另一个人（或若干人）承担为或不为一定行为之义务的法律行为。负担行为的首要义务是产生某项给付义务，即产生债务关系。故负担行为是以发生债权债务为内容的法律行为，也叫债权行为。从目的看，负担行为是手段而非目的，是为物权或其他权利的变动准备合法依据的。通说认为，负担行为一般通过合同表现出来，也可以通过单方法律行为表现。

处分行为是直接发生某项既有权利变更或消灭效果的行为。处分行为包括物权行为和准物权行为。物权行为是以直接引起物权变动为目的的处分行为；准物权行为是准用物权行为相关规则的处分行为，其客体是权利，是直接引起债权、知识产权等权利变更、消灭的处分行为，如债权让与行为。

处分行为与负担行为可以同时存在，例如买卖负担行为与基于该合意的交付或者过户处分行为是并存的；也可以分离，例如抛弃所有权的处分行为就没有负担行为，而委托行为中就没有处分行为。

此种区分的意义在于，负担行为以产生请求权的方式，为作用于某项既存的权利做准备，产生的是请求权。因此，负担行为不以行为人享有处分权为其有效的必要条件，故《最高人民法院关于审理买卖合同纠纷案件适用法律问题的解释》第 3 条规定，当事人一方以出卖人在缔约时对标的物没有所有权或者处分权为由主张合同无效的，人民法院不予支持；因为其产生请求权，一则没有排他性，行为人可以就相同内容多次为负担行为，二则是相对的，负担行为一方要实现自己的权利只能够向对方主张。处分行为是直接导致既有的权利变更或者消灭，故其发生效力的方式需行为人有“既有权利”且有处分权，进而因为其已经处分，则就同一内容只能够为一次处分行为；且该处分的法律效果具有绝对性，能够对抗任何人。

【疑难争点】我国是否区分负担行为与处分行为？

通说认为，我国现行立法没有承认负担行为和处分行为的区分。[①] 有学者认为，交易中，交付标的的行为实际上是合同履行行为，是事实行为，而不是独立的物权行为。但反对者认为，《物权法》区分合同效力和物权变动效力，实际上区分了负担行为和处分行为，且物的抛弃行为是明显的处分行为。笔者认为，实际上我国现行法在一定程度上是承认此种区分的。

七 有因行为、无因行为

依据行为与其原因的关系，民事法律行为可以分为有因行为和无因行为。

有因行为是原因系民事法律行为的构成部分，原因不存在行为就不能够成立生效的民事法律行为。负担行为通常系有因行为，负担行为的原因系指当事人承担义务的目的。例如，买卖中，一方承担支付价款的义务以获得买卖标的物为原因，如果没有取得标的物所有权的原因，买卖就不成立。

无因行为是行为可以与原因分离，原因存在与否不影响行为的存在、效力的民事法律行为。在承认处分行为的国家，如德国，处分行为是无

---

① 王利明主编：《民法（第四版）》，中国人民大学出版社 2008 年版，第 125 页。

因行为，如买卖中交付标的物的行为，以负担行为（买卖合同）为原因，但该原因不影响物权处分行为的效力。票据行为是无因行为的典型，出具票据的原因是付款，但无论出具人是否真实的应付款，其开具的票据均有效。

此种区分的意义在于有因行为的原因不存在则该行为不成立、无效；无因行为的原因不存在或者有瑕疵不影响行为的存在、效力。理论上而言，如果转移所有权、他物权的设定等处分行为是有因行为，就否认物权行为的存在；反之，则肯定了物权行为的存在。

八　财产行为、身份行为

依据行为发生的法律后果的性质，民事法律行为可以分为财产行为和身份行为。

财产行为是发生财产变动效果的民事法律行为。财产行为又分为处分行为，如抛弃所有权、转移所有权、免除债务等物权行为，以及买卖、承揽等负担行为。

身份行为是发生身份变动效果的民事法律行为，如结婚、离婚、收养等。身份行为一般是双方行为，如婚姻行为、收养行为等，也有单方行为的，如委托监护的解除。

此种区分的意义在于：（1）适用法律不同，身份行为适用身份法规范，财产行为适用财产法规范。如财产行为可以适用合同法，关于身份的协议则适用《婚姻法》《收养法》等，而不适用合同法。（2）法律限制不同，身份行为涉及家庭伦理关系，法律有较多的限制，如离婚合同不得代理、收养人的年龄限制等，而财产行为自由度相对高些，只要有民事行为能力即可为之，一般可以代理。（3）遵循的价值、原则不同。财产行为通常以等价有偿、公平为原则，而身份行为更强调家庭伦理、公序良俗。

九　诺成行为、要物行为

依据行为成立是否以交付标的物为构成要件，民事法律行为可以分为诺成行为和要物行为。

诺成行为又称不要物行为，指当事人意思表示一致该行为就可以成立的民事法律行为。买卖、租赁、承揽等大多民事法律行为都是诺成行为。

要物行为又称实践行为，指行为成立不仅要当事人意思表示一致，还需要交付标的物的民事法律行为。例如民事借用行为、消费借贷行为、没有特约的保管行为等。

此种区分的意义在于，如果民事法律行为系诺成行为则标的物交付与否不影响该行为即成立，意思达成行为即成立；是要物行为的，则标的物没有交付的，该行为在法律上不存在，交付标的物时行为才成立。

十 有偿行为、无偿行为

依据行为中一方取得权益是否支付对价，民事法律行为可以分为有偿行为和无偿行为。

有偿行为是一方获得权益以支付对价为必要的民事法律行为。例如买卖中，一方获得标的物所有权以支付价款为条件，存在对待给付，故买卖行为系有偿行为。此处的对价应当具有对等性，否则也不构成有偿行为。例如，甲赠与乙一套房屋，乙需要调动工作到甲处，乙的负担（调动工作）与房屋所有权变动不构成对价关系，故该行为不属于有偿行为。

无偿行为是一方取得权益并不向对方支付对价的民事法律行为。赠与是典型的无偿行为，受赠人获得赠与权益，无须向赠与人支付对价。此种区分的意义在于：（1）有偿行为适用公平原则，可以依据显失公平被撤销，而无偿行为不存在适用显失公平问题。《民法总则》第151条规定一方利用对方处于困境、缺乏判断能力等情形，致使民事法律行为成立时显失公平的，受损害方有权请求人民法院或者仲裁机构予以撤销。该规定就适用于有偿行为，不适用于无偿行为。（2）有偿行为当事人的责任重于无偿行为当事人。例如在《合同法》中，有偿合同当事人违约，一般不论其过错情形，均需承担责任；而无偿行为中，行为人一般只对故意或者重大过失向对方当事人承担因此遭受的损失。（3）有偿行为当事人需有相应的民事行为能力，而限制民事行为能力人却可以为纯受益的民事法律行为即无偿行为。《民法总则》第145条规定，限制民事行为能力人为纯获利益的民事法律行为，无须经法定代理人同意或者追认。

十一　单务行为、双务行为

依据双方当事人权利义务的负担关系，民事法律行为可以分为单务行为和双务行为。

单务行为是一方享有权利另一方只负担义务，双方义务没有对待关系的民事法律行为。例如，赠与中赠与人有交付赠与物并转移所有权的义务，却不享有权利。双务行为都是有偿行为，但有的有偿行为（实践性行为）是单务行为，如有偿的借用行为。

双务行为是双方均负有对待给付义务，一方的权利即为对方的义务的民事法律行为。无偿行为是单务行为，但有的单务行为（实践行为）是有偿行为。

此种区分的意义在于：双务行为可以适用双务行为抗辩权，而单务行为不能够适用。

第三节　民事法律行为的成立

一　民事法律行为成立的含义

民事法律行为的成立系指民事法律行为在法律上客观存在。一方面，民事法律行为成立问题是一个事实问题，即客观上是否存在该行为；另一方面，此种客观存在的识别不是任意的，而是必须满足法律规定的条件，在法律上客观存在。

民事法律行为成立是行为有效的事实基础，没有成立就无从讨论是否有效，同时也是民事主体实现私法自治的客观基础。

二　民事法律行为成立的条件

各种民事法律行为由于性质不同，要求不同，其成立要件也不同。《民法总则》第134条规定民事法律行为可以基于单方的意思表示成立，也可以基于双方或者多方的意思表示一致成立；法人、非法人组织的决议行为应当依照法律或者章程规定的程序和表决规则成立。因此任何民事法律行为的成立，均需要一些基本条件，这就是民事法律行为成立的一般要件。通说认为，民事法律行为成立的一般要件包括：（1）行为人即当事人，也就是意思表示人。单方行为中主体为一个人；双方行为中主体为两个人；多方行为中，主体为多人。至于主体是否有民事行为能力则在所不问。（2）意思表示。民事法律行为以意思表示为基本构成要素，无意思表示则无民事法律行为。因行为主体人数差异，意思表示在数量上就不同，且要求也不同。单方行为中一方做成意思表示即可，双方行为中需双方意思表示一致，多方行为中，可能需要意思表示一致，如合伙协议，也可能按多数意思等规则做成如法人的决议。至于意思表示是否真实则在所不问。

【疑难争点】民事法律行为的成立是否需要标的?

有观点认为除当事人和意思表示外，民事法律行为的成立还需要标的。所谓标的系指意思表示的内容，即行为人实施行为要达到的法律效果。① 笔者认为，意思表示是表意人将其期待发生某种法律效果的内心意思通过一定方式表之于外的行为。也就是意思表示本身必定包括了所谓的“标的”，否则就没有意思表示。即意思表示构成要件包括标的要件，故标的没有独立成为民事法律行为成立要件的余地。

某些民事法律行为的成立除具备一般成立要件外，还需要具备其他条件，这就是民事法律行为成立的特别条件。这些特别条件可能源于行为性质（法律可能对此予以特别规定），如借用行为因为其具有实践性，需要交付标的物这一要件成立，其才成立；《合同法》第 367 条规定除当事人另有约定外，保管合同自交付保管物时成立；也有源于当事人约定的，如当事人约定行为必须采取特定形式的，意思表示采取了该特定形式时，行为成立。②

三 民事法律行为成立的效果③

民事法律行为成立的法律效果系指成立的民事法律行为在法律上的拘束力。由于民事法律行为成立不一定有效，故发生表意人期待的法律

① 郭明瑞：《民法》，高等教育出版社 2003 年版，第 105 页。

② 意思表示采取特定形式究竟是行为成立的特别要件还是意思表示成就的条件，对此可以探讨。笔者认为，意思表示的特定形式并非行为成立的特别要件，而是意思表示是否成就的标准。换言之，没有采取特定形式，应当认为意思表示没有成就，行为不成立。

③ 民事法律行为成立究竟有何法律效果，学界多回避，未见论述，其原因不得而知。

效果不是民事行为成立所致，而是民事法律行为有效所致。尽管《民法总则》第136条规定民事法律行为自成立时生效，此种情形中行为有效的法律效果吸收了行为成立的效果，但《民法总则》同时规定，法律另有规定或者当事人另有约定的除外，故行为成立后生效前的拘束力问题，当属行为成立的法律效果。

《民法总则》第141条规定行为人可以撤回意思表示。撤回意思表示的通知应当在意思表示到达相对人前或者与意思表示同时到达相对人。而且，民事法律行为成立后，除非依据法律规定，表意人不能够随意变更、撤销该行为，此为民事法律行为成立的法律效果；同时，民事法律行为成立后，按照法律或者约定未生效的，成立的法律效果还包括负有义务使之生效者有履行相关义务的约束力。

【案例思考】

案例1　原告张某诉称：自己对A房享有所有权，但李某一直居住其中，拒绝搬出，故诉求法院裁决李某迁出A房。

被告李某辩称：A房屋系自己丈夫的财产，2006年2月1日，丈夫写有遗嘱，将自己作为丈夫所有财产（含该房屋）的唯一财产继承人。

法院查明：张某的父亲（老张）因老伴于2003年4月3日去世，2004年5月由保姆李某照顾起居，2005年初，老张与李某登记结婚。2006年2月1日，老张立下书面遗嘱，将李某作为其全部财产含涉案房屋的唯一继承人。2006年11月13日，老张病故。法院另查明：该房屋系老张夫妻共同财产，登记在老张个人名下，2006年6月17日，老张因李某长期不满儿子张某回家看自己，将房屋赠与儿子，并办理房屋产权过户手续。

问题：1. 本案中的民事行为按照不同分类，主要类型有哪些？

2. 本案如何处理？

案例2　原告谢某诉称：2011年4月3日上午9点左右，自己在成都火车北站下火车出站，在乘坐被告A公司的出租车时，被不明身份的3个人劫持下车，导致财物损失12万元，身体被打伤，花费医药费5万元，误工、医疗交通费等1.2万元。但被告拒不赔偿。

被告A公司辩称：一是司机张某系挂靠自己名下，公司与张某有约定，张某交管理费后，其他一切权利义务自己享有或者承担；二是原告谢某上车没有取得张某同意，双方没有法律关系，谢某应当向实施殴打、抢劫财物的犯罪人主张赔偿。

法院查明：2011年4月3日上午9点左右，谢某在成都火车北站下火车出站；同时张某把出租车停放在有标志的待客区，自己在车上。谢某发现张某的车后，径直打开车厢后门，说“开车”。张某有准备开车的动作，但车头前已经站了1人，随后有2个人打开车门把谢某拽下，实施殴打、搜身行为。法院还查明：张某的车属于A公司；实施对谢某殴打、搜身行为的3个人至今没有归案。

问题：1. 本案谢某与张某或者A公司是否成就了某种法律行为？如果成就了，则成就了什么法律行为？

2. 谢某向A公司主张赔偿是否成立？为什么？

第十五章

意思表示

【本章导读】 意思表示是民事法律行为的基本要素和根本构成，对民事法律行为制度有重要影响。本章主要内容包括意思表示的含义、构成要素、形式；意思表示的生效标准和时间、生效后果；意思表示的解释规则；虚伪、通谋虚伪、错误和重大误解意思表示不一致；欺诈、胁迫意思表示不自由。

第一节　意思表示概述

一　意思表示的含义

民事法律行为是通过意思表示设立、变更、终止民事权利和民事义务的行为。“设立、变更、终止民事权利和民事义务”是行为人的目的，但该目的存于内心，外界无法得知，有了意思表示，该内心目的才外化，法律才能够予以调整。故民事法律行为的核心要素是意思表示。

通说认为，意思表示是行为人将其期待发生某种法律效果的内心意思通过一定方式表之于外的行为。因此：（1）意思表示是一种行为，具有外在的客观性，其发生后就是一种客观存在。（2）意思表示必需有一定的方式，此为意思表示的形式。意思表示的客观存在性是通过其形式体现的。（3）意思表示具有主观性，其表示的内容是“内心意思”，该意思是表意人主观决定形成的，且通过何种方式，表示表意人也有其自由的一面。（4）意思表示的直接功能是表意人与外界进行沟通，将“内心意思”转化为外界能够感知的特定意思（表示意思）。

二 意思表示的构成要素

意思表示的构成要素是一个意思表示必须的构成部分。意思表示是行为人将其期待发生某种法律效果的内心意思通过一定方式表之于外的行为，而法律规制意思表示在于确定当事人权利义务的发生、变更、消灭。因此，表意人首先要有发生法律效果的意思，此为效果意思；其次，为使该效果意思能够为法律调整，需将其表达，故有表示行为；最后，因为表示行为传达的意思与效果意思不一定一致，法律对此也予以规制，故有表示意思。

效果意思是表意人欲设立、变更、终止民事权利义务的意思要素。构成效果意思需两个要素：一是有具体内容。没有具体内容，外界就无法确定其意思，法律无从调整。二是有发生法律上效力的意思。效果意思是表意人内心的意思，具有主观性和外界无法直接确认性。表示行为是将效果意思通过一定方式表达出来而为相对人了解的行为要素。没有表示行为表意人内心的意思就无法为相对人了解，就没有意思表示。表示行为通过外化效果意思的方式体现。表示意思是按照某种社会规则赋予表示行为外观（语言、文字以及特定行为）的含义或者意义。表示行为具化为表示方式及其载体（语言文字符号等），这些方式及载体作为人类反映客观世界的手段，其内涵和外延或者说反映的意思具有相对确定性，此种确定性并非表意人能够任意改变的。因此，表示意思相对于表意人具有客观性，是客观的表示行为体现的、不以表意人意志为转移的意思。表示意思由此与效果意思可能会不一致。

【疑难争点】意思表示构成要素争议?

意思表示的构成要素有二要素说、三要素说、四要素说等。二要素说指意思（效果意思）和表示（包括表示行为和表示的外部意思）;① 三要素说指目的意思（民事行为标的的具体内容的意思要素）、效果意思（使其目的意思发生法律效力的意思要素）和表示行为（将目的意思、效果意思表示于外的行为）;② 四要素说指表示行为、行为意思、表示意思

① 郭明瑞:《民法》，高等教育出版社 2003 年版，第 100—101 页。

② 王利明主编:《民法（第四版）》，中国人民大学出版社 2008 年版，第 128 页。

和效果意思。①

本书认为，意思表示是由内而外的过程，先有效果意思，再有表示行为，最后是表示意思。

三　意思表示的形式

意思表示的形式是表示意思的方式，也就是表示行为的方式，通常也是民事法律行为的形式。《民法总则》第135条规定，民事法律行为可以采用书面形式、口头形式或者其他形式；同时规定，行为人可以明示或者默示做出意思表示。因此，意思表示的形式包括明示形式和默示形式。

（一）明示形式

明示方式是指通过语言文字直接地、明确地做出意思表示，包括口头形式和书面形式。

1. 口头形式

口头形式是指通过对话方式做出意思表示。“对话”的核心是口头语言，不是文字或者行动，除当面交谈外，对话交谈、由第三人转口信、当众宣布自己的意思等，均属于口头形式。口头形式进行的意思表示是“明示”的、“直接”的，但因为口头语言没有固化，于纠纷时难以取证，故一般适用于即时结清或者标的数额较小的交易中。

2. 书面形式

书面形式是指通过书面文字等有形方式做出意思表示。《合同法》第11条称，书面形式是指合同书、信件和数据电文（包括电报、电传、传真、电子数据交换和电子邮件）等可以有形地表现所载内容的形式。因此，书面形式的核心是该意思表示形式具有“有形”的载体，包括但不限于合同书、信件、数据电文等；至于该形式中意思表达交流媒介是文字、图案、图表还是其他痕迹，只要能够载明其意思表示内容，则在所不问。书面形式进行的意思表示是“明示”的、“直接”的，且因为其有形而能够固化，有利于解决意思表示的不确定性问题和举证证明问题，故多适用于履行时间长或者重要的交易。除法律另有规定外，当事人双

---

① 王泽鉴：《民法总则》，中国政法大学出版社2001年版，第336—337页。

方是否采取书面形式是其自由。

（二）其他形式

其他形式即默示形式，系指通过行为而不是语言文字做出意思表示。默示形式包括推定形式和沉默形式。

1. 推定形式

推定形式是当事人通过积极的行为做出意思表示。积极行为能否被认为将其效果意思表之于外，构成意思表示，取决于依据常识、正常理性或者交易习惯等，能否推知行为人做出了某种意思表示。例如租赁合同期满后，承租人仍旧缴纳租金而出租人予以接受，则尽管双方没有采取语言文字等明示方式进行意思表示，但其行为能够被推知双方有延长租赁合同的意思表示。

2. 沉默形式

沉默形式是指行为人通过消极不作为的方式做出意思表示。一般而言，意思表示将效果意思表达出来需要积极为之，没有语言文字也没有积极作为，当事人的内心意思是无从表达，也是无法被相对人了解的。由此，消极不作为被认定为做出了意思表示在法律上受着严格限制。《民法总则》第 140 条规定，沉默只有在有法律规定、当事人约定或者习惯时，方可以视为意思表示。例如，《合同法》第 48 条规定相对人可以催告被代理人在一个月内予以追认。被代理人未做表示的，视为拒绝追认；第 171 条规定，试用期间届满，买受人对是否购买标的物未做表示的，视为购买，均是不作为视为意思表示的法定情形。

【疑难争点】意思实现的意义

理论上有“意思实现”一语，指表意人以特定行为替代相应的意思表示，是意思表示的一种，[①] 或者（在合同法领域）是依习惯、事件性质或者要约人为要约的事先声明，承诺无须通知，在相对时期内有可认为承诺的事实时，合同成立的现象。[②] 其依据均为《合同法》第 22 条“承诺应当以通知的方式作出，但根据交易习惯或者要约表明可以通过行为作出承诺的除外”，也即“以行为作出承诺”，而承诺本身是“意思表

---

① 王利明主编：《民法（第四版）》，中国人民大学出版社 2008 年版，第 130 页。

② 崔建远主编：《合同法》，法律出版社 2003 年版，第 53 页。

示”（《合同法》第21条），故《合同法》第22条规定的是可以“以行为作出意思表示”，本质上即为《民法总则》中关于意思表示的形式问题，是默示形式。据此，“意思实现”一语的存在徒添困惑，例如意思实现的意思表示与“通常意思表示”的表达云云,[①] 实为“明示意思表示”与“默示意思表示”而已。

四　意思表示的生效和效力

（一）意思表示的生效

1. 意思表示生效的含义

意思表示的生效指意思表示发生法律拘束力。意思表示是当事人自治的工具，需要获得法上拘束力；同时意思表示影响相关人利益，也需要被拘束。

意思表示没有生效，实际上意味着没有拘束力的意思表示，以意思表示为基本要素的民事法律行为也就无从成立。由此，意思表示的生效根本意旨在于使民事法律行为能够得以成立，与民事法律行为生效是不同的，后者一般自行为成立时生效，但有例外。因此，单方法律行为中，意思表示生效之时可能就是民事法律行为成立之时，进而可能是民事法律行为生效之时；在非单方法律行为中，一方或者部分表意人意思表示生效之时却非法律行为成立之时，更无探讨生效之余地。因此，意思表示的生效解决的是民事法律行为成立的问题，是法律上的事实认定。意思表示的生效不等于其有效——指法律予以肯定评价，例如抵消通知到达对方，该意思表示生效，但如果该抵消意思附有条件，则该抵消意思表示无效。

2. 意思表示的生效时间

意思表示的生效时间存在不同观点，有“表达说”（表意人的内心意思一旦具备外在形态，意思表示生效）、“发出说”（意思表示做成且已经发出，自发出时生效）、“受领说”（意思表示自到达相对人生效）和

① 王利明主编:《民法（第四版）》，中国人民大学出版社2008年版，第130页。

"了解说"（意思表示到达对方后，自其感官了解意思表示时生效）。[①]《民法总则》依据意思表示方式和行为类型不同采取了不同的生效规则：

（1）对话意思表示之生效。《民法总则》第137条规定，以对话方式做出的意思表示，相对人知道其内容时生效。因为系对话，意思表示之"语言"是即时达到对方，按《合同法》第16条的规定，该"语言"到达即生效。但《民法总则》采取了"知道其内容时"生效，实际上是采取了"了解说"。确定意思表示生效一是考虑保护"合理信赖"，二是公平分配风险。在对话意思表示中，如果一方根本不懂对方之意思（如不通语言的内外国人之间，或者一方有太多专业术语），则采取到达主义是不合理、不公平的。

（2）非对话意思表示之生效。《民法总则》第137条规定，以非对话方式做出的意思表示，到达相对人时生效。可见非对话意思表示采取"达到"生效主义。所谓"达到"系指意思表示外观进入相对人控制的领域，包括住所、办公地或者其内部人员手中等，至于其相对人是否了解意思表示的意思，在所不问。之所以如此，是因为基于意思表示的"储存"外观，相对人可以事后重复知悉意思表示的内容，到达之时相对人即使不了解其内容，因为他可以重复"理解"意思表示的"储存"外观，从而了解其内容，故此时采取到达生效就没有不公平。以非对话方式做出的采用数据电文形式的意思表示，相对人指定特定系统接收数据电文的，该数据电文进入该特定系统时生效；未指定特定系统的，相对人知道或者应当知道该数据电文进入其系统时生效。当事人对采用数据电文形式的意思表示的生效时间另有约定的，按照其约定。

（3）无相对人的意思表示之生效。《民法总则》第138条规定，无相对人的意思表示，表示完成时生效，法律另有规定的，依照其规定。此种意思表示因为没有相对人，属于"无须受领的意思表示"，不存在达到或者了解问题，故表示完成时生效。例如，抛弃动产所有权的行为，其完成抛弃意思表示时，意思表示生效。此种意思表示完成与否，当依据通常观念、习惯等因素确定。

---

① ［德］迪特尔·梅迪库斯：《德国民法总论》，邵建东译，法律出版社2001年版，第209页。

（4）公告方式意思表示之生效。《民法总则》第139条规定，以公告方式做出的意思表示，公告发布时生效。公告方式意思表示是相对人不确定的意思表示，属于“无须受领的意思表示”，故采取与无相对人意思表示等同的规则，自公告“发布”时，即需表意人“做出”公告并且对外发布。

【疑难争点】意思表示“到达”的理解

《民法总则》就非对话方式的意思表示，抽象为统一的“到达”相对人生效，显然“到达”内涵有统一性，但外延必定是多样的。就后者而言，如意思表示载体送达相对人信箱、收发室、单位职工、家庭成员等情形，一概被认定为送达颇有疑问。例如，快递员到单位写字间门口，因为董事长不在，将写有“董事长收”的函件交单位工作人员（A）；再如单位因故暂时关门，快递员将函件交物管，尽管物管明确其不管邮件收发（B）；或者下班时间的投递（C），这些方式是否可以认定为“到达”？面对复杂的社会生活，“达到”确需一个抽象标准。对此，德国的主流学说是按通常的方式，意思表示载体进入相对人实际处分权范围，且相对人有知悉的可能性，即为送达。① 该说较为妥当，根本在于其分配责任的公平性：通常情形合理于普遍预期所生的信赖，排除相对人“非常”的注意义务；“实际控制”合理于控制者承担风险的效率优势，控制相对人机会主义行径；“知悉可能”合理于达到的本旨，兼顾双方利益。按此理解A成就“达到”，B因在“实际处分权范围”之外，C因通常下第二天知悉而不成立送达。需说明的是，适用“达到”抽象标准时，一是有法定依法定，如公告送达没有按法定刊物进行的，不发生送达效果；二是有约定的依约定，如没有按约定的特定（物理或者虚拟）地址送达的，不发生送达效果。

（二）意思表示的效力

1. 效力内容

意思表示的效力系指生效的意思表示对表意人、相对人发生的法律拘束力。

---

① ［德］迪特尔·梅迪库斯：《德国民法总论》，邵建东译，法律出版社2001年版，第230页。

对表意人而言，意思表示生效意味其非依法律规定不得随意撤销、变更其意思表示。

对相对人而言，此种生效的法律意义因表意人行为类型的不同而具有多种法律意义。在有相对人的单方行为中，表意人意思表示生效，则对相对人发生拘束力，相对人需承受其后果；在双方行为中，表意人意思表示生效，对相对人发生“授权”效力，相对人有权主张按照表意人意思表示成就法律行为，但一般没有义务承受该意思表示。

2. 意思表示的撤回

意思表示的撤回系指意思表示做出后，表意人依法使其不生效的行为。由此，该撤回：（1）目的是反悔，使发出或者做出的意思表示不生效。（2）撤回应该在意思表示生效前到达对方，最迟与意思表示同时到达。《民法总则》第141条规定，行为人可以撤回意思表示。撤回意思表示的通知应当在意思表示到达相对人前或者与意思表示同时到达相对人。依据该条，在对话意思表示中，意思表示是否可以撤回？法律没有明示。本书认为，此种意思表示以“了解”为生效条件，除非有特殊情形，一般为即时了解，换言之，一般会即时生效，[①] 故不适用撤回的规范。这也符合生活中口头讨价还价的习惯。对于无须受领的意思表示，因为其发布或者完成即生效，也没有依据第141条可以指向的相对人，故不可能据此主张撤回。学理上认为，表意人可以依法撤销。

五 意思表示的解释

意思表示无论是语言文字的明示形式，还是作为不作为的明示形式，均因语言文字、行为的灵活性、不确定性以及认识本身的局限性，对其含义可能存在“见仁见智”的分歧，导致当事人对此发生争议。由此，意思表示需要解释。意思表示的解释是遵循一定原则，采取一定方法，阐释、确定当事人意思表示的真实含义的行为。[②]

---

① ［德］迪特尔·梅迪库斯：《德国民法总论》，邵建东译，法律出版社2001年版，第226页。

② 从逻辑看，此处既然该命题已经确定是对“意思表示”含义的解释，故该语言文字或者行为已经构成了“意思表示”，无须再对是否是意思表示进行解释。但实践上，对每一对象是否已经形成“意思表示”的解释显然是一个先决问题。

（一）意思表示解释的原则

意思表示解释的原则，是进行意思表示解释要遵循的基本指导思想或者根本准则。意思表示是行为人私法自治的工具，行为人有且只有对自己的意思负责。意思表示解释的目的是探求当事人的“真实意思”，那么，什么是自己的“真意”？表示意思由效果意思、表示行为和表示意思构成，故从“意思”的角度，“自己的意思”标准就有“效果意思”或者说“内心意思”与“表示意思”的不同，依据内心的还是表示的抑或其他意思确定“当事人真意”，则会导致结果根本性不同。从而形成意思主义、表示主义和折中主义三种解释原则。①

意思主义在19世纪德国的法律行为学说中居于支配地位，主张意思表示解释重在解释、确定行为人的内心意思，以内心意思为表意人之真意。据该理论，法律行为是人实现自己意思、意思自治的工具，因此意思表示本质上是行为人的内心效果意思，当事人对意思表示含义有争议，就应当阐释、确定当事人的内心效果意思，并以之为准。换言之，当表示意思与效果意思不一致时，以效果意思为准，而不考虑其表示意思，故有主观性。

表示主义后于意思主义，主张意思表示解释重在行为人表示出来的表示意思，以表示意思为表意人之真意。据该理论，法律行为本质上并非人的内心意思，而是表示行为客观反映的意思。由此，对意思表示的解释应当采取客观立场，于效果意思与表示意思分歧时，以外部的客观表示方式及其反映的意思为准。

折中主义主张将意思主义和表示主义结合，审时度势，公平合理地阐释、确认当事人真意。该学说源于前二者的不足，意思主义过于强调内心真意，不利于合理了解表示意思的第三人利益，也存在诉讼证据困扰；表示主义对表意人内心意思的漠视，不符合私法自治的本意，也有导致不公平之嫌。故，今天对意思表示的解释多采取折中主义。

---

① 有观点认为意思主义、表示主义和折中主义是关于意思表示的解释对象不同的区分。王利明主编：《民法（第四版）》，中国人民大学出版社2008年版，第131页。

我国立法没有统一地、一般性地明示意思表示解释的原则,[①] 但《民法总则》中规定了“串通”“重大误解”“欺诈胁迫”“显失公平”等权利人的行为（实际上是表示意思）因为违反“真实意思”（实为内心意思）可以撤销；依据反向解释，其他情形下当以表示意思为准。且，从诉讼举证角度看，行为人不能够证明存在“串通”“重大误解”“欺诈胁迫”“显失公平”的，即使客观上该行为违背其“真实意思”，表示意思也被视为其“真实意思”。故，我国立法实际上原则上采取了以表示主义为主，以意思主义为辅的折中主义，即首先推定表示意思是表意人的真实意思受法律拘束，是为表示主义的；其次，如果表意人有证据证明表示意思不是其真实意思则其可以被撤销而无效，是为意思主义的。

（二）意思表示解释的方法

《民法总则》第 142 条规定，有相对人的意思表示的解释，应当按照所使用的词句，结合相关条款、行为的性质和目的、习惯、相对人的合理信赖以及诚实信用原则，确定意思表示的含义。无相对人的意思表示的解释，不能拘泥于所使用的词句，而应当结合相关条款、行为的性质和目的、习惯以及诚实信用原则，确定行为人的真实意思。《合同法》第 125 条规定，当事人对合同条款的理解有争议的，应当按照合同所使用的词句、合同的有关条款、合同的目的、交易习惯以及诚实信用原则，确定该条款的真实意思。据此，我国意思表示解释的方法包括文义解释、体系解释、习惯解释、性质和目的解释、合理信赖解释等。

1. 文义解释

文义解释是依据意思表示所使用的文字、符号、句子等之含义，探究、解释、确定当事人真实意思的解释方法。文义解释因为文字符号的客观性而具有客观性、可证明性，且系对明示的意思表示进行解释，故除非有充分的相反证据，文义解释之意义即为当事人真意。同时，词语、符号之含义一则依据习惯有其惯常意义，惯常意义可能是多重的；二则词句意义需要在语境中考虑确定，故进行文义解释不仅要把握词句的一般意义，还要结合可以证明的、形成该词句的既往所有材料、证据进行

---

① 《民法总则》相关规定和《合同法》第 125 条是解释方法的规定，不是内心意思和表示意思矛盾的处理规则。

解释，不能够机械地拘泥于词句的字面含义，当努力探究当事人之真意。文义解释在立法上，区分了有无相对人。无相对人的明确要“不能拘泥于所使用的词句”，而有相对人的无此明确要求。其原因一则是基于有相对人时表意人使用的文字、语句对相对人会发生通常意义的认知，当保护善意相对人的合理预期，故更为强调文字的含义；二则有相对人时，立法也强调需要“结合”行为的性质和目的、习惯、相对人的合理信赖以及诚实信用原则，确定意思表示的含义，故简单、机械的字面解释意义并非当然的法律承认的当事人真意，只是否定该意思时，通过其他路径探求所得的真意应该更具有确定性和高度盖然性。

2. 体系解释

体系解释也称整体解释，是通过将待解释条款纳入意思表示全部条款中，与其他条款的意义、作用、关系等相结合，从整体上去阐释、确定当事人真意的解释方法。体系解释是将意思表示当作一个整体，强调把握其整体意思需要理解各部分的意思，而把握各部分的意思需要理解整体意思。此种解释方法满足了意思表示的复杂性和事物整体性与局部性的辩证统一关系，在实践中广为采纳。

如果意思表示全部形式为文字符号，则体系解释本质上是文义解释，是置于全部文本考虑的文义解释，而不是对孤立语词或者语句的文义解释。如果整体意思表示包括默示尤其是积极行为意思表示，则体系解释可以看作是纠正文义解释的拘泥于文字的错误，或者补强文字含义。但是，文字的含义如果与默示积极行为的含义不同，且默示意思不存在歧义时，行为的含义是否优于字面含义？原则上行为含义会优于字面含义，但一种反驳是可能的，即行为系错误的、误解所致的。于此，还需综合考虑相关因素才能够确认当事人真意。

3. 习惯解释

习惯解释是意思表示使用的文字、符号存在疑义，或者不明确或者有歧义时，参照当事人的行为习惯确定当事人真意的解释方法。适用习惯进行解释，该习惯需满足以下条件：（1）不违反法律、行政法规强制性规定；（2）需在行为当地或者某一领域、某一行业通常采用的做法，有相对人时还需为对方行为时所知道或者应当知道的做法；或者是当事人双方经常使用的习惯做法（最高人民法院合同法司法解释第 7 条）。由于该习惯是相关人惯常的行为模式或者语言表达，故可以被认为是当事人之间的惯例，对相关主体能够产生合理预期。习惯解释首先是解决文义解释不确定性的路径；其次，也不失为对默示意思表示当事人真意的确定方法。例如，甲公司向乙公司按月供货，每月数量不等，对于当期的需求量，乙公司通常在货到后 3 天内予以确定——不退货的，支付全部货款；退货的，支付受领货物价款，甲方均予以接受。于此习惯中，乙方仅为退货行为，不为明示意思表示，或者反之，依据习惯解释可以确定当月交易的双方当事人真意。

4. 性质和目的解释

性质解释是指意思表示所使用的文字或者语句存在两种以上解释时，以符合行为性质为标准确定当事人真意的解释方法。行为性质决定了意思表示内容的性质，就表示内容的解释符合行为性质的当属于当事人真意，与之违背的，当非当事人真意。但行为性质本身应当是可以证明的、确定的。目的解释是指意思表示所使用的文字或者语句存在两种以上解释时，以符合意思表示目的为标准确定当事人真意的解释方法。当事人为意思表示旨在追求一定目的，目的是意思表示的核心，故表示意思之符合行为目的的，当属行为人之真意。但是，该目的在有相对人的条件下，应该具有可证明性，且为相对人知道或者应当知道，而不是行为人任意主张之目的。有观点认为性质、目的解释可以验证文义解释、体系解释、习惯解释正确与否，[①] 不过也可能其结果与前述解释结果冲突，我们认为依据确定的、无争议的行为性质和目的解释的当事人意思与文义解释、体系解释确定的当事人意思不一致时，应当综合其他因素判断，没有其他因素的，以行为性质和目的解释的真意为准，但需不害及相对人合理的信赖意思。

5. 合理信赖解释

合理信赖解释是指有相对人的意思表示中，确定当事人的真意，应当考虑表意人的表示行为对相对人产生的合理信赖，如果依据其他解释得出的结论与相对人合理信赖的意思不一致，应当予以修正或者排除的解释方法。适用合理信赖应当：（1）表意人有予信行为，即依据语言文

① 王利明主编：《民法（第四版）》，中国人民大学出版社 2008 年版，第 132 页。

字惯常含义或者行为习惯等，表意人的行为足以让相对人相信表意人有某种意思（表示意思）。(2) 相对人对与表意人真意不符的表示意思的产生没有过错，即没有串通、欺诈、胁迫等情形，或者主张不符合足以导致显失公平。(3) 相对人在成立行为时不知道或者不应当知道此种不符合。合理信赖解释在适用上应当注意此种信赖具有可保护性、合法性，在显失公平下，不能够排除表意人内心真意的适用。

6. 诚信解释

诚信解释是指对意思表示所为的语言文字、作为或者不作为进行阐释，确认当事人的真意，应当遵循诚实信用的原则，如果这些阐释结论有悖诚实信用的，则应当予以修正或者排除的解释方法。① 如前所言，文义解释、体系解释、习惯解释、性质和目的解释均是依据可查证的事实，进行的通常解释，而事实的查证本身在民法上以"高度盖然性"的认定依据，这具有不确定性，且各种方法的结论可能有分歧。故需要综合全案证据，依据诚实信用予以修正或者排除。

据此，《民法总则》第 142 条规定，意思表示的解释，要结合诚实信用原则。例如，当事人明示约定借款无息，从文义解释看，出借人无权主张利息。但是出借人称自己是小贷公司，不可能对他人无息贷款，双方口头上约定了利息；同时，借款人客观上从次月起就按一定利息标准在向出借人支付款项，已经支付了 10 个月，且没有明示款项性质；双方曾经对账，签有对账文书，对账单载明还欠的本金没有扣除已经支付的前述款项。故可以确认双方的真实意思是有息的。借款人对此称自己系错误支付，没有支付利息的意思。本案中，结合借款人连续 10 个月的履行证据和履行后的对账确认，应该认为有息借款是当事人的真意，借款人的主张有悖诚实信用，应当不予采信。

第二节　意思表示不一致

意思表示不一致指表意人所为的表示意思与其内心效果意思不一致，

① 有观点认为意思表示解释的诚实信用问题，不是解释方法而是解释原则。王利明主编：《民法（第四版）》，中国人民大学出版社 2008 年版，第 132 页。

是一种不真实的意思表示。这种不真实不是因为表意人意志不自由所致；从表意人主观心态看，包括故意为不真实的意思表示，又称故意不真实意思表示或者虚伪意思表示，和无意思的不真实意思表示，又称错误意思表示。

一 虚伪意思表示

虚伪意思表示是表意人明知自己没有追求某种法律效果的意图，却故意做出违背自己内心意思的表示意思。虚伪意思表示包括单独虚伪表示和通谋虚伪表示。

（一）单独虚伪表示

单独虚伪表示是表意人单方违背自己真实意图所为的意思表示。其基本构成包括：（1）客观上存在意思表示；（2）表示意思与内心效果意思不一致；（3）表意人明知此种不一致而故意为之。例如，一个人没有竞买意图，以为其他人要购买，恶作剧地报价以抬价。

《民法总则》对此没有规定，但学理上一般认为该意思表示有效，表意人不得主张撤销。[①] 其原因在于表意人违背诚实信用原则，其意思表示使相对人产生了合理信赖。法律一方面以尊重当事人意思为原则，同时需兼顾相对人信赖利益及交易安全，[②] 基于此，如果相对人明知或者应当知道表意人所为意思表示是不真实的，则相对人不得主张有效。因为相对人明知或者应当知道表意人为不真实意思表示，则其没有合理信赖利益，法律不予以保护。此种解释也符合《民法总则》第 142 条将“相对人的合理信赖”纳入意思表示解释的法律精神。例如，在婚庆场合，客人起哄要求债权人免除新郎的债务的情况，新郎就没有合理的理由相信债权人有免除其债务的真实意思。应当注意的是，即便单独虚伪意思表示无效，表意人如果已经履行，则不能够对抗善意第三人。

（二）通谋虚伪意思表示

通谋虚伪意思表示是表意人与相对人串通，故意为不真实意思表示。通谋虚伪意思表示基本构成包括：（1）客观上有意思表示；（2）意思表

---

① 王泽鉴：《民法总则》，中国政法大学出版社 2001 年版，第 249 页。

② 同上书，第 273 页。

示与双方的真实意思不一致；（3）此种不一致是行为人双方通谋故意所为。

《民法总则》第 146 条规定，行为人与相对人以虚假的意思表示实施的民事法律行为无效；行为人以虚假的意思表示隐藏的民事法律行为，依照有关法律规定处理。据此，通谋所为的虚伪意思表示没有法律效力，其原因是表意人均无履行该意思表示的意图，法律以尊重当事人意思为原则由此不予以保护，至于其原因则在所不问。但是该意思表示无效，不影响善意第三人基于该意思表示所为行为的效力。例如，为某种目的双方签订虚假的房屋买卖合同，一方因此取得对方房屋所有权，又将房屋转卖善意第三人，则双方不能够以买卖虚假对抗该第三人。

需要注意的是，通谋虚伪意思表示从其原因看，可能是为了某种非法目的，此时构成恶意串通，尽管其效力仍旧无效，但《民法总则》对此予以了区分，适用条款有所不同。例如，为逃避债务，债务人与相对人通谋签订虚假的赠与协议，将债务人财产转移至相对人，一方面赠与是虚假的，构成通谋虚伪意思表示；另一方面又构成恶意串通。此时，应当适用恶意串通的规定。不过，恶意串通并不从属于通谋意思表示，例如前例中，双方有逃避债务的共同恶意，却系真实的赠与，就不能够构成通谋虚伪意思表示。如果当事人系以虚伪意思表示掩盖另一种意思表示，后者构成隐蔽的意思表示，其效力依据该行为的有效要件决定其效力状况。例如，甲与乙交好，乙欲租赁甲的房屋，但甲认为碍于面子难以谈判，故与丙假意从事房屋买卖交易，但实为房屋租赁。此时，买卖合同是虚伪意思表示，属无效；而租赁合同属隐蔽意思表示，其效力不因为买卖合同无效而当然无效，应该按照租赁合同的有效要件判定其效力。

此处还有一个问题是《民法通则》以及《合同法》等规定的“以合法形式掩盖非法目的”，该行为无效，但《民法总则》对此没有规定。对此，一般认为“以合法形式掩盖非法目的”中，该“合法形式”意思表示系虚伪意思表示，当属无效；而“非法目的”所生意思表示因为其非法性，也无效。[①] 对于后者，或者该“非法目的”行为构成恶意串通或者“违反法律、行政法规的强制性规定或者违背公序良俗”（《民法总则》第153条），故已被其他条款所涵盖，《民法总则》不予以单独规定。

二 无意的意思表示不一致

无意的意思表示不一致是非因他人原因，也非表意人故意原因所致表示意思与内心效果意思不一致。其基本构成包括：（1）客观上存在意思表示；（2）该意思表示与表意人真实意思不一致；（3）此种不一致不是他人原因所致也不是表意人故意为之。一般认为无意意思表示不真实包括错误和误传。

（一）错误

错误系指表意人因为认识错误或者表达错误致使表示意思与内心效果意思不一致。认识错误是对其表示行为的意思认识错误，例如，在买卖合同中，将“买方支付运费”理解为“买方支付汽车运费”，因为在合同价款构成中已经包括火车运费。表达错误是行为人的表示行为错误，产生与其真意相悖的表示意思。例如，每斤10元人民币表示为每公斤10元人民币。

表意人认识错误是对自己表示行为的误解，相对人认识错误是对表意人表示行为的误解，二者均导致表意人意思表示不真实，可以依法撤销。《民法总则》第147条规定，基于重大误解实施的民事法律行为，行为人有权请求人民法院或者仲裁机构予以撤销。其基本构成包括，（1）客观上存在意思表示；（2）表意人表示意思与其内心效果意思不一致；（3）此种不一致系表意人错误认识（误解）所致；（4）表意人因此遭受重大不利。所谓“重大不利”应当综合交易性质、标的大小等因素综合考虑。换言之，在我国并非所有认识错误均可以主张撤销。

表达错误系表意人疏忽所致，而不是认识错误，故难以适用重大误解救济，但其又属于意思表示瑕疵、不真实。依据《民法总则》第151条，则当适用显失公平之规定。

错误是对表示行为内容认知错误或者表示行为本身错误，不包括动

---

① 郭明瑞：《民法》，高等教育出版社2003年版，第113页。

机认识错误。例如，认为钢材要涨价，囤积钢材是好的商机，由此进行交易，但事实上钢材没有涨价的客观基础。动机错误因为不为他人所知，为交易安全考虑，不影响行为的效力。

【疑难争点】动机错误及错误的法律适用

关于动机错误，有观点称当事人对之所以为意思表示所考虑的事由的认识错误，是当事人对据以决定为意思表示的事实之认识错误，[①] 并非对交易对方、交易标的品质的认识错误，后者“视为”内容认识错误。但也有观点认为《民法通则》司法解释第 71 条规定的“行为性质、对方当事人、标的物的品种”等错误认识属于动机错误。[②] 本书认为，动机错误属于决定意思表示的背后原因，当事人、标的物等尽管也是当事人决定意思表示的原因，但属于意思表示的内容范畴。

关于错误的法律适用，有观点称错误（含表示错误）均可适用我国“重大误解”[③]，但从语义看，表达错误不是误解所致，如果因为误解所致则构成认识错误，其显然与“重大误解”之规定不符。故本书主张表达错误当适用显失公平的规定。

（二）误传

误传系指传达人或者传达机关的错误导致的行为人意思表示不一致。例如，甲欲卖 A 物，传达人说成 B 物。误传文义上需要“积极”地传，不同于传达人没有传达。没有传达于表意人意思表示系民事法律行为的起点时，法律行为不成立；系回应表意人已经收到的相对人的意思表示对其予以确认或者依法变更自己的先前意思表示时，则法律行为不成立，或者相对人或者自己意思表示依法发生效力。因此，《民法通则》司法解释第 77 条“意思表示由第三人义务转达，而第三人由于过失转达错误或者没有转达，使他人造成损失的，一般可由意思表示人负赔偿责任。但法律另有规定或者双方另有约定的除外”。以下情况应当区别对待：(1) 对于导致民事法律行为不成立的，传达人因此造成表意人损失的，该条款没有明示其处理规则。对此，可以根据传达行为是否有偿、是否

① 王泽鉴：《民法总则》，中国政法大学出版社 2001 年版，第 273 页。

② 王利明主编：《民法（第四版）》，中国人民大学出版社 2008 年版，第 135 页。

③ 郭明瑞：《民法》，高等教育出版社 2003 年版，第 103 页。

故意来决定损失的承担。(2)民事法律行为成立的，应当依据错误意思表示等规则处理，决定行为是否有效，而非一般的都可以撤销。(3)造成他人损失的，因为传达人只是行为人不是当事人，故应当由表意人承担。“造成他人损失”在适用范围上是否包括行为有效的情形？对此，一般民法教材予以讨论。例如，甲欲以70元卖A物，被传达为77元，相对人予以认可向甲微信支付77元而甲随后交付标的物。此时相对人多付的7元，是否是其损失？本书持否定观点，因为相对人以77元购买是其真实意思。故，“造成他人损失”当适用于表意人撤销其意思表示所致之时。

第三节 意思表示不自由

意思表示不自由系指表意人为意思表示时，因其意志受到不当干涉而做出的，与其真实意思不一致的意思表示。其基本构成包括：(1)客观上有意思表示。(2)表意人所为表示意思与其内心效果意思不一致，(3)相对人对表意人为表示行为有不法干涉行为，此种行为一般包括欺诈、胁迫、乘人之危。(4)相对人不法行为与表意人表示意思有因果关系。如果没有因果关系则不构成意思表示不自由。因欺诈、胁迫、乘人之危所致意思表示不自由，表意人可以依法撤销。

一 受欺诈的意思表示

受欺诈的意思表示系指他人以欺诈手段，导致表意人陷入错误认识而做出的，与其真实意思背离的意思表示。其基本构成包括：

(一) 需有欺诈行为

欺诈行为是行为人故意隐瞒真实情况或捏造虚假事实。《民法总则》第148条规定“一方以欺诈手段，使对方在违背真实意思……”，同时第149条规定“第三人实施欺诈行为，使一方在违背其真实意思的情况下实施的民事法律行为，对方知道或者应当知道该欺诈行为的……”，均构成欺诈行为。故欺诈包括相对人欺诈和第三人欺诈，前者自不待言。第三人欺诈导致表意人意思表示不真实的，需相对人“知道或者应当知道”第三人有欺诈行为且导致表意人意思表示不真实。第三人欺诈实际上是在一定条件下视为相对人欺诈，而非第三人与相对人通谋欺诈。

（二）需有欺诈的故意

真实情况之“隐瞒”或者虚假情况之“捏造”，均属故意。故欺诈当属行为人故意行为。行为人没有告知某一客观情况，是否就构成欺诈？这属于事实判定问题，应当具体分析。如果依据法律规定或者当事人约定或者表意人询问，行为人对某一客观事实有告知义务而没有告知的，可以认定系故意，构成欺诈。例如经营者欺诈消费者之“欺诈”构成便属于此种模式；当然，表意人询问时，如果询问内容超过依法可以询问的范围，则不在此限。如果行为人没有明示告知义务而未告知是否构成欺诈，还需进一步讨论。例如依据诚实信用原则，结合行为性质应当告知而未告知的，认定构成欺诈，其他情况原则上不认定为欺诈，这是否妥当？

（三）需表意人意思表示不真实

只有表意人所为表示意思不是其真实意思，才可以撤销，否则不得主张撤销。

（四）需欺诈行为与表意人意思表示存在因果关系

欺诈本质上是需要导致表意人认识错误，表意人基于错误的认识做出意思表示。故此因果关系为受欺诈的意思表示的必要构成要件。判定此种因果关系的典型路径，有两种：其一，如果有证据证明表意人知道相对人欺诈的而仍旧为意思表示的，则不构成受欺诈的意思表示，不能够主张撤销。① 其二，欺诈事项与交易与否之间没有因果关系的，不能够援用欺诈民事法律行为规则予以撤销。例如，房屋买卖中，开发商称小区有幼儿园，但其从开始就没有此种打算，此种“欺诈”一般认为与表意人是否购买房屋之间没有因果关系。

受欺诈的意思表示，表意人可以依法撤销。需要注意的是，《合同法》第52条规定，一方以欺诈手段订立合同，损害国家利益的，合同无

① 对此存有疑问的是，在消费者被欺诈中，消费者明知经营者欺诈而交易的，是否构成欺诈？对此，我国立法就食品和药品质量欺诈，规定为消费者明知经营者欺诈的，仍旧适用欺诈10倍惩罚规则；但对其他商品和服务领域，我国司法实践有一个从承认欺诈到不确定的过程（有的法院认定构成欺诈，有的不予认可）。在消费者权益保护法实施细则的立法中，立法草案不承认专业打假的明知欺诈而交易构成欺诈。

效。但是《民法总则》在无效民事法律行为中取消了这一规则。其原因是，损害国家利益无论采取什么手段，均为法律所禁止，当属无效。

二 受胁迫的意思表示

受胁迫的意思表示系指一方或者第三人以胁迫手段，使表意人陷入恐惧而做出的违背其真实意思的意思表示。其基本构成包括：

（一）需有胁迫行为

胁迫是指以给表意人及其亲友的生命健康、荣誉、名誉、财产等造成损害或者以给法人的荣誉、名誉、财产等造成损害进行要挟，迫使表意人做出某种意思表示的行为。

（二）胁迫需具有违法性

胁迫违法包括行为违法，如限制人身自由、殴打等行为，也包括目的违法，如以检举揭发犯罪要挟以达成迫使表意人就范的行为，检举揭发犯罪本身合法，但目的是谋求不当私利。如果胁迫本身和目的不违法，则不构成胁迫。如债务人不履行债务，债权人声称要诉讼而达成债务解决协议。

（三）需表意人陷入心理恐惧

心理恐惧应当根据表意人个性特质与正常理性综合判断。例如，对一个迷信的人以诅咒的方式相威胁，尽管客观上不会发生诅咒的后果，但对该特定人仍旧可能产生心理恐惧；再如，一个体质羸弱的人用拳头威胁一个人高马大体质强健的人，按常理就不会产生心理恐惧。

（四）表意人做出的表示意思与其真实意思不一致

只有表意人之所为表示意思不是其真实意思，才可以撤销，否则不得主张撤销。故与主张撤销受欺诈的意思表示同样，《民法总则》规定要“违背其真实意思”。但从证据角度考虑，当事人真实意思存于内心，表意人可以任意主张。故该规定的实践意义在于胁迫行为与表示意思的因果关系要件的必要。

（五）表意人心理恐惧与不真实意思表示之间有因果关系

表意人之所以为不真实的意思表示，系相对人胁迫而心生恐惧不得已为之。如果没有此种因果关系，则不构成受胁迫的意思表示。例如，甲威胁乙要求低价购买乙的 A 物，但后来甲放弃，后甲找到乙提出购买其 B 物，甲没有强制乙出卖的行为，乙仍同意出卖，则乙的意思表示不构成受胁迫的意思表示。

受胁迫的意思表示，表意人可以依法撤销。需要注意的是，与受欺诈一样，受胁迫损害国家利益的，依据《合同法》第 52 条是无效民事法律行为，但《民法总则》却没有在欺诈胁迫条款中规定此种无效情形。这不意味着欺诈胁迫损害国家利益可以有效，而是此种情形已经为《民法总则》第 153 条所涵盖。

三　危难中的意思表示

危难中的意思表示系指相对人乘表意人处于危难之机，为牟取不正当利益，迫使表意人做出不真实的、显失公平的意思表示。鉴于《民法总则》第 151 条将其与其他情形的显失公平纳入同一条款中规定，为便于阐释，本书将其纳入“可撤销民事法律行为”中予以说明。

【案例思考】

2016 年 9 月 3 日原告乙公司起诉，诉称：自己与被告因 A 工程通过招投标程序，签订了《工程承包合同》，依据合同约定，自己向甲方支付了履约保证金 1500 万元，但甲方没有按约定退回履约保证金，故请求甲方支付还欠的履约保证金 730 万元。同年 10 月 7 日，原告变更诉讼请求，请求甲支付工程款（含保证金）600 万元。

被告甲公司辩称：依据双方的合同约定，履约保证金退还已经超过诉讼时效，依据约定自己应当支付的是工程款的 80%，而自己支付了 5000 多万元，超过了约定义务。故原告的主张没有事实和法律依据，应当驳回。

法院查明：2014 年 3 月 13 日，甲公司（发包方）与乙公司（承包方）签订工程承包合同，合同约定：乙方支付履约保证金 1500 万元；工程开工后 3 个月内甲退还全部履约保证金；甲方在开工后支付预付工程款 1500 万元；甲方按照完成的工程价值的 80% 支付工程进度款。

法院查明：乙在 2014 年 3 月 21 日支付了履约保证金 1500 万元；涉案工程在 2014 年 4 月 21 日开工；2014 年 4 月 13 日，甲向乙支付 1500 万元，银行支付记录“摘要”栏载明“预付工程款”字样，同年 4 月 15

日，乙方出具收条，收条载明收到甲方预付工程款1500万元。

法院查明：乙方多次向甲方请求工程进度款，甲也多次支付该款项。截至双方发生纠纷，该工程已经竣工验收合格，双方确认主体工程款为5600万元（另有工程增加款300万元，乙方已经向甲方请款，但甲方还没有确认），甲支付乙方总金额5300万元，甲方付款银行凭证“摘要”栏载明“工程款”字样，且乙方每次均出具收条，收条载明收到甲方工程款字样。

法院查明：乙方还与甲方另行签订了二装工程合同，合同约定价款300万元，但双方还没有就此工程款进行结算，不过乙方曾经为此向甲方请款。

乙方起诉甲方要求支付欠款600万元，理由是扣除1500万元履约保证金后甲方支付工程为3800万元，低于80%进度款（4400万元）的规定。

甲方辩称自己已经超付约定的工程进度款900万元，超付原因是乙方有其他二装请求款和工程增加款，同时乙方多次称自己资金周转困难，故有超过约定80%支付款项的发生。

乙方称，甲方所付5300万元包括履约保证金，甲方辩称“超付工程进度款”违背常理；且履约保证金在2014年4月21日已经退回；甲方称该款项明示为“工程预付款”而非履约保证金。

另外，第一次开庭后，乙公司提交了一份证据，该证据为双方对账表，该表中甲方付款原因中有“工程款含保证金”字样。该表盖有甲方的财务专用章，载明对账时间是2016年11月10日。法院查明甲方在2016年8月已经通过公安部门另外雕刻了公章和财务专用章，甲公司同年9月、10月在地方报纸两次公告印章等材料作废，但没有明示财务专用章作废。

问题：1. 如何确认当事人意思表示之真意及法律效力？

2. 本案原告诉请支付工程款（含保证金）600万元是否妥当？

3. 仅就工程款而言，原告的主张是否应当予以支持？

第十六章

民事法律行为的效力

【本章导读】 民事法律行为效力制度是当事人期待的法律后果得以实现的基础。本章主要内容包括民事法律行为的有效要件，无效民事法律行为的类型及其构成与法律后果，可撤销民事法律行为的特点、类型及其构成与法律后果，效力待定民事法律行为的特点、类型及其构成与法律后果，附条件和期限民事法律行为的调整、效力状态。

第一节　有效民事法律行为

一　相关概念

（一）民事法律行为的效力

民事法律行为的效力指成立的民事法律行为在法律上的拘束力状况。依据《民法总则》第 6 章第 3 节“民事法律行为的效力”编排的内容，该概念本身是中性的，因为其外延包括有效、无效、效力待定和可撤销，故不同于民事法律行为生效、有效等概念。讨论民事法律行为的效力系以行为成立为事实前提。

（二）民事法律行为有效

民事法律行为有效指民事法律行为符合有效要件，能够发生行为人期待发生的法律效果，具有法律拘束力。换言之，该行为受法律保护，当事人违反的，对方当事人可以获得公力救济。之所以如此，不是因为该行为是当事人的意志，而是当事人意志符合国家意志，国家法律予以承认。但是，法律行为有效在本质上系纠纷意义上的，如果当事人意志不符合有效的国家评判，但当事人对此无争议，双方认可，则按民事“不告不理”的规则，就没有讨论法律行为有效与否的余地。

与民事法律行为成立比较，有效是价值判断，而成立是事实判断。成立是有效的前提，但并非所有成立的法律行为均有效。民事法律行为有效不同于有效民事法律行为，前者包括有效民事法律行为之有效，也包括可撤销民事法律行为之有效，还包括效力待定民事法律行为被权利人追认后的有效。

（三）民事法律行为相对有效

民事法律行为相对有效包括下列两种情形：第一，民事法律行为相对于一方而言可以撤销，相对人另一方而言，在撤销权人撤销前有效。此种情形即为《民法总则》规定的可撤销民事法律行为。第二，民事法律行为在当事人之间有效，相对于特定第三人无效。例如，在公司兼并中，行为人违反债权人保护规则，则该兼并行为可能对兼并各方有效，但对该债权人无效。应当注意的是，当事人之间被撤销的民事法律行为一般不能够对抗善意第三人，如《民法总则》草案曾规定，民事法律行为因重大误解、欺诈、显失公平被撤销的，不得对抗善意第三人。从法理讲，其不得对抗善意第三人具有合理性，只是不得对抗系指该行为无效后，当事人权利义务恢复原状时，不能够向前述行为从当事人一方处受让权利的善意第三人主张，第三人有权保有受让的权益。此处不能够解释为行为在当事人之间无效了，但对善意当事人相对有效，因为该立法实际上是适用或者“准用”善意取得制度，不是前手当事人行为效力之结果。

【疑难争点】民事法律行为的生效

在一般教材中，没有区分有效和生效。例如，大多教材在“民事行为的生效要件”中讨论的内容①和《民法总则》第143条关于民事法律行为的有效要件一致，即民事法律行为有效与生效等同。

本书认为，民事法律行为的生效系指有效的民事法律行为在确定的

---

① 王利明主编：《民法（第四版）》，中国人民大学出版社2008年版，第133—139页；郭明瑞：《民法》，高等教育出版社2003年版，第106—107页。

当事人之间发生效力，当事人可以依据该民事法律行为主张权利，此种权利的根源在于意思表示生效的拘束力，故是当事人“自认”的约束力，且有生效时间问题。

民事法律行为有效作为国家的价值判断，系当事人意思符合国家意志获得的法律保障力，与当事人“自认”与否无关，也没有时间上的问题。

《民法总则》第136条规定，民事法律行为自成立时生效，法律另有规定或者当事人另有约定的除外，而第143条规定符合什么条件的民事法律行为“有效”，第158条、第160条附延缓期限和条件的民事法律行为自条件成就或者期限届满生效，由此可见：民事法律行为已经生效的，不一定有效；可能有效的民事法律行为不一定生效。[①]

二　有效民事行为的构成要件

有效民事法律行为系指符合法定有效要件，能够发生当事人期待的法律后果，具有法律拘束力的民事法律行为。据此，对有效民事法律行为，当事人任何一方不得随意撤销或者解除；当事人双方均受其法律拘束，享受所设定的权利，履行所担负的义务；任何一方不履行其义务，均应承担相应的民事责任。

《民法总则》第143条规定，具备下列条件的民事法律行为有效：(1) 行为人具有相应的民事行为能力；(2) 意思表示真实；(3) 不违反法律、行政法规的强制性规定，不违背公序良俗。据此，有效民事法律行为应当具备如下要件：

(一) 行为人具有相应的民事行为能力

行为人具有相应的民事行为能力，是指行为人具有实施该行为相应的意思表示的能力。意思表示能力通常在立法上采取依据年龄推定和个案否定的原则。《民法总则》规定，无民事行为能力人不能独立实施民事行为，而应由其法定代理人代理；限制民事行为能力人可以独立实施纯获利益的民事法律行为或者与其年龄、智力相适应的民事法律行为；实

---

① 王明成：《〈民法总则〉之“有效”、“生效”的规范分析》，《社会科学研究》2018年第1期。

施其他民事法律行为由其法定代理人代理，或者征得其法定代理人的同意，否则无效。

应当注意的是，对组织性民事主体而言，不存在行为能力限制问题，因为其意思机关法律上由完全行为能力人组成，自然有行为能力。其行为限制来源于权利能力的限制。

（二）意思表示真实

意思表示真实，是指行为人表示的意思是其内心真实意思，是行为人基于自己的利益考虑自由地、不受干涉地、正确地做出的意思表示。如果行为人的意思表示不一致或者不自由（详见“意思表示”一章），则其意思表示不健全，有瑕疵，该民事行为因意思表示有瑕疵，其效力会受影响，并不能当然有效。

（三）不违反法律、行政法规的强制性规定，不违背公序良俗

不违反法律、行政法规的强制性规定，指行为的内容即标的不违反法律、行政法规的强制性规定，不能够依据其他规范性法律文件的强制性规定认定行为无效。行为的内容与法律的任意性规定不符，乃当事人意思自治的范畴，不影响行为效力，自不待言。强制性规范有效力性和管理性强制规范。对此，草案规定的是不违反“效力性强制规定”，非不违反“强制规定”，但此种表述差异有不同的逻辑，前者适用以区分强制性规范为“效力性”与否为前提，后者以导致违反任一强制性规范行为无效为原则，以没有影响效力为例外，实际上强化了强制性规范的影响。不过，将《民法总则》第 143 条和第 153 条结合分析，可以知道仍有考察、适用“效力性强制规范”的必要。认定违反的强制规范是否属于效力性强制规范，可以考察法律、行政法规：（1）是否明示违反该规范行为无效；（2）是否明示应当责令改正，而“责令改正”势必意味行为无效；（3）规定该规范的目的主旨是否为公共利益、公共秩序。

公序良俗系民法基本原则，已如前述。民事法律行为违反公共秩序和善良风俗，各国皆予以否定性评价，自不待言。需注意的是，在适用时，有其他规范确定行为无效的，不适用该原则；于其他规范没有效力性强制规范，且行为确违反公序良俗的，当适用此原则。

【疑难争点】第 143 条存废之争

《民法总则》第 143 条规定“具备下列条件的民事法律行为有效”的

模式，学界存在质疑。在《民法总则》起草过程中，相当一部分学者建议删掉此类规范，其理由有二：一是他国民法典无此类规范，没有传统基础；二是立法已经反向规定无效、可撤销，此类规范无存在必要。立法最终采取肯定态度，原因在于此类规定能够授权司法部门对法律没有规定的新案件通过一般性有效要件考察而确定其是否有效，使法律富有应对复杂生活的灵活性和周延性。[①]

本书认为，此种争议更为深层次的是价值理念问题。现代民法建构在政治国家与市民社会分野基础上，由此，国家原则上不干预私人生活，故以民事主体自己意思为根本的民事法律行为应当首先推定为有效，故第 143 条的立法模式有违意思自治；[②] 对公序良俗的保护应当通过反向规定无效情形解决。故国家判定民事法律行为的效力，逻辑上不是判定有效问题，而是判定是否无效的问题。[③] 简言之，其基本理念是民事法律行为除非法定无效，否则均为有效。在这一意义上，肯定的理由值得商榷。但是，从法的指引功能看，此类规范提示民众行为有效需符合国家的规定，发挥了引导当事人正确行为的功效，可能缓和不当行为引发的纠纷，提高行为效率，节约司法成本，这在我国民众法律意识、观念相对薄弱的背景下，确实是符合国情之举，其基本理念可谓法的民族性原则。[④]

【疑难争点】民事法律行为有效是否包括标的确定、可能？

有观点认为，民事法律行为有效需要标的确定、可能。确定系指行为的标的是确定的或能够确定，若标的不确定，则当事人的权利义务不确定，也就无法履行，民事行为不能生效。可能是指行为的内容可以实现。若行为的标的不可能实现，则民事行为不生效力。[⑤]

本书认为，如果标的不能够确定，则行为不成立，无从谈起有效问

---

① 梁慧星：《民法总则立法的若干理论问题》，《暨南学报》（哲学社会科学版）2016 年第 1 期。

② 洪学军：《民事行为有效推定规则的构造及其运用》，《现代法学》2006 年第 4 期。

③ 苏永钦：《私法自治中的国家强制》，中国法制出版社 2005 年版，第 36 页。

④ 实际上，我国立法简单承袭国外抽象、理念导致水土不服的现象早已为学者所诟病，例如认为立法中重视对一些现代理念或概念的法条化、权利化，对于社会环境、利益结构和道德、文化以及社会心理基础都关心不够。江必新等：《法治社会建设论纲》，《中国社会科学》2014 年第 1 期。

⑤ 郭明瑞：《民法》，高等教育出版社 2003 年版，第 107 页。

题。例如,《〈合同法〉司法解释（二)》第1条规定，当事人对合同是否成立存在争议，人民法院能够确定当事人名称或者姓名、标的和数量的，一般应当认定合同成立。该条的反向解释是，如果标的不确定，合同即行为不成立。标的不可能，如果是绝对不可能，没有人能够为之，则依据诚实信用没有使之有效的余地；但如果系相对不可能即相对于当事人不可能，则行为未必无效。如《最高人民法院关于审理买卖合同纠纷案件适用法律问题的解释》第3条就有此意。

三 民事法律行为的生效要件

民事法律行为生效，指有效的民事法律行为在当事人之间确定地发生效力。有效是国家对私人民事法律行为的价值评判，是生效的前提；生效不仅可能是国家意志的结果，也可能是当事人自由意志的结果。

《民法总则》第136条规定，民事法律行为自成立时生效，法律另有规定或者当事人另有约定的除外。故民事法律行为生效的一般条件是民事法律行为成立；除民事法律行为成立外，还需满足的特别条件，一是法律规定的条件，例如，一种行为法律规定必须报国家有关部门审批才生效的，该行为尽管有效，但审批前并不生效；二是当事人约定的条件，最典型的是附延缓条件和附期限行为。

第二节 无效民事法律行为

一 无效民事法律行为的概念、特征

（一）概念

无效民事法律行为指因欠缺根本性民事法律行为有效要件，自始就确定的、当然的不能发生当事人期待的民事法律效果的民事法律行为。无效民事法律行为是一种民事法律行为，即当事人是以发生民事法律后果为目的、以意思表示为要素的行为，只是因不符合法律的要求，不能发生法律效力。此处的“法律效力”是当事人期待的法律后果受保护的效力，而不是指不发生任何法律后果。行为无效的，当事人仍要依法承担相应的法律责任。

从内容区分看，无效民事法律行为可分为全部无效民事法律行为与

部分无效民事法律行为。全部无效民事法律行为，是指民事法律行为的内容全部无效的民事法律行为。部分无效民事法律行为，是指仅民事法律行为内容的一部分无效，而其他部分可以有效的民事法律行为。《民法总则》第156条规定，民事法律行为部分无效，不影响其他部分效力的，其他部分仍然有效。例如依据《合同法》第53条，约定造成对方人身伤害、因故意或者重大过失造成对方财产损失免责的，该条款无效，而其他条款合法有效的，就属于部分无效的情形。

（二）特征

无效民事法律行为不同于其他存在效力瑕疵的民事行为，与效力待定、可撤销民事法律行为比较，具有以下特点：

1. 无效民事法律行为是欠缺根本性民事法律行为有效要件的民事行为

尽管它与可撤销的民事法律行为、效力待定民事法律行为都属于欠缺民事行为有效要件的民事行为，但其欠缺的程度不同。无效民事法律行为是欠缺根本性民事行为有效要件的。所谓根本性，是指所欠缺的要件不是关涉当事人私人利益而是关涉国家、社会或者他人利益，是当事人不能予以补正的要件。通常，该要件是不违反法律、行政法规强制规定或者不违反公序良俗，而不是当事人意思表示瑕疵或者一般的主体资格瑕疵。

2. 无效民事法律行为是自始就不能发生效力的民事法律行为

《民法总则》第155条规定，无效的民事法律行为，从民事法律行为开始时起就没有法律约束力。故无效民事法律行为从行为成立开始就没有法律约束力，即自始无效。

3. 无效民事法律行为是当然无效的民事法律行为

所谓当然无效，是指无须任何人主张，也无须经过任何程序就无效。不论当事人是否主张无效，也不论是否经过法院或仲裁机构裁决，其都无效。至于实践中，法院或者仲裁机构判决某一民事法律行为无效，原因不是因为该裁决导致行为无效，而是权威机构确认无效这一事实。

4. 无效民事法律行为是确定无效的民事法律行为

所谓“确定”是指无效是不变的，任何事由均不能使之有效。

5. 无效民事法律行为是绝对无效的民事法律行为

所谓"绝对"是指其任何人不能使之有效，不仅当事人不能，而且法院或仲裁机构也不能使之有效。不仅法院或者仲裁机构可依职权主动确认民事法律行为无效，而且任何人都可以主张无效民事法律行为的无效。

二 无效民事法律行为的类型

关于无效民事法律行为的类型，不同法律有不同的规定。如《合同法》第 52 条规定的合同无效的情形包括：（1）一方以欺诈、胁迫的手段订立合同，损害国家利益。（2）恶意串通，损害国家、集体或第三人利益。（3）以合法形式掩盖非法目的。（4）损害社会公共利益。（5）违反法律、行政法规的强制性规定。《民法总则》规定了四种无效类型：无民事行为能力人实施的民事法律行为无效（第 144 条）；行为人与相对人串通，以虚假的意思表示实施的民事法律行为无效（第 146 条）；违反法律、行政法规的强制性规定（第 153 条第 1 款）或者违背公序良俗的（第 153 条第 2 款）民事法律行为无效；以及行为人与相对人恶意串通，损害他人合法权益的民事法律行为无效（第 154 条）。

依据立法者的说明，在民法典各分编编纂工作完成前，合同法、物权法、侵权责任法等民事单行法的规定与《民法总则》不一致的，根据新法优于旧法的原则，适用《民法总则》的规定，[①] 因此，民事法律行为无效的法定类型适用《民法总则》的规定。

（一）无民事行为能力人实施的民事法律行为

无民事行为能力人没有意思能力，故不具有独立实施民事法律行为的资格。为保护其权益，立法确认无民事行为能力人实施的行为无效。依据《民法通则》及其司法解释，若无民事行为能力人所实施的行为是其纯获利益的，则有效。但《民法总则》第 144 条与第 145 条的规范在逻辑上已经表明，无民事行为能力人为纯受益行为仍无效。实践中，监

① 《第十二届全国人民代表大会法律委员会〈关于中华人民共和国民法总则〉（草案）审议结果的报告》（2017 年 3 月 22 日），2018 年 5 月 30 日（http：//www. dffyw. com/fazhixinwen/lifa/201703/42314. html）。

护人对无民事行为能力人行为的“认可”，不能够认定为监护人的追认，应当理解为监护人与相对人达成了与无民事行为能力人行为内容相同的新行为。

（二）串通虚伪的民事法律行为

串通虚伪的民事法律行为是当事人串通，故意为不真实意思表示而实施的民事法律行为。《民法总则》第146条规定，行为人与相对人串通，以虚假的意思表示实施的民事法律行为无效；但是双方均不得以此对抗善意第三人。关于串通虚伪的民事法律行为其构成、效力、与第三人的关系，参见“意思表示”相关内容，此处不再赘述。

（三）恶意串通的民事法律行为

恶意串通的民事法律行为系指实施民事行为的当事人双方故意合谋实施行为，以损害国家、集体或者第三人利益的民事法律行为。恶意串通行为因损害当事人以外的他人的利益，他人利益受法律保护，当事人不得以自己的行为达到损害他人利益的目的，故法律强制其无效。构成恶意串通的民事行为必须具备两个条件：一是双方有共同的故意，即为损害他人利益而实施行为。如果行为后果损害国家、集体或者第三人利益，但双方没有故意或者一方对此不知情，则不构成恶意串通。例如，债务人转移财产，受赠人不知情，则该交易不构成恶意串通，不能够当然无效（债权人可以依法撤销）。二是当事人合谋的后果损害国家、集体或者第三人的利益。此种后果包括已经发生的情形，也包括依据行为履行当然推知有该后果的情形。

“串通虚伪”民事法律行为与“恶意串通”民事法律行为既有联系又有区别。其相同在于：（1）行为均为无效；（2）行为均为当事人通谋所致。其不同在于：（1）前者不是当事人的真意，后者系当事人的真意；（2）前者目的不在于损害国家、集体或者第三人利益，后者却是；（3）前者无效系当事人共同无意履行行为，后者无效系当事人违反不得侵害他人权益的法律原则；（4）前者通常存在隐蔽行为，且不影响隐蔽行为的效力状况，后者一般没有隐蔽行为。

（四）违反法律、行政法规强制性规定的民事法律行为

《民法总则》第153条规定，违反法律、行政法规的强制性规定的民事法律行为无效，但是该强制性规定不导致该民事法律行为无效的除外。

其基本构成是：(1) 民事法律行为违反的是法律、行政法规的规范，即违反其他法律规范不影响行为效力；(2) 违反的是强制性规范，而不能是任意性规范；(3) 违反该强制性规范需导致行为无效。对此，草案规定的是不违反“效力性强制规定”，非“效力性强制规定”和“不会导致”行为无效的规范在本质上是相同的，但此种表述差异有不同的逻辑，前者适用以区分强制性规范为“效力性”与否为前提，后者导致违反任一强制性规范行为无效为原则，以没有影响效力为例外，实际上强化了强制性规范的影响。

“违反法律、行政法规的强制性规定”与“恶意串通”的不同在于：(1) 前者适用必须有明示的“强制性”规范，因为民法有“法不禁止即为权利”的原则；后者适用可以是他人合法权益受保护的原则，而不必表现为禁止性规范。(2) 前者可以是单方行为，后者必定为双方行为。(3) 在适用上，因“违反法律、行政法规的强制性规定”具有针对性、特别性，而“损害国家、集体或者第三人利益”具有原则性，故当优先适用前者。

（五）违背公序良俗的民事法律行为

违背公序良俗的民事法律行为系指行为标的或者目的违背公共秩序和善良风俗的民事法律行为。此种行为无效的原因系公共秩序是一个国家、社会存在的基本秩序，具有法律强制性；善良风俗系一个社会得以存续的基本道德，法律使之成为法律义务，予以强制推行。公共秩序和善良风俗反映为法律价值体系，[①] 违反时不体现为具体法律规范之违反。故行为依据其他条款无效的，不能援用公序良俗规则。又因为公序良俗在内涵和外延上具有不确定性，故其发挥着民事法律行为无效的兜底性功能。

三 民事法律行为无效的法律后果

《民法总则》第157条规定，民事法律行为无效、被撤销或者确定不发生效力后，行为人因该行为取得的财产，应当予以返还；不能返还或者没有必要返还的，应当折价补偿。有过错的一方应当赔偿对方由此所

---

① 王泽鉴：《民法总则》，中国政法大学出版社2001年版，第289页。

受到的损失；各方都有过错的，应当各自承担相应的责任。法律另有规定的，依照其规定。由此可见，民事法律行为无效是一个专属性概念，是指无效民事法律行为之无效，而不包括其他效力状态的民事法律行为因为各种原因之无效，但与可撤销民事法律行为和效力待定民事法律行为之“被撤销或者确定不发生效力”而“无效”比较，在法律后果上是相同的。其法律后果包括：

（一）恢复原状

行为人因该行为取得的财产，应当予以返还；不能返还或者没有必要返还的，应当折价补偿。行为无效乃自行为成立时就无效，故双方状态应当恢复到行为之前，依据该行为取得对方财产的，应当返还。但如果该财产客观上已经不存在或者被他人善意取得，或者没有必要返还的，则应当折价补偿。在同一条款中存在“补偿”和“赔偿”措辞的区分，不意味财产没有收回时不是“损失”，只意味其支付金额与该财产价值一致。

（二）赔偿损失

因为该行为导致一方发生损失的，由过错方承担；各方都有过错的，应当各自承担相应的责任。如果过错在损失方，对方没有过错，则损失方无权向对方主张赔偿；双方过错首先按过错与损失的关系确定相应的责任，并非均等承担损失。

其他法律关于民事法律行为无效的法律后果有特别规定的，适用其规定。需要注意的是，《民法总则》不再区分“恶意串通”的法律后果，与《民法通则》规定的“双方恶意串通，实施民事行为损害国家的、集体的或者第三人的利益的，应当追缴双方取得的财产，收归国家、集体所有或者返还第三人”（第61条）不同。《民法总则》之所以删除这一规定，是因为损害国家、集体或者第三人利益属于侵权，其责任由民事责任制度规定。《民法总则》第176条规定，民事主体依照法律规定和当事人约定，履行民事义务，承担民事责任；《侵权法》第2条规定，侵害民事权益，应当依照本法承担侵权责任。故《民法总则》删除《民法通则》关于恶意串通特别法律后果的规定，可以理解为系一种立法技术处理。

第三节 可撤销民事法律行为

一 可撤销民事法律行为的概念、特征

（一）可撤销民事法律行为的概念

可撤销的民事法律行为，指行为人的意思表示不真实、有瑕疵，当事人可以依法请求人民法院或者仲裁机构予以撤销的民事法律行为。

可撤销的民事法律行为是撤销权人可以使之无效，并非法律强制无效，体现的是国家尊重当事人意思自治。应当注意的是此种行为在《民法通则》中具有“可变更性”，《民法总则》对此予以删除。变更系对行为的部分内容变更，行为整体上仍有效，与撤销的法律后果不同。立法上的修改表示变更行为由当事人协商决定，协商不成的，不能够通过裁决机构变更，其原因或许在于裁决者对于任何变更并没有比他人有更多的经验、更好的智慧进行裁决。

（二）可撤销民事法律行为的特征

（1）可撤销民事法律行为欠缺的不是根本性生效条件，而是意思表示有瑕疵、不真实。故其受损害的不是公共利益、第三人利益，而是表意人的利益，为此法律并不强制其无效，而是首先推定其有效。

（2）可撤销民事法律行为是可以撤销的，撤销前是有效的。可撤销民事法律行为并非自始就确定无效的民事行为，相反它自成立起就有效，只有在被撤销后，它发生溯及力而从开始时无效。

（3）主张撤销可撤销民事法律行为是依法享有撤销权的当事人。可撤销民事法律行为的撤销人是行为当事人，并且是依法享有撤销权的当事人，无权的当事人及其他人不能够依据撤销事由主张撤销而无效。

（4）可撤销民事法律行为被撤销需要撤销权人依法向法院或仲裁机构提出撤销主张。权利人向相对人主张撤销不发生撤销效果，同时，法院或仲裁机构也不能依职权主动予以撤销。

二 可撤销民事法律行为的类型

（一）类型概述

依据《民法总则》第147—151条之规定，可撤销民事法律行为包括

重大误解民事法律行为、欺诈民事法律行为、胁迫民事法律行为和显失公平民事法律行为四种类型。

此四种类型中，重大误解民事法律行为和显失公平民事法律行为系原因和结果共同作用的立法，既要满足法定意思不真实的情形，也要满足结果是遭受重大或者明显的损失的情形。欺诈民事法律行为和胁迫民事法律行为系行为立法，只要相对人有导致对方意思表示不真实的欺诈或者胁迫行为，而不论结果是否不利于相对人，权利人均可以予以撤销。

与《民法通则》相比，《民法总则》将欺诈民事行为和胁迫民事行为从无效中分离而归入可撤销的范围，体现了国家对当事人意志的尊重；同时已删除重大误解的对象“行为内容”的规定；此外，在显失公平中增加原因即“一方利用对方处于危困状态、缺乏判断能力等情形”，从原来的纯粹结果立法变为原因和结果共同作用的立法。[①] 鉴于重大误解、欺诈和胁迫民事法律行为的构成在“意思表示”章中已予阐释，本节不再赘述。

（二）显失公平民事法律行为

1. 概述

《民法总则》第151条的规定：“一方利用对方处于危困状态、缺乏判断能力等情形，致使民事法律行为成立时显失公平的，受损害方有权请求人民法院或者仲裁机构予以撤销。”据此，显失公平民事法律行为是行为成立时，一方利用对方处于危困状态、缺乏判断能力等情形，导致相对人意思表示不真实，且权利义务明显有失公平的民事法律行为。此种行为在德国法上被称为“暴利行为”。

显失公平民事法律行为的构成要件包括：（1）双方当事人的权利义务不对等，明显有失公平。对此，可以参照《最高人民法院关于适用〈中华人民共和国合同法〉若干问题的解释（二）》第29条等相关规定，以超过正常价格的30%为认定显失公平的标准。（2）判断权利义务是否

---

① 有学者称，现在根据实践，将这两个制度合并起来，仍然叫显失公平，主观方面和客观方面合在一起，回到了《德国民法典》第138条第2款的立场。这是多数大陆法系国家的立场，总结了我们的经验教训。梁慧星：《〈民法总则（草案）权威解读〉讲座整理稿》，湖南大学，2016年9月4日。

显失公平的时间点是行为成立之时，行为成立后发生的，不适用该规范。此规定弥补了《民法通则》的漏洞。（3）发生显失公平的原因不是表意人自愿所致，否则是当事人处分权利的自由。（4）发生显失公平时，行为人具有可谴责性，即利用表意人处于危困状态、缺乏判断能力等情形，达成自己的不当利益。与《民法通则》比较，该要件增加了显失公平的原因，这是因为行为人无不当行为而客观上双方权利义务存在不公平的情形不能够当然适用本条款；同时，在技术上，将《民法通则》中的乘人之危纳入该条款。

2. 乘人之危显失公平民事法律行为

依据《民法总则》第151条的规定，考虑到《民法通则》中关于乘人之危的规定，本书认为，第151条关于“一方利用对方处于危困状态”的规定，实际上就是“乘人之危”的规定。理由是，乘人之危显失公平是原因与结果结合的立法，《民法总则》取消了《民法通则》关于乘人之危的专条规定模式，而是与显失公平纳入同一条款规定。此种立法不表示我国已取消危难的意思表示制度，而是一种避免重复的立法技术，因为《民法总则》“一方利用对方处于困境、缺乏判断能力或者对自己信赖等情形，致使民事法律行为成立时显失公平的，受损害方有权请求人民法院或者仲裁机构予以撤销”的规定，显然将纯粹的结果立法的“显失公平”修订为原因与结果结合的立法。据此，构成乘人之危民事法律行为首先要满足显失公平的构成要件，同时还需满足一些特别条件。故构成乘人之危显失公平民事法律行为包括如下要件：

（1）表意人客观上需处于危难境地。此种危难境地一般认为不包括市场供求关系导致的危难状态。例如，棉花供应因为气候原因减产，棉纺厂为保障机器运转，不得不接受高价棉花。其原因是市场供求引起价格波动，是市场参与者必须承担的风险。

（2）需相对人利用表意人处于危难境地迫使表意人接受不公平条件。因此，相对人需明知或者应当知道表意人处于危难境地，并且利用之，否则，相对人不可能乘人之危。

（3）需表意人所为表示意思背离其真实意思。如果表意人自愿接受不公平条件，则不在此限。

（4）需表意人因此遭受严重损失，明显有失公平。损失之“严重”

应当综合交易性质、标的大小等因素综合考虑，并参考违约金调整之超过正常交易30%的标准。

3. 利用其他优势显失公平民事法律行为

依据《民法总则》第151条规定，利用其他优势显失公平民事法律行为系指行为成立时，行为人利用表意人缺乏判断能力等情形，导致权利义务对表意人有失公平的民事法律行为。其构成包括：

（1）表意人客观上处于劣势。此种劣势情形当与行为本身具有关联性，且不属于行为人欺诈、胁迫所致。“缺乏判断能力”是法定表意人的劣势情形，考虑到立法上有“重大误解”之规范，故“缺乏判断能力”不包括对行为性质、标的等的错误认识，而是对行为性质、行为后果、行为内容缺乏必要的识别能力。除去“缺乏判断能力”，在《民法总则》草案中曾经有“对自己信赖等情形”，但最终被删除。无论怎样，“等情形”的外延是不明确的，法院得自由裁量。在我国台湾地区，此种劣势包括表意人“轻率或者无经验”，轻率是表意人对自己行为的结果因为没有留意或者不熟悉而不知道其意义。①

（2）需行为人利用表意人的劣势。此种利用从诉讼角度看，表意人需要证明：一是行为人知道自己的劣势；二是行为人故意利用此种劣势。

（3）需表意人所为表示意思背离其真实意思。如果表意人自愿接受不公平条件，则不在此限。

（4）需表意人因此遭受严重损失，明显有失公平。损失之“严重”应当综合交易性质、标的大小等因素综合考虑，并参考违约金调整之超过正常交易30%的标准。

【疑难争点】显失公平民事法律行为行为人“利用”之证明与实质

主张《民法总则》显失公平需要发生权利义务有失公允的原因，此种原因需要表意人存在某种劣势，行为人利用了此种劣势。② 与《民法通则》相比，这增加了表意人的证明负担，可能导致立法意旨落空。学者指出，主张乘人之危很难，因为从主观方面主张乘人之危而使合同无效

---

① 王泽鉴：《民法总则》，中国政法大学出版社2001年版，第301页。

② 表意人对此负举证责任系通说（参见王泽鉴《民法总则》，中国政法大学出版社2001年版，第301页），也符合我国《民事诉讼法》之规定。

的案件非常少，得到支持的更少，大量案子通过显失公平而撤销就可以得到保护，[①] 其原因就在于证明责任。如果表意人无须此种证明，则事实上回到了结果立法，基于同一条款适用规则相同的常理，又会导致《民法总则》中的乘人之危变为结果立法。对此，本书认为，《民法总则》显失公平条款系回归到大陆法系一般立场即反“暴利行为”，暴利行为本身是违反善良风俗的，德国法就一直有这样的认知倾向。[②] 由此，是否可以认为，只要客观上显失公平有悖善良风俗，就推定行为人利用了表意人的劣势，可以适用该条款，表意人享有撤销权，除非行为人有相反证明。对此，德国联邦法院就采取了这一立场：表意人仅仅是因为经济地位处于弱势地位才接受使其陷入困境的条件（在不能够证明行为人故意时——引者注），而行为人至少是“轻率”不知道表意人这一状况，即构成违反善良风俗。此举避免了《德国民法》第 138 条第 2 款（即反暴利条款）的举证困难；甚至进一步强化该立场，认为满足第 138 条第 2 款客观条件，即给付与对待给付明显不对等，就推定满足主观要件。[③] 如果我国采取前述德国分析路径，或可以避免《民法总则》第 151 条适用的困难。

显失公平有悖善良风俗不意味应当适用《民法总则》第 153 条的无效规定。一是显失公平即暴利行为适用于财产交易中，与人身关系中的违反善良风俗有根本不同，可以授予权利人自由决定自己的财产利益。二是公序良俗本身是一个不确定的概念，立法上将其典型情形分离专门立法，得优先适用专门规定。

（三）可撤销民事法律行为的撤销

1. 撤销权的含义

可撤销民事法律行为可依当事人单方的意思表示而撤销。撤销权系指表意人享有的以其单方的意思对已成立的可撤销民事法律行为予以撤销的权利，享有撤销权的人是撤销权人。

---

① 梁慧星：《〈民法总则（草案）权威解读〉讲座整理稿》，湖南大学，2016 年 9 月 4 日。

② ［德］迪特尔·梅迪库斯：《德国民法总论》，邵建东译，法律出版社 2001 年版，第 536—547 页。

③ 同上书，第 543 页。

民事法律行为被撤销系撤销权人以一方的意思表示依法做成的，故撤销权在性质上属于形成权。尽管我国撤销需要向“人民法院或者仲裁机构”提出，但不是裁决者意志决定了撤销，裁决者只是权威确认是否有撤销权，如果有就应当通过裁决确认撤销，故撤销实际上是撤销权人的单方意志。

依据《民法总则》第147—151条之规定，享有撤销权的人有重大误解行为人、受欺诈表意人、受胁迫表意人和显失公平受损人。

2. 撤销权的行使

《民法总则》规定行为人“有权请求人民法院或者仲裁机构予以撤销”，故撤销权人向相对人主张撤销不能够发生撤销的法律效果。

撤销权的行使必须在法定期间内行使。参考《〈合同法〉司法解释（一）》第8条，该期间为不变期间，不适用诉讼时效中止、中断或者延长的规定。故撤销权的行使期间为除斥期间，期间届满，撤销权消灭。依据《民法总则》第152条，撤销权除斥期间一般为1年，重大误解的为3个月，最长时间为5年。

3. 撤销权的消灭

《民法总则》第152条规定，有下列情形之一的，撤销权消灭：

（1）当事人自知道或者应当知道撤销事由之日起一年内、重大误解的当事人自知道或者应当知道撤销事由之日起三个月内没有行使撤销权。该规定改变了《民法通则司法解释》的规定，一是起算时间上不是“行为成立”时，而是撤销权人“知道或者应当知道”撤销事由时；二是重大误解除斥期间从1年缩短为3个月。此点也与《合同法》的规定不同。

（2）当事人受胁迫，自胁迫行为终止之日起一年内没有行使撤销权。该规定的特别在于起算时间不是“行为成立”时，也不是《合同法》“知道或者应当知道”时，而是“胁迫行为终止”时。此种单独规定，一是受胁迫人是知道胁迫情形的，不区别立法在逻辑上有“不知道”胁迫的可能，这不符合事实；二是知道之时表意人不应当是自由的，于此情形如果适用知道之日起算，在被胁迫1年以上时，会得出立法就剥夺其撤销权的悖论，故修订为“胁迫行为终止”之时。

（3）当事人知道撤销事由后明确表示或者以自己的行为表明放弃撤销权。可撤销民事法律行为本质上是授权权利人自我评估，自行处置权利，故权利人放弃撤销权是其权利，导致撤销权消灭。所谓“明确表示”系指明确、具体、确定地表示；此种明示应当向相对人或者其代理人做出，向其他第三人做出的，不发生放弃效力。“以自己的行为表明”是默示推定，如果权利人履行了该行为，则表明没有撤销的意思，行为后无权主张撤销。

（4）当事人自民事法律行为发生之日起五年内没有行使撤销权的，撤销权消灭。此条件旨在解决权利人不知道撤销事由带来的问题，如上所述，胁迫中没有适用该款的余地。

（四）撤销权行使的后果

《民法总则》第 157 条将民事法律行为无效、被撤销或者确定不发生效力三种情况，统一规定了相同的法律后果，故撤销权人行使撤销权，民事法律行为经法院或者仲裁机构确认予以撤销的，自行为成立时起无效，发生与无效民事行为相同的法律后果。

第四节 效力待定民事法律行为

一 效力待定民事法律行为的概念、特征

效力待定民事法律行为又称效力未定民事法律行为，指行为成立时，其有效与否尚处于不确定状态，须待其后的一定事实的发生与否才能确定其效力的民事行为。

效力待定民事法律行为既不是无效民事法律行为，也不是有效或者相对有效民事法律行为，其具有如下特征：

（1）效力待定民事法律行为是欠缺行为资格导致欠缺行为有效要件的民事法律行为。这种欠缺的行为资格，包括行为能力资格和权利资格（包括代理权、处分权等），但这种资格欠缺没有违反法律强制，不构成欠缺根本性无效条件导致行为当然无效，可以通过其后的一定事实予以补充而使之有效。同时，这种资格欠缺未经补正是无法让行为有效的，不同于可撤销民事法律行为具有的相对有效性。

（2）效力待定民事法律行为的有效或无效决定于当事人以外第三人意志。第三人予以同意的，行为有效；第三人不同意的，行为无效。这不同于可撤销民事法律行为，后者被撤销取决于有撤销权的当事人意志；

也不同于无效民事法律行为，后者不能因第三人的意思而有效。

二　效力待定民事法律行为的类型

《民法总则》中规定的效力待定民事法律行为包括民事行为能力欠缺的民事法律行为（第 145 条）和代理权欠缺的民事法律行为（第 171 条）两种。《合同法》第 51 条规定了处分权欠缺的民事行为，《民法总则》因为其规定的内容应当是各分则共有的一般性内容，故其对作为财产关系的处分权欠缺效力待定未予规定。鉴于代理权欠缺在本书纳入“代理”一章阐释，本章不予赘述；考虑到处分权问题在生活中适用广泛，故本书予以说明。

（一）行为能力欠缺的民事法律行为

《民法总则》第 145 条规定，限制民事行为能力人实施的其他民事法律行为经法定代理人同意或者追认后有效。相对人可以催告法定代理人自收到通知之日起一个月内予以追认。法定代理人未做表示的，视为拒绝追认。民事法律行为被追认前，善意相对人有撤销的权利。撤销应当以通知的方式做出。此为我国民事行为能力欠缺的效力待定民事法律行为制度。该制度旨在保护意识能力欠缺的自然人的权益。

1. 定义与构成

所谓“民事行为能力欠缺的民事法律行为”系指行为人没有实施某民事行为的相应民事行为能力而为之，行为效力处于不确定状态的民事法律行为。其构成要件包括：（1）行为人行为能力欠缺，此种欠缺不是无行为能力，而是行为能力受限制，没有实施某民事行为的相应民事行为能力。如果根本没有行为能力，则其行为无效（《民法总则》第 144 条）。（2）行为人实施的是法律行为，具有法律行为的形式要件。如果其实施的不是表意行为，则不能适用效力待定之规定。

2. 效力状态的确定

民事法律行为效力状态的确定，主要有下列两种方式：

第一，因权利人同意或者追认而确定有效。此处的权利人系行为人的法定代理人。立法将同意和追认并列，颇为独特。我国台湾地区使用

"同意"一语,[①] 而德国使用"追认"一语,[②] 意为行为已经成为事实,故为事后"追认"。《民法总则》兼用"同意"和"追认",有别于《合同法》单采"追认",其原因不详。本书认为所谓"同意"系指法定代理人事前允许行为人为该行为。在我国台湾地区通说认为,事前的允许系一种"同意"。[③] 所谓"追认"系指行为成立后,法定代理人的同意行为。故法定代理人的追认,是指法定代理人对限制民事行为能力人不能独立实施的民事法律行为于行为成立后予以同意的意思表示。[④] 法定代理人追认权属于一种形成权,因追认权人单方的意思表示就可使行为当事人间权利义务关系发生变动。《民法总则》没有规定同意或者追认的方式,但同一条款却规定"撤销应当以通知的方式作出",故符合立法原意,同意或者追认行为不是要式行为;依据前述解释,同意应当向限制民事行为能力人做出,向相对人追认自然发生追认效果,但向限制民事行为能力人做出追认的(系指有证据证明之时),是否发生追认效果?对此,一般持肯定观点,因为其与同意实质相同,我国台湾地区"民法"就规定"得向当事人之一方为之"[⑤]。

第二,因权利人拒绝追认或者相对人撤销而确定不发生效力。如前所述,法定代理人没有事前同意的,法定代理人可以拒绝追认而使行为确定无效,权利人未为追认的,行为效力不确定,《民法总则》没有规定该追认权的任何期间,而是授予相对人催告权,但能否得出该追认权没有期间限制的结论有待研究。法定代理人如果长期不做出是否追认的意思表示,则该民事法律行为就长期处于效力不确定的状态,这不利于保护相对人的利益,也不利于经济关系的稳定。因此,《民法总则》授权相对人催告法定代理人,法定代理人在一个月内不予追认,法律推定其拒绝追认,行为确定无效。同时,在法定代理人为追认之前,善意相对人享有撤销权,可以行使撤销权而使该民事法律行为确定无效。该撤销权

---

① 王泽鉴:《民法总则》,中国政法大学出版社 2001 年版,第 499 页。

② [德] 迪特尔·梅迪库斯:《德国民法总论》,邵建东译,法律出版社 2001 年版,第 431 页。

③ 王泽鉴:《民法总则》,中国政法大学出版社 2001 年版,第 499 页。

④ 郭明瑞:《民法》,高等教育出版社 2003 年版,第 117 页。

⑤ 王泽鉴:《民法总则》,中国政法大学出版社 2001 年版,第 499 页。

法律没有规定行使期间，在法定代理人追认前均可；其享有者为善意相对人，即行为时不知道或者不应当知道行为人没有相应行为能力；其行使方式为“通知”形式，因《民法总则》规定，相对人可以催告法定代理人自收到通知之日起一个月内予以追认，故催告意思的受领者为法定代理人，而非限制行为能力人。行为确定不发生效力的法律后果，与行为无效相同。

（二）处分权欠缺效力的民事法律行为

处分权欠缺的民事行为即无权处分行为，系指行为人与相对人进行处分财产的行为，而行为人处分的财产系他人财产所形成的效力待定民事法律行为。《合同法》第 51 条规定，无处分权的人处分他人财产，经权利人追认或者无处分权的人订立合同后取得处分权的，该合同有效。据此，处分他人财产的行为属于效力待定民事行为：如果权利人予以追认或者处分人取得该财产，则处分权被补正，行为有效；反之，该行为无效。

不过，《最高人民法院关于审理买卖合同纠纷案件适用法律问题的解释》对此予以了修正，即在买卖合同中，出卖人无权处分的，无权处分不影响合同有效。出卖人不能履行合同的，相对人可以主张违约责任。

第五节　附条件和期限民事法律行为

人的行为多基于对现状的认识及对其将来发展的预期。人的认识是有限，将来更具有不确定性，为应对此种行为局限，当事人可能希望在不同条件和时间下有不同的行为。民法基于私法自治原则，满足当事人需要，创设了两种制度，附条件和附期限。

一　附条件民事法律行为

附条件民事法律行为系指行为人设定一定的条件，以条件的成就与否决定民事法律行为效力的发生或消灭的民事行为。《民法总则》第 158 条规定，民事法律行为可以附条件，但是按照其性质不得附条件的除外。附生效条件的民事法律行为，自条件成就时生效。附解除条件的民事法律行为，自条件成就时失效。第159条规定，附条件的民事法律行为，当事人为自己的利益不正当地阻止条件成就的，视为条件已成就；不正当地促成条件成就的，视为条件不成就。

（一）条件的概念和特征

条件是决定民事法律行为效力发生或消灭的、将来可能发生的不确定事实。例如，甲、乙约定，如果甲回国，就收回出租给乙的房屋。“甲回国”就是甲、乙租赁合同解除的条件。条件不是当事人双方的权利义务内容，但决定当事人行为的效力是否发生或消灭。条件有如下特征：

（1）尚未发生的客观事实。条件首先需是客观事实，主观愿望不能成为条件；其次，条件是将来的客观事实，已经发生的客观事实不能成为条件。

（2）不能确定发生的事实。条件是发生与否具有或然性的事实。如果该事实将来肯定会发生或肯定不会发生，则其不能作为条件。附确定不发生的事实，视为没有附条件；附确定要发生的事实，“条件”等同于期限。

（3）合法的事实。作为条件的事实，不能具有违法性。以违法事实为条件的，依据条件与行为的关联性处理，或者导致行为无效，如赠与财产以受赠人伤害他人条件的，行为无效；以无关的第三人偷盗发生为条件的，条件无效，不影响行为效力。

（4）当事人约定的事实。条件依当事人特别约定而存在，故需当事人约定，依法律规定或者行为性质就存在的、能够制约民事法律行为效力的事实，不能作为条件。如夫妻约定，妻1年内照顾夫，则夫赠与其某一财产的行为生效，因为夫妻有抚养义务，“妻照顾夫”这一条件非约定条件，乃法律规定。

立法上，与附条件关联的有“附负担”或者“附义务”，如附负担的赠与、附义务的遗嘱。条件的功能在于影响行为的效力状况，或者导致生效或者导致失效，但没有强制性；而负担没有停止法律行为效力的作用，但有强制性。例如双方约定，如果乙成功晋级，甲赠与乙2万元，此为附条件，因为赠与与否以“乙晋级”为条件。如果双方约定，甲赠与乙2万元，乙替甲传个信，此为“附义务”，“乙传信”是强制的，但不影响赠与的效力，只不过未完成的，无权主张甲履行赠与。

（二）不得附条件的行为

《民法总则》第158条规定，民事法律行为可以附条件，但是按照其性质不得附条件的除外。故并非任何行为均可附条件。一般认为，下列行为不得附条件：

1. 基于公序良俗不得附条件的行为

主要是婚姻、收养、离婚、认领等身份行为，此种行为性质属于人身性质，出于人格尊严、善良风俗考量，不允许附条件。

2. 基于私人利益不得附条件的行为

主要是出于对行为相对人利益的考虑，如《合同法》第99条规定，抵消不得附条件。因为抵消是单方行为，许可附条件会导致法律关系不确定，易陷相对人于不利。通常解除、撤销、承认权之行使等单独行为不能附条件，因为其立法目的在于“确定”法律关系，但也有例外：一为附加条件经相对人同意；一为条件之成就与否，纯由相对人决定。[①]

行为依据其性质不得附条件；若违反，则通常导致行为无效。例如，附条件的抵消，不发生抵消效力，抵消无效。再如，双方协议离婚，以一方支付一定金钱补偿为生效条件，其意思是“支付金钱”是“离婚”的条件，有悖公序良俗，离婚协议无效。但是，如果双方协议离婚，约定一方支付一定补偿金钱，支付金钱不是做出离婚意思的原因，其意思是“自愿离婚”中“分配财产权益”，则离婚协议有效。

（三）条件的种类

依据不同标准，条件有不同类型区分。

1. 停止条件与解除条件

根据所附条件的作用，条件可分为停止条件与解除条件。

停止条件又称延缓条件，是限制法律行为效力发生的条件，即法律行为于条件成就时发生效力，于条件不成就时不发生效力。附停止条件的民事法律行为成立后，当事人的权利义务已经确定，但不发生效力而是处于停止状态。如甲乙买卖中，约定“甲购买新房”后将旧房过户给乙，“甲购买新房”即为附停止条件。

解除条件是限制法律行为效力消灭的条件，即法律行为于条件不成

① 王泽鉴：《民法总则》，中国政法大学出版社2001年版，第499页。

就时保持其效力，于条件成就时，则失其效力。附解除条件的法律行为成立后，当事人的权利义务不仅已经确定，而且已经发生效力，但于条件成就时，当事人间的权利义务终止。

2. 积极条件与消极条件

根据作为条件的内容，条件可分为积极条件与消极条件。

积极条件又称为肯定条件，是指以某种客观事实的发生为内容的条件。如“甲购买新房”就属于积极条件。

消极条件又称为否定条件，是指以某种客观事实的不发生为内容的条件。

3. 随意条件、偶成条件与混合条件

根据条件成就与否与当事人意思的关系，条件可分为偶成条件、随意条件与混合条件。

偶成条件是指其条件成否与当事人意思无关，而取决于偶然事实，包括自然事件、社会事件以及第三人的行为等。

随意条件是指条件成否与当事人意思有关，由其决定的条件。

混合条件是指条件成否由当事人意思和偶然事实共同决定的条件。

（四）条件的成就与不成就

所谓条件成就，系指约定作为条件的客观事实确定发生、存在；所谓条件不成就，系指约定作为条件的客观事实没有发生，客观上不存在。条件成就的，于附延缓条件下，行为发生效力；于解除条件下，行为失效。条件不成就的，于附延缓条件下，行为不发生效力；于解除条件下，行为继续有效。

附条件行为中，当事人因条件成就或不成就差异而享有或者可以取得不同权益。当事人对这种权益的期待受法律保护，享有期待权。因此，条件的成就与否应是自然发生的结果，当事人不得恶意地促成或者阻碍条件的成就。《民法总则》第159条规定，当事人为自己的利益不正当地阻止条件成就的，视为条件已成就；不正当地促成条件成就的，视为条件不成就。

二 附期限民事法律行为

附期限的民事法律行为，系指当事人约定将来某一时间或者确定要发生的客观事实到来之时，其法律行为生效或者失效的民事法律行为。《民法总则》第160条规定，民事法律行为可以附期限，但是按照其性质不得附期限的除外。附生效期限的民事法律行为，自期限届至时生效。附终止期限的民事法律行为，自期限届满时失效。

附期限和附条件的不同就在期限到来的确定性，而条件成就与否不确定，至于依行为性质不得附者，二者没有本质不同。如双方约定自结婚之日起届满10年，婚姻关系消灭，所附期限无效。

期限分为始期与终期。附始期的民事法律行为，于期限届至时，发生效力，与附停止条件相似。附终期的法律行为，于期限届满时，失去效力，与附解除条件相似。

附期限民事法律行为不同于履行期限。附终期的民事法律行为意在约定期限届满时，行为失去效力，而规定的履行期届满，不影响行为效力。附始期的法律行为意在约定期限到来前，行为不生效，如果一方履行基于该民事法律行为的债务，可以依据不当得利返还；而未到履行期的，期限未到不影响行为民事法律行为的，提前履行的（如《合同法》第71条之规定），不得依据不当得利请求返还。

【案例思考】

2016年4月3日原告谭某诉称：2014年3月6日，自己生下了一个小孩，2014年4月9日，自己与丈夫袁某协议离婚，孩子归自己抚养，但袁某至今未支付抚养费。

被告袁某辩称：当初约定了不要小孩，是原告自己要生小孩，故应由原告承担抚养责任。

法院审理查明：2012年谭某与袁某认识，其后在同年7月7日登记结婚。结婚时双方签订了一份《协议》，内容约定财产采取分别制；还约定暂时不要小孩，否则，对方有权解除婚姻关系。2013年8月左右，谭某发现怀孕告知袁某，双方因为意见分歧发生矛盾，后于2013年9月6日双方签订协议，协议称：谭某放弃怀孕，袁某给予一次性补助3万元人民币；谭某不放弃怀孕，相关责任包括小孩的抚养费等由其个人承担。当日，袁某支付了补偿金3万元。后谭某生下小孩，双方于2014年4月9日，签订离婚协议，办理离婚手续，小孩归谭某抚养，双方居家的共同财产归谭某。

问题： 1. 双方签订的《协议》是否有效？为什么？

2. 本案如何处理？为什么？

第六编

代　　理

第十七章

代理概述

【本章导读】代理是指以他人的名义，在授权范围内行为后果由被代理人直接承担的法律行为。代理是民事法律行为制度的延伸，与民事法律行为相关。代理特点主要有：第一，代理行为由代理人独立实施；第二，代理人在授权范围内实施的法律行为的效果由被代理人承担。代理产生的情形主要有法律规定、部门指定和他人委托。有些行为如立遗嘱、婚姻登记等不能成立代理关系。代理的种类主要有直接代理、间接代理、委托代理和法定代理等。

第一节　代理概述

一　我国代理制度的一般法律规定

（一）《民法总则》

现行《民法总则》第7章以15个条文（第161—175条）规定了代理，包括代理的一般规定、委托代理、代理的终止等事项。

（二）《合同法》

《合同法》对代理制度的规定主要有下列几种情形：第一，合同法总则中第48条、第49条关于无权代理、表见代理的规定。第二，合同法分则中第21章有关代理的规定，该章内容主要涉及委托合同的概念、委托费用、委托事务、委托人与受托人的关系、委托合同的变更、解除等。

（三）司法解释

最高人民法院《关于贯彻〈中华人民共和国民法通则〉若干问题的意见（试行）》第79—84条对共同代理、复代理、代理人与被代理人连带责任的诉讼等相关问题进行了规定。最高人民法院《关于适用〈中华人民共和国合同法〉若干问题的解释（二）》第12条、第13条对无权代理、表见代理的相关问题做了解释。

二 代理制度的特别规定

关于代理制度的特别规定，主要体现在《拍卖法》中关于委托人、拍卖人、竞买人权利义务的界定，《证券法》中关于证券发行、买卖中的代理问题，《经纪人管理办法》中对经纪人的管理、行为的规定，《保险代理机构管理规定》《期货交易管理条例》中关于保险与期货交易的相关规定，等等。

三 代理的概念和特征

从大陆法系和英美法系主要国家的法律理念和观点来看，大陆法系倾向于把代理看作一种代理行为，英美法系侧重于将代理理解为一种法律关系。在我国，有学者认为代理是一种行为（行为说），如王泽鉴指出："代理指代理人于代理权限内，以本人（被代理人）名义向第三人所为意思表示或接受第三人意思表示，而对本人直接发生效力的行为。"[①] 也有学者认为，代理是一种法律制度（制度说），如郑玉波指出："代理乃一种依他人（代理人）之独立行为（意思表示），而本人（被代理人）直接取得其法律效果之制度。"[②] 还有学者认为代理是一种法律关系（关系说），即代理是代理人在代理权限内产生的法律效果直接由被代理人承担的相互关系的总和。[③] 上述三种观点，行为说描述的是代理的动态现象，关系说描述的是代理的静态现象，而制度说则是从宏观上描述了代理的法律构造。所以，无论是行为说、制度说还是关系说，相互之间并

---

① 王泽鉴：《民法总则》，中国政法大学出版社2001年版，第440页。

② 郑玉波：《民法总则》，中国政法大学出版社2003年版，第396页。

③ 尹田：《民事法律行为和代理制度研究》，重庆大学出版社1993年版，第161—162页。

不存在矛盾，只是观察问题的角度不同而已，因此在本质上不存在对错问题。

《民法总则》第 162 条规定："代理人在代理权限内，以被代理人的名义实施的民事法律行为，对被代理人发生效力。"可见，《民法总则》采用行为说。代理的主要法律特征如下：

第一，主体。代理关系的主体主要涉及代理人、本人、第三人。代理人是代理行为的实施人，第三人是代理行为的相对人，而本人则是代理行为后果的承受人。在委托代理中，代理人是受托人，本人则为委托人，委托关系之外的人则为第三人，三方当事人缺一不可。

第二，行为。代理包含两个行为，一是本人的授权行为（法定代理除外），二是代理人的代理行为。授权行为和代理行为相互联系，前者是后者的基本前提，是单方法律行为的结果；代理行为是一种特殊的法律行为，其特殊性在于意思表示由代理人做出，而法律后果由被代理人承担。

第三，客体。可以由代理人实施的行为只能是私法上的法律行为，事实行为以及公法上的行为不在代理范围内。如果代为办理的事务是通过私法上的事实行为进行的，相互之间形成的是委托关系，不产生代理关系，如广告代理。如果代为办理的是公法上的事务，诸如税务代理、专利代理、商标代理等，虽然名为代理，但它们之间在内部关系上属于民事委托，由民法予以规范。

第四，权利。代理关系的核心是代理权，是整个代理制度的基石。代理是指为他人并取代他人做出意思表示或受领意思表示，使法律行为后果归属于被代理人而不是代理人的权利。① 代理应该是代理人对本人地位（依其行为可以使他人发生权利变动的地位）——的谋求，代理人、对方当事人之间的关系是这个地位的实现过程，对方当事人、本人之间的关系是其结果。② 通过代理权，将代理的内部关系与外部关系联结起来，形成完整的、有机的代理关系；反之，如果没有代理权的存在，内部关系与外部关系相互独立、互不关联，代理关系就无法形成。

---

① ［德］维尔纳·弗卢梅：《法律行为论》，迟颖译，法律出版社 2013 年版，第 930 页。

② ［日］我妻荣：《新订民法总则》，于敏译，中国法制出版社 2008 年版，第 303 页。

第五，法律关系。由于代理涉及三方当事人，因而在法律关系层面，代理存在三种关系，即本人与代理人的授权委托关系、本人与第三人的效果归属关系以及代理人与第三人的代理行为关系。其中，第一个关系为代理的内部关系，后两个关系为代理的外部关系，内部关系与外部关系以代理权为核心连成一个整体，共同构成代理关系。内部关系与外部关系相互联系、有机统一，前者是后者得以产生和存在的前提，后者是前者的目的和归属。

四 代理与相关概念的关系

为了更为准确地理解代理的含义，有必要区分以下几个相关概念：

（一）代理与代表

代表与代理的区别主要有：

第一，法人代表人本身是法人的机关，不是自然人主体。代理人本身就是行为相对独立的自然人，并非法人的机关。

第二，法人与代表人之间是法人内部关系，法人与代理人之间是授权委托关系。

第三，法人代表人的行为后果由法人承担。通常情况下，法人代表人不直接承担责任。由于代理人人格的独立性，故其行为后果的承担需要区分代理人是否有过失、过错等主观因素，并非当然由法人承担。

第四，代理限于法律行为。代表除法律行为外，兼及事实行为和侵权行为。

代理与代表的法律性质虽异，但功能却相类似，都扩展了自然人的能力，是人类社会组织化的法律工具。

（二）代理与信托

信托与代理都是建立在信任的基础上，都是受人之托，代人办事，但二者的区别在于：

第一，主体不同。信托关系由委托人、受托人和受益人组成，其中受益人是委托人特地安排的人；而代理关系由被代理人、代理人和第三人组成，其中第三人是可由代理人选择的不特定的人。

第二，法律关系内容不同。信托行为可以是法律行为或事实行为，但代理行为仅是法律行为。

第三，财产权属不同。代理行为所涉财产权益归属于被代理人，信托行为中的受托人取得信托财产的所有权，委托人仅获得相关信托财产的收益权。

第四，名义是否独立不同。在信托中，受托人以自己的名义对外从事信托活动，在代理中，代理人只能根据约定从事代理活动。

第五，法律后果不同。在信托关系中，受托人对外行为的法律后果由其自行承担。在代理关系中，代理行为的后果原则上由被代理人承担。

第六，法律关系稳定性不同。信托关系的稳定性很强，即使出现受托人或委托人死亡或宣告破产等情形，原则上也不能解除信托关系；而代理关系的稳定性较差，被代理人可随时撤回代理或终止代理关系。

（三）代理与居间

居间是大陆法中的一种合同关系，居间与代理的相同之处是，都为委托人提供服务，都建立在委托关系上。二者的区别在于：

第一，代理人有缔结合同的代理权，可以代委托人订立合同，而居间人无代理权，不得代委托人订立合同。

第二，代理人实施的行为是法律行为，而居间人实施的行为本身不具有法律效力，仅是向委托人提供订约的机会或者充当签订合同的媒介。

第三，居间是具有委托性质的合同关系，而代理是一项独立的法律制度。

（四）代理与代位

与代理容易混淆的另一个概念是大陆法中的债权人的代位。代位一般而言是指债权人的代位权。所谓代位是指债务人怠于行使其到期债权，对债权人造成伤害的，债权人有权向人民法院请求以自己的名义代位行使属于债务人的权利。债权人的代位权与代理一样，都是处理他人的事务，但二者之间区别如下：

第一，债权人的代位权是自己固有的权利，代理权则是由本人授予或法律规定的权利，而不是自己固有的权利。

第二，债权人是为了保护自己的债权而行使代位权，属于债的保全途径；代理人则是为了本人的利益，在代理权限范围内实施法律行为，属于私法自治的扩张或补充。

第三，债权人行使代位权是以自己的名义进行，而代理人实施代理行为可能以本人的名义，也可能以自己的名义进行。

（五）代理与代理占有

代理占有是指代理人经占有人（本人）授权得以取得和保存占有人之占有物的行为，又叫占有辅助。代理占有起源于古罗马的万民法时期，是罗马法上禁止代理的例外。《日本民法典》对代理占有与代理并不区分，如第181条规定："占有权，得依代理人取得之。"事实上，占有属于事实行为，而代理只限于法律行为。因此占有不能通过代理进行，而只能成立占有辅助。

第二节 代理的类型

一 民法代理与诉讼法代理

民法代理与诉讼法代理存在某些共同点，如代理人都以被代理人的名义进行代理活动，代理人都必须在代理权限范围内进行代理，代理人都必须有行为能力，代理的法律后果都是由被代理人承担，等等。但是民法代理与诉讼法代理存在很多区别：

第一，代理的内容和后果不同。在诉讼法代理中，代理人所代理的是诉讼行为，代理后果是两者与法院间的诉讼法律关系的发生、变更和消灭。民法代理中，代理人所代理的是民事法律行为，代理后果是被代理人与第三人之间民事法律关系的变动。

第二，代理的对象不同。诉讼法中的代理人代理的对象是案件中的原告、被告和第三人；民法中的代理人代理的对象是参加民事活动的自然人、法人和其他经济组织。

第三，代理的法律依据不同。诉讼法代理人的代理活动以诉讼法为依据；民法代理人的代理活动以民事实体法为依据。

二 直接代理与间接代理

直接代理又称显名代理，是指代理人在授权范围内以被代理人的名义从事代理行为，代理行为的后果直接由被代理人承担。间接代理又称行纪，是指代理人以自己的名义从事的法律行为。

从《合同法》第402条、第403条的相关规定来看，符合间接代理要件的属于传统民法的行纪行为可构成间接代理。间接代理和直接代理相互联系、相互区别。两者的共同之处主要有：第一，通过委托和授权产生代理的内外部关系，内部关系发生在代理人和被代理人之间，外部关系是实质意义上的代理关系，发生在代理人与第三人之间。第二，代理行为产生的后果由被代理人承担。

两者的区别主要有：第一，名义不同。以自己的名义或被代理人的名义是直接代理和间接代理的主要区别。直接代理是以被代理人的名义，间接代理则是以自己的名义，因此间接代理在大陆法系中又被称为行纪，而不是代理。[①] 第二，代理的效果归属不同。在直接代理中，授权范围内代理行为直接对被代理人产生效力。在间接代理中，只有满足《合同法》规定的间接代理的条件，被代理人才有可能承受代理行为的效果。

三 概括代理与限定代理

概括代理是指代理权范围无特别限定的代理，也称为一般代理，是指被代理人虽然明确表示授予代理权，但在代理事项、代理权限范围或者代理时间上没有明确的代理。限定代理是指代理权范围有特别限定的代理，又称特别代理。两者区分的意义在于，代理权限没有被限定的，应为概括代理。

四 委托代理、法定代理

委托代理和法定代理的分类来源于《民法总则》第 163 条的规定“代理包括委托代理、法定代理”。

（一）委托代理

委托代理又称为授权代理。授权是委托代理产生的基础，但并不意味着委托合同是委托代理唯一的基础关系，合伙合同、雇佣合同等也可能产生委托代理。

这里应当注意的是，委托代理与职务代理的关系。职务代理是指根据代理人所担任的职务而产生的代理，其法律效果由代理人所在单位承

---

① 郑自文：《国际代理法研究》，法律出版社 1998 年版，第 3 页。

担。[1] 职务代理区别于委托代理的主要地方，在于职务代理中代理人是本人的工作人员，其担任一定的职务即获得一定的授权，其代理权一般依赖于其在法人或者非法人组织中的职务等。

【疑难争点】法院如何认定职务代理行为及职务代表行为？

职务行为指公司员工在职权范围内，以法人的名义从事经营活动，法律后果由法人承担的一种民事法律行为。职务行为一般分为两类：职务代表行为和职务代理行为。在民法上，职务代表行为指法人的法定代表人履行其职务所实施的行为，即法定代表人在法人章程及法人内部决策机构授权范围内所为的一切经营性活动和非经营性活动。也就是说，在商事交易中只有法定代表人才能“代表”公司，法定代表人以外的员工以公司的名义对外进行商事活动时只能是“代理”。

在司法实践中，判断公司员工对外签订合同的行为是否构成职务代理或表见代理，有以下两个要点：（1）员工对外签订劳动合同时，是否出示任何证明其与公司有关的身份证件或授权文件。（2）第三人在签约时是否对员工的身份、权限尽合理的审查责任。若员工未持有具有代理意义的介绍信、授权委托书、印鉴等，也没有证据证明员工与第三人存在公司认可的长期业务往来等，则员工与第三人签约纯属个人行为，不属于职务代理行为，也并不符合表见代理的构成要件。

（二）法定代理

法定代理权的发生一般来源于法律的直接规定，无须被代理人授权。法定代理制度设计主要是为了保护无行为能力人和限制行为能力人。由于无行为能力人和限制行为能力人本身欠缺相应的行为能力，需要由其他人代理其行为，而其自身又不能为自己委托代理人，因此在法律上有必要为其设定法定代理人。

法定代理类型主要有三：一是父母的法定代理权。父母是子女第一顺序的监护人，因此也应当当然地发生法定代理。二是父母之外的监护人对被监护人享有的法定代理权。除父母之外，被监护人的其他近亲属在父母死亡或丧失监护能力时，也会成为未成年人或精神病人的监护人，从而成为其法定代理人。而其成为法定代理人，不需要征得被监护人的

---

① 江平、张佩霖：《民法教程》，中国政法大学出版社 1986 年版，第 95 页。

同意。三是夫妻日常家事代理权。所谓日常家事，指夫妻及未成年子女共同生活所必需的事项，如购买食物、缴纳水电费等。[①] 夫妻双方可以就家庭日常事务互为代理人，但是并不意味着法律对于所有的事务都可以适用家事代理，对特别重大的事项不得适用家事代理，例如，不动产的转让、数额巨大的家庭财产的赠与及其他重大事务。但是，夫妻双方对家事代理权限的限制不得对抗善意第三人。在法定代理的情况下，法律直接规定代理关系的产生，主要是为了保护被代理人的利益，弥补意思自治的不足，法定代理人就是被代理人意思能力的延伸。

【疑难争点】指定代理与法定代理的区别

指定代理与法定代理十分相似，它们的产生都不以被代理人的意思为基础，并且在何种情况下能够指定也都是由法律直接规定的，所以，有些学者认为应将指定代理归入法定代理。但是指定代理与法定代理的区别明显：第一，指定代理人的选定需要由特定机关指定，而法定代理是基于法律规定而自动产生的。第二，在指定代理中，即使由法院指定，在许多情况下还需要获得被指定人或者被代理人的同意。例如，根据《民法通则意见》第 14 条的规定，被监护人有识别能力的，人民法院在指定监护人的时候，应征求其意见。而法定代理没有这种限制，在许多情况下，法定代理的产生不需要被代理人的同意。第三，在指定代理中，代理的事务是特别限定的，它和法定代理不同，法定代理的事务范围比较宽泛。

从指定代理发生的原因来看，主要包括下列类型：一是无行为能力人和限制行为能力人没有监护人，数个人就监护发生争议，由法院为其指定监护人，此时监护人就是法定代理人，对此《民法总则》已做出明确的规定。所以，法院进行指定，只不过是发生了法定代理。二是失踪人指定代管人。可以代理失踪人指定代管人。此代管人具有代理人的身份。例如法院为失踪人指定财产管理人，该财产代管人可以代理失踪人从事一定的法律行为。[②] 三是公民因其他原因不能亲自处理自己的事务，又不能通过法定代理和委托代理处理事务，可以由法院为这些公民指定

---

① 王泽鉴：《民法总则》，中国政法大学出版社 2001 年版，第 459 页。

② 佟柔主编：《中国民法》，法律出版社 1990 年版，第 203 页。

代理人。指定代理仍然是一种法定代理，因为法院的指定也是就监护人依据关于失踪人财产代管的规定而做出的。

五　共同代理

（一）共同代理的构成

所谓共同代理是指两个以上的代理人共同行使一项代理权的代理，共同代理又称复数代理。

构成共同代理的要件是：第一，须有数个代理人，若只有一个代理人则为单独代理，而非共同代理；第二，须只有一个代理权，如果数个代理人有数个代理权，此乃集合代理，亦非共同代理；第三，须数个代理人共同行使一个代理权，如果代理权可以由各代理人单独行使，则属于单独代理的范畴，而非共同代理。这里的共同行使，是指代理权由数个代理人共同享有，代理权经全体代理人同意后才能行使。未经其他代理人的同意而擅自行使代理权的，均属于逾越权限的无权代理，该代理行为无效。共同代理可以有效防止各代理人之专擅，也可以免去各代理人间之矛盾，对于本人甚属有利。从这一意义上讲，共同代理是对代理权的限制。

（二）共同代理的认定

就同一代理权有数个代理人共同代理时，究竟是共同代理还是单独代理，各国立法态度不一。

1. 推定为单独代理

例如，依照《法国民法典》第 1857 条的规定，合伙事务执行者有数人时，只有在合伙契约另有订立时，始为共同代理。《意大利民法典》第 1716 条第 2 款规定："如果在委任没有申明诸受任人共同进行活动的情况下，他们中的每一个人均得完成该事项。在该情形下，被告结果的委托人应立即通知其他受任人；在没有立即通知的情况下，委托人要承担因疏忽或迟延而导致的损害赔偿责任。"《荷兰民法典》第 65 条规定："除另有规定外，代理权被一并授予两个或者两个以上的人的，每个代理人均有权独立实施代理行为。"此外，《欧洲民法典草案》也在第二编第 110 条规定："数个代理人有代理权限为同一本人为法律行为的，得单独为代理行为。"

2. 推定为共同代理

例如，《奥地利民法典》第 1011 条规定："数个受任人如同时受任处理事务时，除委任状明白授予其中一人或数人以全权者外，对有效处理该项事务，与对委托人成立一项义务，需要全体受任人之共同行为。"《瑞士债务法典》第 403 条第 2 款规定："数人接受一个委任的，数个受任人应当承担连带责任，只有他们共同的行为对委任人有约束力，但他们依授权派代表对第三人行为的除外。"我国台湾地区"民法"第 168 条也做了相同规定："代理人有数人者。其代理行为应共同为之。但法律另有规定或本人另有意思表示者，不在此限。"

3. 不做任何规定

例如，德国、日本等国民法典对此并未做任何规定。

针对上述三种立法例，本书支持第一种立法例。因为共同代理既然系代理权之限制，如果法律强行规定为共同代理，可能会违背本人的意愿。第二种立法例推定为共同代理，一方面增加了相对人调查的难度，费时费力；另一方面，数代理人之间不免彼此"扯皮"，贻误事功。第三种立法例容易产生纠纷，也不宜采纳。

六　复代理

（一）复代理的法律特征

复代理是指代理人为处理权限内事务之全部或部分，而以代理人自己之名义另选他人予以代理之代理。换言之，复代理人根据代理人的再授权，为本人所为的代理。通过复代理，形成了所谓多层代理。复代理的产生以代理人是否拥有复任权为前提，而复任权的有无，取决于代理人的代理权限。其法律特征如下：

第一，复代理以本代理的存在为前提。本人授予代理人以代理权后，由于代理人在专业知识或精力方面的限制，或者基于规模经济的考虑，也或者因为在紧急情况下代理人客观上无法或者很难亲自实施代理行为，代理人不得不为被代理人另外寻找他人，而由该他人（即复代理人）代理本人实施代理行为。所以，复代理的产生必须以本代理的存在为前提，否则将成为无源之水、无本之木。

第二，复代理人是本人的代理人，不是代理人的代理人。复代理人是以本人的名义而不是代理人的名义实施代理行为，同时代理效果也直接归属于本人，因此复代理人是本人的代理人，不是代理人的代理人，否则也应属于一般代理。此外，复代理人也不是代理人的辅助人，其作为本人的代理人，独立地表示意思或接受他人的意思。

（二）复代理的法律效果

复代理产生的法律效果从以下几个方面分析：

第一，复代理人在代理权限与再代理权限范围内，以被代理人的名义实施的法律行为，其效果直接归属于被代理人。即复代理人不仅要在复代理权的范围内，同时还要在代理人的权限范围内实施代理行为，否则构成无权代理。同时，复代理人必须以被代理人的名义而不能以代理人的名义实施代理行为，否则就不构成复代理，而是普通代理。当然，如果复代理人虽以代理人的名义，但同时又表明代理人是代理被代理人时，复代理的后果也应直接归属于被代理人，而无须经由代理人。①

第二，代理人选任复代理人并授予复代理权后，并不意味着自己代理权的转让，他仍然拥有原代理权，并从此之后与复代理人一起共同代理本人。② 而代理权的转让，是指代理人经授权后，如其长期无法代为作为，以相同内容之代理权，经本人同意转授予替补代理人，此时实际上为代理权的重新授予，原代理人退出代理关系，不再是本人的代理人。

第三，复代理权虽然是由代理人的授权而产生，但其存续依赖于两个彼此联系的授权，即被代理人对主代理人的授权以及主代理人对复代理人的授权。因此，复代理权既随被代理人与主代理人之间基础关系的终止而消灭，也随主代理人与复代理人之间基础关系的终止而消灭。③

第四，复代理人对于本人或第三人，拥有在授权范围内与代理人

---

① 黄立：《民法总则》，中国政法大学出版社 2002 年版，第 136 页。

② ［日］我妻荣：《新订民法总则》，于敏译，中国法制出版社 2008 年版，第 333 页。

③ ［德］迪特尔·梅迪库斯：《德国民法总论》，邵建东译，法律出版社 2000 年版，第 720 页。

相同的权利和义务，即代理人如为意定代理人时，其复代理人亦为意定代理人，与意定代理人有同一的债法上的权利和义务；代理人如为法定代理人时，其复代理人亦为同种之法定代理人，就复任权限内之事项，与该法定代理人有同一之权利和义务。所以，《日本民法典》第 107 条第 2 项规定："复代理人对本人及第三人，有与代理人同一的权利义务。"

第五，复代理人虽是本人的代理人，但在理论上除代理关系外，复代理人与本人不发生任何内部关系。代理人对本人既是代理人，同时又处于受托人、受雇用者等的关系上，而复代理人与本人之间没有发生同样关系的理由。但是，本人因复代理人的代理行为，取得了与代理人亲自实施代理行为所产生的相同的法律后果，因而对于复代理人，也成立与代理人同样的内部关系，这对本人或复代理人无疑都是有益的。比如，代理人如果是受托人，复代理人对本人也负有以善良管理人的注意义务实施代理行为的义务。反之，代理人若为有偿受托人，复代理人亦有接受与代理人之间约定的报酬的权利。①

第六，复代理权授予后，代理人仍然拥有其代理权，同时本人对于同一事项之行为也有权实施，如此一来，本人、代理人、复代理人三者分别或同时向相对人进行不同的意思表示或接受意思表示，究竟按照谁的行为发生效力？理论上有三种观点，即均为无效说、均为有效说以及代理人的意思优于复代理人、本人的意思优于代理人说，本书赞同第三种观点。因为此三个意思表示在本质上都是本人同时为之，为尊重本人的意思，应以本人的意思为准。②

【案例思考】

2010 年 9 月 20 日，刘某向白某出具委托书，委托白某以刘某的名义办理刘某所有的重庆某小区一套商品房的出售等相关事宜。受托后，白某将出售房屋的相关信息登记于某网站。后张某与白某签订《房屋买卖合同》，并支付了定金 1 万元，但未按期支付首付款。白某遂将房屋转售

① ［日］我妻荣：《新订民法总则》，于敏译，中国法制出版社 2008 年版，第 334 页。

② 史尚宽：《民法总论》，中国政法大学出版社 2000 年版，第 571 页。

他人，并办理了过户手续。张某知道后，以白某以自己的名义出售房屋、超越了刘某对其授权、对张某构成欺诈为由，诉至法院，请求撤销双方签订的《房屋买卖合同》，并返还定金1万元。

问题：应如何认定本案《房屋买卖合同》的效力？

第十八章

代理权和代理行为

【本章导读】代理权是代理人能够进行代理行为并使行为的法律后果直接归属于被代理人的权限。在代理关系中，不仅代理人的地位取决于它，而且代理行为的范围也由代理权决定。授权行为是一种单方法律行为，被代理人可以随时撤回其授权。代理人在行使代理权时应该亲自行使，并且谨慎、勤勉、忠实地行使。

第一节　代理权

一　代理权的含义

代理权本质上是一种权限、资格或地位。这种资格和地位使代理人可以以被代理人的名义向第三人为或不为的意思表示。[①] 代理权究竟是一种权利还是法律地位，对此有三种不同的观点：一是民事权利说。该观点认为，代理权在性质上是一种独立的民事权利。二是资格说。该观点认为，代理权是代理人以本人的名义为法律行为的资格或地位。三是权利说。该观点认为，代理权为一种法律上之力，它既可以源于本人的授权行为，也可以源于法律的直接规定。

通说认为，代理权在内容上首先体现为一种利益，一种被代理人的

---

① 佟柔主编：《中国民法学 · 民法总则》，中国人民公安大学出版社 1990 年版，第 278—289 页。

利益。其次表现为一种义务，但这种义务和单纯的民事义务不尽相同。我们认为代理权作为一种资格和地位，具体体现在以下三个方面：第一，代理人取得代理权实际上就是取得从事代理行为的资格。第二，这种资格是基于授权行为而产生的。代理人从事此种代理行为，应当是为了被代理人利益的最大化而不得为自己谋利益。第三，代理权本身作为一种资格不得擅自转让、抛弃，也不得继承。

二 授权行为

（一）授权行为的性质

代理权的产生主要是基于被代理人的授权。对于授权行为的性质，大陆法上出现过三种学说：一是委任契约说。此说认为代理权的产生是委任契约的对外效力，本人与代理人的委任契约是代理权产生的前提。二是无名契约说。此说认为代理权虽非产生于委任契约本身，但它是附随债权契约的一种无名契约。三是单方法律行为说。此说认为，代理权的授予由被代理人向代理人的意思表示即可发生代理的效力。

通说认为，授权行为是以发生代理权为目的的单方法律行为，只需一方的意思表示就可成立。其理由在于，代理人与被代理人的权利义务关系已经在基础关系中得到了解决，授权行为是为了让相对人知道被代理人的授权，使代理人的代理权能够产生公示效力。一般情况下，授权行为以基础关系为前提。但是，授权行为也可以脱离基础关系而存在。授权行为与基础法律关系的分离可以有三种情况：第一，有授权行为但没有基础关系。在默示授权的情况下，通常没有基础关系，但发生了代理权的授予。第二，有基础关系但没有授权行为。这主要表现在委托、雇佣合同中，一方并没有向另一方做出明确的授权。第三，在基础关系发生时，尽管没有授权，但代理人从事了代理行为以后，被代理人可以事后授权。从以上情况来看，授权行为和基础关系是可以分离的。

正是因为授权行为可以独立于基础关系而存在，授权行为才具有独立性。明确授权行为独立性的意义在于：第一，确定是否产生代理法律关系或是否产生代理后果，可以将基础关系作为一个重要的因素加以考虑，但更重要的是看是否存在授权行为。有之则产生代理，无之则无代理。如果没有授权行为，即便存在基础关系，也不能产生代理关系。第二，因为授权行为的独立性，决定了基础关系发生变动并不当然影响代理关系的效力。即使基础关系已经终止，如果没有收回代理证明，代理行为可能仍然是有效的。

（二）授权行为的表现形式

《民法总则》第165条规定："委托代理授权采用书面形式的，授权委托书应当载明代理人的姓名或者名称、代理事项、权限和期间，并由被代理人签名或者盖章。"据此，《民法总则》并没有排斥委托代理的其他表现形式，既可以是书面的，也可以是口头的，但书面形式主要是代理证书。

1. 代理证书

代理证书，俗称授权委托书，它是证明代理人有代理权的证明文件。代理证书不同于委托代理合同，两者的区别主要有：第一，代理证书是授权行为这一单方法律行为的表现形式，而非合同关系存在的凭证。因此，只需本人签名即可，无须双方的签字。第二，代理证书一旦颁发，就产生授权的效力，无须考虑代理人是否同意。但是，委托代理合同必须由双方达成合意方能成立。第三，代理证书可以直接证明代理权的存在，即使在代理人和被代理人之间的内部关系中委托合同已终止、无效或被撤销等，只要代理证书没有收回，相对人基于对代理证书的信赖，与代理人进行的法律行为仍然应当受到保护。

根据代理的事项不同，可以将代理区分为一般代理和特别代理。一般代理是指对代理权没有特别限定的代理。这种代理的特点在于，它属于一种概括授权。所谓特殊代理，即代理权限定于某一特定法律行为的代理。[①] 在授予代理权限时应当注明是一般代理还是特别代理。如果是特别代理，应当准确地说明代理的具体事项。如果要代理特定事项，则不得采用"全权代理""总委托"之类的表述，而应当明确代理的具体事项。

2. 默示授权

代理权除了明示的方式，也可以用默示的方式授予。所谓默示的方式，是指根据本人的行为来推定其授权的意思。默示授权不是表见代理，

---

① 李双元主编：《比较民法学》，武汉大学出版社1998年版，第196页。

两者的区别主要有：一方面，在表见代理的情况下，本人可能不知道表见代理人从事的无权代理行为，但是在默示授权的情况下，本人知道代理人从事的是无权代理行为。另一方面，在表见代理情况下，不管本人是否愿意，均可产生有权代理的后果。但是，在默示授权的情况下，本人完全知道代理人的行为，其主观上是愿意接受代理人行为后果的。所以，只要有证据证明本人知道他人以本人的名义实施民事行为而不做否认表示的，不管是否符合表见代理的构成要件，都产生有权代理的后果。

【疑难争点】授权不明情况下，代理人与被代理人是否应当承担连带责任？

有观点认为，在授权不明的情况下，代理人应当与被代理人承担连带责任。

本书认为，这种规定并不妥当。理由在于：一方面，授权不明的主要原因来自被代理人，相对而言，被代理人的过错程度更重。如果要采用连带责任，最终可能使代理人承担全部责任，这对代理人是不公平的。另一方面，尽管发生了授权不明，但仍然存在授权，在授权不明的情况下实施代理和完全在无权代理行为下实施的行为在性质上是有区别的。如果要代理人承担完全责任，实质上是宣告代理行为无效，根本不符合授权不明行为的性质和特点，也妨碍了交易的安全和秩序。在授权不明的情况下，应当首先承认代理行为有效，不应当使代理人承担完全的法律效果。但代理人确有过错，可以依据其过错程度适当分担相应的责任。这种分担的方式，既可以要求代理人直接承担部分责任，也可以采取被代理人向代理人进行追偿的方式进行。在前一种情况下，一般是在代理行为有效出现赔偿责任时，才可以采取这种方式。

三　代理权的产生

（一）英美法系代理权的产生

英美法系主要是依照判例或商业惯例来确定代理权的发生原因。学者通常依代理权发生原因的不同而将代理分为四种：协议代理、追认代理、不容否认的代理、法定代理。

这里主要阐述下不容否认的代理。不容否认的代理又称外表授权的代理，是指本人虽未向代理人授权，但其言行表明其同意授权，第三人依此授权而行为时，本人不得对第三人否认代理关系的存在。不容否认的代理目的在于保护善意第三人，它割裂了委任与代理之间的联系，本人可能要对抽象的代理承担责任。不容否认的代理类似于我国表见代理制度。

（二）大陆法系代理权的产生

以《德国民法典》为代表的大陆法系，将代理权的产生原因分为意定代理和法定代理两种。意定代理又称委托代理，是指代理权基于当事人的意思表示而产生的代理，代理权发生的原因为本人的授权行为。法定代理是指直接依照法律规定的代理权而非本人的意思表示进行的代理。

四　代理权的消灭

（一）代理权消灭的法律原因

1. 共同的消灭原因

引起代理法律关系消灭的法律事实，即为代理权消灭的法律原因。同时都是法定代理权和意定代理权的消灭原因的，为共同的消灭原因；法定代理权、意定代理权各自独有的消灭原因的，则为特有的消灭原因。作为共同的消灭原因，一般有以下两种情形：

（1）本人死亡、破产或丧失行为能力

本人死亡后，一方面失去了被代理的对象，另一方面，本人授予代理权的意思通常情况下并不打算对自己的继承人也有约束力，因而，无论法定代理还是意定代理，其代理关系原则上均应因之而消灭。但如果代理权的持续存在有利于财产利益之保存，或者代理权的授予是为了维护代理人的利益时，应不使其消灭。此外，在意定代理中，如果法律另有规定，或者本人另有意思表示，而不使其消灭者，代理权仍应存在。如《德国商法典》第 52 条第 3 项："经理权不因营业的所有权人的死亡而消灭。"

本书认为，本人丧失行为能力，在意定代理中，除当事人另有约定或法律另有规定外，原则上应为代理权的消灭原因，此后如需要代理，需要另外依赖法定代理制度；如在法定代理中，本人丧失行为能力后，比原来更需要代理人，因此，除非法律另有规定，代理权不应因之消灭。[①] 至于本人破产是否导致代理权的消灭，《法国民法典》（第2003条）、《瑞士民法典》（第35条第1项）、《奥地利民法典》（第1023条）的立法认为，本人破产是代理权消灭的原因，而《奥地利民法典》（第1024条）则认为本人破产是代理权的停止原因。我国学者胡长清赞同后一种立法，认为本人恢复其处分自己财产的能力后，仍有需要代理人的必要。[②]

《民法总则》第173条、第175条规定了被代理人的死亡是法定代理权和委托代理权终止的原因。在《民法总则》颁布之前，最高人民法院在《关于贯彻执行〈中华人民共和国民法通则〉若干问题的意见（试行）》第82条中规定："被代理人死亡后有下列情况之一的，委托代理人实施的代理行为有效：（1）代理人不知道被代理人死亡的；（2）被代理人的继承人均予承认的；（3）被代理人与代理人约定到代理事项完成时代理权终止的；（4）在被代理人死亡前已经进行、而在被代理人死亡后为了被代理人的继承人的利益继续完成的。"按照该条的解释，似乎又表明我国司法实践中还是承认将被代理人死亡作为委托代理关系终止的原因的，只是应以上述四种情况均不存在为条件。[③]《合同法》第411条规定："委托人或者受托人死亡、丧失民事行为能力或者破产的，委托合同终止，但当事人另有约定或者根据委托事务的性质不宜终止的除外。"根据该条规定，委托人死亡、丧失民事行为能力或者破产的，代理权也应终止，但当事人另有约定或者根据委托事务的性质不宜终止的除外。

（2）代理人死亡、破产或丧失行为能力

代理人是为代理本人为法律行为而设，如代理人已不存在，则其己身尚且不保，又何能兼顾他人，加之代理权仅为一种能力，而非固有意义之财产权，继承人自无从继承。再者，代理权之授予均系注重代理人的地位及其人格而赋予，所以代理人死亡自应导致代理权的消灭。当然，如果代理关系是纯为代理人利益，而使其有财产法上之地位时，得由其

---

① 郑玉波：《民法总则》，中国政法大学出版社2003年版，第430页。

② 胡长清：《中国民法总论》，中国政法大学出版社1997年版，第314页。

③ 郑自文：《国际代理法研究》，法律出版社1998年版，第68页。

继承人继承之。代理人若为法人，如被宣告破产时，可否导致代理权消灭？否定者认为，代理人虽因破产丧失处分自己财产之能力，然而对于处分他人财产之能力并未丧失，不能以其为代理权消灭之原因。否定者认为，代理人破产时，如破产宣告不影响其与授权之关系时，代理权不因之而消灭，只是授权人可撤回其代理权。[①] 肯定者则认为，代理人破产，因其信用基础已丧失，为保护本人利益计，以其代理权消灭为当。[②]

2. 特有的消灭原因

意定代理权也有因某种事由的发生而当然消灭者，即当然消灭原因；还有因法律的特别规定而消灭者，即法律规定的消灭原因。

当然消灭原因，通常有以下五种情形：第一，代理权是为特定行为而授予者，当其特定行为完成时，代理权即告消灭；第二，代理权定有存续期限者，当期限届满时，代理权消灭；第三，授权行为附有解除条件者，其条件成就之时，代理权自然消灭；第四，代理行为在法律上或事实上已不可能时，其代理权也应消灭；第五，代理人抛弃代理权的行为，当然也是代理权消灭的原因。

【疑难争点】代理权是否可以自由抛弃？

否定者认为，由于意定代理权仅以意定代理授权人的意思为基础，所以它也只能依据意定代理授权人的意思而消灭，[③] 不得由代理人自由抛弃。持否定论者还认为，抛弃代理权，在法定代理下，就意味着代理人违背因自己的身份而负有的监护职责；而在意定代理下，就意味着代理人违反其与授权人之间的内部关系的义务，所以，代理人不得抛弃代理权。

德国通说认为，抛弃代理权，虽然违反因内部关系所生的义务，而因之对授权人须负损害赔偿义务，仍然认许其可为代理权之抛弃。理由在于任何人不能被迫接受其所不愿之权利或权限。[④]

本书认为，代理权的抛弃与否和代理类型有关，法定代理权基于其

---

① 黄立：《民法总则》，中国政法大学出版社 2002 年版，第 408 页。

② 胡长清：《中国民法总论》，中国政法大学出版社 1997 年版，第 315 页。

③ ［德］维尔纳·弗卢梅：《法律行为论》，迟颖译，法律出版社 2013 年版，第 101 页。

④ 黄立：《民法总则》，中国政法大学出版社 2002 年版，第 407 页。

社会功能，不得抛弃；而意定代理权可以抛弃，如同委托可以任意解除，只是抛弃行为导致他人损害的，负有赔偿责任。

（二）代理权消灭的法律效果

在代理中，因代理权的授予发生了代理人与本人之间的内部关系，因代理行为的实施和权利的变动（代理行为后果的归属）发生了本人、代理人与相对人之间的外部关系，这两类关系均以代理权为基础，因而代理权的消灭，无论是对内部关系还是对外部关系都将产生相应的法律效果。

1. 对内部关系产生的效果

在意定代理情况下，由于大陆法系各国区分了授权行为与基础行为。并承认授权行为的独立性与无因性，因此，代理权的消灭，其内部关系如自身无消灭原因时仍然继续存在。所以，在大陆法系的代理法中，代理权的消灭只是对与代理权有关的事项产生了影响，其内部关系不受影响。与代理权有关的事项主要包括：

第一，代理权既已消灭，原代理人自不得再为代理行为，如再为之，则属于无权代理，由此给本人造成损失的，应由代理人向本人承担损害赔偿责任。

第二，代理权消灭后，原代理人也应负责交还授权书于本人。所以，《德国民法典》第175条规定："意定代理人于代理权消灭后，应将授权书交还于代理授权授予人，意定代理人无留置权。"《瑞士债务法典》第36条规定："曾交付授权书于代理人者，代理人于代理权消灭后，有返还其证书或提交于法院之义务。授权人或其权利继承人，不为返还请求时，对于善意第三人，负损害赔偿之义务。"此外，《法国民法典》第2004条、《葡萄牙民法典》第267条、《荷兰民法典》第375条第1款、《意大利民法典》第1397条、《俄罗斯联邦民法典》第189条第3款、《阿根廷共和国民法典》第1970条等均有规定。我国台湾地区"民法"在第109条规定："代理权消灭或撤回时，代理人须将授权书交还于授权者，不得留置。"授权书的作用在于证明代理人代理权的存在，尤其是对于第三人来讲，容易使其相信有代理权，如不返还，有时会依表见代理制度，使本人负有权代理的责任。

2. 对外部关系产生的效果

代理权消灭后，本人将不再受代理人实施的行为的约束，也即代理人从此以后实施的任何行为，将不会在本人与第三人之间产生效力。但是代理权终止后由于本人或代理人的原因，使得代理人实施的行为对第三人的利益产生影响时，应当由本人或代理人对第三人负责，否则将会损害善意第三人的利益，并对交易安全构成威胁。可见，代理权消灭对外部关系产生的法律效果主要涉及的问题是，如何保护第三方的利益。围绕这一问题，两大法系国家的立法与判例普遍确认，代理权终止，只有在第三人知晓或应当知晓代理权终止时，方可对第三人产生终止的效力，否则本人或第三人不得以代理权终止为由对抗第三人。

早在《法国民法典》第2005条就规定："仅仅向受委托人通知撤销委托，对不知道此项撤销事由，仍与受委托人进行业务往来的第三人，不具对抗效力，但委托人对受托人有求偿权。"按照这一规定，不知撤销事由的第三人仍然有权要求委托人对受托人的行为负责，委托人不得拒绝，但该条只限于因撤销而消灭代理权的情形。《德国民法典》第170条则扩大到了一切消灭代理权的情形，规定代理权消灭后在未向第三人通知之前，代理权对第三人继续有效。《日本民法典》第112条的规定更为明确："代理权的消灭，不得以之对抗善意第三人。但是，第三人因过失不知其事实时，不在此限。"

由此可见，代理权消灭的通知，不是代理权消灭的要件，只是对抗第三人的要件，即代理权消灭的事实发生后，依照法律的规定代理人的代理权已经终止，如果授权人不对第三人为消灭通知，则对第三人不产生对抗力。《民法总则》对此无明确规定，只是《合同法》第49条中规定，代理权终止后，行为人以被代理人的名义订立合同，第三人有理由相信行为人有代理权的，该代理行为有效。学界普遍认为，此为表见代理之一。

英美法虽然没有像大陆法那样抽象地规定代理权消灭后对第三人的影响，但根据其判例以及相关制定法的规定，代理权因被代理人的死亡、丧失行为能力、期限届满、任务完成、契约受挫、代理权的撤销等原因终止后，为了保护第三人的利益，必须将代理权限终止的事实通知第三人，否则将会根据不容否认代理的法理，要求被代理人或遗产管理人就代理人在代理权限终止后实施的代理行为对第三人负责。例如，如果代理关系因被代理人的死亡而终止，而且第三人也知道被代理人死亡的消息，被代理人的遗产管理人或继承人不必对代理人的行为负责。但是，如果第三人不知道被代理人死亡的消息，代理人的行为就要继续约束被代理人。英美判例法还表明，代理关系因被代理人丧失行为能力而终止，但只要第三人没有得到代理关系终止的通知，被代理人仍应对代理人的行为向第三人负责，此时被代理人承担责任的理论依据不是明示的实有权限，而是表见代理权限。①

第二节 代理行为

一 代理行为的概念

代理行为是代理人所为的行为。即代理人以被代理人名义对第三人进行的具有法律意义的行为。包括民事法律行为、诉讼行为和其他具有法律意义的行为。其他具有法律意义的行为，如代为发生要约，代为接受第三人履行的义务，代为申请企业登记、申请营业执照、申请专利等。《民法总则》第 162 条规定直接代理的概念；第 163 条规定委托代理和法定代理；第 167 条规定代理人知道或者应当知道代理的事项违法仍然实施代理行为，或者被代理人知道或者应当知道代理人的行为违法未做反对表示的，被代理人和代理人应当承担连带责任；第 169 条规定转委托事项；第 173 条、第 175 条规定法定代理或者指定代理终止的事由。

二 代理权的行使

代理人在代理权限内从事代理行为，由此而产生的法律效果自然由被代理人承担。但代理人在行使代理权的过程中，应当遵循以下规则：

第一，在代理权限内从事代理行为。这就是说，代理人必须严格按照授权的规定进行代理行为，不得擅自扩大和变更代理权限。如果代理人在从事代理活动中发现代理的事务因客观原因的变化应当加以改变，也应当及时与被代理人联系，征求被代理人的意见。另外，除非符合法定的转代理的条件，否则，不能擅自从事转代理行为。

---

① 徐海燕：《英美代理法研究》，法律出版社 2000 年版，第 309 页。

第二，代理人必须按照诚信原则从事代理行为。诚信原则是从事任何民事活动都应当遵循的一般原则。代理行为也不例外。代理人依据诚信原则行为主要表现在：一是代理人必须努力尽到勤勉和谨慎的义务，充分维护被代理人的利益。二是代理人在代理活动中，除当事人另有特别约定外，应当对被代理人的财产和各种代理事务尽到善良管理人的注意义务。三是代理人在从事代理活动中，应当尽到及时报告的义务，使被代理人及时了解有关情况。

第三，代理人必须亲自从事代理行为。代理关系具有浓厚的人身信赖色彩，被代理人常常是基于对代理人的知识、技能、信用等的信赖而委托代理人的。既然代理是基于高度信任关系而产生，代理人必须亲自从事代理行为，才符合被代理人的意志和利益。

三　代理行为的禁止

（一）自己代理

所谓自己代理，是指代理人以本人的名义与自己从事法律行为。自己代理存在两种情况：一种情况是代理人以自己的名义向被代理人发出要约且代理人以被代理人的名义予以承诺。另一种情况是代理人以被代理人的名义向自己发出要约且以自己的名义进行承诺。

法律上之所以禁止自己代理，原因在于：尽管代理人代理本人行为时获得了本人的授权，但其应当寻找相对人。在自己代理场合，代理人未寻找相对人，却由自己与本人发生法律关系，这种行为违反了代理人应当负有的忠实义务。按照忠实义务，代理人必须为本人的利益而行为，而不能为了自己的利益而行为。因此，此种行为属于滥用代理权的行为，在法律上应当予以禁止。[①] 但是对于自己代理行为是否当然被宣告无效，在法律上值得探讨。

（二）双方代理

双方代理是指同时代理本人和相对人为同一法律行为。此种代理的发生，实际上是代理人在代理权行使中违背了善良管理人的义务而滥用

---

① ［日］四宫和夫：《日本民法总则》，唐晖等译，台北五南图书出版公司 1995 年版，第 250 页。

代理权的结果。其特点是：第一，代理人获得了本人和相对人的授权，如果仅有一方的授权，不构成双方代理。第二，双方授权的内容是相同的，如果双方都对同一个代理人做出了授权，但授权的内容、代理事项不同，也不构成双方代理。如果代理人代理一方获得授权，而代理另一方并没有获得授权，也不构成双方代理。第三，代理人同时代理双方为同一法律行为。例如，双方都共同委托某人代为缴税或办理登记手续等，并非代理双方做出同一法律行为，不可能形成利益的冲突，也不构成双方代理。

（三）代理人与相对人恶意串通损害被代理人的利益

《民法总则》第164条第2款规定："代理人和相对人恶意串通，损害被代理人合法权益的，代理人和相对人应当承担连带责任。"恶意串通指双方当事人非法串通在一起，共同实施某种行为致被代理人受损害。所谓"恶意"，系相对于"善意"而言，即明知或应知某种行为将造成对被代理人的损害而故意为之。双方当事人或一方当事人不知且不应知道其行为的损害后果，不构成恶意。互相串通，首先是指当事人在主观上都具有共同的意思联络、沟通，都希望通过实施某种行为而损害被代理人的利益。在互相串通的情况下，如果造成了被代理人的损害，应当由代理人与相对人负连带责任，赔偿被代理人因此所受的损失。

【案例思考】

2011年4月8日，原告张玉航和被告张玉签订借款合同一份。出借人为张玉航，借款人为中太建设集团股份有限公司香河香格今典项目部。借款用途为用于支付工地施工队工程款。借款金额340万元，利息为月息5.5%。借款期限从2011年4月8日起至2011年7月8日止。张玉航在出借人处签字并捺手印，张玉在借款人处签字，并加盖了中太建设集团股份有限公司香河香格今典项目部的公章。同日，张玉给张玉航出具收款条一张，内容为："中太建设集团股份有限公司香河香格今典项目部今收到张玉航借款叁佰肆拾万元整，收款人张玉，2011年4月8日。"并加盖了中太建设集团股份有限公司香河香格今典项目部的公章。

原告张玉航陈述都是直接存入或转账存入了张玉的会计田美娟、张春莲的银行卡。原告提交了2011年2月17日至2011年5月4日，共计

28 张银行存款、汇款凭证，总金额 3451350 元。被告张玉对于借款合同、借据及汇款凭证均无异议。

中太建设集团股份有限公司不认可曾经承包过香河香格今典工程，但香河香格今典小区在香河建设局的备案合同以及在香河地税分局的缴税证明，均显示香河香格今典小区是被告中太建设集团股份有限公司承建，纳税人为中太建设集团股份有限公司。另原告提交了天津市宝坻区法院（2012）宝民初字第 5453 号判决书和天津市第一中级人民法院（2013）一中民四终字第 675 号民事裁定书。在生效的天津市宝坻区法院（2012）宝民初字第 5453 号判决书中，认定了香河香格今典项目部系中太建设集团股份有限公司下属部门，张玉为中太建设集团股份有限公司的委托代理人及项目部负责人。

上诉人中太建设集团股份有限公司陈述：(1) 一审关于上诉人、香格今典项目部、张玉之间的关系认定错误。香格今典项目系张玉私刻上诉人的印章冒名上诉人承包的，项目部系张玉自行设立，项目部的印章系其自行刻制，上诉人毫不知情。因张玉已涉嫌合同诈骗，公安部门已经立案。(2) 一审认定张玉代表上诉人借款，其行为构成表见代理是错误的。张玉航没有理由相信张玉系上诉人的负责人。张玉航与张玉系表兄弟关系，张玉并不是上诉人的员工，张玉航应该是明知的。借款发生在前，张玉以项目部的名义与张玉航签订借款合同并出具收款条的行为发生在后，因此，张玉航在借款发生时没有理由相信张玉系代表上诉人借款。张玉与张玉航后补的借款合同起码借款用途的条款是虚假的，因此，本案不构成表见代理中的“善意”。会计田美娟、张春莲也仅仅是张玉个人的会计，与上诉人没有任何关系。人民法院在判断合同相对人主观上是否属于善意且无过失时，应当结合多种因素，做出综合分析判断。一审认定本案借款构成表见代理，与法律相悖，与审判实践不符。(3) 原审查明 28 笔的金额为 3451350 元，也是错误的。请求撤销原判，发回重审或改判驳回被上诉人的诉讼请求。

被上诉人张玉航陈述：原审认定事实清楚，证据确凿，适用法律正确，依法应予维持。一审认定“香河香格今典项目部是被告中太建设集团股份有限公司的下属部门，张玉为该项目部的负责人”与 2010 年 11 月 22 日、2011 年 6 月 12 日的《河北省建设工程施工合同》记载完全相符，香河香格今典住宅小区的承包人为中太建设集团股份有限公司，两份合同的第三页记载合同签订代理人为张玉、第70页记载张玉为中太建设集团股份有限公司的承包人代表。

问题： 1. 本案中被告张玉是否构成表见代理？

2. 本案中被告张玉是否应向原告张玉航返还借款及其利息？

第十九章

无权代理

【本章导读】 无权代理的法律效力原则上不溯及被代理人，但在无权代理的法律实务中，如果将无权代理的法律效力一概归责于无权代理人，则可能会损害善意第三人的利益，不利于交易秩序的维护。根据无权代理法律效力的差异，一般将无权代理划分为狭义无权代理和表见代理。

第一节　狭义无权代理

一　狭义无权代理的构成要件

狭义无权代理是指行为人没有代理权，而以他人名义假以代理的民事行为。狭义无权代理的构成要件主要有：第一，行为人没有代理权；第二，行为人假以他人名义的民事行为；第三，行为人与第三人都具有相应的民事行为能力且行为合法；第四，第三人须为善意第三人。分析狭义无权代理构成要件的意义，在于区分表见代理与狭义无权代理的界限。一般而言代理人的行为是否足以让第三人相信其有真实的代理权的表象，如有则为表见代理，反之则为狭义无权代理。

二　狭义无权代理产生的原因

狭义无权代理的产生以假象代理权的存在为前提条件，由于行为人实施民事行为的目的和行为后果对本人的影响不尽相同，因此，诱发狭义无权代理的原因也是多种多样，主要有：

第一，行为人在没有被授权的情形下，宣称自己是代理人并进行代理行为。该情形主要包括：第一，被代理人没有授权；第二，行为人不是法定代理人而以法定代理人代理；第三，附条件或附期限的代理条件或期限尚未成就，代理人擅自代理的。这里要注意区分狭义无权代理和无因管理的区别，如果行为人善意代他人实施法律行为的，这种情形在本质上也是狭义无权代理的一种，但现实中往往被认定为是无因管理，适用无因管理的规定。

第二，行为人超越代理权。该情形下，行为人是有代理权的，但行为人的实际行为超出了代理权的权限。行为人超越代理权的原因主要有：一是授权不明。所谓授权不明，是指授权不具体、不明确，造成代理权权限的解释缺乏唯一性。二是代理权被限制。如果授权人只授予代理人部分权限，而代理人的代理行为超出了授权范围。

三 狭义无权代理的法律效果

（一）本人的追认权

《民法总则》第171条规定："行为人没有代理权、超越代理权或者代理权终止后，仍然实施代理行为，未经被代理人追认的，对被代理人不发生效力。"因此，对于狭义无权代理行为，本人可以通过追认而使该行为的法律后果归属于自己。追认与否，由本人自由决定。如果追认有悖于公序良俗或者诚实信用原则时，则不得追认，本人对于无权代理人负有追认的义务时，本人应当追认，否则无权代理人有权请求强制执行。①

追认权属于形成权，仅依本人的单方行为即可生效。本人的追认既可以向相对人实施，也可以向无权代理人实施。如果相对人已经催告，则应当向相对人实施追认表示。《民法总则》第171条第2款的规定已经和《合同法》第48条第2款"相对人可以催告被代理人在一个月内予以追认。被代理人未作表示的，视为拒绝追认"的规定一致，解决了原《民法通则》第66条第1款中本人"不作否认表示的，视为同意"与《合同法》第48条第2款规定矛盾的问题。

---

① 史尚宽：《债法总论》，中国政法大学出版社2000年版，第53页。

（二）相对人的催告权、撤回权

1. 催告权

催告权也是形成权的一种，是相对人催告本人明确是否承认无权代理人行为的权利。在本人追认前，相对人可以向本人发出催告通知，由本人在一定期限内做出是否追认的表示，逾期未予追认的，视为拒绝追认。《合同法》第 48 条第 2 款对相对人的催告权做出了规定，大陆法系各国和地区民法典都对相对人的催告权做出了相似的规定。

相对人的催告，既可直接向本人通知，也可向无权代理人通知，催告期间自通知到达本人时开始计算。在催告期间内，本人未做出追认表示的，视为拒绝。至于未做出追认的原因，则在所不问。

2. 撤回权或撤销权

相对人在做出催告后，本人追认前，相对人可以撤回其催告。撤回权也属于形成权，仅依相对人的意思表示即可发生撤回的效力。《合同法》第 48 条第 2 款规定："合同被追认之前，善意相对人有撤销的权利。撤销应当以通知的方式作出。"撤回既可向本人，也可向无权代理人实施。《日本民法典》第 115 条、我国台湾地区"民法典"第 171 条以及《德国民法典》第 178 条均规定，如果相对人在无权代理人为法律行为时，明知其无代理权，则在催告后不得撤回。

（三）无权代理人的法律责任

1. 无权代理人与相对人之间

代理行为经本人追认而产生效力，如果无权代理未获本人的追认，则无权代理行为确定地不对本人发生效力，无权代理人应当对善意相对人承担民事责任。如果相对人知道或者应当知道行为人无代理权的，无权代理人不对相对人承担责任。关于责任的性质，通说认为既不是契约责任，也不是侵权责任，而是法律规定的特别责任，各国关于无权代理人责任的立法也表明了其属于法律特别责任。《民法总则》第 171 条对此也给予了详细规定。

对于无权代理人向相对人承担民事责任的内容，《民法总则》和《合同法》没有做出明确规定。德国、日本民法规定相对人可以选择请求无权代理人履行或者赔偿损失，法国民法、《瑞士债法典》及我国台湾地区"民法典"则规定无权代理人承担损害赔偿责任。我国学者多支持德国、日本的学说，认为无权代理人对相对人的责任包括履行与损害赔偿，如果相对人选择请求履行而无权代理人没有履行能力时，则转为损害赔偿。

2. 无权代理人与本人之间

未获本人追认的无权代理，如果对本人造成损害的，其性质属于侵权行为之债，本人可以向无权代理人主张索赔。此外，《民法总则》第171条第4款还规定："相对人知道或者应当知道代理人无权代理的，相对人和代理人按照各自的过错承担责任。"

无权代理一方面可能对本人造成损害，但另一方面也可能给本人带来实际利益，而自己却为此支出了一定的费用。由此可能在无权代理人与本人之间形成无因管理关系，无权代理人可以请求本人承担无因管理之债。

第二节 表见代理

一 表见代理的概念

《民法总则》第172条规定：行为人没有代理权、超越代理权或者代理权终止后，仍然实施代理行为，相对人有理由相信行为人有代理权的，代理行为有效，但是有下列情形之一的除外：（1）行为人伪造他人的公章、合同书或者授权委托书等，假冒他人的名义实施民事法律行为的；（2）被代理人的公章、合同书或者授权委托书等遗失、被盗，或者与行为人特定的职务关系已经终止，并且已经以合理方式公告或者通知，相对人应当知悉的；（3）法律规定的其他情形。可见，表见代理是指行为人没有代理权、超越代理权或者代理权终止后，以被代理人名义订立合同，相对人有理由相信行为人有代理权的，该代理行为有效。

二 表见代理的构成要件

（一）无权代理人未经本人授权

表见代理属于广义的无权代理，因此，只能在代理人无代理权而从事代理行为的情形下发生。如果本人曾经向第三人表示其已向代理人授权，无论本人的授权是否明确，代理人的行为都构不成表见代理。

（二）第三人有合理的理由相信代理人有代理权

对于什么是“合理的理由”，我国民法理论通常认为，构成表见代理必须客观上存在使第三人相信无权代理人拥有代理权的理由。[①] 这实际上是指相对人具有正当理由相信代理人具有代理权。

（三）相对人主观上是善意的

确定相对人主观上是否具有善意，依据主要有：首先，要明确相对人不知无权代理人未获得授权。所谓不知，是指在当时的情形之下，相对人不可能也不应当怀疑其未获得授权。其次，善意必须事前就发生了，相对人必须是在与无权代理人从事交易时有理由相信。最后，相对人没有过失。如果相对人明知行为人无代理权，或者应当知道行为人无代理权却因过失而不知，则他对无权代理行为亦负有责任，因此在法律上对此是不记入表见代理的保护范畴。

三　表见代理的效果

在符合表见代理的情况下，表见代理人所从事代理行为应直接归属于本人，在这一点上，表见代理与一般的有权代理完全相同。本人不得以其未授予代理人以代理权或者代理行为违背自己的意志和利益等为由，要求确认表见代理行为无效或拒绝接受代理行为的拘束。

【案例思考】

案例 1　2009 年 3 月，原告张某与被告刘某各自在自家的自留山上造林时，因地界的问题发生打架，当时刘某头部受伤，经法医鉴定构成轻伤甲级，检察院以原告涉嫌故意伤害罪而将原告收押，其间，原告的哥哥张某某为了能将原告取保候审，在当地村委会的主持下与被告刘某达成了赔偿协议，并当场赔了 5000 元钱给被告。后来，检察院以证据不足为由将原告张某无罪释放。原告被释放后，以其哥哥在未取得自己同意的情况下而与被告达成的赔偿协议无效为由将被告刘某告上法庭，要求被告返还 5000 元赔款。对此存在两种不同意见。第一种意见认为，原告的哥哥代表原告和被告达成协议时，原告因涉嫌犯故意伤害罪而被关押，

① 奚晓明：《论表见代理》，《中外法学》1996 年第 4 期。

被告没有证据证明协议时代理人取得了原告的同意，原告哥哥的代理行为是一种无权代理，事后也没有取得原告本人的追认，其代理行为不构成表见代理，代理行为无效。第二种意见认为，代理人张某某是原告张某的哥哥，足以使被告确信其代理行为是原告的真实意思，构成表见代理，代理行为有效。

问题：兄长代弟赔款的行为能否构成表见代理？

案例2 2016年8月5日，被申请人向贵港仲裁委员会提出仲裁申请，要求申请人向其支付187.7万元工程款。贵港仲裁委员会受理该案之后，向申请人寄送了相关材料。经查阅涉案的相关材料可知，被申请人之所以能够申请仲裁，主要依据的是，2016年3月1日其与“中国四冶贵港钢铁集团有限公司年产60万吨高线工程项目部”签订的一份《工程款支付协议》，其中协议第4条约定：“如果甲方未能按期支付拖欠的工程款，甲乙双方均同意由贵港仲裁委仲裁解决。”

对于上述仲裁条款的约定，申请人认为是无效的。因为《中华人民共和国仲裁法》第17条第2款明确规定：无民事行为能力人或者限制民事行为能力人订立的仲裁协议无效。根据上述规定，可知民事权利能力和民事行为能力不完整的自然人、其他组织，是不允许签订仲裁协议，成为仲裁当事人的。而本案中，与被申请人签订《工程款支付协议》的是“中国四冶贵港钢铁集团有限公司年产60万吨高线工程项目部”，该项目部并非申请人成立，从法律层面上来分析，其既不具备民事主体资格，也不具备任何的民事权利能力和民事行为能力。

因此，涉案的仲裁协议条款应属无效，请求确认《工程款支付协议》中的第4条仲裁协议条款“如果甲方未能按期支付拖欠的工程款，甲乙双方均同意由贵港仲裁委仲裁解决”无效。(〔2016〕桂08民特26号)

问题：1. 项目部与相对方签订的仲裁协议效力如何？

2. 如果项目部签订的仲裁协议有效，项目部所在公司是否应受该仲裁协议的约束？

第七编

民事责任制度

第二十章

民事责任制度

【本章导读】民事责任是指行为人违反了自己的民事义务而被强制承担的不利后果，它具有补偿性、财产性、客观性、可协商性、优先性等特征。在责任构成上，侵权责任与违约责任不同：前者是违法行为、损害后果、因果关系和过错四个构成要件，后者只有违约行为、损害后果、因果关系三个构成要件。在我国，民事责任的承担方式有停止侵害、排除妨碍、消除危险、返还财产、恢复原状、消除影响、赔礼道歉、赔偿损失、继续履行、采取补救措施、支付违约金、丧失定金十二种。民事责任竞合的，受害人虽然享有数个请求权，但他只能选择其中一个来行使。

第一节　民事责任概述

一　民事责任的概念

【疑难争点】民事责任的界定

关于民事责任，学界有以下几种不同的观点。第一，处罚说。该说把民事责任定义为处罚、惩罚或制裁。如李肇伟就说："故所谓责任，乃为义务人违反其义务时，所应受法律之处罚也。"[①] 第二，后果说。该说认为民事责任是科加给责任者的不利后果，这种后果违反责任人的意愿、

---

① 李肇伟：《法理学》，台湾中兴大学 1980 年版，第 306 页。

不合其目的并剥夺其某种利益，因此称为不利后果。第三，责任说。该说把责任界定为特殊的责任，即违法行为导致的责任，具有强制性的特征。第四，义务说。该说认为责任是第二性的义务，即违反第一性义务后引起的义务，这种义务可能是恢复原状性质的，故葡萄牙的民法学者平脱说："民事责任是指法律对给他人造成损害的人强加的使受害人恢复到没有受害时置身的状态的义务。"第五，担保说。该说认为责任是对债务的担保，即债务是第一性的义务，债务人不予履行时，发生接受债权人之强制取得的第二性义务。该说与上述四种学说不同，上述四种学说都把责任强制力的来源归结于法律，但担保说却认为强制力来源于当事人自身。①

本书认为，上述几种观点的分歧源于对法律责任的不同认识，在法律责任的定义上持义务说的学者在民事责任上自然持义务说，在法律责任的定义上持担保说的学者在民事责任上自然持担保说。应当承认，上述几种观点都有一定的合理性，但本书认为，后果说更具有合理性，这源于债务与责任的区分。罗马法并不区分债务与责任，责任为债务所包含，"obligation"一词具有债务与责任的双重含义。日耳曼法则区分二者，债务为法律上的"当为"，并不包括法律上的强制；责任是债务人并未履行债务的后果，为法律上的"必为"，包括法律上的强制，通过责任的承担来满足债务中债权人的利益。债务与责任的区分体现为"权利—义务—责任—救济权"，即权利对应着义务，当义务人违反自己的义务，他就要向权利人承担责任；与此同时，权利人获得救济权（权利人原先享有的权利被称为原权利）。这种做法为现代各国民事立法所普遍接受，我国亦然，《民法通则》第六章专门规定了"民事责任"，《民法总则》第八章也专门规定了"民事责任"。

因此，本书认为，民事责任是指行为人违反了自己的民事义务而被强制承担的不利后果。

---

① 参见徐国栋《民法总论》，高等教育出版社 2007 年版，第 175—176 页。此外，丁丽瑛教授也做了大致相同的总结，不过她只总结出四个学说。参见柳经纬主编《民法总论》，厦门大学出版社 2008 年版，第 287—288 页。

二　民事责任的特征

民事责任与行政责任、刑事责任一样，都属于法律责任。既然它们都属于法律责任，那么它们就不同于其他的社会责任（如政治责任、道义责任等），而都具有法律责任的共性，比如是实施不当行为所致（如果当事人没有实施不当行为，则不会引发民事责任、行政责任、刑事责任的产生；法律责任的产生，是当事人实施不当行为的结果）、具有强制性（不论是民事责任、行政责任还是刑事责任，都具有强制性，背后都有着军队、监狱等国家暴力机器的支撑）、法定性（不论是民事责任、行政责任还是刑事责任，其具体内容都由法律规范明确加以规定，并且是由有立法权的机关依照法定程序事先制定出来的）。但是，作为一种法律责任，民事责任又具有自己的、不同于行政责任和刑事责任的特征。本书认为，民事责任具有以下五个特征。

（一）补偿性

由于民事权利凝聚着权利人的利益，义务人一旦不履行自己的民事义务，就会侵害权利人的利益，他们之间的利益关系就会失衡，法律自然就会干预；干预的方式就是给权利人赋予民事救济权，给义务人科加民事责任；干预的目的是让他们之间已经失衡的利益关系重新归于平衡，使被侵害的民事权利尽可能地回复到未受侵害之前的状态。如此一来，民事责任就具有补偿性的特征，即民事责任的承担主要是为了弥补或救济权利人所遭受的损害，使权利人遭受的损害得以恢复或补救。有的学者做了个比喻，"民事责任的特点，是'填平'性质的。好比填坑，加害人等于是将他人的正当民事权利这块平地毫无道理地挖了一个坑，承担民事责任就是由加害人将这个坑填平，使其恢复原来的状态"①。这就决定了民事救济是一种同质救济。

这点与行政责任、刑事责任不同，行政责任和刑事责任的目的主要是惩罚或制裁实施不当行为的行为人，通过行政责任和刑事责任的承担来维护社会公共秩序；尽管有人也许因为不当行为而遭受损害，但他并非行政责任和刑事责任主要关注的对象，他也很难通过行政责任和刑事

---

①　宿迟编著：《民事责任》，法律出版社 1987 年版，第 5 页。

责任获得救济，因为行政责任和刑事责任是行为人（责任人）向国家承担的，而非像民事责任那样向平等主体的受害人（权利人）承担。

当然，民事责任也有惩罚性的民事责任，比如《消费者权益保护法》第55条、《食品安全法》第96条第2款规定的惩罚性赔偿。与补偿性赔偿相比，惩罚性赔偿仅仅是民事责任的一种例外。《民法总则》第179条第2款规定："法律规定惩罚性赔偿的，依照其规定。"这里的"法律规定"就是法律有专门规定的情形，属于例外。

（二）财产性

民事责任经历了一个从人身责任向财产责任的发展过程，现代民法普遍承认民事责任主要是财产责任，并且严格限制人身责任的范围（比如禁止对违约当事人实行人身强制）。财产责任是指通过金钱来救济或弥补受害人所遭受的损害，即向受害人支付一笔与其损害相同数额的金钱。这使得民事责任具有财产性。

这点与行政责任、刑事责任不同，行政责任和刑事责任具有人身性，即行政责任和刑事责任主要是通过对责任人的人身进行强制。不论是行政责任中的行政拘留还是刑事责任中的有期徒刑或死刑，都是针对责任人的人身而非财产；责任人也不能通过承担财产责任来顶替自己的人身责任。

当然，民事责任也存在非财产责任，即责任人不是通过金钱而是其他方式来救济受害人。比如消除影响、恢复名誉、赔礼道歉。毫无疑问，在民事责任中，非财产责任远远没有财产责任重要。

（三）客观性

民事责任的相当部分具有客观性，与责任人（行为人）的主观心态关联较小。客观责任意味着（权利人）有损害（行为人）就有责任，行为人的主观心态（即过错）往往处于不重要的地位。法国法学家希贝尔的"从责任到填补"一语就揭示了此点。当然，这与现代社会的保险制度的不断完善有关。①

这点与行政责任、刑事责任不同，行政责任和刑事责任更多的是主观性，责任人（行为人）承担的责任程度与行为人的主观心态密切相连。

---

① 参见徐国栋《民法总论》，高等教育出版社2007年版，第177页。

这点在刑事责任中体现得最为明显。同一个犯罪行为，行为人主观上的故意与过失将会导致两个不同的罪名；即使是同一种罪名，行为人主观上的故意与过失也会导致不同的量刑。这主要是源于行政责任和刑事责任的惩罚性，因为行政责任和刑事责任对责任人是一种惩罚和制裁，而惩罚和制裁的程度就要取决于行为人的主观方面：主观恶劣则责任重、主观轻微则责任轻。

（四）可协商性

虽然民事责任具有强制性，但同时它也具有可协商性。有的民事责任（如违约责任）中当事人可以事先就民事责任的发生条件及责任范围进行协商，从而做出约定；有的民事责任（如侵权责任）中当事人可以事后协商民事责任的责任范围，从而做出约定。之所以如此，源于民事法律关系的性质。民事法律关系体现的是民事主体的利益，是一种私的利益；既然是一种私益，权利人就可以处分（甚至放弃），因此受害人（权利人）可就民事责任与责任人（行为人）进行协商，寻求最为妥当的解决方案，从而实现自己利益最大化。[①] 实际上，民事责任的可协商性也体现了民事主体之间的平等性。

这点与行政责任、刑事责任不同，在行政责任和刑事责任中，行为人侵害的是公共利益，责任人是向国家承担法律责任，责任人与国家机关不是平等主体；所以，行政机关和司法机关应当严格按照法律规定追究行为人的行政责任和刑事责任；只有在某些特殊的情况下，行政机关和司法机关才会就责任的追究与责任人（行为人）进行协商，比如辩诉交易。

（五）优先性

民事责任优先性，是指行为人因同一个不当行为，既要承担罚金、没收财产的刑事责任，或者罚款、没收违法所得的行政责任，又要承担损害赔偿等民事责任，但其个人财产不足以同时承担民事责任、刑事责任和行政责任时，责任人先承担民事责任再承担刑事责任和行政责任。它又被称为民事责任优先原则。[②]

---

① 参见李建华主编《民法总论》，科学出版社 2007 年版，第 206 页。

② 参见王胜明《中华人民共和国侵权责任法释义》，法律出版社 2009 年版，第 31 页。

民事责任的优先性在《侵权责任法》中就有体现，《侵权责任法》第4条规定：“侵权人因同一行为应当承担行政责任或者刑事责任的，不影响依法承担侵权责任。因同一行为应当承担侵权责任和行政责任、刑事责任，侵权人的财产不足以支付的，先承担侵权责任。”《刑法》第36条第2款、《消费者权益保护法》第58条、《食品安全法》第147条、《公司法》第214条、《证券法》第232条等也都做出了类似的规定。[①]《民法总则》第187条也确认了民事责任的优先性：“民事主体因同一行为应当承担民事责任、行政责任和刑事责任的，承担行政责任或者刑事责任不影响承担民事责任；民事主体的财产不足以支付的，优先用于承担民事责任。”

众所周知，民事责任和行政责任、刑事责任的目的或功能不同：民事责任的主要目的或功能是对受害人进行救济、恢复其已经遭受损害的权利；而行政责任和刑事责任则具有惩罚行为人，进而维护社会秩序的目的或功能。在实现上述目的或功能的方式上，民事责任的方式比较单一，主要就是损害赔偿，而行政责任、刑事责任的责任形式除了财产性的罚款、罚金及没收财产外，还可以对责任主体进行人身制裁，并且后者的效果更为明显。因此，在责任人的财产不足以承担两种以上的法律责任时，如果不先承担民事责任，民事责任的目的或功能就无法实现；即使民事责任优先适用，可能造成财产性的罚款、罚金及没收财产等行政制裁或刑事制裁难以实施，但通过其他责任方式仍然可以实现惩罚行为人、维护社会秩序的目的或功能。由此可见，由于民事责任更直接体现受害人的利益，它体现了私权优先、以人为本的法治理念，因此它可以给人们提供稳固的权利保障，彰显法律的人道和正义。

三 民事责任的类型

根据不同的标准，可以对民事责任进行不同的分类，其中，重要的

---

① 甚至有的司法解释也是如此。比如《最高人民法院关于审理食品药品纠纷案件适用法律若干问题的规定》第14条规定：“生产、销售的食品、药品存在质量问题，生产者与销售者需同时承担民事责任、行政责任和刑事责任，其财产不足以支付，当事人依照侵权责任法等有关法律规定，请求食品、药品的生产者、销售者首先承担民事责任的，人民法院应予支持。”

分类有以下几种。

（一）财产责任与非财产责任

根据民事责任是否具有财产内容，民事责任可以分为财产责任与非财产责任。

财产责任是指以一定的财产为内容的民事责任。在这种民事责任中，责任人承担的不利后果是财产方面（最常见的是金钱），它是用来救济受害人（权利人）财产方面的损害，使受害人（权利人）得到财产方面的救济，其典型的责任形式为赔偿损失、支付违约金。非财产责任是指不具有财产内容的民事责任。在这种民事责任中，责任人承担的不利后果是非财产方面，它是用来救济受害人（权利人）非财产方面（主要是人身利益方面）的损害，使受害人（权利人）得到非财产方面的救济，其典型的责任形式为消除影响、恢复名誉、赔礼道歉。

财产责任可以进行强制，自不待言，而非财产责任能否进行强制，则不无争议。比如强制责任人对受害人（权利人）进行赔礼道歉，可能又会对责任人的人格尊严构成侵犯。

民事责任主要是财产责任，非财产责任是例外，这是因为，民法调整的主要对象是财产关系，民事责任就不能不以财产责任为主。①

（二）有限责任与无限责任

根据债务人承担责任的财产范围不同，民事责任可以分为有限责任和无限责任。

有限责任是指责任人仅以特定财产为限承担民事责任。在有限责任中，责任人的责任范围确定，就是特定的财产；除此之外，即使受害人并未获得完全救济，责任人也不负责。公司法中股东承担的就是有限责任，他仅以自己的出资额为限对公司的债务承担责任；即使出资额不足以清偿公司债务，股东并不再承担责任。继承法中继承人的责任也是有限责任，他们仅以被继承人的遗产为限对被继承人生前的债务承担责任；即使被继承人的遗产不足以清偿继承人生前的债务，继承人也不再承担责任。

无限责任是指责任人以其全部财产承担民事责任。在无限责任中，

---

① 参见宿迟编著《民事责任》，法律出版社 1987 年版，第 11 页。

责任人的全部财产都用来保障受害人救济权的实现，都要用来承担民事责任。由于担保受害人（权利人）救济权实现的是责任人的全部财产，而非其特定财产，故，责任人的全部财产又被称为一般责任财产。当民事责任范围小于责任人的全部财产时，受害人（权利人）可以得到全部赔偿；当民事责任范围大于责任人的全部财产时，受害人（权利人）就无法得到全部赔偿，有一部分损害无法获得救济。

既然是涉及财产范围，那么这种民事责任的分类自然就是针对财产责任了，非财产责任并不存在这种分类。

（三）单独责任与共同责任

根据责任人数量的不同，民事责任可以分为单独责任和共同责任。

单独责任，是指责任人仅为一人的民事责任。一般情况下，民事责任就是单独责任。共同责任，是指责任人为两人或者两人以上的民事责任。在共同担保、数人侵权中，数个担保人或行为人共同承担的民事责任即为共同责任。

共同责任是数人责任，根据数个责任人之间的关系，它又可以分为按份责任、连带责任、不真正连带责任、补充责任。按份责任是指依据法律规定或当事人的约定，数个责任人按照特定的份额各自地向受害人（权利人）承担责任。在按份责任中，每个责任人仅仅对自己的份额负责，承担完自己份额的责任后就可以从该民事责任中脱身，其他责任人是否承担责任与自己无关。当然，只要数个责任人都承担了自己份额的责任，受害人（权利人）也就能得到全部的救济。《民法总则》第 177 条规定："二人以上依法承担按份责任，能够确定责任大小的，各自承担相应的责任；难以确定责任大小的，平均承担责任。"这就是对按份责任做出的规定。连带责任是指按照法律规定或者当事人约定，数个责任人不分份额共同地向受害人（权利人）承担民事责任。在连带责任中，受害人（权利人）有权利向部分或全部责任人主张部分或全部责任，被请求的责任人不能以还存在其他责任人进行抗辩。实际上，每个责任人都要保障受害人（权利人）获得全部救济，他们之间事实上互相进行担保。当然，他们内部存在着份额，每个人最终只承担份额内的责任。《民法总则》第 178 条规定："二人以上依法承担连带责任的，权利人有权请求部分或者全部连带责任人承担责任。连带责任人的责任份额根据各自责任大小确定；难以确定责任大小的，平均承担责任。实际承担责任超过自己责任份额的连带责任人，有权向其他连带责任人追偿。连带责任，由法律规定或者当事人约定。”这就是对连带责任做出的规定。不真正连带责任是指按照法律规定或者当事人约定，数个责任人基于不同的原因而对同一受害人（权利人）承担内容相同的数个民事责任。在不真正连带责任中，任何一个责任人承担责任就会使受害人（权利人）的救济权因获得实现而归于消灭，其他责任人无须再向受害人（权利人）承担民事责任。补充责任是指依据法律规定或当事人的约定，数个责任人中在先顺序的责任人先向受害人（权利人）承担全部责任，在先顺序的责任人无法向受害人（权利人）承担全部责任时，后顺序的责任人再承担责任。在补充责任中，数个责任人向受害人（权利人）承担民事责任有先后的顺序，受害人（权利人）开始只能向第一顺序的责任人主张权利，只有在第一顺序责任人无法全部满足救济权时，受害人（权利人）才能向第二顺序的责任人主张权利。①

这些民事责任也都是针对财产责任的。

（四）侵权责任与违约责任

根据责任发生的原因不同，民事责任可以分为违约责任与侵权责任。

侵权责任是指民事主体因为违反法定的义务实施侵权行为而向受害人承担的民事责任。不得侵害他人合法权益是一个法定义务，当行为人违反了该义务实施行为造成了他人合法权益受损，该行为就是一个侵权行为，他向受害人承担的民事责任就是侵权责任。

违约责任是指合同一方当事人因为违反合同约定的义务而向对方当事人承担的民事责任。合同一方当事人通过与对方当事人协商订立合同给自己科加了义务，该义务是约定义务，他应当履行该义务；当他不履行合同义务或者履行合同义务不符合约定条件时，该行为就是一个违约行为，他向对方当事人承担的民事责任就是违约责任。

违约责任与侵权责任的这种分类是民事责任中最重要的分类。

---

① 参见杨会《数人侵权责任研究》，北京大学出版社 2014 年版，第 16 页。

四 《民法总则》中的民事责任

建立统一的民事责任制度是《民法通则》的一个创新，这一创新在《民法总则》中得到继承与发展，《民法总则》第八章专章规定了“民事责任”。这样的立法体例理论基础与正当性是民事责任和债，以及民事责任和民事义务的界分、独立及其粘连。[①] 当然，《民法总则》中的民事责任规定并非是对《民法通则》的照搬，而是在原有的立法基础上做了相应的完善，使民事责任这一制度更加规范化与体系化。

《民法总则》“民事责任”这一章主要是民事责任承担的一般规定，包括多人民事责任的承担方式、民事责任的主要承担方式、民事责任的减免以及民事责任竞合的处理原则，安排得具有一定的逻辑性与条理性；它改变了《民法通则》中对一些具体侵权行为所应承担的民事责任做出规定、集总则与分则为一体的做法，[②] 使得《民法总则》规定的“民事责任”真正成为民法分则中民事责任的基础。

《民法通则》第六章共 29 个条文，而《民法总则》第八章只有 12 个条文，内容不如《民法通则》丰满。与《民法通则》相比，《民法总则》中的民事责任规定具有两个特点：第一，规定了免责事由。第 108 条规定了不可抗力、第 109 条规定了正当防卫、第 110 条规定了紧急避险；这些情形下行为人的行为尽管造成了对他人的损害，但行为人并不承担民事责任。它们又被称为免责事由。这些事由在侵权责任、违约责任中都可以适用。当然，没有规定自助是其一个缺憾。第二，加强对英雄烈士人格利益的特殊保护。近代以来，为了争取民族独立和人民自由幸福，为了国家繁荣富强，无数的英雄献出了生命，烈士的功勋彪炳史册，烈士的精神永垂不朽；但近年来社会上通过各种形式诋毁、侮辱、诽谤英雄人物，丑化英雄人物形象，贬损英雄人物名誉的现象时有发生。针对这种现象，《民法总则》第 185 条规定：“侵害英雄烈士等的姓名、肖像、

---

① 参见陈华彬《〈民法总则〉关于“民事责任”规定的释评》，《法律适用》2017 年第 9 期。

② 《民法通则》第 6 章共 29 个条文，而《民法总则》第 8 章只有 12 个条文；数量的减少就是删去了很多具体的规定。

名誉、荣誉，损害社会公共利益的，应当承担民事责任。”通过侵权人承担民事责任的方式，来实现对英雄烈士人格利益和社会公共利益的保护，这是《民法总则》的特色。这条规定有利于弘扬社会主义核心价值观和英烈精神，培养爱国主义精神，增强民族凝聚力，维护社会公共利益。[①]

第二节 民事责任的构成

民事责任的构成，其实就是民事责任的构成要件。不同种类的民事责任，其构成也不相同。[②] 由于侵权责任与违约责任的这种分类是最重要的分类，接下来本书就分析侵权责任与违约责任的构成。

一 侵权责任的构成

侵权责任有多种责任形式，而不同责任形式的侵权责任构成并不相同，如停止侵害的构成要件仅仅是侵权行为仍在持续。在侵权责任的众多责任形式中，赔偿损失是最为重要的一种，因此，一般情况下提及的侵权责任的构成就是指赔偿损失的构成。此外，侵权责任包括采过错责任原则的一般侵权责任和采无过错责任原则的特殊侵权责任，而一般情况下提及的侵权责任是指前者。所以，本书所讨论的侵权责任的构成是指采过错责任原则的赔偿损失的构成。它包括以下四点。

（一）行为人实施了违法行为

首先，行为人实施了行为，这表明行为人承担的侵权责任是行为责任。

其次，行为人实施的行为是违法行为，具有违法性。所谓违法行为是指该行为违反了法律规定。这里的法律要做广义理解：不仅包括法律、法规、规章等广义的法律，还包括善良风俗——这源于法律规定的不周延性。

① 参见石宏主编《中华人民共和国民法总则条文说明、立法理由及相关规定》，北京大学出版社 2017 年版，第 440 页。

② 尽管如此，仍有学者总结出统一的民事责任构成要件。参见郭明瑞、房绍坤、於向平《民事责任论》，中国社会科学出版社 1991 年版，第 53—105 页；郑立、王作堂主编《民法学》，北京大学出版社 1995 年版，第 634—642 页。

最后，行为的违法性还体现在侵害了受害人的合法权益。不论是人身权益还是财产权益，该权益都受到法律的保护，行为人实施的行为侵害了受害人的合法权益，那么该行为就具有违法性。当然，如果该行为具有阻却事由，如正当防卫、紧急避险、职务行为，尽管给他人合法权益造成了损害，该行为也不是违法行为，行为人也不会承担侵权责任。

（二）受害人遭受了损害

受害人遭受了损害是指受害人在人身或财产方面遭受了不利后果。损害是侵权责任构成中的客观后果的要件，这是产生侵权责任的基础，无损害即无法律救济的必要。

从大的方面来说，损害包括财产损害和人身损害两种。财产损害包括积极的财产损害和消极的财产损害，前者是指受害人的现有财产或固有财产因为违法行为而减少，如汽车被撞坏；后者是指受害人应该得到的财产而没有得到，即未来财产的减少，如误工收入。人身损害又包括财产损害、精神损害、人身利益损害。在侵害健康权的案件中，受害人的医疗费用是财产损害，受害人的恐惧、悲伤、绝望等精神痛苦是精神损害，受害人听力的丧失是人身利益损害。

并非受害人遭受的所有损害都会受到法律的救济，作为侵权责任构成要件的损害，要具备如下三个条件：第一，损害具有可补救性。追究侵权责任需要成本，当损害非常细微（比如坐公共汽车鞋子被踩脏了），这样的损害就不具有可补救性，法律不会就此对受害人提供救济。此外，因为这里讨论的侵权责任的构成是指赔偿损失的构成，因此，损害应当是可以通过金钱进行弥补或补救的损害；当损害无法通过金钱进行弥补或补救（比如生命利益的丧失），这样的损害就不具有可补救性，法律也不会就此对受害人提供救济。第二，损害具有确定性。损害是可以通过金钱进行弥补或补救的损害，因此，损害必须确定，即可以通过确定数额的金钱进行补救；否则，责任人的赔偿范围就无法确定。也正是因为损害要具有确定性，人身损害行为即使超过一年的诉讼时效，伤害当时未曾发现，后经检查确诊并能证明是由侵害引起的，受害人仍然可以起诉侵权行为人。《最高人民法院关于贯彻执行〈中华人民共和国民法通则〉若干问题的意见》第 168 条后段对此做出了规定。第三，受损害的利益具有合法性。任何主张法律保护的利益必须是合法的，侵权责任的承担亦是如此。所以，作为侵权责任构成要件的损害必须是合法利益的损害。当受损害的利益不具有合法性（比如某人因车祸死亡后其姘妇的精神痛苦），侵权行为人无须对这种损害承担侵权责任。

（三）违法行为与损害事实之间存在因果关系

这个要件强调受害人的损害后果不是由其他原因造成的，而是由行为人实施的违法行为造成的。正是由于行为人实施的违法行为造成受害人的损害后果，所以，才由行为人（而非其他人）向受害人（而非其他人）承担侵权责任。

因果关系作为违法行为与损害事实之间引起与被引起的关系，它是客观存在的，并不以人们主观意志为转移，这点和哲学上的因果关系一样。所以，它也是侵权责任构成中的客观要件。但是，在因果关系的认定上，为了追究责任的需要，往往会掺杂一些主观的因素——这点可以从事实因果关系与法律因果关系的区分看出来。

在因果关系的认定上，一因一果非常简单，很容易就能够认定；当违法行为与损害后果之间有其他因素的介入时，因果关系的认定就比较困难。广为接受的观点是相当因果关系说。相当因果关系说又被称为适当条件说，即某种行为在特定情形下发生某种损害后果，并不能断定二者之间的因果关系；只有在通常情形下依据社会一般的知识经验普遍认为也能发生同样的损害后果，才认定二者之间具有因果关系。[①]

关于因果关系的举证责任，一般是采“谁主张，谁举证”，即由受害人举证证明行为人实施的违法行为与自己遭受的损害后果之间存在因果关系；但在特殊情况下，法律推定因果关系的存在，免除受害人的举证责任，转而由行为人举证证明自己实施的违法行为与受害人遭受的损害后果之间不存在因果关系。《最高人民法院关于民事诉讼证据的若干规定》第4条第1款对这些特殊情况做出了规定。

（四）行为人有过错

过错是指行为人实施违法行为时对该行为可能造成的损害结果所持有的主观心态。它是一种主观心理，是行为人可归责的主观心理状态，

---

① 佚名：《国家赔偿责任的构成要件（3）》，2016年6月6日（http：//www.110.com/falv/guojiapeichangfa/guojiapeichangzeren/2010/0721/148155_3.html）。

是行为人承担侵权责任的正当性基础，符合人们的道德认知。这个要件是侵权责任构成中的主观要件。

根据对行为人认识因素和意志因素的不同，可以把过错分为故意和过失。故意是指行为人预见到自己的行为可能发生某种不利后果而希望或者放任该不利后果发生的主观心理状态。这是一种典型的可归责的心理状态，所以受到责难较重、行为人承担的侵权责任也较大。过失是指行为人应当预见到自己的行为可能会引起某种损害的发生，由于疏忽没有预见或虽已预见但轻信其能够避免的主观心理状态。它还可以分为轻微过失、一般过失和重大过失。

尽管过错是主观的，但是在具体案件中需要对其进行认定，那就需要借助一定的客观标准来进行认定。相比之下，故意比较好认定，困难的是过失。一般认为，行为人在实施违法行为时没有尽到自己应尽的注意义务（或违反了自己的注意义务），就构成了过失；而行为人应尽的注意义务到底是什么样子或程度，则要具体情况具体分析。

二　违约责任的构成

和侵权责任一样，违约责任会有多种责任形式，而不同责任形式的违约责任构成并不相同，如违约金责任的构成要件是债务人存在违约行为且合同存在违约金条款，继续履行的构成要件仅仅是债务人存在违约行为并且合同可以继续履行。在违约责任的众多责任形式中，赔偿损失是最为重要的一种，因此，一般情况下的违约责任的构成就是指赔偿损失的构成。它包括以下三点。

（一）债务人实施了违约行为

违约行为是指合同债务人违反合同义务的行为。《合同法》第 107 条采用了“当事人一方不履行合同义务或者履行合同义务不符合约定的”的表述来阐述违约行为的概念。违约行为是违约责任的基本构成要件，没有违约行为，根本就不可能有违约责任的产生。

一般认为，违约行为包括不履行、延迟履行、不完全履行三类形态。

不履行是指在合同履行期届满时，债务人完全不履行自己的合同义务。债务人完全不履行自己的义务又表现为根本违约和拒绝履行两种情形，其中根本违约是指债务人虽然履行了自己的债务，但与合同的约定差距甚大，致使对方当事人（即债权人）的合同目的无法实现。拒绝履行是指合同履行期届满前，债务人无正当理由表示自己将不履行合同义务。

迟延履行是指债务人虽然履行了自己的债务，但其履行期限迟于合同约定的期限。

不完全履行又称为不完全给付、有瑕疵的履行，它是指债务人虽然履行了自己的债务，但其履行并不符合合同的约定（履行期限除外）。它表现为履行数量有瑕疵、履行质量有瑕疵、履行地点有瑕疵、履行方式有瑕疵等，但这些瑕疵并没有达到使债权人合同目的无法实现的程度，与根本违约不同。

由上面三种类型可以发现，违约行为既可能是不作为，也可能是作为。

（二）债权人遭受了金钱损害

债务人实施了诸如不履行、延迟履行、不完全履行等违约行为，如果没有给债权人造成损害，债权人就没有救济的必要，债务人不会承担违约责任；债务人若要承担赔偿损失的违约责任，那么债权人遭受的损害还应当是金钱损害。

债权人遭受的金钱损害最常见的就是预期利益损失。预期利益又被称为可得利益，它是指债务人履行合同义务后债权人可以获得的财产利益。虽然这种财产利益债权人并未实际获得，但它是在正常情况下可以合理预见并且能够获得的利益，现在却因为债务人的违约行为而无法获得。比如甲以每吨 400 元购买乙水泥 1000 吨，约定 2016 年 8 月 8 日交货，而后甲又和丙约定以每吨 480 元的价格出卖水泥 1000 吨，交货时间为 8 月 18 日，由于乙在 8 月 8 日未能交货给甲致使甲在 8 月 18 日无法交货给丙：（480 − 400） × 1000 = 80000 元。这 80000 元是甲的预期利益，因为乙的违约行为而未能获得，属于甲的预期利益损失。

（三）违约行为与金钱损害之间存在因果关系

和侵权责任的构成要件一样，这个要件也是要求债权人所遭受的金钱损害是由于债务人的违约行为造成的，而不是由其他的行为造成的。

在违约责任的构成中，因果关系所起的作用远没有在侵权责任的构成中那样重要，这主要是由于两种民事责任的性质不同：不同于侵权责任往往发生在陌生人之间，违约责任发生在特定的经过协商的当事人之间，他们彼此之间享有权利负担义务，债务人的违约行为与债权人的金钱损害之间的因果关系就比较直观，很容易就能够认定。

与侵权责任的构成要件不同，违约责任的构成要件中并没有过错这个要件，这源于侵权责任主要采过错责任原则而违约责任主要采无过错责任原则。这就意味着债务人只要未履行合同义务即应承担违约责任，而不考虑其是否有过错。这样有利于促使债务人认真履行合同义务，有利于保护债权人利益，也与国际惯例一致。

最后需要指出的是，不论是侵权责任还是违约责任，其成立除了上面所述要件之外，还必须不存在免责事由。如果行为人实施侵权行为、债务人实施违约行为是因为不可抗力，民事责任也不成立。当然，侵权责任的免责事由只有法定的情形，而违约责任的免责事由还可能是当事人事先约定的免责条款。

第三节 民事责任的承担

民事责任的承担其实包括主动承担和被动承担两种：前者是指责任人主动或应受害人（权利人）的请求而承担侵权责任，后者是指应受害人（权利人）的请求后责任人并没有承担侵权责任，而是在公权力的强迫下才承担侵权责任。后者要借助于公权力，惩罚性色彩自然浓一些，比如要加倍支付迟延履行期间的债务利息。①

一 民事责任的承担方式

责任人要承担民事责任，然而他如何承担呢？这就是民事责任的承担方式，也是责任人承担民事责任的具体措施。

（一）承担方式的种类

传统民法中民事责任的承担方式只有损害赔偿，《民法通则》第 134 条第 1 款规定了十种承担民事责任的方式。民事责任方式多元化适应了对受害人的合法权益提供更充分的救济和保障的要求，这是我国立法的

---

① 参见张广兴《债法总论》，法律出版社 1997 年版，第 287 页。

一个创新，也是民事权利—民事义务—民事责任立法模式的组成部分。此外，《侵权责任法》第 15 条、《合同法》第 107 条也分别对侵权责任、违约责任的承担方式做出了规定；《民法总则》第 179 条第 1 款又规定："承担民事责任的方式主要有：（一）停止侵害；（二）排除妨碍；（三）消除危险；（四）返还财产；（五）恢复原状；（六）修理、重作、更换；（七）继续履行；（八）赔偿损失；（九）支付违约金；（十）消除影响、恢复名誉；（十一）赔礼道歉。"根据上述法律规定，本书认为我国民事责任的承担方式有以下十二种。

1. 停止侵害

停止侵害是指侵权行为人正在实施侵权行为，受害人请求其立即停止侵害行为或请求人民法院制止其继续实施侵害行为，以避免损害后果扩大的措施。很明显，它是一种侵权责任的承担方式。

这种承担方式能够及时制止侵害，防止侵害后果的扩大，但只能适用于那些持续性侵权行为（比如甲假冒乙的注册商标）。对于一次性的、已经终止的侵权行为这种承担方式就无法适用。

在民事诉讼中，一旦受害人提出该请求，人民法院依据案件的具体情况，可以在审理案件之前发布停止侵害令，或者在审理过程中发布停止侵害令，也可以在判决中责令行为人停止侵害。

2. 排除妨碍

排除妨碍是指行为人实施的行为给他人造成了妨碍、使他人不能正常行使合法权利的，受害人请求其排除该妨碍或请求人民法院强制排除，以保障权利正常行使的措施。比如甲在邻居乙的门前堆放垃圾，既妨碍了他人通行，又发出臭味，甲必须将垃圾从乙的门前清除。这也是一种侵权责任的承担方式。

该种责任承担方式不以侵犯他人合法权利为要件，只要行为人实施的行为对权利人行使权利构成妨碍、致使权利人不能正常行使权利，权利人就有权责令行为人排除妨碍。

当然，被请求排除的妨碍必须是不当的，自不待言。此外，行为人主观上是否预见到妨碍后果，均不影响该侵权责任承担方式的成立。

3. 消除危险

消除危险是指行为人实施的行为给他人的人身或财产造成了危险、

存在着造成损害的可能，受害人请求其除去该危险或请求人民法院强制除去，以保障自身人身或财产安全的措施。比如大风将甲的树刮倒在邻居乙的房顶上空，距离房顶只有几十厘米。此时甲的树尽管没有砸到乙的房屋，但由于距离过近很有可能砸到乙的房屋，对于乙来说这构成了危险，甲应当将树拉直或者砍伐从而消除损害乙的房屋的可能。

适用这种责任方式的场合是损害尚未实际发生，也没有妨碍他人合法权利的行使，但行为人的行为很有可能造成他人损害，给他人的合法权利造成了威胁。由此可见，危险不是已经发生的损害，而是一种造成损害的可能性。所以，这是一种预防性或防止性的侵权责任承担方式。

4. 返还财产

返还财产是指权利人的财产被不法侵占时，权利人请求非法占有人将财产返还或请求人民法院强制非法占有人返还，以恢复自己对财产占有的措施。比如甲未经乙的同意骑了乙的自行车，乙要求甲返还自行车。

返还财产这种承担方式适用于侵害他人对财产的合法占有这种侵权行为，在违约责任中，并无其适用余地。毫无疑问，返还财产这种侵权责任承担方式的适用前提是该财产还存在，如果该财产已经灭失，返还财产就不可能，受害人只能要求赔偿损失等。

此外，有权请求非法占有人返还财产的主体是该财产的合法占有人，主要是该财产的所有权人、他物权人，也包括合同、无因管理、不当得利等债的债权人。请求对象是财产的不法占有人，如果占有人为合法占有人，其自然可以对抗该请求。

5. 恢复原状

恢复原状是指行为人毁坏他人财产后权利人请求行为人将毁坏的财产修复或请求人民法院强制行为人修改，以保障自己的财产价值的措施。如将摔坏的手机修理好、将撞倒的电线杆重新竖立好。这也是一种侵权责任的承担方式。

适用恢复原状这种侵权责任承担方式要符合以下条件：第一，恢复原状有可能。受到损坏的财产不存在的，或者恢复原状不可能的，受害人只能请求赔偿损失。第二，恢复原状有必要。这种必要性主要结合经济效益、社会效益、受害人的需求等因素综合考量。

6. 消除影响

消除影响是指行为人实施的行为侵害了他人的合法权益并且造成了不良影响，权利人请求侵权行为人澄清事实，消除该不良影响或请求人民法院强制消除，以恢复自己合法权利的正常影响的措施。比如老师甲在课堂上说乙期中考试班级第一是抄袭，甲应当在课堂上说乙并没有抄袭从而消除同学们的误会。

很明显，这也是一种侵权责任的承担方式，并且是非财产责任方式。它适用于两种场合：第一，权利人的著作权、专利权、商标专用权、发现权、发明权和其他科技成果权受到剽窃、篡改、假冒等侵害的，给权利人造成了不良影响。第二，权利人的姓名权、肖像权、名誉权、荣誉权受到侵害的，给权利人造成了不良影响。《民法通则》第 118 条和第 120 条第 1 款对这两种情形做出了规定。

《民法通则》第 134 条第 1 款第 9 项、《侵权责任法》第 15 条第 8 项的表述都是“消除影响、恢复名誉”，这与本书不同。本书认为，实际上恢复名誉就是在消除影响，消除影响能够包含恢复名誉，二者不宜并列。更何况，“消除影响、恢复名誉”的表述容易让人误解该侵权责任的承担方式仅仅适用于侵害名誉权的情形，如前所述，实际上侵害人格权和知识产权的情形都适用。

一般来说，在什么范围造成不良影响，就应当在什么范围内消除影响。并且，消除影响的途径、方式应当比侵权行为的途径、方式更为有效地传播信息。比如在某报刊上发表文章诋毁他人名誉的，就应当在该报刊上发表书面声明、对错误内容进行更正，并且发行份数要等于或高于原来的发行份数。

7. 赔礼道歉

赔礼道歉是指人格权受到非法侵害后，权利人请求侵权行为人向自己承认错误、表示歉意、请求谅解或请求人民法院强制其向自己承认错误、表示歉意、请求谅解，以保障自己人格尊严的措施。

赔礼道歉源于道德责任，是行为人认识到自己行为的错误而产生的内疚感，从而向受害人承认错误、表示歉意、请求谅解。在法律语境下，赔礼道歉完成了由道德范畴向法律范畴的转换，进而可以作为一种被人民法院判令的具有强制性的责任承担方式加以运用。这种责任承担方式的适用，可以缓和当事人之间的矛盾，从而促进他们的和睦团结。也正因如此，请求赔礼道歉的受害人只能是自然人，而不能是法人或非法人组织。

很明显，这也是一种侵权责任的承担方式，也是非财产责任方式。它适用于人格权受到侵害的场合，根据《民法通则》第 120 条第 1 款的规定，它只适用于侵害姓名权、肖像权、名誉权、荣誉权的场合。

【疑难争点】赔礼道歉的正当性

为了吸取“文革”期间严重侵害人格权的教训，同时作为我国处理民事纠纷的传统经验的总结，《民法通则》第 134 条第 1 款第 10 项将“赔礼道歉”规定为民事责任的一种；2009 年的《侵权责任法》延续了该规定，在第 15 条第 1 款第 7 项将赔礼道歉列为侵权责任的一种形式。但该责任形式的正当性引起了一些学者的质疑。

有学者认为，消除影响、恢复名誉、精神损害赔偿等责任形式完全可以达到弥补受害人精神损害的目的，并无必要设置赔礼道歉责任。因为赔礼道歉只有在内心愿意的情况下才有实际效果，否则即便在法院的威慑下勉强道歉，也只是自欺欺人而已。唯一的效果是对侵害人实施了惩罚，但这种惩罚还不如金钱制裁更有效果，也从根本上违背了赔礼道歉心理补偿的初衷。①

此外，在责任人不履行这一责任时，法院可能会强制责任人向受害人道歉，但有学者认为，基于宪法基本权利及法律与道德的关系，如果迫使侵权人违背意愿进行扭曲的表达，是对人的内心世界、道德观念的强制。这样就违反了宪法上的良心自由和表达自由。②

本书认为，虽然消除影响、恢复名誉、精神损害赔偿等责任形式能够达到弥补受害人精神损害的目的，但是赔礼道歉与它们仍有区别，具有自身独特的价值：道歉对受害人的道德地位具有心理影响——经由赔礼道歉，受害人的道德地位不仅不会因侵权人的行为而受到减弱，反而通过侵权人的道歉得到提升，并相对于侵权人具有了一种道德优势，体

---

① 参见柳经纬《我国民法典应设立债法总则的几个问题》，《中国法学》2007 年第 4 期。

② 参见吴小兵《赔礼道歉的合理性研究》，《清华法学》2010 年第 6 期。

现了校正正义的内在要求。[①]

人民法院强制责任人赔礼道歉，仍然具有正当性。实际上任何责任对责任人来说都是对其自由的限制或者剥夺，赔礼道歉也不例外；强制责任人赔礼道歉虽然构成对其内心自由的强制，但由于赔礼道歉的目的是恢复受害人的名誉及保障人格权，因此并不违宪。

8. 赔偿损失

赔偿损失是指合法权利受到非法侵害后，权利人请求侵权行为人向自己支付一定数额的金钱或请求人民法院强制其向自己支付一定数额的金钱，以保障自己合法权利的措施。

与上面几种民事责任承担方式不同，它既适用于侵权责任，也适用于违约责任。这种承担方式是最基本的责任方式，也是运用最为广泛的责任方式。

赔偿损失的属性是补偿，用一定数额的金钱来弥补受害人所遭受的损失。这种属性决定赔偿损失的适用前提是侵权行为或违约行为造成了受害人的损失，并且是可以用金钱弥补的损失。如果侵权行为或违约行为仅仅是侵犯权利、并没有给受害人造成损失，则不能用赔偿损失的方式追究行为人的民事责任；如果侵权行为或违约行为给受害人造成了损失，但该损失不能用金钱弥补，则也不能用赔偿损失的方式追究行为人的民事责任。

至于赔偿损失的范围，在法律没有特别规定和当事人没有另行约定的情况下，一般采完全赔偿原则，即赔偿受害人的全部损失。当然，在侵权责任和违约责任中，受害人的全部损失体现并不相同：在侵权责任中更多的是固有利益，而在违约责任中更多的是预期利益（可得利益）。

9. 继续履行

继续履行，又叫强制履行、强制实际履行，是指合同债务人不按照合同的约定履行合同义务时，债权人请求债务人按照合同的约定继续履行合同的义务或请求人民法院强制其按照合同的约定继续履行合同的义务，以保障自己能够获得订立合同试图获得的利益的措施。

---

① 参见黄忠《认真对待“赔礼道歉”》，《法律科学》（西北政法大学学报）2008 年第 5 期。

合同是一种手段，当事人订立合同是为了获得一定的利益，当债务人不按照合同的约定履行合同义务时，债权人订立合同试图获得的利益就无法获得。所以，继续履行这种责任承担方式就能够保障债权人的利益。很明显，它属于违约责任承担方式。

当然，继续履行是与解除合同完全对立的补救方法，非违约方主张继续履行就不能再请求解除合同，主张解除合同就不能再请求强制履行。

金钱债务肯定能适用强制履行，自不待言；而提供劳务等非金钱债务，则有可能无法适用。根据《合同法》第110条的规定，以下几种情形不适用强制履行：（1）法律上或者事实上不能履行；（2）债务的标的不适于强制履行或者履行费用过高；（3）债权人在合理期限内未要求履行。

10. 采取补救措施

采取补救措施是指合同债务人履行合同义务所提供的商品、服务质量不符合约定时，债权人请求债务人采取修理、更换、重做、退货、减少价款或者报酬等其他的补救措施或请求人民法院强制采取，以保障自己的预期利益得以实现的措施。很明显，这也是一种违约责任承担方式。

合同债务人已经履行了自己的合同义务，但其提供的商品、服务质量不符合合同的约定，这是瑕疵履行；此时，如果债权人的利益能够通过修理、更换、重作、退货、减少价款或者报酬等其他的补救措施得以实现，那么债权人就有权要求债务人采取补救措施。

需要明确的是，适用采取补救措施是有前提的。债务人瑕疵履行的，如果双方当事人事先对此已经做出约定，则债务人按照他们的约定承担违约责任。如果他们事先对违约责任没有约定或者约定不明确，并且无法事后达成协议的，那就按照合同有关条款或者交易习惯确定；[①] 如果仍然不能确定的，债权人才能要求债务人采取补救措施。

11. 支付违约金

支付违约金是指合同债务人违反合同约定义务时，债权人请求债务人支付一定数额的金钱或请求人民法院强制支付，以惩罚对方、维护自己利益的措施。很明显，这也是一种违约责任承担方式。

---

① 这是《合同法》第61条后段的规定。

违约金是指合同当事人事先约定的，[①] 一方当事人违约后向对方当事人支付的金钱。违约金合同也是一种合同，只不过这种合同是附延缓条件的合同，只有在发生违约行为的情况下，违约金合同才生效；违约行为不发生，则违约金合同不生效。

一旦债务人违约，他就要向债权人支付违约金，从而承担自己的违约责任。但是，这种违约责任的承担并不以债权人遭受损害为前提条件。由此可见，支付违约金这种责任方式具有惩罚性，与民事责任的补偿性稍有区别。正因如此，违约金对主合同而言就具有担保的作用，能够促进合同双方当事人都顺利履行自己的义务。

在债务人的违约行为给债权人造成损失的情况下，当事人约定的违约金与债权人的实际损失未必相同。如果约定的违约金低于实际造成的损失的，债权人可以请求人民法院或者仲裁机构予以增加；如果约定的违约金过分高于实际造成的损失的，债务人可以请求人民法院或者仲裁机构予以适当减少。《合同法》第 114 条第 2 款对此做出了规定。

12. 丧失定金

丧失定金是指合同当事人不履行合同约定的债务时，违约当事人则丧失约定数额的定金的措施。毫无疑问，这也是一种违约责任承担方式。

在主合同之外，当事人还可以约定定金合同，作为履行主合同的担保。如双方当事人都顺利履行自己的主合同债务，定金应抵作价款或者收回；如果一方当事人不履行约定的债务的，则适用定金罚则，即丧失定金；给付定金的一方不履行约定的债务的，无权要求返还定金；收受定金的一方不履行约定的债务的，应双倍返还定金（虽然是双倍返还，但其中有一倍是给付定金一方当事人的，所以双倍返还对于收受定金的当事人来说，只是丧失了和定金相同数额的金钱）。

由此可见，定金和违约金有相同之处：都是在主合同之外另行约定；都是事先约定；对合同双方当事人都适用；都具有担保作用；都不需要对方当事人有实际损失。正因如此，如果主合同当事人既约定违约金又约定定金的，一方当事人违约时，对方当事人只能选择其中一个适用，

---

① 实际上，违约金既包括约定违约金，也包括法定违约金（比如《电信条例》第 32 条、第 35 条第 1 款）；但实践中后者很少，一般著述提及的违约金都是指约定违约金，本书从之。

而不能同时主张二者。《合同法》第116条对此做出了规定。

在上述十二种责任方式中，最为主要和常见的是赔偿损失和支付违约金。赔偿损失几乎适用于所有的承担民事责任的情形，而支付违约金在违约责任中最常适用。

（二）承担方式的适用

上述十二种民事责任承担方式有着各自的适用情形，并且在适用上有时会存在着一定的先后顺序。比如对于非法占有他人财产的侵权行为，首先应当适用返还财产这种方式；如果不能返还，再适用赔偿损失的方式。

《民法总则》第179条第3款规定："本条规定的承担民事责任的方式，可以单独适用，也可以合并适用。"所以，上述十二种民事责任承担方式，既可以单独适用，也可以合并适用。如果一种方式足以救济受害人，那就适用这一种方式（比如对单纯的财产损失，可以单独采用赔偿损失的方式救济受害人的损害）；如果一种方式不足以救济受害人，就应当同时再适用其他的方式。比如《合同法》第112条后段规定："在履行义务或者采取补救措施后，对方还有其他损失的，应当赔偿损失。"这里就是同时适用履行义务（或者采取补救措施）和赔偿损失两种违约责任承担方式。

合并适用数种民事责任承担方式时，应当对其做出一定的限制。一般来说，数种民事责任形式的合并适用，不仅受行为人违法行为的性质和被侵害权利的性质的影响，而且还受民事责任形式本身的影响；对此，应具体分析，予以区分。比如侵犯权利人人身权的，可以合并适用停止侵害、消除影响、赔偿损失的形式，但不能适用返还财产、恢复原状等形式。①

在违约责任的承担上法律允许合同当事人进行意思自治，所以，就违约责任的承担方式而言，如果当事人事先做出约定的，自然就适用当事人约定的方式；如果当事人没有约定的，则按照法律规定来适用。就侵权责任的承担方式而言，法律不允许当事人事先做出约定，就只能按照法律规定来适用。当然，不论是违约责任还是侵权责任，在违约行为

---

① 参见李建华主编《民法总论》，科学出版社2007年版，第220页。

或侵权行为发生后，当事人就民事责任承担方式进行协商的，也是允许的。

二　民事责任竞合

（一）民事责任竞合的含义

民事责任竞合是指行为人实施一个违反民事义务的行为，符合数个民事责任的构成要件从而在民法上导致数个民事责任的产生，但并存的数个民事责任相互冲突而仅能实现其中一个的法律现象。比如火车脱轨导致旅客受伤的，根据《合同法》第 302 条，承运人应当向旅客承担违约责任；根据《侵权责任法》第 73 条，承运人应当向旅客承担侵权责任；但是承运人只向旅客承担违约责任或侵权责任中的一个。

由于责任人的民事责任与受害人的救济权相对应，所以，从权利的角度来说，民事责任的竞合其实是救济权竞合。对于救济权竞合，学说习惯称之为请求权竞合。

对于同一行为，数个民事法律规范可能同时都会对其进行调整，[①] 那么一个违反民事义务的行为就可能符合数个民事法律规范中数个民事责任的构成要件。既然符合数个民事责任的构成要件，那么自然就会产生数个民事责任。然而，如果行为人承担数个民事责任，那么受害人就会得到多重救济，这是民法所不允许的。这就意味着这数个民事责任之间相互冲突，无法同时存在。因此，尽管同时产生了数个民事责任，但行为人只需要就其中一个民事责任承担责任。诚如有的学者所言，民事责任竞合是民法体系化的副产品：立法者把现实生活中的损害行为划分为几种类型并用侵权行为、违约行为等抽象的概念去表述，针对这些损害行为又设置了不同类型的民事责任，如侵权责任、违约责任等。然而，任何一种概念的划分都是对生活事实的无端切割，各种类型的损害行为之间实际上并非泾渭分明的，而是存在过渡区域，处于这个区域的某些损害行为可能同时具备立法上的两种损害行为的特征，从而同时符合两

① 其实对于一个行为，不独民事法律规范，行政法律规范和刑事法律规范可能也会同时对其进行调整。

个民事责任的构成要件，由此发生民事责任的竞合。①

与民事责任竞合相似的一种法律现象是民事责任聚合。民事责任聚合是指行为人实施一个违反民事义务的行为，符合数个民事责任承担方式的构成要件，依法承担数个民事责任（承担方式）的法律现象。比如在买卖合同中的出卖人交付的标的物质量不符合合同的约定，根据《合同法》第112条，出卖人除应承担调换、退货的违约责任，还应承担赔偿损失的违约责任，或者说既承担调换、退货的责任，也承担赔偿损失的责任。民事责任竞合与民事责任聚合相同点在于行为人都是实施一个违反民事义务的行为，不同点在于前者承担一个民事责任，后者承担数个民事责任（承担方式）。

（二）民事责任（请求权）竞合的理论

关于民事责任（请求权）竞合，有以下三种理论：②

1. 法条竞合论

该理论首先在刑法理论上确立，然后被民法理论所借鉴。该说认为，一个事实关系在发生的时候，如果导致数个不同的请求权同时存在，而这些请求权的目的只有一个时，实际上是一种法条竞合的现象，竞合的是法条，而非请求权，真正的请求权只有一个。因此在这种情况下，解决问题的方法就是正确适用法律。

2. 请求权竞合论

请求权竞合论又分为请求权自由竞合论和请求权相互影响论。请求权自由竞合论认为，在因为同一个事实关系而发生了数个请求权并且这些请求权的给付目的为同一时，各个请求权可以同时并存；在成立要件、举证责任、赔偿范围、时效以及抵消等方面，各个请求权相互独立。对这些竞合的请求权，当事人可以选择其中一个请求权进行主张，也可以就所有请求权同时主张，还可以就不同的请求权先后主张；权利人还可以将其中一个请求权让与他人，自己保留其他的请求权，或者将请求权让与不同的他人。相互影响说认为在请求权竞合的情形下，当事人只可主张一个请求权，不得重复或同时主张复数的请求权。但是，为克服不

---

① 参见李建华主编《民法总论》，科学出版社2007年版，第215页。

② 参见杨立新《侵权法论》，人民法院出版社2013年版，第335—337页。

同请求权在管辖法院、诉讼时效、证明负担、证明标准、赔偿范围等方面的差异给原告带来的不便和不公，允许不同的请求权之间可以相互影响：在主张契约上的请求权时，可以适用侵权法上的有关规定；在主张侵权法上的请求权时，也可以适用契约法上的有关规定。

3. 请求权基础竞合论

该说认为，民事责任竞合发生时，受害人不享有数个分别独立的请求权，仅产生一个统一的请求权，该请求权只能一次行使或一次起诉，诉讼标的也只有一个。但该单一的请求权是以数项民事责任规范为其存在基础，即该项请求权受到多项民事责任规范的支持，其法律地位和法律效果应该得到加强。因此权利人原则上可以选择主张对自己有利的法律地位和法律效果，但法律有特别规定或当事人约定的除外。①

（三）民事责任竞合的处理

在民事责任竞合中，尽管一个行为同时产生了数个民事责任，但由于民事责任的补偿性，行为人并不会承担数个民事责任，受害人也不享有数个请求权（救济权），否则就会出现受害人得到多重救济、行为人承担多种责任的不公平结果。既然一个民事责任的承担就足以救济受害人，那么行为人只需向受害人承担一个民事责任。

然而，行为人向受害人承担数个民事责任中的哪个民事责任呢？对于受害人来说，数个请求权（救济权）都存在，都可以行使，但是，数个民事责任在归责原则、构成要件、免责事由、诉讼时效等方面存在差异，行使不同请求权（救济权）的法律后果可能会有所差别。作为一个理性人，受害人是自己最佳利益的判断者，因此，受害人有权在数个请求权（救济权）中根据自己的实际情况自由选择其中一个来行使。对此，《民法总则》第186条规定："因当事人一方的违约行为，损害对方人身权益、财产权益的，受损害方有权选择请求其承担违约责任或者侵权责任。"由此可见，选择权在受害人，而非责任人。

如前所述，受害人虽然享有数个请求权（救济权），但只能行使一个，一旦他选择其中一个，其他的请求权（救济权）也就随之消灭。即使由于种种原因（如诉讼时效）该请求权并未获得人民法院的支持，他

---

① 参见段厚省《请求权竞合要论》，中国法制出版社2013年版，第151—162页。

也无权再行使其他的请求权（救济权）。《最高人民法院关于适用〈中华人民共和国合同法〉若干问题的解释（一）》第30条前段规定："债权人依照合同法第一百二十二条的规定向人民法院起诉时作出选择后，在一审开庭以前又变更诉讼请求的，人民法院应当准许。"由此可见，在我国，受害人的请求权（救济权）在一审开庭以前可以自由选择，在一审开庭时就确定下来，其他的请求权（救济权）消灭。

当然，承认民事责任的竞合，并不意味着完全放任受害人自由选择请求权而不做任何限制；如果允许自由选择会损害责任人的利益，或违背公序良俗、公平等民法基本原则，则应当对受害人的选择进行一定的限制。①

【案例思考】

案例1 上海中原物业顾问有限公司诉陶德华居间合同纠纷案②

2008年下半年，原产权人李某某到多家房屋中介公司挂牌销售涉案房屋。2008年10月22日，上海某房地产经纪有限公司带陶德华看了该房屋。11月23日，上海某房地产顾问有限公司（简称某房地产顾问公司）带陶德华之妻曹某某看了该房屋。11月27日，上海中原物业顾问有限公司（简称中原公司）带陶德华看了该房屋，并于同日与陶德华签订了《房地产求购确认书》。该《确认书》第2条第4款约定，陶德华在验看过该房地产后六个月内，陶德华或其委托人、代理人、代表人、承办人等与陶德华有关联的人，利用中原公司提供的信息、机会等条件，但未通过中原公司而与第三方达成买卖交易的，陶德华应按照与出卖方就该房地产买卖达成的实际成交价的1%，向中原公司支付违约金。当时中原公司对该房屋报价165万元，而某房地产顾问公司报价145万元，并积极与卖方协商价格。11月30日，在某房地产顾问公司居间下，陶德华与卖方签订了房屋买卖合同，成交价138万元。后买卖双方办理了过户手续，陶德华向某房地产顾问公司支付佣金1.38万元。

中原公司认为陶德华利用中原公司提供的上海市虹口区株洲路某号

---

① 参见汪渊智《民法总论问题新探》，中国社会科学出版社2005年版，第51—53页。

② 最高人民法院指导性案例1号。

房屋销售信息，故意跳过中介，私自与卖方直接签订购房合同，违反了《房地产求购确认书》的约定，属于恶意“跳单”行为，请求法院判令陶德华按约支付中原公司违约金1.65万元。

问题： 1. 陶德华通过某房地产顾问公司与卖方签订房屋买卖合同的行为是否构成违约？

2. 他是否应当向中原公司承担违约责任？为什么？

案例2　浙江省德清县上武汽车修理厂诉董艳峰损害赔偿纠纷案①

2009年3月13日被告董艳峰的欧曼重型半挂牵引车（车牌号H73508）在高速公路上出现故障，原告上武汽修厂接到交警队指令遂派其雇员梅建武、沈英浩前去修理，在修理过程中轮胎发生爆炸，导致原告雇员梅建武死亡。事后，原告与死者梅建武的家属达成了赔偿协议。根据交警部门出具的询问笔录认定，梅建武未对故障轮胎进行放气减压，致使轮胎爆炸，直接导致梅建武死亡。后经浙江出入境检验检疫鉴定所鉴定，鉴定意见为车辆使用维护不当、严重超载、轮胎气压过高以及维修操作不当是造成轮胎爆炸的主要原因。

事故发生后，原告已对死者梅建武家属给予足额补偿。原告请求法院判令被告赔偿自己359567元。

问题： 1. 本案是承揽合同纠纷吗？为什么？

2. 董艳峰是否应向浙江省德清县上武汽车修理厂承担赔偿责任呢？

3. 如果董艳峰承担侵权责任，请求权基础是什么？

案例3　吴文景、张恺逸、吴彩娟诉厦门市康健旅行社有限公司、福建省永春牛姆林旅游发展服务有限公司人身损害赔偿纠纷案②

2005年5月5日，原告吴文景、张恺逸与受害人张渊等17人参加了由被告康健旅行社组织的牛姆林二日自驾游。当日13时45分左右，被告牛姆林公司的导游带吴文景、张恺逸、张渊等一行人进入牛姆林景区。

---

① 《最高人民法院公报》2011年第6期。

② 《最高人民法院公报》2006年第6期。

当时天色阴沉，有人提出可能会下雨，建议导游调整行程，先就近游玩，次日再进入林区，但导游称即使下雨也不会持续很长时间，坚持带一行人进入林区。进入迎宾大道后，天色更加阴沉，有人再次建议导游不要前行，但导游借了雨具后仍要求大家继续往林区走。不久即开始刮风，并下起大雨，导游称往回走有一茶馆可以避雨，一行人便折回原路。14时7分，行至距迎宾大道入口约300米处，张渊被一棵折断的马尾松砸伤倒地。张渊受伤后，同伴立即联系急救中心及景区工作人员实施救援。一段时间后，景区工作人员抬来一张桌子，将张渊抬到牛姆林广场，后又从广场运至停车场。在救护车到来之前，景区工作人员打电话联络景区医生进行救治，但景区的医生始终没有出现，现场未采取任何急救措施。救护车约于15时赶到，15时30分将张渊送到医院，经抢救无效，张渊于当日下午死亡。经法医鉴定，张渊系生前被树干砸压致严重的颅脑损伤和血气胸而死亡。牛姆林公司已于案发后支付给张渊亲属2万元、丧葬费2872.2元。

永春县气象局于2005年5月1日发布天气预报，内容为5月5日至6日有中到大雨天气，局部有大到暴雨。泉州市气象台5月4日发布天气预报为多云转雷阵雨。永春县气象局2005年6月29日出具的《关于5月4日的天气预报和5月5日的天气实况》证实，5月4日的天气预报为多云到阴，午后到夜里有阵雨或雷阵雨。

此外，2002年10月20日，被告牛姆林公司与天湖山医院签订《协议书》，约定：当遇到较大病患及意外，牛姆林公司安排在景区的医务人员无法医治时，天湖山医院愿意在力所能及的情况下协助医治。郭清城系牛姆林公司安排在景区的医生。2005年4月10日，牛姆林公司制定景区安全应急救援预案，其中“重特大伤亡事件应急处理”规定：因交通、火灾、水灾、经营设施、自然灾害等引发重特大伤亡事件，应急救援领导小组接到报告后，应立即组织医务人员和抢险人员，配备必要的抢险救助设备设施（如担架、药械等）进行现场施救和抬救，同时联系120救护中心和天湖山医院救护中心派出救护车和救护人员进行抢救。

原告吴文景、张恺逸、吴彩娟（吴文景系本案受害人张渊之妻，张恺逸系张渊之女，吴彩娟系张渊之母）认为被告康健旅行社负有保障游客安全的法定义务，其导游没有充分考虑天气情况和游客意见，谨慎、安全地安排行程，而是为完成任务，在极为不利的天气情况下坚持要求游客上山，其错误行为与事故的发生有重大的因果关系，故康健旅行社应当对张渊的死亡承担责任。被告福建省永春牛姆林旅游发展服务有限公司（以下简称牛姆林公司）应知天气、林木是影响旅游安全的重要因素，却未做任何防范，且在事故发生后连最基本的救护手段都不能提供，延误了最佳救治时机，亦应对张渊的死亡承担责任。故请求判令二被告连带赔偿原告方丧葬费9510元、被抚养人生活费161085元、死亡补偿费288860元、误工费4654.8元、交通费2406元，并支付精神损害抚慰金10万元。

问题： 1. 康健旅行社对张渊的死亡是否构成违约责任与侵权责任的竞合？为什么？

2. 牛姆林公司对张渊的死亡是否构成违约责任与侵权责任的竞合？为什么？

3. 如果牛姆林公司对吴文景、张恺逸、吴彩娟承担侵权责任，其违反的义务是什么？为什么？

第八编

民法上的时间制度

第二十一章

期日、期间和除斥期间

【本章导读】民法上的时间无论属于何种规定类型，在形式上，都表现为“期日”和“期间”两种形式。本章第一节主要介绍期日与期间的具体规定以及两者的计算方法。重点是期日与期间的具体规定，难点是期日与期间的计算方法。

除斥期间是民法时间制度中的一个内容，在《民法通则》中并未对其进行明确规定，但是在各种与民事法律关系相关的法律法规中都能够找到除斥期间的有关规定，如《合同法》《继承法》《婚姻法》等。在《民法总则》三次的审议稿中，除斥期间从第一、第二稿的专节规定变化为第三稿以及最后通过的《民法总则》的法条规定。[①] 虽然除斥期间规定的篇幅变短，但其也发生了从无到有的变化，可见除斥期间是现代生活中处理民事法律关系不可缺少的部分。本章第二节涉及除斥期间的基本知识，包括除斥期间的概述、除斥期间与诉讼时效的区别以及我国常见的几种除斥期间的规定。其中，除斥期间的概念是重点，除斥期间与诉讼时效的区别是难点。

---

① 《民法总则》第199条规定：“法律规定或者当事人约定的撤销权、解除权等权利的存续期间，除法律另有规定外，自权利人知道或者应当知道权利产生之日起计算，不适用有关诉讼时效中止、中断和延长的规定。存续期间届满，撤销权、解除权等权利消灭。”

第一节 期日和期间

时间是生活的过程性标志，民法以规范普通生活为目的，就必然要规范时间问题。时间在民法上被规范出来，成为时间规范，在法律上有重要的意义，是重要的法律事实，会引起法律关系的发生、变更或者消灭。

民法上的时间规范有两种作用方式：一种是就其本质属性的抽象，规定为特定法律事实或法律关系的一种时间属性；另一种是针对某种特殊实际状态的存在，由于其涉及当事人利益关系的稳定，规定经过一定时间即产生一定法律后果。这也就表明民法上的时间规范都是以期日和期间两种形式其中的一种表现出来的，在民法中规定的人的出生、死亡、权利能力和行为能力的取得、法律行为效力的发生和消灭、诉讼时效、取得时效等都涉及期日与期间的判断。

期限包括期日和期间。期限是学理上的概念，我国《民法总则》没有该法律概念。

一 期日

（一）期日的含义

期日是指民法上有确定意义的不可分的时间点。它是以静态的某一点作为表示时间的一种形式。如 2017 年 1 月 1 日、1 月 8 日 12 时、1 月 10 日上午 10 点 30 分等。在民法上，期日主要用来确定意思表示或给付的时间。

期日有独立形式，如死亡日，也有辅助期间确定其起点和终点的非独立形式。如果以日表示期日，该日的全日应视为不可分的期日。

期日可以由法律规定，称为法定期日；也可以由法律关系双方当事人约定，称为约定期日；还可以由人民法院判决与裁定予以确认，称为指定期日。

期日一旦确定以后，对双方当事人具有约束力，当事人一方不得擅自变更。如果当事人以期日作为应当为某种行为的时间或法律行为生效或效力终止的时间，则该期日的到来，即发生相应的法律效果。

（二）期日界定的时间标志

民法中以期日界定的时间主要包括：（1）自然人的出生、死亡时间点；[①]（2）法人设立、终止时间点；（3）成为限制民事行为能力、完全民事行为能力人之日；[②]（4）合法适婚年龄等；（5）法律行为成立、生效的时间点；等等。

二　期间

《民法通则》并未对期间进行一般性规定，在《民法总则》中将期间单独作为第10章共五条进行了规定。

（一）期间的含义

期间是民法上有意义的时间段，是表示时间的一种形式，期间是以一定的时点为起点，另一时点为终点所持续进行的时间跨度。期间的两端是“期日”，所以期间的确定，离不开对其起始和终止期日的确定。期日与期间的区别在于期日是指民法上有确定意义的“时间的点”；期间表现为有确定意义的“时间的段”。

期间区分为“仅作为时间因素的期间”和“作为法律事实的期间”，前者如除斥期间、权利存续期间等；后者如失踪期间、时效期间。

期间依据发生根据也可以分为三类：法定期间，如诉讼时效期间；约定期间，如债务履行期间；指定期间，如判决书指定履行期间。

---

① 关于自然人的出生、死亡时间点，《民法通则》未具体规定，在《最高人民法院关于贯彻执行〈民法通则〉若干问题的意见（试行）》中规定“公民出生的时间以户籍证明为准；没有户籍证明的，以医院出具的出生证明为准。没有医院证明的，参照其他有关证明认定”。《民法总则》第15条规定“自然人的出生时间和死亡时间，以出生证明、死亡证明记载的时间为准；没有出生证明、死亡证明的，以户籍登记或者其他有效身份登记记载的时间为准。有其他证据足以推翻以上记载时间的，以该证据证明的时间为准”。可见，《民法总则》完善了自然人出生、死亡时间点的规定。

② 《民法总则》第19条规定：“八周岁以上的未成年人为限制民事行为能力人，实施民事法律行为由其法定代理人代理或者经其法定代理人同意、追认，但是可以独立实施纯获利益的民事法律行为或者与其年龄、智力相适应的民事法律行为。”这与《民法通则》规定的十周岁为限制民事行为能力人在时间点上提前到了八周岁，这一修改主要考虑是随着经济社会的发展和生活教育水平的提高，未成年人生理心理的成熟程度和认知能力都有所提高，适当降低年龄有利于其从事与其年龄、智力相适应的民事活动，更好地尊重这一部分未成年人的自主意识，保护其合法权益。

期间届满在法律上将依据该期间性质发生一定法律效果，或者某一事实成就或者消灭，或者某一权利义务发生、变更或者消灭。如撤销期间届满发生撤销权消灭的后果，承诺期间届满发生要约失效的效果。

（二）期间的计算

1. 期间的计算单位

《民法总则》第200条规定：“民法所称的期间按照公历年、月、日、小时计算。”因此，期间的计算单位有年、月、星期、日和时。不过，在特定情况下，当事人仍旧可以约定其他计算单位，如在竞技条件下约定以“秒”为单位计算期间。

2. 期间的计算方法

期间计算方法有自然计算和历法计算之分。自然计算法是依实际时间进行精确计算的方法，一分钟60秒，一小时60分钟，一天24小时，一星期7天，一个月30天，一年365日，月不分大小，年不分平闰，都按此计算。

历法计算法是按公历所定的年月日时间计算，不是我国传统的“阴历”历法计算。一个月不是一律30天，而是根据行进中的不同月份不同日数确定，有31天、30天等不同。一年是365日或者366日，1月指某月1日至该月最后一天，或某月某日至次月该日之前一天，而不管是大月小月。1年指1月1日至12月31日或某月某日至次年该日的前一天，而不管是平年闰年，1日指0时至24时。

3. 我国民法期间的计算算法

《民法总则》第200条规定：“民法所称期间按照公历年、月、日、小时计算。”按照学者“历法计算”系按“公历”的一般观点，[①] 我国实行历法计算法。[②] 对此，一方面期间系法定的，其计算除法律另有规定外，为历法算法；另一方面，就约定期间当事人明示采取自然计算法的，当属有效。故《民法总则》第204条规定，期间的计算方法依照本法的

---

① 王利明主编：《民法》，中国人民大学出版社2008年版，第168页。

② 第202条按照年、月计算期间的，到期月的对应日为期间的最后一日；没有对应日的，月末日为期间的最后一日，如果系自然计算法，其年月时间是固定的，不存在没有“对应日”问题。

规定，但是法律另有规定或者当事人另有约定的除外。

在期限的计算中，《民法总则》第205条规定：“民法所称的‘以上’‘以下’‘以内’‘届满’，包括本数；所称的‘不满’‘超过’‘以外’，不包括本数。”如2人以上，包括2人在内，2人以下，也包括2人在内。不满18周岁，指未达到18周岁，不包括18周岁在内。又如《民法总则》第40条规定：“自然人下落不明满二年的，利害关系人可以向人民法院申请宣告该自然人为失踪人。”这条规定要求满二年就包括2年在内，下落不明不满2年时，即下落不明尚未到达法定期间，其利害关系人就不能提出宣告失踪的申请。

【疑难争点】《〈民法通则〉意见》第198条是否有效?

依据《〈民法通则〉意见》第198条：“当事人约定的期间不是以月、年第一天起算的，一个月为三十日，一年为三百六十五日”，我国也采自然计算法。按照立法者的说明，《民法通则》与《民法总则》不一致的适用新法。[①]《〈民法通则〉意见》第198条实际上是在《民法通则》没有规定的背景下出台的，且与《民法总则》不一致。于此，《〈民法通则〉意见》第198条是否适用颇有疑问。

本书认为，该第198条与《民法总则》第202条规定相悖，期间系民法典的一般性规定，故应当认定该第198条失效。

4. 我国民法期间的起点和终点

《民法总则》第201条规定：“按照年、月、日计算期间的，开始的当日不计入，自下一日开始计算。按照小时计算期间的，自法律规定或者当事人约定的时间开始计算。”因此，法定的期间起算，一是规定按照小时计算期间的，从规定时开始计算；规定按照日、月、年计算期间的，开始的当天不算入，从下一天开始计算，如第28条“下落不明的起算日从公民音讯消失的次日起算”。

《民法总则》第202条规定：“按照年、月计算期间的，到期月的对应日为期间的最后一日；没有对应日的，月末日为期间的最后一日。”以年、月、日定期间的，原则上以期间末日作为终止日。

---

① 李建国：《关于〈中华人民共和国民法总则（草案）〉的说明——2017年3月8日在第十二届全国人民代表大会第五次会议上》，《人民日报》2017年3月9日。

结合前述两个条款可知，我国年、月单位的期间采取“计尾不计头”的方式。当事人可以约定“期间的计算方法”（第204条），此中的“计算方法”置于“期间计算”章目之下，故其外延涵盖该章前述相关的全部内容。该约定与法定计算方法不一致的，除该法定期间计算方法系强制性的，或者该约定有其他法定无效情形外，应当认定有效。

（三）期间的延长和缩短

1. 期间的延长

《民法总则》第203条规定，期间的最后一日是法定休假日的，以法定休假日结束的次日为期间的最后一日。

2. 期间的缩短

《民法总则》第203条第2款规定，期间最后一日的截止时间为二十四时；有业务时间的，停止业务活动的时间为截止时间。

前述延长或者缩短均可以被当事人约定排除，除非法定期间依法不得约定变更。此外，“有业务时间”于没有约定期间计算方法时，存在相对人善意问题，即“有业务时间”一方有告知他方该时间的义务，否则应当承担不利的期间后果。

第二节 除斥期间

一 除斥期间概述

（一）除斥期间的含义

除斥期间是指法律规定某种民事实体权利存在的期间，权利人在此期间内不行使相应的民事权利，则在该法定期间届满时导致该民事权利的消灭。由于除斥期间是法律规定或当事人依法确定的某种权利预定的存续期间，该期间届满，则权利当然消灭，故又称为权利预定存续期间，即预定期间。

除斥期间本质上属于特定权利的时间属性，除斥期间是学理名词而非法典名词，其价值在于尽早消灭法律关系不稳定的状态，所以，除斥期间经过导致权利当然、绝对、确定地消灭。例如《继承法》规定，受遗赠人在知道受遗赠的二个月内不做出接受遗赠的意思表示的，视为放弃受遗赠，这里的二个月就是除斥期间。

（二）除斥期间性质和功能

在民法理论中，根据民事权利作用的不同，通常将民事权利分为支配权、请求权、形成权和抗辩权。除斥期间仅适用于形成权。所谓形成权，是指权利人依自己单方面的意思表示，使民事法律关系发生、变更或消灭的权利，如追认权、解除权、撤销权、抵消权等。各国民法对许多形成权均设有除斥期间的限制，一经届满，这些形成权即告消灭。但并非所有形成权都设有除斥期间限制，法律对形成权是否设定除斥期间以及期间的长短，通常以立法上的利益衡量而定。

（三）除斥期间的类型

除斥期间可以分为法定除斥期间和约定除斥期间。前者由法律直接规定，后者允许当事人根据法律自行约定。甚至在法律允许的情况下，可以由一方向对方单方提出一个合理期限。例如，《合同法》第 95 条规定："法律规定或者当事人约定解除权行使期限，期限届满当事人不行使的，该权利消灭。法律没有规定或者当事人没有约定解除权行使期限，经对方催告后在合理期限内不行使的，该权利消灭。"这一规定明确了合同解除可以由法律规定除斥期间，也可以由当事人直接约定除斥期间，并允许在法律没有规定或当事人未约定期限时由对方催告确定合理期间。

二　除斥期间与诉讼时效的区别

除斥期间和诉讼时效都是以一定事实状态的存在和一定期间的经过为条件而发生的一定的法律后果，都属于法律事件。但二者又存在诸多不同，两者的主要区别在于：

（1）除斥期间是不变期间，不因任何事由而中止、中断或者延长，而诉讼时效可以中止、中断或者延长；

（2）除斥期间消灭的是权利人享有的实体民事权利本身，如追认权、撤销权、解除权等这些形成权，而诉讼时效涉及的不是实体权利而是胜诉权；

（3）除斥期间由法院依职权援用，不论当事人主张与否；诉讼时效于当事人主张时，法院才"适用"；

（4）除斥期间除法律另有规定外，从权利产生之日起计算，而诉讼时效从权利人知道或者应当知道权利被侵害之日起计算；

（5）除斥期间只适用于形成权，如撤销权、变更权、解除权、追认权、买回权等；诉讼时效适用于基本的民事权利或由基本民事权利所产生的请求权；

（6）除斥期间以维持现有法律关系为目的，权利人未在期间内行使权利使现存之法律关系得以确定或维持，行使权利使现存之法律关系变更或消灭。例如，在可撤销的民事法律行为中，享有撤销权的当事人应当在一定期间内行使撤销权，及时纠正意思表示的瑕疵，否则，除斥期间经过，撤销权即归消灭，可撤销的民事法律行为因而成为完全有效的民事行为。而诉讼时效以消灭现存法律关系，生成新的法律关系为目的。权利人在时效期间内行使权利产生维持原法律秩序的效果，不行使权利则产生消灭原法律秩序，生成新的法律秩序的效果。例如，甲出卖财产给乙，甲在诉讼时效期间未行使其主张价款的权利，因时效期间届满乙可以拒绝给付，以继续维持甲未行使其权利而形成的新秩序。

三 我国民法除斥期间

（一）一般规定

《民法总则》弥补了《民法通则》的不足，首次规定了除斥期间：法律规定或者当事人约定的撤销权、解除权等权利的存续期间，除法律另有规定外，自权利人知道或者应当知道权利产生之日起计算，不适用有关诉讼时效中止、中断和延长的规定。存续期间届满，撤销权、解除权等权利消灭。对此，应当注意如下几点：

（1）除斥期间的发生依据可以是法定，也可以是约定。但有法定之时，当事人是否可以约定变更？则不无疑问。约定变更法定除斥期必定意味着一方事先放弃除斥期间利益，《民法总则》规定了事先放弃诉讼时效利益无效，却没有对除斥期利益放弃之规定。但法定除斥期通常是立法者对当事人利益的平衡结果，旨在避免一方处于不当的不利状态，承认约定变更效力似有不妥。

（2）我国除斥期间适用于撤销权、解除权等权利。此等“权利”的外延按照法律解释的同等规则，应当与“撤销权”“解除权”具有相同性质，即是形成权，而不能是其他性质的权利。

（3）期间的起算开始于“权利人知道或者应当知道权利产生之日

起”。权利客观上发生不是期间的起点，需权利人主观知悉。但当法律另有规定时，则依据《民法总则》第 204 条的规定，当从其规定，如《合同法》第 104 条规定：债权人领取提存物的权利，自提存之日起五年内不行使而消灭。

（4）除斥期间不适用有关诉讼时效中止、中断和延长的规定。

（5）除斥期间届满发生撤销权、解除权等权利消灭的法律后果。

（二）典型的除斥期间

我国典型的除斥期间如下：

第一，1 个月除斥期间。《合同法》第 47 条第 2 款规定的相对人催告后法定代理人追认权行使的 1 个月期限；《合同法》第 48 条第 2 款规定的相对人催告后被代理人追认权行使的 1 个月期限等。

第二，2 个月除斥期间。《继承法》第 25 条第 2 款规定的受遗赠人接受遗赠权利行使的 2 个月期限等。

第三，6 个月除斥期间。如《担保法》保证期间为主债务期满之后 6 个月。《最高人民法院关于适用〈中华人民共和国担保法〉若干问题的解释》第 31 条：保证期间不因任何事由发生中断、中止、延长的后果；《合同法》第 193 条规定的继承人、法定代理人对赠与的法定撤销权除斥期间等。

第四，1 年除斥期间。《合同法》第 47 条规定：限制民事行为能力人订立的合同，经法定代理人追认后，该合同有效……合同被追认之前，善意相对人有撤销的权利。……具有撤销权的当事人自知道或者应当知道撤销事由之日起一年内没有行使撤销权，该撤销权消灭；《最高人民法院关于适用〈中华人民共和国合同法〉若干问题的解释》第 8 条：《合同法》第 47 条规定的一年，为不变期间，不适用诉讼时效终止、中断、延长的规定；《婚姻法》第 11 条：因胁迫结婚的，受胁迫一方可以要求撤销婚姻，该请求应当在结婚登记之日起 1 年内提出；被非法限制人身自由的，应当自恢复人身自由之日起 1 年内提出。《合同法》第 55 条、《〈民法通则〉意见》第 73 条第 1 款、《合同法》第 192 条对可撤销合同的撤销权、变更权；对可变更、可撤销民事行为的变更权、撤销权；赠与人的法定撤销权等。

第五，其他除斥期间。《合同法》第 158 条第 2 款规定买受人对买卖标的物异议权行使的2年期限等；《合同法》第104条领取提存物的权利；《合同法》第75条保全撤销权等。

【案例思考】

案例1 福建省仙游县榜头镇梧店村村民林某某（女）多次使用菜刀割伤年仅9岁的亲生儿子小龙（化名）的后背、双臂，用火钳鞭打小龙的双腿，并经常让小龙挨饿。自2013年8月始，当地镇政府、村委会干部及派出所民警多次对林某某进行批评教育，但林某某拒不悔改。2014年1月，共青团莆田市委、市妇联等部门联合对林某某进行劝解教育，林某某书面保证不再殴打小龙，但其后林某某依然我行我素。同年5月29日凌晨，林某某再次用菜刀割伤小龙的后背、双臂。为此，仙游县公安局对林某某处以行政拘留十五日并处罚款人民币一千元。6月13日，申请人仙游县榜头镇梧店村民委员会以被申请人林某某长期对小龙的虐待行为已严重影响小龙的身心健康为由，向法院请求依法撤销林某某对小龙的监护人资格，指定梧店村民委员会作为小龙的监护人。在法院审理期间，法院征求小龙的意见，其表示不愿意随林某某共同生活。

福建省仙游县人民法院经审理认为，监护人应当履行监护职责，保护被监护人的身体健康、照顾被监护人的生活，对被监护人进行管理和教育，履行相应的监护职责。被申请人林某某作为小龙的监护人，未采取正确的方法对小龙进行教育引导，而是采取打骂等手段对小龙长期虐待，经有关单位教育后仍拒不悔改，再次用菜刀割伤小龙，其行为已经严重损害了小龙的身心健康，故其不宜再担任小龙的监护人。依照民法及未成年人保护法的有关规定，撤销被申请人林某某对小龙的监护人资格，指定申请人仙游县榜头镇梧店村民委员会担任小龙的监护人。

撤销父母监护权是国家保护未成人合法权益的一项重要制度。父母作为未成年子女的法定监护人，若不履行监护职责，甚至对子女实施虐待、伤害或者其他侵害行为，再让其担任监护人将严重危害子女的身心健康。结合本案情况，仙游县人民法院受理后，根据法律的有关规定，在没有其他近亲属和朋友可以担任监护人的情况下，按照最有利于被监护人成长的原则，指定当地村民委员会担任小龙的监护人。本案宣判后，该院还主动与市、县两级团委、妇联沟通，研究解决小龙的救助、安置等问题。考虑到由村民委员会直接履行监护职责存在一些具体困难，后在团委、民政部门及社会各方共同努力之下，最终将小龙妥善安置在SOS儿童村，切实维护了小龙的合法权益。本案为2015年1月1日开始施行的最高人民法院、最高人民检察院、公安部、民政部《关于依法处理监护人侵害未成年人权益行为若干问题的意见》中有关有权申请撤销监护人资格的主体及撤销后的安置问题等规定的出台，提供了实践经验，并对类似情况发生时，如何具体保护未成年人权益，提供了示范样本。

问题：请结合本案的基本案情分析案发时小龙时值9岁，属于未成年人，其是我国民法中所规定的何种民事行为能力人？辨别小龙属于哪一种民事行为能力人的法律依据是什么，其相应能力的起止点应如何计算？

案例2　某甲为某国有企业退休干部，妻子早逝，夫妻二人共有一女乙，由甲抚养长大。乙于2008年与某丙结婚，生有一子，乙于2012年因病去世，丙伤心之余，决定不再婚，专心照顾儿子及甲。2016年2月甲因心脏病突发被丙送往医院，虽经数月的细心照料及治疗，仍无法控制病情，于四个月后死亡。在甲去世后，丙发现甲于生前留下的遗嘱，写明在其去世后其财产留于丙及其好友丁各一半份额。

问题：请问本案是否涉及除斥期间，甲的遗产最后应由谁继承？

第二十二章

时效制度

【本章导读】时效是时间在法律上的效力。时效是法律事实的一种，指一定状态经过一定的期间，其效果可以直接引起权利变动。而民法中的时效制度是法律所规定的一定的事实状态持续满法定期间，即依法产生取得权利或消灭权利的法律后果的法律制度。时效制度的价值在于稳定固定时期发生社会信赖利益的事实关系。时效分为“取得时效”和“消灭时效”（诉讼时效），前者属于所有权的一种取得方式；后者目的在于促使权利人行使自己的权利。本章分两个小节对取得时效与诉讼时效进行介绍，其中，诉讼时效的具体规定是重点，诉讼时效的起算、中止、中断是难点。

第一节　取得时效

一　取得时效的含义

取得时效，也称占有时效，指一定的事实状态经过一定的期间以后，其法律后果是取得权利。取得时效最早的规定可追溯到公元前5世纪制定的《十二铜表法》中第6表第3条的规定：“凡占有土地（包括房屋）二年，其他物品一年的，即因时效取得所有权。”可见最早的取得时效的规定期间分别为一年和两年。当前一些国家的法律规定，非所有人在持续地、和平地、公开地、善意地占有他人财产达一定期间（如5年）以后，即取得该财产的所有权。将取得时效的时间确定为五年。

我国《民法总则（草案）》前期借鉴国外法律规定，对所有权的取得时效进行了规定："以所有的意思，和平、公然、继续占有他人动产满五年的，取得该动产所有权，动产所有权已经在登记簿记载的或者法律另有规定的除外"；"以所有的意思，和平、公然、继续占有他人未登记的不动产满十年的，取得该不动产所有权，法律另有规定的除外"。[①] 这两条规定对物以动产和不动产作为区分标准，分别制定了五年和十年的取得时效期间。在进行三次审议后删除了相关规定，因此目前我国尚未对取得时效做具体的法律规定。

二　取得时效的价值

规定了取得时效的法定理由通常有以下几种：

（1）无权利人以所有的意思和平、公然、继续占有他人的物并经过相当长的时间以后，人们常相信这与真实的权利关系相符，与之建立各种法律关系。如果将业已建立的法律关系推翻，势必造成社会经济秩序的混乱，违背法律维持人类共同生活的和平秩序的目的。

（2）有财产权的人长期不行使其权利，而没有财产权的人却长期积极地对财产加以利用，两相比较，保护财产实际利用人利益更能发挥财产的社会经济效益，达到物尽其用。

（3）证明真实权利的证据往往会随着岁月的流逝而散失。时效制度可以有效地避免当事人的举证困难和法庭判断证据的困难。

【疑难争点】我国是否应该设立取得时效？

此种争议核心在于是否应该在中国建立取得时效制度。目前在中国法学界存在两种截然不同的观点，一种观点认为应该设立，而另一种观点则认为不应该设立。持肯定意见的认为：取得时效制度可以使物的所有关系处于一个确定的状态，防止出现一方已基于消灭时效无请求权、而另一方却也无所有权，导致物的所有关系不明确，造成社会资源的浪费，而且物的所有权关系明确也有利于及时界定权利，便于及时解决权利纠纷，稳定经济秩序。持否定意见的认为：取得时效的建立最终会导

---

① 《民法总则（草案）》第一次审议稿第194条、第195条。

致无偿取得他人物的所有权的结果，这不符合社会主义伦理，这属于不劳而获，与社会主义国家所倡导的“物归原主”“拾金不昧”的道德观念是相违背的，因此认为取得时效制度不符合我国实际。①

三 取得时效的构成要件

取得时效系占有他人之物或行使一定的财产权，经过一段期间，依法律规定而取得所有权或其他财产权，当具备法律上规定的要素：

（一）占有

所有权取得时效，对物的占有一般要求为和平、公然、继续占有。

（1）自主占有，即占有人以自己所有的意思占有标的物，是为时效取得的核心要件。对于所有权取得时效而言，要求占有人以自己之意思而占有，即将自己置于与所有人同样的地位。

（2）和平占有，即不以暴行或胁迫取得或维持之占有。

（3）公然占有，即对于占有物有利害关系之人，不特别隐秘其占有之事实之占有。

（4）继续占有，即不间断地占有。

（二）法定期间

取得时效制度的设立，其目的在于保护持续、永久占有动产或不动产的事实。故占有人即使对标的物为自主、和平和公然占有，但如没有经过法律规定的期间，也依然不能依时效取得财产所有权。现各国对取得时效法定期间的规定不尽相同，但大致分为普通时效、短期时效、长期时效三种。各国时效占有均要求使用必须为连续。普通时效一般为20—30年完成，如房屋所有权及土地使用权等不动产时效。短期时效一般为5—10年完成，短期时效一般适用于动产，根据动产的性质，分为无登记的动产所有权和登记的动产所有权。长期时效一般适用于土地、山林、荒滩等不动产，时效一般为30—40年等。

---

① 郭明瑞：《关于民法总则中时效制度立法的思考》，《法学论坛》2017年第1期。

第二节　诉讼时效

一　诉讼时效的概念和功能

（一）诉讼时效的概念

诉讼时效是指权利人在法定期间内不行使权利，就丧失了请求人民法院依诉讼程序强制义务人履行义务的权利的法律制度。据此：

（1）诉讼时效存在时效期间，该期间系法定期间。依据《民法总则》第197条，该期间当事人不得约定变更、排除。

（2）诉讼时效期间的计算与权利人是否“行使权利”的客观条件与主观条件有关，故可以中止、中断、延长。

（3）诉讼时效是一种能引起民事法律关系产生、变更或者消灭的民事法律事实。以法定的事实状态即权利人不行使权利的事实的连续存在作为适用依据，不以当事人的意志为转移。

（4）诉讼时效届满的后果是义务人取得抗辩权。《民法总则》第192条规定“诉讼时效期间届满的，义务人可以提出不履行义务的抗辩”。对此，有学者认为这样的改革是完全正确的，因为它排除了诉讼时效的“职权主义”①。

《民法总则》第188条规定“向人民法院请求保护民事权利的诉讼时效期间为三年”，其反向解释就是届满三年“无权向法院请求保障权利”，故诉讼时效关系的是“国家强制力保障”。在这一意义上，诉讼时效所消灭的是权利人实体意义上的胜诉权，即权利人丧失了获得国家强制力保障权利实现的权利，并不消灭权利人实体权利。② 这是我国学界的传统观点，尽管该理解在结果上与“抗辩权”后果无根本差异，但二者仍旧有不同。抗辩权效力的立法一方面确立了权利人的请求权仍旧存在，故《民法总则》第192条规定“诉讼时效期间届满后，义务人已自愿履行的，不得请求返还”；另一方面，抗辩权行使与否系权利人的权利，能够很好地解释为何法院不得主动适用诉讼时效。

---

① 刘应民：《当事人约定诉讼时效的效力分析》，《江汉论坛》2017年第4期。

② 郭明瑞主编：《民法》，高等教育出版社2005年版，第135页。

【疑难争点】诉讼时效是否可以约定？

《民法总则》第 193 条规定，当事人对诉讼时效利益的预先放弃无效，同时第 188 条的“例外”规定中只有“法律另有规定”，而无“当事人另有约定”，故按照文本和体系解释，我国不允许当事人约定诉讼时效。此为通说。但也有观点认为，关于诉讼时效期间可否变更、诉讼时效利益可否预先放弃，比较法上有不同的立法例。最近域外国家和地区的立法以及国际性文件对诉讼时效制度的态度趋于缓和，而我国还是一味地予以禁止，这是不明智的。支撑诉讼时效制度成为强行法的理由，诸如督促权利人及时行使权利、维护社会公共利益等已不具有正当性。允许当事人合意变更时效期间、预先放弃时效利益不违背社会公共利益，同时有利于实现民法的意思自治原则，也符合时效法改革的趋势。故应该认可诉讼时效的可约定性，但又要对其予以必要的限制，如不得违反社会公共利益，设定上限，排除故意情形下可约定性地适用。①

本书认为，诉讼时效的当事人约定根本在于当事人真意，或者说客观上的意思能力与条件，在目前大众的法治素养和社会法治状态条件下，许可诉讼时效约定可能导致优势地位一方利用此种制度侵害弱势方的合法权益，弊大于利。

（二）诉讼时效的制度功能

诉讼时效制度以强制性规范规定权利的保护期间，其目的不是处罚权利人不及时行使请求权的行为，更不是保护义务人不履行义务的行为。2016 年 7 月 10 日立法者在《关于〈中华人民共和国民法总则（草案）〉的说明》中指出：诉讼时效是权利人在法定期间内不行使权利，该期间届满后，权利不受保护的法律制度，该制度有利于促使权利人及时行使权利，维护交易秩序和安全。故其基本功能有：

（1）稳定社会经济秩序。诉讼时效的规定，能避免债务的累积，使权利人和义务人不纠缠于陈年旧账，有利于社会秩序的稳定。

（2）敦促债权人行使权利。诉讼时效届满会导致权利人的胜诉权丧失，或者说使义务人获得履行抗辩权，因此权利人如果想维护自己的权利就必须在诉讼时效规定的期间内主张权利。如果权利人长期漠然置之

---

① 刘应民：《当事人约定诉讼时效的效力分析》，《江汉论坛》2017 年第 4 期。

或者根本不知自己的权利受到了侵害，说明该权利对权利人来说可有可无，法律不予保护对权利人来说没有实质性损害，而对债务人来说却可以免除因时过境迁举证不能可能遭受的不利后果。

（3）有利于人民法院及时正确地处理民事纠纷。及时主张权利，有利于避免当事人举证不便，减轻债务人的负担。[①]

二　诉讼时效的效力

（一）对义务人的效力

诉讼时效届满，义务人可以进行不履行义务的抗辩，获得履行抗辩权，得以阻止权利人的请求权发生请求效力。当然，作为权利，义务人依法对该抗辩权享有行使与否的自由。

（二）对权利人的效力

诉讼时效届满，权利人的请求权不发生效力，不能够获得法院的强制力保障。同时，权利人的程序性权利如起诉权并不消灭，权利人依旧有权提起诉讼或者仲裁。根本的是，权利人的请求权当然存在，只是转变为“自然权利”。《民法总则》第192条第2款规定：“诉讼时效期间届满后，义务人同意履行的，不得以诉讼时效期间届满为由抗辩；义务人已自愿履行的，不得请求返还。”所以，义务人在诉讼时效届满之后同意履行的，实际上是义务人放弃时效利益，双方达成一个新的协议，新协议的诉讼时效重新起算。义务人自愿向权利人履行义务的，权利人有权接受并且保有履行标的；义务人自愿履行债务后，又以超过诉讼时效为由反悔的，法院不予支持。

三　诉讼时效的种类

诉讼时效的种类是根据诉讼时效的期间来进行划分的。《民法总则》第118条规定，向人民法院请求保护民事权利的诉讼时效期间为三年。法律另有规定的，依照其规定。自权利受到损害之日起超过二十年的，人

---

① 关于诉讼时效的功能还有各种解读：确立公权力对私权利提供救济的界限、合理配置、有效利用有限的司法资源等。参见郭明瑞《关于民法总则中时效制度立法的思考》，《法学论坛》2017年第1期。

民法院不予保护。可见，我国《民法总则》的诉讼时效包括一般诉讼时效和最长诉讼时效。这与《民法通则》中关于诉讼时效的规定有所区别，《民法总则》没有吸收《民法通则》的特殊诉讼时效制度，保留了一般诉讼时效和最长诉讼时效。但是目前在我国的一些单行法律法规中仍然有特殊诉讼时效的相关规定。

（一）一般诉讼时效

一般诉讼时效，又称普通诉讼时效，是指在一般情况下普遍适用的诉讼时效。一般诉讼时效由民法典统一规定，适用于一般民事权利，其效力具有普遍意义。各国关于一般诉讼时效期间的规定差别很大，西方国家由于沿袭了罗马法的规定，一般规定了较长的时效时间，最长的达到了30年，如《法国民法典》与《德国民法典》均规定为30年，最短的为1年。总的来说，早期的立法规定的期间较长，晚近立法规定的期间较短。而且过去一些规定时效期间较长的立法近期也出现了缩短的趋势，如前所述的《德国民法典》中对一般诉讼时效期间的规定是30年，但是在2001年，德国制定的《债法现代化法》中将其变更为3年。

我国在《民法通则》中规定一般诉讼时效期间为二年，在《民法总则》第188条规定："向人民法院请求保护民事权利的诉讼时效期间为三年，法律另有规定的，依照其规定。"可见，对于一般诉讼时效，我国从二年变化为三年，旨在相对延长对权利人胜诉权的保护。对此，全国人大常务委员会副委员长李建国在第十二届全国人民代表大会第五次会议上关于《中华人民共和国民法总则（草案）》的说明中解释是为了适应社会生活中新的情况不断出现，交易方式与类型不断创新，权利义务关系更趋复杂的现实情况与司法实践，有利于建设诚信社会，更好地保护债权人的合法权益。①

（二）特殊诉讼时效

特殊诉讼时效与一般诉讼时效不同，它仅适用于法律指定的某些民事权利的诉讼时效。针对规定有特殊诉讼时效的民事权利而言，特殊诉

---

① 民法中的一般诉讼时效由二年更改为三年是《民法总则》对诉讼时效制度规定的一大变化，这项规定的改变源于保护各方的合法权益不因诉讼时效过短而无法得到主张，进而推进中国社会的信誉度提升，逐步减少并杜绝不诚信的现象，实现法律维护社会秩序的功能。

讼时效优先于一般诉讼时效加以适用。目前我国特殊诉讼时效的规定见于单行法律法规。

1. 短期诉讼时效

在《民法通则》第 136 条中规定了一年的短期诉讼时效：（1）身体受到伤害要求赔偿的；（2）出售质量不合格的商品未声明的；（3）延付或者拒付租金的；（4）寄存财物被丢失或者损毁的。但在《民法总则》中没有如此规定，对此，在《民法通则》被废止之前，其是否有效，颇有疑问。本书认为，该短期诉讼时效无效，理由是《民法总则》取代了《民法通则》中的一般性规定，包括诉讼时效的规定。此外，《拍卖法》第 61 条也规定拍卖标的存在瑕疵的诉讼时效为 1 年。该短期诉讼时效应当认为属于特别法之规定，继续有效。

【疑难争点】《民法通则》规定的短期诉讼时效，在《民法总则》生效后是否继续存在?

学界和实务界对此问题存在争议。肯定论认为，《民法通则》规定了一年或二年的短期诉讼时效，《民法总则》虽然已生效，但未明确规定废止同时具有法律效力的《民法通则》相关内容，因此，短期诉讼时效依然有效、存在。

否定论认为，《民法通则》规定的一年或两年短期诉讼时效在《民法总则》生效后应不再适用。理由在于，《民法总则》规定了三年的诉讼时效，从逻辑上看，这已覆盖之前的《民法通则》相应内容。

本书赞成否定论。不过，其他单行法，如《拍卖法》，有特别规定的，从其规定。

但是，短期诉讼时效在《民法总则》施行后的“过渡”期的适用问题，则应特别注意，不能一概而论。学者谭启平、应建均曾在《人民法院报》上撰文表达该观点，他们认为，从实践来看，对于不愿在二年诉讼时效届满前依法主张债权致时效中断且期待被动等待时效届满后通过《民法总则》规定延长时效期间为三年的债权人，不给予其保护也是不足惜的。与之相应地，如在《民法总则》施行时诉讼时效期间尚未届满的，基于《民法总则》的规定，债权人则确定地享有了延长诉讼时效期间的合理信赖，适用《民法总则》对债权人的利益加以保护则理所应当。[①]

自2018年7月23日起施行的最高人民法院《关于适用〈中华人民共和国民法总则〉诉讼时效制度若干问题的解释》，对此做出了具体规定。据此解释，短期诉讼时效的适用情形包括三种：第一种，《民法总则》施行前，《民法通则》规定的二年或者一年诉讼时效期间已经届满，当事人主张适用《民法总则》关于三年诉讼时效期间规定的，人民法院不予支持。第二种，《民法总则》施行后诉讼时效期间开始计算的，应当适用《民法总则》第一百八十八条关于三年诉讼时效期间的规定。当事人主张适用《民法通则》关于二年或者一年诉讼时效期间规定的，人民法院不予支持。第三种，《民法总则》施行之日，诉讼时效期间尚未满《民法通则》规定的二年或者一年，当事人主张适用《民法总则》关于三年诉讼时效期间规定，人民法院不予支持。可以看出，短期诉讼时效在《民法总则》施行后依然存在继续适用的情形。

2. 长期诉讼时效

按照《民法总则》的规定精神，法律对于特定的民事活动规定了长于3年的诉讼时效期间，即为长期诉讼时效。我国目前主要的长期诉讼时效有：

（1）《中华人民共和国海商法》第265条：有关船舶发生油污损害的请求权，时效期间为三年，自损害发生之日起计算；但是，在任何情况下时效期间不得超过从造成损害的事故发生之日起六年。

（2）《中华人民共和国合同法》第129条：因国际货物买卖合同和技术进出口合同争议提起诉讼或者申请仲裁的期限为四年，自当事人知道或者应当知道其权利受到侵害之日起计算。因其他合同争议提起诉讼或者申请仲裁的期限，依照有关法律的规定。

（三）最长诉讼时效

我国民法规定，自权利受到侵害之日起超过20年的，人民法院不予保护。有特殊情况的，人民法院可以延长诉讼时效期间。可见权利人在20年中的任何时候发现自己的权利被侵害时，均可请求人民法院依诉讼

---

① 谭启平、应建均：《民法总则与民法通则诉讼时效期间制度的过渡与衔接》，《人民法院报》2017年11月1日。

程序强制义务人履行义务。在这 20 年内，该项民事权利受法律保护。最长诉讼时效为 20 年的规定，《民法总则》与《民法通则》保持了一致。

四　诉讼时效的起算

（一）一般规定

诉讼时效期间的起算，指从何时开始计算诉讼时效期间。诉讼时效期间开始，权利人就可以向人民法院起诉，要求义务人履行义务。当民事权利被侵犯时，权利人就有权提起诉讼。由于在现实生活中存在着权利人并不知道自己的权利遭受到了侵害的情况，因此我国在《民法通则》第 137 条中规定“诉讼时效期间从知道或者应当知道权利被侵害时起计算”。但《民法总则》第 188 条中将此规定变更为“诉讼时效期间自权利人知道或者应当知道权利受到损害以及义务人之日起计算”。对此，诉讼时效起算需满足如下几点：

1. 权利人客观上有“损害”

所谓“损害”首先是一种结果，不同于《民法通则》采用的“侵害”，“侵害”是一种过程或者行为。[①] 其次，“损害”是一种不利益状态，不仅是被侵权或者被违约之时，更非限于损害赔偿之时，而是包括一切不利益状态成就，例如保险事故发生之时，保险金赔偿请求发生；依法作为而不作为之时；等等。

2. 权利人主观上知道或者应当知道权利受损害

诉讼时效旨在催促权利人主张权利，结束不确定的社会关系，权利人不知道或者不应当知道其权利受损，自然无法主张权利，诉讼时效不起算。

3. 权利人主观上知道或者应当知道义务人是谁

按诉讼时效制度本旨，只有当权利可以行使而怠于行使因而导致逾期，权利人才应该承受其时效完成所带来的不利法律后果。如果权利人

---

① 有观点认为：“损害”一词，较之《民法通则》第 137 条“侵害”，其含义不甚准确。损害，意味着加害人造成权利人的受害后果，是权利人非自愿的利益丧失，通常发生在侵权或违约的情形。而诉讼时效的适用对象并不限于“损害赔偿请求权”。在司法实践中，不应将“侵害”到“损害”的变化理解为规定的实质变更。周江洪：《诉讼时效期间及其起算与延长》，《法治研究》2017 年第 3 期。

并不知道义务人是谁，只是知道权利遭受了侵害，这时权利人是无法行使其权利的，这跟怠于行使权利性质完全不同，因此不应该让权利人承担时效完成的不利法律后果。该立法系对《民法通则》的完善，吸收了学界关于“权利人知道或者应当知道其权利遭受侵害”应当扩张解释为“还包括知道具体的侵权人”的主张，[①] 更有利于保障权利人维护自己的合法权益。

颇有疑问的是，“应当知道”义务人的标准以及对义务人认知错误而不主张权利的后果。[②]

(二) 诉讼时效起算的具体规定

1. 人身损害赔偿的诉讼时效起算

《民法通则司法解释》第 168 条：人身损害赔偿的诉讼时效期间，伤害明显的，从受伤害之日起算；伤害当时未曾发现，后经检查确诊并能证明是由侵害引起的，从伤势确诊之日起算。

该规定实际上已经为《民法总则》所替代，但其对于说明“知道、应当知道”受损害具有价值。

2. 合同的诉讼时效的起算

(1) 约定履行期限的债权，自履行期限届满之次日开始计算。(2) 未约定履行期限的债权，自权利人提出履行要求的次日或优惠期结束的次日开始计算。(3) 关于分期履行的合同的诉讼时效的起算。最高人民法院 2003 年 11 月在对有关法院类似问题的个案请示中做出了答复：应按每笔相对独立的债权履行期限届满时分别起算。《民法总则》第 189 条规定“当事人约定同一债务分期履行的，诉讼时效期间自最后一期履行期限届满之日起计算”。

3. 对法定代理人请求的诉讼时效起算

无民事行为能力人或者限制民事行为能力人对其法定代理人的请求权的诉讼时效的起算规则，《民法通则》并无具体规定，《民法总则》第 190 条予以完善，规定为自该法定代理终止之日起计算。该“终止”在可能的外延上不限于无民事行为能力人或者限制民事行为能力人成为完全

---

① 王利明：《民法总则研究（第二版）》，中国人民大学出版社 2012 年版，第 746 页。

② 周江洪：《诉讼时效期间及其起算与延长》，《法治研究》2017 年第 3 期。

行为能力人，也可能系法定代理人依法变更之时，故立法上，是“该”法定代理，而非“法定代理”终止。

4. 未成年人遭受性侵害的损害赔偿请求权的诉讼时效的起算

该期间自受害人年满十八周岁之日起计算。未成年人遭受性侵害的诉讼时效起算时间在立法上有个变化过程。2016 年 6 月底，全国人大常委会一审民法总则草案时，草案一审稿调整了诉讼时效，现行二年的一般诉讼时效期间延长为三年。未成年性侵害案件也适用于该诉讼时效。2016 年 10 月，全国人大法律委员会副主任委员李适时做修改情况的汇报时表示，有的全国人大代表、部门、社会公众也提出，受社会传统观念影响，不少遭受性侵害的未成年人及其监护人不愿、不敢公开寻求法律保护。受害人成年后自己寻求法律救济，却往往已超过诉讼时效期间。为了更好地保护受性侵害的未成年人的利益，建议规定诉讼时效起算的特别规则。据此，草案二审稿增加规定：“未成年人遭受性侵害的损害赔偿请求权的诉讼时效期间，自受害人年满十八周岁之日起计算。”草案第三稿对此规定不变。《民法总则》在第 191 条中对此进行了规定。

五　诉讼时效的中止

诉讼时效中止指在诉讼时效期间进行中，因发生一定的法定事由致使权利人不能行使请求权时，时效暂时停止，待阻碍诉讼时效进行的事由消除后，时效继续进行。诉讼时效中止，是在诉讼时效进行中，因一定的法定事由的发生阻碍了权利人行使其权利或提起诉讼，而不是权利人怠于行使其权利，因此法律规定暂时停止时效的进行，以前经过的时效期间仍然有效，待阻碍时效进行的原因消失后，时效继续进行。诉讼时效中止的目的在于保护权利人提起诉讼的必要时间不因阻碍的发生而缩短或消灭，以期保护权利人的胜诉权。

（一）诉讼时效中止的法定事由

《民法通则》第 139 条规定：在诉讼时效期间的最后六个月内，因不可抗力或者其他障碍不能行使请求权的，诉讼时效中止。从中止时效的原因消除之日起，诉讼时效期间继续计算。

《民法总则》明确规定诉讼中止的法定事由包括：（1）不可抗力；（2）无民事行为能力人或者限制民事行为能力人没有法定代理人，或者法定代理人死亡、丧失代理权或者丧失民事行为能力；（3）继承开始后未确定继承人或者遗产管理人；（4）权利人被义务人或者其他人控制；（5）其他导致权利人不能行使请求权的障碍。

《民法通则》和《民法总则》中均规定了不可抗力的发生可引起诉讼时效中止的后果。不可抗力是指当事人不能预见、不能避免并不能克服的客观情况。不可抗力包括自然灾害和意外事故，如天灾、地震、车祸、工伤事故、战争等。这些都是个人不能预见、避免、克服的。除了不可抗力之外，《民法总则》与《民法通则》的规定相比，具化了诉讼中止的法定事由，增加了无民事行为能力人或者限制民事行为能力人没有法定代理人，或者法定代理人死亡、丧失代理权或者丧失民事行为能力；继承开始后未确定继承人或者遗产管理人；权利人被义务人或者其他人控制这三种具体情形也可导致诉讼时效中止的法律后果。

（二）诉讼时效中止的效力

法定事由发生在诉讼时效期间的最后 6 个月内，始产生中止诉讼时效的效力。发生时效中止后，中止的时间不计入时效期间，中止的事由解除后，时效继续计算，将中止前后的时间合并计算。

六 诉讼时效的中断

诉讼时效的中断是指在诉讼时效期间进行中，由于法定事由的发生，致使以前经过的时效期间统归无效，此后，诉讼时效期间重新计算的制度。《民法通则》第 140 条规定："诉讼时效因提起诉讼、当事人一方提出要求或者同意履行义务而中断。从中断时起，诉讼时效期间重新计算。"《民法总则》第 195 条中规定："有下列情形之一的，诉讼时效中断，从中断、有关程序终结时起，诉讼时效期间重新计算：（一）权利人向义务人提出履行请求；（二）义务人同意履行义务；（三）权利人提起诉讼或者申请仲裁；（四）与提起诉讼或者申请仲裁具有同等效力的其他情形。"

诉讼时效中断与中止都是时效完成的障碍，但时效中止是暂时性的障碍，即同一时效中的暂时停止进行。诉讼时效中断则是根本性的障碍，时效中断后时效期间重新计算。引起诉讼时效中断的事实是由法律直接规定的，以当事人的主观意志实施的行为，包括：（1）起诉。即权利人依诉讼程序主张权利，请求人民法院强制义务人履行义务。需要指出的是，这里的起诉是指广义的起诉，包括仲裁及与其具有同等效力的其他情形。（2）请求。指权利人直接请求义务人履行义务。（3）认诺。即义务人在诉讼时效进行中向权利人做出同意履行义务的意思表示。认诺做出的方式既包括明示，也包括推论的方式，通过义务人的明确意思表示或者因义务人的先前行为能够得知义务人做出同意履行义务的表示均可。

诉讼时效的“中断”的次数不受法律限制。诉讼时效因权利人主张权利或者义务人履行义务而中断之后，权利人在新的诉讼时效期间，可以再次（多次）主张权利，导致诉讼时效中断。《〈民法通则〉意见》第173条，诉讼时效因权利人主张权利或者义务人同意履行义务而中断后，权利人在新的诉讼时效期间内，再次主张权利或者义务人再次同意履行义务的，可以认定为诉讼时效再次中断。

诉讼时效中断，已经经过的诉讼时效期间归零，诉讼时效期间重新起算。

七　诉讼时效的延长

诉讼时效的延长，是指人民法院对于已经届满的诉讼时效期间给予适当延长。《民法通则》与《民法总则》均规定了有特殊情况的，人民法院可以延长诉讼时效期间。延长诉讼时效的规定适用于各种诉讼时效期间，延长诉讼时效的前提是发生了特殊情况，认定是否延长诉讼时效的主体是人民法院，什么情况可以延长，由法院按照公平和诚实信用的原则决定。

八　不适用诉讼时效的请求权

所谓不适用诉讼时效的请求权，本质上是权利受损害后权利人主张国家强制力保障不适用诉讼时效的规定，即不存在诉讼时效届满问题，义务人没有主张诉讼时效届满的抗辩权。

民法学界对何种请求权以及何以不适用诉讼时效进行了大量探讨，[①]在司法实务中，也有各种尝试。《民法总则》第196条规定了如下不适用

① 王轶：《民法总则之期间立法研究》，《法学家》2016年第5期。

诉讼时效的请求权：

（一）请求停止侵害、排除妨碍、消除危险

此种“损害”一直发生着，时间的流逝无法改变当下“损害”的存在。故不适用诉讼时效，但是此种请求权不适用诉讼时效，不等于此种情形下主张损害赔偿的，不适用诉讼时效。

（二）不动产物权和登记的动产物权的权利人请求返还财产

民法理论界关于返还原物请求权是否适用诉讼时效的观点有肯定说、否定说、折中说，主流观点是诉讼时效适用债权请求权。返还原物请求权不适用诉讼时效的直接依据是不会使义务人长期处于不利益状态，因为须返还的物并非义务人的自身利益，不会给债务人造成不确定负担及不自由。①

（三）请求支付抚养费、赡养费或者扶养费

此种请求权具有身份性，其有保障人的基本生存的功能，关系社会基本伦理。且权利人在很多情况下处于相对弱势。而且发生在家庭内部、亲人之间，于我国传统家庭伦理观念下，权利人没有主张权利的趋向。因此，此类请求权不适用诉讼时效有其合理性、正当性。②

（四）依法不适用诉讼时效的其他请求权

此为“兜底”条款，旨在为将来扩大不适用诉讼时效的请求权范围留下法律空间，这需要理论界和实务界共同探讨。有观点认为，人身权的保护不应有时间限制，因为人身利益不应因时间的推移而丧失，且如若人身利益受时效的限制而没有得到应有的保护，他人通常也并不会因此而取得该人身利益。故权利人请求保护人身权的权利（包括在知识产权中享有的人身权利）不受诉讼时效限制，但要求损害赔偿的权利除外。③

【案例思考】④

2013 年 5 月 22 日，被告孙杰在新浪微博通过用户名为“作业本”的

① 阳雪雅：《返还原物请求权不适用诉讼时效新论》，《湖北社会科学》2016 年第 3 期。

② 王轶：《民法总则之期间立法研究》，《法学家》2016 年第 5 期。

③ 郭明瑞：《关于民法总则中时效制度立法的思考》，《法学论坛》2017 年第 1 期。

④ 此案例摘自最高人民法院官方网站典型案例发布。

账号发文称："由于邱少云趴在火堆里一动不动，最终食客们拒绝为半面熟买单，他们纷纷表示还是赖宁的烤肉较好。"作为新浪微博知名博主，孙杰当时已有603万余个"粉丝"。该文发布后不久就被转发即达662次，点赞78次，评论884次。2013年5月23日凌晨，该篇微博博文被删除。

2015年4月，加多宝（中国）饮料有限公司（以下简称加多宝公司）在其举办的"加多宝凉茶2014年再次销量夺金"的"多谢"活动中，通过"加多宝活动"微博发布了近300条"多谢"海报，感谢对象包括新闻媒体、合作伙伴、消费者及部分知名人士。被告孙杰作为新浪微博知名博主也是加多宝公司感谢对象之一。加多宝公司于2015年4月16日以该公司新浪微博账号"加多宝活动"发博文称："多谢@作业本，恭喜你与烧烤齐名。作为凉茶，我们力挺你成为烧烤摊CEO，开店十万罐，说到做到^_^#多谢行动#"，并配了一张与文字内容一致的图片。孙杰用"作业本"账号于2015年4月16日转发并公开回应："多谢你这十万罐，我一定会开烧烤店，只是没定哪天，反正在此留言者，进店就是免费喝!!!"该互动微博在短时间内被大量转发并受到广大网友的批评，在网络上引起了较大反响。

烈士邱少云之弟邱少华以孙杰的前述博文对邱少云烈士进行侮辱、丑化，加多宝公司以违背社会公德的方式贬损烈士形象，用于市场营销的低俗行为，在社会上造成了极其恶劣的影响为由，起诉至北京市大兴区人民法院，请求判令二被告立即停止侵害、消除影响、赔礼道歉，赔偿精神损失费1元。

北京市大兴区人民法院一审认为，根据《中华人民共和国侵权责任法》第3条、《最高人民法院关于适用〈中华人民共和国民事诉讼法〉的解释》第69条以及《最高人民法院关于确定民事侵权精神损害赔偿责任若干问题的解释》第3条之规定，邱少云烈士生前的人格利益仍受法律保护，邱少华作为邱少云的近亲属，有权提起本案诉讼。孙杰发表的言论将"邱少云烈士在烈火中英勇献身"比作"半边熟的烤肉"，是对邱少云烈士的人格贬损和侮辱，属于故意的侵权行为，且该言论通过公众网络平台快速传播，已经造成了严重的社会影响，伤害了社会公众的民族和历史感情，同时损害了公共利益，也给邱少云烈士的亲属带来了精神伤害。虽然孙杰发表的侵权言论的原始微博文章已经删除且孙杰通过微博予以致歉，但侵权言论通过微博已经被大量转载，在网络上广泛流传，已经造成了严重的社会影响，因此，应在全国性媒体刊物上予以正式公开道歉，消除侵权言论造成的不良社会影响。加多宝公司发表的案涉言论在客观方面系与孙杰的侵权言论相互呼应且传播迅速，产生了较大负面影响。主观上，加多宝公司在其策划的商业活动中应尽到审慎的注意义务，加多宝公司应当对孙杰发表的影响较大的不当言论进行审查而未审查，存有过错，因此，亦应承担侵权责任。但是，由于孙杰和加多宝公司已经主动删除原始侵权言论，因此只能通过赔礼道歉、消除影响的方式消除侵权所造成的后果，判决：孙杰、加多宝公司于判决生效后三日内公开发布赔礼道歉公告，公告须连续刊登五日；孙杰、加多宝公司连带赔偿邱少华精神损害抚慰金1元。一审判决后，双方当事人均未上诉。

本案是恶意诋毁、侮辱民族英雄和革命先烈，侵害其人格利益的典型案件。本案的特点是，先有网络名人恶意侮辱、诋毁民族英雄，再有商业公司借助不法言论恶意炒作获得商业推广效果，两者行为的结合造成了同一损害后果。本案判决在如下方面值得赞同：一是对侵权言论的分析上，结合其语境及侵权言论的传播和舆论反应，认定侵权人的主观恶意和损害后果；二是对多个行为人共同侵权的把握上，注意分析多个言论的关联性及互动性，准确把握多个行为人的主观关联性及损害后果的同一性；三是在责任形态上，认定多个侵权人之间的连带责任；四是在责任方式上，根据侵权人事后删除侵权言论的事实，判决其承担赔礼道歉、消除影响和精神损害抚慰金的责任，责任形式妥当。这一判决，维护了民族英雄和革命先烈的合法权益，对于以侮辱、诋毁民族英雄和革命先烈的人格为手段，恶意商业炒作获得不法利益的侵权行为，具有鲜明的警示意义。

问题： 1. 请结合本案的基本案情分析邱少华以孙杰、加多宝（中国）饮料有限公司侵犯了人格权为由向人民法院提起了诉讼，其诉讼时效是多长？应从何时起算？

2. 最晚于何时邱少华相对人享有抗辩权？

3. 本案是否存在诉讼时效中止的法定情形？

参考文献

一　著作类

崔建远：《物权：规范与学说（上下册）》，清华大学出版社 2011 年版。

崔建远等：《民法总论（第二版）》，清华大学出版社 2013 年版。

［德］迪特尔·梅迪库斯：《德国民法总论》，邵建东译，法律出版社 2001 年版。

郑云瑞：《民法总论（第七版）》，北京大学出版社 2017 年版。

段厚省：《请求权竞合要论》，中国法制出版社 2013 年版。

郭明瑞、房绍坤、於向平：《民事责任论》，中国社会科学出版社 1991 年版。

郭明瑞：《民法总论案例教程（第二版）》，北京大学出版社 2010 年版。

侯水平、黄果天主编：《物权法争点详析》，法律出版社 2007 年版。

黄立：《民法总则》，中国政法大学出版社 2002 年版。

梁慧星、陈华彬：《物权法（第六版）》，法律出版社 2016 年版。

梁慧星：《民法总论》，法律出版社 2011 年版。

龙卫球：《民法总论（第二版）》，中国法制出版社 2002 年版。

龙卫球：《民法基础与超越》，北京大学出版社 2010 年版。

李开国：《民法总论》，华中科技大学出版社 2013 年版。

李开国：《民法的伦理分析》，法律出版社 2003 年版。

李永军：《民法总论》，北京大学出版社 2015 年版。

李永军主编：《中华人民共和国民法总则精释与适用》，中国民主法制出版社 2017 年版。

马俊驹、余延满：《民法原论》，法律出版社 2005 年版。

史尚宽：《民法总论》，中国政法大学出版社 2000 年版。

苏号朋：《民法总论案例选评》，对外经济贸易大学出版社 2006 年版。

孙宪忠：《中国物权法总论（第三版）》，法律出版社 2014 年版。

孙宪忠：《中国民法总论》，中国社会科学出版社 2009 年版。

佟柔：《中国民法学·民法总则》，中国人民公安大学出版社 1990 年版。

魏振瀛：《民法》，北京大学出版社、高等教育出版社 2000 年版。

王泽鉴：《民法总则》，北京大学出版社 2009 年版。

王泽鉴：《民法实例研习·民法总则》，台湾：三民书局 1996 年版。

王利明：《物权法研究（第四版）》（上下册），中国人民大学出版社 2016 年版。

王利明：《人格权法（第二版）》，中国人民大学出版社 2016 年版。

王利明：《民法总论（第二版）》，中国人民大学出版社 2015 年版。

王利明：《民法（第五版）》，中国人民大学出版社 2010 年版。

王利明：《违约责任论》，中国政法大学出版社 2003 年版。

王利明：《我国民法典体系问题研究》，经济科学出版社 2009 年版。

王利明：《民法总则研究》，中国政法大学出版社 2003 年版。

王利明主编：《中华人民共和国民法总则详解》，中国法制出版社 2017 年版。

王建平：《民法学（上）》，四川大学出版社 2005 年版。

谢怀栻：《外国民商法精要》，法律出版社 2002 年版。

谢怀栻：《论民事权利体系》，载《谢怀栻法学文选》，中国法制出版社 2002 年版。

[日] 星野英一：《私法中的人》，王闯译，中国法制出版社 2004 年版。

徐国栋：《民法典与民法哲学》，中国人民大学出版社 2007 年版。

徐国栋：《民法基本原则解释》，中国政法大学出版社 2001 年版。

宿迟：《民事责任》，法律出版社 1987 年版。

杨立新：《人格权法》，法律出版社 2011 年版。

杨立新：《民法总则案例教程》，知识产权出版社 2005 年版。

杨立新主编：《中华人民共和国民法总则要义与案例解读》，中国法制出版社 2017 年版。

中国审判理论研究会民商事专业委员会编著：《〈民法总则〉条文理解与

司法适用》，法律出版社 2017 年版。
张宏生：《西方法律思想史》，北京大学出版社 1983 年版。
张俊浩：《民法学原理》，中国政法大学出版社 2000 年版。
张玉敏：《民法》，高等教育出版社 2007 年版。
张红：《人格权总论》，北京大学出版社 2012 年版。
张民安：《法国人格权法（上）》，清华大学出版社 2016 年版。
张新宝：《侵权责任构成要件研究》，法律出版社 2007 年版。
朱庆育：《民法总论》，北京大学出版社 2016 年版。
周丽霞：《比较法视野下的违约责任与侵权责任竞合》，对外经贸大学出版社 2014 年版。
曾宪义、王利明：《民法》，中国人民大学出版社 2011 年版。

二 期刊论文类

白非：《对我国民法中民事行为制度的思考》，《中国法学》2005 年第 2 期。
陈华彬：《论我国〈民法总则〉的创新与时代特征》，《法治研究》2017 年第 3 期。
陈镜先：《民法总则绿色原则研究》，《法制与社会》2017 年第 18 期。
曹兴权：《组织类民事主体制度的民法典表达——兼评〈民法总则（草案）〉》，《河南社会科学》2016 年第 3 期。
方新军：《权利客体的概念及层次》，《法学研究》2010 年第 2 期。
郑晓剑：《人格权客体理论的反思——驳“人格利益说”》，《政治与法律》2011 年第 3 期。
郭明瑞：《关于民法典规定客体制度的几点思考》，《政法论丛》2016 年第 1 期。
郭明瑞：《民法总则中非法人组织的制度设计》，《法学家》2016 年第 5 期。
郭明瑞：《关于民法总则中时效制度立法的思考》，《法学论坛》2017 年第 1 期。
高丰美：《〈民法总则〉监护规定的进步、不足与完善——兼谈“婚姻家庭编”的监护立法》，《上海政法学院学报》（法治论丛）2017 年第

3 期。
胡平仁、梁晨:《人的伦理价值与人的人格利益——人格权内涵的法哲学解读》,《法律科学》2012 年第 4 期。
江平:《〈民法总则〉评议》,《浙江工商大学学报》2017 年第 5 期。
梁慧星:《民法总则的时代意义》,《海南人大》2017 年第 5 期。
梁慧星:《〈民法总则〉重要条文的理解与适用》,《四川大学学报》(哲学社会科学版)2017 年第 4 期。
吕忠梅:《民法总则应体现绿色发展理念》,《民主与法制》2017 年第 3 期。
吕忠梅课题组:《“绿色原则”在民法典中的贯彻论纲》,《中国法学》2018 年第 1 期。
李国强:《论行为能力制度和新型成年监护制度——兼评〈中华人民共和国民法总则〉的制度安排》,《法律科学》(西北政法大学学报)2017 年第 3 期。
李建伟:《民法总则设置商法规范的限度及其理论解释》,《中国法学》2016 年第 4 期。
李宇:《〈民法总则〉与其他民事法的适用关系》,《法学》2017 年第 5 期。
李锡鹤:《论民事客体》,《法学》1998 年第 2 期。
李锡鹤:《民事客体再认识》,《华东政法学院学报》2006 年第 2 期。
李建华、王国柱:《我国民法典总则编私权客体制度的立法设计》,《吉林大学社会科学学报》2012 年第 3 期。
刘应民:《当事人约定诉讼时效的效力分析》,《江汉论坛》2017 年第 4 期。
刘安宁:《〈民法总则〉视角下的老年人监护制度研究——以意定监护为中心》,《辽宁师范大学学报》(社会科学版)2018 年第 2 期。
柳经纬:《论民法典总则的基本构造——以〈中华人民共和国民法通则〉为基础》,《法商研究》2015 年第 4 期。
梅夏英:《民法权利客体制度的体系价值及当代反思》,《法学》2016 年第 6 期。
马骏驹:《从人格利益到人格要素——人格权法律关系客体之界定》,《河北法学》2006 年第 10 期。

孟勤国：《变革性与前瞻性：民法典的现代化使命〈民法总则〉的现代性缺失》，《江汉论坛》2017 年第 4 期。

彭诚信：《论〈民法总则〉中习惯的司法适用》，《法学论坛》2017 年第 4 期。

苏永钦：《体系为纲，总分相宜——从民法典理论看大陆新制定的〈民法总则〉》，《中国法律评论》2017 年第 3 期。

石佳友：《民法典的法律渊源体系》，《中国人民大学学报》2017 年第 4 期。

石佳友：《民法典的立法技术：关于〈民法总则〉的批判性解读》，《比较法研究》2017 年第 4 期。

谭启平、黄家镇：《民法总则中的法人分类》，《法学家》2016 年第 5 期。

王利明：《论个人信息权的法律保护——以个人信息权与隐私权的界分为中心》，《现代法学》2013 年第 4 期。

王利明：《构建中国的民法典和民法学》，《社会科学家》2013 年第 1 期。

王利明：《民法总则彰显时代精神》，《检察日报》2017 年 3 月 21 日。

王利明：《关于制定民法总则的几点思考》，《法学家》2016 年第 5 期。

王利明：《〈民法总则〉彰显了鲜明的本土性和时代性》，《中国人民大学学报》2017 年第 4 期。

王冠玺：《法律行为、民事行为、民事法律行为概念辨析——及对民法总则制定的启示》，《求是学刊》2015 年第 5 期。

王洪平、房绍坤：《民事习惯的动态法典化——民事习惯之司法导入机制研究》，《法制与社会发展》2007 年第 1 期。

徐国栋：《我国民法总则制定中的四个问题》，《暨南学报》（哲学社会科学版）2017 年第 2 期。

谢鸿飞：《〈民法总则〉的时代特征、价值理念与制度变革》，《贵州省党校学报》2017 年第 3 期。

肖海军：《民法典编纂中商事主体立法定位的路径选择》，《中国法学》2016 年第 4 期。

杨立新：《〈民法总则〉规定的非法人组织的主体地位与规则》，《求是学刊》2017 年第 5 期。

杨立新：《〈民法总则〉中部分民事权利能力的概念界定及理论基础》，《法学》2017 年第 5 期。

杨立新：《我国民事权利客体立法的检讨与展望》，《法商研究》2015 年第 4 期。

朱广新：《〈民法总则〉的特色及其对民法各分编的影响》，《中国海商法研究》2017 年第 4 期。

张新宝：《从隐私到个人信息：利益再衡量的理论与制度安排》，《中国法学》2015 年第 3 期。

张新宝：《从〈民法通则〉到〈民法总则〉：基于功能主义的法人分类》，《比较法研究》2017 年第 4 期。

赵万一：《民法基本原则：民法总则中如何准确表达?》，《中国政法大学学报》2016 年第 6 期。

左婧：《〈民法总则〉法人制度的固守与变革新论》，《天津法学》2017 年第 4 期。

周江洪：《日本非营利法人制度改革及其对我国的启示》，《浙江学刊》2008 年第 6 期。

周江洪：《诉讼时效期间及其起算与延长》，《法治研究》2017 年第 3 期。

朱晓峰：《民法典编纂视野下胎儿利益的民法规范——兼评五部民法典建议稿胎儿利益保护条款》，《法学评论》2016 年第 1 期。

郑晓剑：《对民事法律关系“一元客体说”的反思——兼论我国民事法律关系客体类型的应然选择》，《现代法学》2011 年第 4 期。

法律名称缩略语

《中华人民共和国宪法》 ……………………………………………………《宪法》
《中华人民共和国民法总则》 ………………………………………《民法总则》
《中华人民共和国民法通则》 ………………………………………《民法通则》
《最高人民法院关于贯彻执行〈中华人民共和国民法通则〉
　若干问题的意见（试行）》 ……………………………《〈民法通则〉意见》
《中华人民共和国继承法》 ………………………………………………《继承法》
《最高人民法院关于贯彻执行〈中华人民共和国继承法〉
　若干问题的意见》 ……………………………………《〈继承法〉意见》
《关于适用〈中华人民共和国合同法〉若干问题的解释（一）》
　………………………………………………………《〈合同法〉解释（一）》
《中华人民共和国收养法》 ………………………………………………《收养法》
《中华人民共和国婚姻法》 ………………………………………………《婚姻法》
《中华人民共和国户口登记条例》 ……………………………《户口登记条例》
《中华人民共和国居民身份证法》 ……………………………《居民身份证法》
《中华人民共和国母婴保健法》 ……………………………………《母婴保健法》
《中华人民共和国慈善法》 ………………………………………………《慈善法》
《中华人民共和国村民委员会组织法》 ……………《村民委员会组织法》
《中华人民共和国城市居民委员会组织法》
　……………………………………………………《城市居民委员会组织法》
《中华人民共和国公司法》 ………………………………………………《公司法》
《最高人民法院关于适用〈中华人民共和国公司法〉
　若干问题的规定（三）》 ……………………《〈公司法〉规定（三）》

《中华人民共和国合伙企业法》 ……………………………《合伙企业法》

《中华人民共和国个人独资企业法》 …………………《个人独资企业法》

《中华人民共和国物权法》 ……………………………………《物权法》

《中华人民共和国侵权责任法》 ……………………………《侵权责任法》

《中华人民共和国土地管理法》 ……………………………《土地管理法》

《中华人民共和国农村土地承包法》 …………………《农村土地承包法》

《中华人民共和国全民所有制工业企业法》

……………………………………………………《全民所有制工业企业法》

《中华人民共和国涉外民事关系法律适用法》

………………………………………………《涉外民事关系法律适用法》

《中华人民共和国公司登记管理条例》 ……………《公司登记管理条例》

《中华人民共和国企业法人登记管理条例施行细则》

…………………………………………《企业法人登记管理条例施行细则》

《中华人民共和国个人独资企业登记管理办法》

……………………………………………《个人独资企业登记管理办法》

《中华人民共和国城镇集体所有制企业条例》

………………………………………………《城镇集体所有制企业条例》

《中华人民共和国农民专业合作社法》 ……………《农民专业合作社法》

《中华人民共和国刑事诉讼法》 ……………………………《刑事诉讼法》

《中华人民共和国民事诉讼法》 ……………………………《民事诉讼法》

《最高人民法院关于适用〈中华人民共和国民事诉讼法〉

的解释》 ………………………………………………《〈民诉法〉意见》

《中华人民共和国律师法》 ……………………………………《律师法》

后　记

《民法总则》的颁行无疑是我国法治进程中的大事，为我国编纂《民法典》奠定了坚实的基础，必将深刻影响我国社会经济的发展。宣传、解读和研究《民法总则》，使之更好地适用于实践，是法律人应有的责任。为此目的，我们编写了本书。本书在体系上与《民法总则》篇章一致；在架构上将通说、法条理解和疑难争点及案例思考结合，形成自己的特色。

本书由侯水平提出研究思路、写作提纲和写作路径，经集体讨论后确定。写作过程中进行了数次集体研讨。初稿完成后各撰稿人分别通读全书，并提出了修改意见。全书由侯水平统稿、修订。本书撰稿分工如下（按撰写章节先后为序）：罗静（成都理工大学法学院讲师）：第一编；刘期安（成都理工大学法学院副教授）：第二编；李桂玲（成都理工大学法学院副教授）：第三编；张松（成都理工大学法学院讲师）：第四编；侯水平（四川省社会科学院研究员）：第十四、十五章；王明成（成都理工大学法学院教授）：第十六章；章合运（成都理工大学商学院副教授）：第六编；杨会（成都理工大学法学院副教授）：第七编；王瑞（西南交通大学人文学院副教授）：第八编。谢春凌（四川省社会科学院副研究员）、何祖伟（四川省社会科学院助理研究员）参加了本书相关调研和研讨等活动。本书送交出版之前，谢春凌、胡川宁（四川省社会科学院在站民商法博士后）、龚暄杰（四川省社会科学院在站民商法博士后）以及四川省社会科学院民商法专业硕士研究生张古月、晏仕敏、严迪、杨欢、王盛、李清旭、唐航、曾丽君、杨爽、高鑫、李双维、文祺等通读了全书，并提出了修改意见。

本书的研讨、写作和出版得到了四川省社会科学院科研处等部门和中国社会科学出版社的大力支持，许多专家学者曾给予指点和帮助。在此致以诚挚的感谢！

由于本书架构所涉争议及作者经验和学识不足，探讨不够深入，甚至可能有不当、错误之处，真诚欢迎读者提出宝贵意见。

侯水平

2018 年 9 月 5 日